사일 동안
이것만 풀면
다 합격!

KB199774

코레일
한국철도공사

기술직

시대에듀

2025 최신판 시대에듀 All-New 사이다 모의고사
코레일 한국철도공사 기술직 NCS + 전공 + 법령

Always with you

사람의 인연은 길에서 우연하게 만나거나 함께 살아가는 것만을 의미하지는 않습니다.
책을 펴내는 출판사와 그 책을 읽는 독자의 만남도 소중한 인연입니다.
시대에듀는 항상 독자의 마음을 헤아리기 위해 노력하고 있습니다. 늘 독자와 함께하겠습니다.

머리말 PREFACE

국민의 안전과 생명을 지키는 사람 중심의 안전을 만들어 나가기 위해 노력하는 코레일 한국철도공사는 2025년에 기술직 신입사원을 채용할 예정이다. 코레일 한국철도공사의 채용절차는 「입사지원서 접수 ➡ 서류전형 ➡ 필기시험 ➡ 체력심사 및 실기시험 ➡ 면접시험 및 인성검사 ➡ 최종 합격자 발표」 순서로 이루어진다. 필기시험은 직업기초능력평가와 직무수행능력평가, 철도법령으로 진행된다. 그중 직업기초능력평가는 의사소통능력, 수리능력, 문제해결능력 총 3개의 영역을 평가한다. 또한, 직무수행능력평가의 경우 직렬별로 전공 분야가 다르므로 반드시 확정된 채용공고를 확인해야 한다. 필기시험 고득점자 순으로 최종선발 인원의 2배수 이내로 합격자가 결정되므로 고득점을 받기 위해 다양한 유형에 대한 폭넓은 학습과 문제풀이능력을 높이는 등 철저한 준비가 필요하다.

코레일 한국철도공사 기술직 필기시험 합격을 위해 시대에듀에서는 기업별 NCS 시리즈 누적 판매량 1위의 출간 경험을 토대로 다음과 같은 특징을 가진 도서를 출간하였다.

도서의 특징

❶ **합격으로 이끌 가이드를 통한 채용 흐름 확인!**
   • 코레일 한국철도공사 소개와 최신 시험 분석을 수록하여 채용 흐름을 파악하는 데 도움이 될 수 있도록 하였다.

❷ **코레일 기출복원 모의고사를 통한 출제 유형 확인!**
   • 2024년 코레일 NCS 기출복원 모의고사를 수록하여 코레일 NCS 출제경향을 확인할 수 있도록 하였다.
   • 2024~2022년 코레일 전공(직렬별) 기출복원 모의고사를 수록하여 코레일 기술직 전공 출제경향까지 확인할 수 있도록 하였다.

❸ **기출응용 모의고사를 통한 완벽한 실전 대비!**
   • 철저한 분석을 통해 실제 유형과 유사한 기출응용 모의고사를 4회분 수록하여 시험 직전 4일 동안 자신의 실력을 점검할 수 있도록 하였다.

❹ **다양한 콘텐츠로 최종 합격까지!**
   • 온라인 모의고사를 무료로 제공하여 필기시험에 대비할 수 있도록 하였다.
   • 모바일 OMR 답안채점/성적분석 서비스를 통해 자동으로 점수를 채점하고 확인할 수 있도록 하였다.

끝으로 본 도서를 통해 코레일 한국철도공사 기술직 채용을 준비하는 모든 수험생 여러분이 합격의 기쁨을 누리기를 진심으로 기원한다.

SDC(Sidae Data Center) 씀

◇ **미션**

> 사람 · 세상 · 미래를 잇는 대한민국 철도

◇ **비전**

> 새로 여는 **미래교통** 함께 하는 **한국철도**

◇ **핵심가치**

안전   혁신   소통   신뢰

◇ **경영목표 & 전략과제**

디지털 기반 안전관리 고도화	▸ 디지털통합 안전관리 ▸ 중대재해 예방 및 안전 문화 확산 ▸ 유지보수 과학화
자립경영을 위한 재무건전성 제고	▸ 운송수익 극대화 ▸ 신성장사업 경쟁력 확보 ▸ 자원운용 최적화
국민이 체감하는 모빌리티 혁신	▸ 디지털 서비스 혁신 ▸ 미래융합교통 플랫폼 구축 ▸ 국민소통 홍보 강화
미래지향 조직문화 구축	▸ ESG 책임경영 내재화 ▸ 스마트 근무환경 및 상호존중 문화 조성 ▸ 융복합 전문 인재 양성 및 첨단기술 확보

◇ **인재상**

사람지향 소통인	사람 중심의 사고와 행동을 하는 인성, 열린 마인드로 주변과 소통하고 협력하는 인재
고객지향 전문인	고객만족을 위해 지속적으로 학습하고 노력하는 인재
미래지향 혁신인	한국철도의 글로벌 경쟁력을 높이고 미래의 발전을 끊임없이 추구하는 인재

신입사원 채용 안내 INFORMATION

◇ 지원자격(공통)

❶ 학력 · 성별 · 어학 · 나이 · 거주지 등 : 제한 없음

※ 단, 18세 미만자 또는 공사 정년(만 60세) 초과자는 지원 불가

❷ 남성의 경우 군필 또는 면제자

※ 단, 전역일이 최종합격자 발표일 이전이며, 전형별 시험일에 참석 가능한 경우 지원 가능

❸ 철도 현장 업무수행이 가능한 자

❹ 한국철도공사 채용 결격사유에 해당하지 않는 자

❺ 최종합격자 발표일 이후부터 근무가 가능한 자

❻ 외국인의 경우 거주(F-2), 재외동포(F-4), 영주권자(F-5)에 한함

◇ 필기시험

구분	직렬		평가내용	문항 수	시험시간
직업기초능력평가	전 직렬		의사소통능력, 수리능력, 문제해결능력	30문항	
직무수행능력평가	차량	기계	기계일반	30문항	70분
		전기	전기일반		
	건축	일반	건축일반		
		설비	건축설비		
	토목		토목일반		
	전기통신		전기이론		
철도법령	전 직렬		철도산업발전기본법 · 시행령, 한국철도공사법 · 시행령, 철도사업법 · 시행령	10문항	

◇ 면접시험

구분	평가내용
면접시험 (4대1 면접)	NCS 기반 직무경험 및 상황면접 등을 종합적으로 평가
인성검사	인성, 성격적 특성에 대한 검사로, 적격 · 부적격 판정

❖ 위 채용 안내는 2024년 하반기 채용공고를 기준으로 작성하였으므로 세부사항은 확정된 채용공고를 확인하기 바랍니다.

2024년 하반기 기출분석 ANALYSIS

총평

코레일 한국철도공사 필기시험은 피듈형으로 출제되었으며, 난이도는 평이했다는 후기가 많았다. 수리능력의 경우 다양한 유형의 문제가 출제되었으므로 여러 유형의 문제에 대한 연습이 필요해 보인다. 또한, 의사소통능력과 문제해결능력에서는 모듈이론과 관련된 문제가 출제되었으므로 평소 모듈형 문제에 대한 준비를 해두는 것이 좋겠다. 2024년 하반기 채용부터 도입된 철도법령 문제는 난이도가 무난한 편이었으므로 철도법령 관련 용어나 개념과 같은 기본적인 학습을 충분히 하는 것이 중요해 보인다.

◇ 영역별 출제 비중

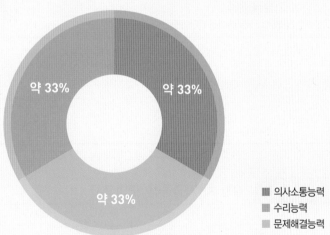

약 33% / 약 33% / 약 33%

■ 의사소통능력
■ 수리능력
■ 문제해결능력

구분	출제 특징	출제 키워드
의사소통능력	• 철도 관련 지문이 출제됨 • 모듈형 문제가 출제됨	• 철도사고, 비언어적 표현, 키슬러 등
수리능력	• 수열 문제가 출제됨 • 그래프 문제가 출제됨	• 농도, 진학률, 매출 그래프 등
문제해결능력	• 모듈형 문제가 출제됨 • 참거짓 문제가 출제됨	• 열차, SWOT 분석, 논리적 오류 등
철도법령	• 면허, 경미한 변경사항, 벌금, 사업용철도, 자본금, 사채, 이익전환, 사업계획 변경명령, 정부 출자 등	

학습플랜 STUDY PLAN

1일 차 학습플랜 1일 차 기출응용 모의고사

_____월 _____일		
의사소통능력	수리능력	문제해결능력

기술직 전공 (토목일반 / 기계일반 / 전기일반 / 전기이론)		철도법령

2일 차 학습플랜 2일 차 기출응용 모의고사

_____월 _____일		
의사소통능력	수리능력	문제해결능력

기술직 전공 (토목일반 / 기계일반 / 전기일반 / 전기이론)		철도법령

3일 차 학습플랜 · 3일 차 기출응용 모의고사

_____월 _____일

의사소통능력	수리능력	문제해결능력

기술직 전공 (토목일반 / 기계일반 / 전기일반 / 전기이론)	철도법령

4일 차 학습플랜 · 4일 차 기출응용 모의고사

_____월 _____일

의사소통능력	수리능력	문제해결능력

기술직 전공 (토목일반 / 기계일반 / 전기일반 / 전기이론)	철도법령

취약영역 분석 WEAK POINT

1일 차 취약영역 분석

시작 시간	:		종료 시간	:	
풀이 개수		개	못 푼 개수		개
맞힌 개수		개	틀린 개수		개
취약영역 / 유형					
2일 차 대비 개선점					

2일 차 취약영역 분석

시작 시간	:		종료 시간	:	
풀이 개수		개	못 푼 개수		개
맞힌 개수		개	틀린 개수		개
취약영역 / 유형					
3일 차 대비 개선점					

3일 차 취약영역 분석

시작 시간	:	종료 시간	:
풀이 개수	개	못 푼 개수	개
맞힌 개수	개	틀린 개수	개
취약영역 / 유형			
4일 차 대비 개선점			

4일 차 취약영역 분석

시작 시간	:	종료 시간	:
풀이 개수	개	못 푼 개수	개
맞힌 개수	개	틀린 개수	개
취약영역 / 유형			
시험일 대비 개선점			

2024.10.18.(금)

코레일 한국철도공사,
몽골 울란바토르철도와 상호협력 양해각서 체결

한국철도공사(이하 코레일)가 서울역에서 몽골 울란바토르철도(UBTZ)와 상호협력을 위한 양해각서(MOU)를 체결했다.

이번 협약은 2015년부터 이어온 두 기관의 협력관계를 더욱 공고히 하는 한편, 발전된 철도현황을 반영하고 미래 지향적 사업 발굴에 힘을 모으기 위해 마련되었다.

코레일과 UBTZ는 기존의 교류 위주 협력에서 철도 개량, 운영과 유지보수, 교육훈련 사업 등 한국철도의 몽골진출 확대를 위한 발전적 협력관계로 만들어 가기로 했다. 특히 철도 개량, 운영, 유지보수 사업 추진, 전문가 상호방문, 세미나 개최 등 지식공유, 해외철도시장 공동 진출, 친환경 철도기술, 혁신 분야 등에 협력하기로 했다.

이번 협약으로 두 기관은 최근 몽골에서 추진하고 있는 철도 공적개발원조(ODA) 사업과 함께 몽골철도에서 원하는 철도 인프라 분야의 신규 사업을 발굴, 추진할 계획이다.

코레일 사장은 "한국철도의 기술력과 몽골철도의 인프라가 만나 두 국가의 철도사업을 더욱 발전시키고 세계철도 시장에도 적극 진출할 수 있도록 협력관계를 확대하겠다."라고 말했다.

▌ Keyword

▶ 양해각서(MOU) : 국가 간의 외교 교섭 결과나 서로 수용하기로 한 내용들을 확인하고 기록하기 위하여 정식 계약 체결에 앞서 작성하는 문서로, 조약과 같은 효력을 가진다.
▶ 공적개발원조(ODA) : 공공기반원조 또는 정부개발원조라고도 하며, 선진국의 정부 또는 공공기관이 개발도상국의 발전과 복지증진을 주된 목적으로 하여 공여하는 원조를 의미한다. 주로 증여, 차관, 기술 원조 등의 형태로 제공된다.

▌ 예상 면접 질문

▶ 국제사회에서 코레일이 기여할 수 있는 부분에 대해 말해 보시오.
▶ 코레일의 국제적 협력 활동의 이상적인 추진 방향을 제시해 보시오.

코레일 한국철도공사,
'업사이클링 작업모' 취약계층에 기부

한국철도공사(이하 코레일)가 폐안전모를 업사이클링한 작업모 1,000개를 폐지와 공병을 줍는 어르신 등 취약계층에 기부했다.

코레일은 사회적기업 '우시산'과 함께 직원들이 사용하던 안전모와 투명 페트병 원사를 활용해 벙거지 모자 형태의 가벼운 안전모로 제작했다.

코레일은 지난달 30일 오후 대전 동구청에 대전 지역의 어르신 등 취약계층을 위한 업사이클링 작업모 200개를 전달했다. 이 기부를 시작으로 전국 19개 코레일 봉사단은 10월 말까지 각 지자체와 협력해 모두 1,000개의 안전모를 전달할 예정이다.

한편 코레일은 지난 2022년부터 작업복, 안전모, 페트병 등을 양말과 이불 등 새로운 제품으로 제작해 기부하는 '업사이클링 캠페인'을 이어오고 있다.

코레일 홍보문화실장은 "사회적기업과의 협력으로 취약계층을 지원하고 지역사회와 환경을 지키는 ESG 경영에 앞장설 수 있도록 최선을 다하겠다."라고 말했다.

Keyword

▶ 업사이클링 : 기존에 버려지는 제품을 단순히 재활용하는 차원을 넘어서 디자인을 가미하는 등 새로운 가치를 더하여 다른 제품으로 재탄생시키는 것을 의미한다.
▶ ESG 경영 : 환경(Environment)·사회(Social)·지배구조(Governance)를 뜻하는 경영 패러다임으로, 이윤추구라는 기존의 경영 패러다임 대신에 기업이 환경적, 사회적 책임을 다하고, 지배구조의 공정성을 목표로 지속가능경영을 위해 노력하는 경영방식이다.

예상 면접 질문

▶ 코레일의 ESG 경영을 위한 활동에 대해 아는 대로 말해 보시오.
▶ 코레일이 사회적 취약계층을 위해 할 수 있는 일에 대해 말해 보시오.

2024.08.28.(수)

코레일 한국철도공사,
모빌리티 혁신의 장 '디지털 허브' 개소

한국철도공사(이하 코레일)는 대전사옥에서 철도 산업의 디지털 전환을 선도하는 전진기지가 될 '디지털 허브'의 문을 열었다고 밝혔다.

'코레일 디지털 허브'는 철도 운영에 IT 신기술을 적극 도입해 전사적 디지털 대전환과 모빌리티 혁신을 이끌어 내기 위한 곳이다.

코레일은 본사 사옥 8층 전체를 모델링해 약 800㎡ 규모로 VR 체험실, 3D프린터실과 8개의 프로젝트 랩 공간을 조성했다. 협업공간으로 사용할 수 있는 미팅 라운지, 디지털 시제품과 추진과제 진행현황을 확인할 수 있는 전시공간, 소통과 교류를 위한 휴식공간 등도 함께 마련했다.

디지털 허브는 데이터 기반의 의사결정 지원과 안전과 서비스, 업무 혁신을 위한 다양한 프로젝트를 수행하기 위한 거점 역할을 하게 된다. 주요 기능은 실시간 빅데이터 통합 및 분석, 인공지능(AI) 기반 열차운행 예측모델 구축, 안전관리 강화 등이다.

코레일 사장은 "디지털 혁신은 단순한 기술적 도입을 넘어 철도 운영의 패러다임을 바꾸는 중요한 도전"이라며 "안전과 서비스, 운영효율화를 위해 전사적 디지털 대전환에 총력을 기울이겠다."라고 말했다.

Keyword

▶ VR : 컴퓨터로 만든 가상의 세계에서 사람들이 실제와 같은 체험을 할 수 있도록 하는 최첨단 기술로, 의학 · 항공 · 군사 · 철도 등 다양한 분야에 도입되어 활용되고 있다.
▶ 인공지능(AI) : 인간의 지능이 가지는 학습, 추리, 적응, 논증 등의 기능을 갖춘 컴퓨터 시스템으로, 음성 번역, 로봇 공학, 인지 과학 등 다양한 분야에 도입되어 활용되고 있다.

예상 면접 질문

▶ 기술의 발전과 코레일의 철도사업을 연관 지어 설명해 보시오.
▶ 미래의 철도산업은 어떤 모습일지 말해 보시오.

코레일 한국철도공사,
HMM과 친환경 철도물류 활성화 업무협약

한국철도공사(이하 코레일)는 국내 최대 해운사 HMM과 철도수송량 증대와 탄소배출량 감소를 위한 '친환경 철도물류 활성화 업무협약'을 체결했다.

이번 협약으로 두 기관은 코레일에서 추진하는 '냉동컨테이너 철도수송 서비스'의 안정적인 운영을 위해 협력하고 올해 개통 예정인 서해선 송산역 CY(컨테이너 야적장)를 서북부 내륙운송 허브기지로 활성화하는 데 힘을 모으기로 했다.

코레일은 냉동컨테이너 철도수송 인프라 구축, 환경성적표지 인증을 통한 친환경 운송서비스 제공, 송산 CY의 철도운송 허브기지 조성, '철도–해운 결합' 국제복합운송체계 구축 등에 나선다.

특히 이번 협약으로 철도와 선박 간 화물수송을 바로 연결하는 '인터모달(Inter–Modal) 원스톱 운송체계'를 활용해 철도수송 분담률을 늘리고 저탄소 물류시스템을 확대할 것으로 기대하고 있다.

코레일 물류사업본부장은 "두 기관의 인프라를 활용한 국제복합운송체계 구축, 냉동화물 수송 등 물류혁신으로 수출화물의 안정적인 수송 루트 확보와 철도수송 분담률 확대를 위해 힘쓰겠다."라고 말했다.

▌Keyword

▶ 인터모달(Inter–Modal) : 두 개 이상의 다른 수송수단으로 컨테이너, 트레일러, 팔레트 등의 적재 화물을 건물의 출입구에서 출입구까지 일관수송하는 방식을 의미한다.

▌예상 면접 질문

▶ 코레일이 환경 보호를 위해 할 수 있는 노력에 대해 말해 보시오.
▶ 코레일의 환경 관련 사업 중 인상적인 것이 있다면 말해 보시오.

이 책의 차례 CONTENTS

특별부록

www.sdedu.co.kr

2024년 코레일 NCS 기출복원 모의고사

문항 수 : 30문항	
시험시간 : 30분	

‖ 의사소통능력

01 다음 중 비언어적 요소인 쉼을 사용하는 경우로 적절하지 않은 것은?

① 양해나 동조를 구할 경우

② 상대방에게 반문을 할 경우

③ 이야기의 흐름을 바꿀 경우

④ 연단공포증을 극복하려는 경우

⑤ 이야기를 생략하거나 암시할 경우

‖ 의사소통능력

02 다음 밑줄 친 부분에 해당하는 키슬러의 대인관계 의사소통 유형은?

> 의사소통 시 이 유형의 사람은 따뜻하고 인정이 많으며 자기희생적이나 타인의 요구를 거절하지 못하므로 타인과의 정서적인 거리를 유지하는 노력이 필요하다.

① 지배형   ② 사교형

③ 친화형   ④ 고립형

⑤ 순박형

03 다음 글을 읽고 알 수 있는 철도사고 발생 시 행동요령으로 적절하지 않은 것은?

철도사고는 지하철, 고속철도 등 철도에서 발생하는 사고를 뜻한다. 많은 사람이 한꺼번에 이용하며 무거운 전동차가 고속으로 움직이는 특성상 철도사고가 발생할 경우 인명과 재산에 큰 피해가 발생한다.

철도사고는 다양한 원인에 의해 발생하며 사고 유형 또한 다양하게 나타나는데, 대표적으로는 충돌사고, 탈선사고, 열차화재사고가 있다. 이 사고들은 철도안전법에서 철도교통사고로 규정되어 있으며, 많은 인명피해를 야기하므로 철도사업자는 반드시 이를 예방하기 위한 조치를 취해야 한다. 또한 승객들은 위험으로부터 빠르게 벗어나기 위해 사고 시 대피요령을 파악하고 있어야 한다.

국토교통부는 철도사고 발생 시 인명과 재산을 보호하기 위한 국민행동요령을 제시하고 있다. 이 행동요령에 따르면 지하철에서 사고가 발생할 경우 가장 먼저 객실 양 끝에 있는 인터폰으로 승무원에게 사고를 알려야 한다. 만약 화재가 발생했다면 곧바로 119에 신고하고, 여유가 있다면 객실 양 끝에 비치된 소화기로 불을 꺼야 한다. 반면 화재의 진화가 어려울 경우 입과 코를 젖은 천으로 막고 화재가 발생하지 않은 다른 객실로 이동해야 한다. 전동차에서 대피할 때는 안내방송과 승무원의 안내에 따라 질서 있게 대피해야 하며 이때 부상자, 노약자, 임산부가 먼저 대피할 수 있도록 배려하고 도와주어야 한다. 만약 전동차의 문이 열리지 않으면 반드시 열차가 멈춘 후에 안내방송에 따라 비상핸들이나 비상콕크를 돌려 문을 열고 탈출해야 한다. 전동차가 플랫폼에 멈췄을 경우 스크린도어를 열고 탈출해야 하는데, 손잡이를 양쪽으로 밀거나 빨간색 비상바를 밀고 탈출해야 한다. 반대로 역이 아닌 곳에서 멈췄을 경우 감전의 위험이 있으므로 반드시 승무원의 안내에 따라 반대편 선로의 열차 진입에 유의하며 대피 유도등을 따라 침착하게 비상구로 대피해야 한다.

이와 같이 승객들은 철도사고 발생 시 신고, 질서 유지, 빠른 대피를 중점적으로 유념하여 행동해야 한다. 철도사고는 사고 자체가 일어나지 않도록 철저한 안전관리와 예방이 필요하지만, 다양한 원인으로 예상치 못하게 발생한다. 따라서 철도교통을 이용하는 승객 또한 평소에 안전 수칙을 준수하고 비상 상황에서 침착하게 대처하는 훈련이 필요하다.

① 침착함을 잃지 않고 승무원의 안내에 따라 대피해야 한다.
② 화재사고 발생 시 규모가 크지 않다면 빠르게 진화 작업을 해야 한다.
③ 선로에서 대피할 경우 승무원의 안내와 대피 유도등을 따라 대피해야 한다.
④ 열차에서 대피할 때는 탈출이 어려운 사람부터 대피할 수 있도록 도와야 한다.
⑤ 열차사고 발생 시 탈출을 위해 우선 비상핸들을 돌려 열차의 문을 개방해야 한다.

04 다음 글을 읽고 알 수 있는 하향식 읽기 모형의 사례로 적절하지 않은 것은?

글을 읽는 것은 단순히 책에 쓰인 문자를 해독하는 것이 아니라 그 안에 담긴 의미를 파악하는 과정이다. 그렇다면 사람들은 어떤 방식으로 글의 의미를 파악할까? 세상의 모든 어휘를 알고 있는 사람은 없을 것이다. 그러나 대부분의 사람들, 특히 고등교육을 받은 성인들은 자신이 잘 모르는 어휘가 있더라도 글의 전체적인 맥락과 의미를 파악할 수 있다. 이를 설명해 주는 것이 바로 하향식 읽기 모형이다.

하향식 읽기 모형은 독자가 이미 알고 있는 배경지식과 경험을 바탕으로 글의 전체적인 맥락을 먼저 파악하는 방식이다. 하향식 읽기 모형은 독자의 능동적인 참여를 활용하는 읽기로, 여기서 독자는 단순히 글을 받아들이는 수동적인 존재가 아니라 자신의 지식과 경험을 활용하여 글의 의미를 구성해 나가는 주체적인 역할을 한다. 이때 독자는 글의 내용을 예측하고 추론하며, 심지어 자신의 생각을 더하여 글에 대한 이해를 넓혀갈 수 있다.

하향식 읽기 모형의 장점은 빠르고 효율적인 독서가 가능하다는 것이다. 글의 전체적인 맥락을 먼저 파악하기 때문에 글의 핵심 내용을 빠르게 파악할 수 있고, 배경지식을 활용하여 더 깊이 있는 이해를 얻을 수 있다. 또한 예측과 추론을 통한 능동적인 독서는 독서에 대한 흥미를 높여 주는 효과도 있다.

그러나 하향식 읽기 모형은 독자의 배경지식에 의존하여 읽는 방법이므로 배경지식이 부족한 경우 글의 의미를 정확하게 파악하기 어려울 수 있으며, 배경지식에 의존하여 오해를 할 가능성도 크다. 또한 글의 내용이 복잡하다면 많은 배경지식을 가지고 있더라도 글의 맥락을 적극적으로 가정하거나 추측하기 어려운 것 또한 하향식 읽기 모형의 단점이 된다.

하향식 읽기 모형은 글의 내용을 빠르게 이해하고 독자 스스로 내면화할 수 있으므로 독서 능력 향상에 유용한 방법이다. 그러나 모든 글에 동일하게 적용할 수 있는 읽기 전략은 아니므로 글의 종류와 독자의 배경지식에 따라 적절한 읽기 전략을 사용해야 한다. 따라서 하향식 읽기 모형과 함께 상향식 읽기(문자의 정확한 해독), 주석 달기, 소리 내어 읽기 등 다양한 읽기 전략을 활용하여야 한다.

① 기사의 헤드라인을 먼저 읽어 기사의 내용을 유추한 뒤 상세 내용을 읽었다.
② 회의 자료를 읽기 전 회의 주제를 먼저 파악하여 회의 안건을 예상하였다.
③ 제품 설명서를 읽어 제품의 기능과 각 버튼의 용도를 파악하고 기계를 작동시켰다.
④ 요리법의 전체적인 조리 과정을 파악하고 단계별로 필요한 재료와 순서를 확인하였다.
⑤ 서문이나 목차를 통해 책의 전체적인 흐름을 파악하고 관심 있는 부분을 집중적으로 읽었다.

05 다음 글에서 화자의 태도로 가장 적절한 것은?

> 거친 밭 언덕 쓸쓸한 곳에
> 탐스러운 꽃송이 가지 눌렀네.
> 매화비 그쳐 향기 날리고
> 보리 바람에 그림자 흔들리네.
> 수레와 말 탄 사람 그 누가 보아 주리
> 벌 나비만 부질없이 엿보네.
> 천한 땅에 태어난 것 스스로 부끄러워
> 사람들에게 버림받아도 참고 견디네.
>
> – 최치원, 「촉규화」

① 임금에 대한 자신의 충성을 드러내고 있다.
② 사랑하는 사람에 대한 그리움을 나타내고 있다.
③ 현실에 가로막힌 자신의 처지를 한탄하고 있다.
④ 사람들과의 단절로 인한 외로움을 표현하고 있다.
⑤ 역경을 이겨내기 위한 자신의 노력을 피력하고 있다.

06 다음 중 한자성어의 뜻이 바르게 연결되지 않은 것은?

① 水魚之交 : 아주 친밀하여 떨어질 수 없는 사이
② 結草報恩 : 죽은 뒤에라도 은혜를 잊지 않고 갚음
③ 靑出於藍 : 제자나 후배가 스승이나 선배보다 나음
④ 指鹿爲馬 : 윗사람을 농락하여 권세를 마음대로 함
⑤ 刻舟求劍 : 말로는 친한 듯 하나 속으로는 해칠 생각이 있음

07 다음 글에 대한 설명으로 적절하지 않은 것은?

중국 연경(燕京)의 아홉 개 성문 안팎으로 뻗은 수십 리 거리에는 관청과 아주 작은 골목을 제외하고는 대체로 길 양옆으로 모두 상점이 늘어서 휘황찬란하게 빛난다.

우리나라 사람들은 중국 시장의 번성한 모습을 처음 보고서는 "오로지 말단의 이익만을 숭상하고 있군."이라고 말하였다. 이것은 하나만 알고 둘은 모르는 소리이다. 대저 상인은 사농공상(士農工商) 사민(四民)의 하나에 속하지만, 이 하나가 나머지 세 부류의 백성을 소통시키기 때문에 열에 셋의 비중을 차지하지 않으면 안 된다.

사람들은 쌀밥을 먹고 비단옷을 입고 있으면 그 나머지 물건은 모두 쓸모없는 줄 안다. 그러나 무용지물을 사용하여 유용한 물건을 유통하고 거래하지 않는다면, 이른바 유용하다는 물건은 거의 대부분이 한 곳에 묶여서 유통되지 않거나 그것만이 홀로 돌아다니다 쉽게 고갈될 것이다. 따라서 옛날의 성인과 제왕께서는 이를 위하여 주옥(珠玉)과 화폐 등의 물건을 조성하여 가벼운 물건으로 무거운 물건을 교환할 수 있도록 하셨고, 무용한 물건으로 유용한 물건을 살 수 있도록 하셨다.

지금 우리나라는 지방이 수천 리이므로 백성들이 적지 않고, 토산품이 구비되어 있다. 그럼에도 산이나 물에서 생산되는 이로운 물건이 전부 세상에 나오지 않고, 경제를 윤택하게 하는 방법도 잘 모르며, 날마다 쓰는 것을 팽개친 채 그것에 대해 연구하지 않고 있다. 그러면서 중국의 거마, 주택, 단청, 비단이 화려한 것을 보고서는 대뜸 "사치가 너무 심하다."라고 말해 버린다.

그렇지만 중국이 사치로 망한다고 할 것 같으면, 우리나라는 반드시 검소함으로 인해 쇠퇴할 것이다. 왜 그러한가? 검소함이란 물건이 있음에도 불구하고 쓰지 않는 것이지, 자기에게 없는 물건을 스스로 끊어 버리는 것을 일컫지는 않는다. 현재 우리나라에는 진주를 캐는 집이 없고 시장에는 산호 같은 물건의 값이 정해져 있지 않다. 금이나 은을 가지고 점포에 들어가서는 떡과 엿을 사 먹을 수가 없다. 이런 현실이 정말 우리의 검소한 풍속 때문이겠는가? 이것은 그 재물을 사용할 줄 모르기 때문이다. 재물을 사용할 방법을 알지 못하므로 재물을 만들어 낼 방법을 알지 못하고, 재물을 만들어 낼 방법을 알지 못하므로 백성들의 생활은 날이 갈수록 궁핍해진다.

재물이란 우물에 비유할 수가 있다. 물을 퍼내면 우물에는 늘 물이 가득하지만, 물을 길어내지 않으면 우물은 말라 버린다. 이와 같은 이치로 화려한 비단옷을 입지 않으므로 나라에는 비단을 짜는 사람이 없고, 그로 인해 여인이 베를 짜는 모습을 볼 수 없게 되었다. 그릇이 찌그러져도 이를 개의치 않으며, 기교를 부려 물건을 만들려고 하지도 않아 나라에는 공장(工匠)과 목축과 도공이 없어져 기술이 전해지지 않는다. 더 나아가 농업도 황폐해져 농사짓는 방법이 형편없고, 상업을 박대하므로 상업 자체가 실종되었다. 사농공상 네 부류의 백성이 누구나 할 것 없이 다 가난하게 살기 때문에 서로를 구제할 길이 없다.

지금 종각이 있는 종로 네거리에는 시장 점포가 연이어 있다고 하지만 그것은 1리도 채 안 된다. 중국에서 내가 지나갔던 시골 마을은 거의 몇 리에 걸쳐 점포로 뒤덮여 있었다. 그곳으로 운반되는 물건의 양이 우리나라 곳곳에서 유통되는 것보다 많았는데, 이는 그곳 가게가 우리나라보다 더 부유해서 그러한 것이 아니고 재물이 유통되느냐 유통되지 못하느냐에 따른 결과인 것이다.

– 박제가, 『시장과 우물』

① 재물이 적절하게 유통되지 않는 현실을 비판하고 있다.

② 재물을 유통하기 위한 성현들의 노력을 근거로 제시하고 있다.

③ 경제의 규모를 늘리기 위한 소비의 중요성을 강조하고 있다.

④ 조선의 경제가 윤택하지 못한 이유를 생산량의 부족으로 보고 있다.

⑤ 산업의 발전을 위해 적당한 사치가 있어야 함을 제시하고 있다.

08 다음 중 밑줄 친 부분의 띄어쓰기가 옳지 <u>않은</u> 것은?

① 운전을 어떻게 해야 <u>하는지</u> 알려 주었다.

② 오랫동안 <u>애쓴 만큼</u> 좋은 결과가 나왔다.

③ 모두가 떠나가고 남은 사람은 고작 <u>셋 뿐이다</u>.

④ 참가한 사람들은 누구의 키가 <u>큰지 작은지</u> 비교해 보았다.

⑤ 민족의 큰 명절에는 온 나라 방방곡곡에서 <u>씨름판이</u> 열렸다.

09 다음 중 밑줄 친 부분의 표기가 옳지 <u>않은</u> 것은?

① 늦게 온다던 친구가 <u>금세</u> 도착했다.

② 변명할 틈도 없이 그에게 일방적으로 <u>채였다</u>.

③ 못 본 사이에 그의 얼굴은 <u>핼쑥하게</u> 변했다.

④ 빠르게 변해버린 고향이 <u>낯설게</u> 느껴졌다.

⑤ 문제의 정답을 찾기 위해 <u>곰곰이</u> 생각해 보았다.

10 다음 중 단어와 그 발음법이 바르게 연결되지 <u>않은</u> 것은?

① 결단력 – [결딴녁]

② 옷맵시 – [온맵씨]

③ 몰상식 – [몰상씩]

④ 물난리 – [물랄리]

⑤ 땀받이 – [땀바지]

11 농도가 15%인 소금물 200g과 농도가 20%인 소금물 300g을 섞었을 때, 섞인 소금물의 농도는?

① 17%　　　　　　　　　　② 17.5%

③ 18%　　　　　　　　　　④ 18.5%

⑤ 19%

12 남직원 A ~ C, 여직원 D ~ F 6명이 일렬로 앉고자 한다. 여직원끼리 인접하지 않고, 여직원 D와 남직원 B가 서로 인접하여 앉는 경우의 수는?

① 12가지　　　　　　　　　② 20가지

③ 40가지　　　　　　　　　④ 60가지

⑤ 120가지

13 다음과 같이 일정한 규칙으로 수를 나열할 때 빈칸에 들어갈 수로 옳은 것은?

−23	−15	−11	5	13	25	( )	45	157	65	

① 49　　　　　　　　　　　② 53

③ 57　　　　　　　　　　　④ 61

⑤ 65

14 다음은 K시의 유치원, 초·중·고등학교, 고등교육기관의 취학률 및 초·중·고등학교의 상급학교 진학률에 대한 자료이다. 이에 대한 설명으로 옳지 않은 것은?

〈유치원, 초·중·고등학교, 고등교육기관 취학률〉

(단위 : %)

구분	2014년	2015년	2016년	2017년	2018년	2019년	2020년	2021년	2022년	2023년
유치원	45.8	45.2	48.3	50.6	51.6	48.1	44.3	45.8	49.7	52.8
초등학교	98.7	99	98.6	98.9	99.3	99.6	98.1	98.1	99.5	99.9
중학교	98.5	98.6	98.1	98	98.9	98.5	97.1	97.6	97.5	98.2
고등학교	95.3	96.9	96.2	95.4	96.2	94.7	92.1	93.7	95.2	95.6
고등교육기관	65.6	68.9	64.9	66.2	67.5	69.2	70.8	71.7	74.3	73.5

〈초·중·고등학교 상급학교 진학률〉

(단위 : %)

구분	2014년	2015년	2016년	2017년	2018년	2019년	2020년	2021년	2022년	2023년
초등학교	100	100	100	100	100	100	100	100	100	100
중학교	99.7	99.7	99.7	99.7	99.7	99.7	99.7	99.7	99.7	99.6
고등학교	93.5	91.8	90.2	93.2	91.7	90.5	91.4	92.6	93.9	92.8

① 중학교의 취학률은 매년 97% 이상이다.

② 매년 취학률이 가장 높은 기관은 초등학교이다.

③ 고등교육기관의 취학률이 70%를 넘긴 해는 2020년부터이다.

④ 2023년에 중학교에서 고등학교로 진학하지 않은 학생의 비율은 전년 대비 감소하였다.

⑤ 고등교육기관의 취학률이 가장 낮은 해와 고등학교의 상급학교 진학률이 가장 낮은 해는 같다.

15 다음은 A기업과 B기업의 2024년 1 ~ 6월 매출액에 대한 자료이다. 이를 그래프로 옮겼을 때의 개형으로 옳은 것은?

〈2024년 1 ~ 6월 A, B기업 매출액〉

(단위 : 억 원)

구분	2024년 1월	2024년 2월	2024년 3월	2024년 4월	2024년 5월	2024년 6월
A기업	307.06	316.38	315.97	294.75	317.25	329.15
B기업	256.72	300.56	335.73	313.71	296.49	309.85

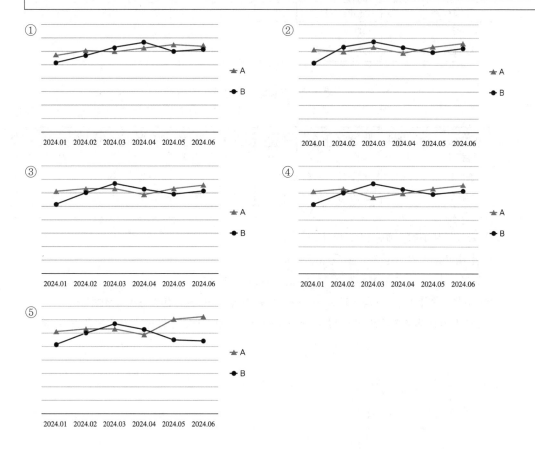

16 다음 식을 계산하여 나온 수의 백의 자리, 십의 자리, 일의 자리를 순서대로 바르게 나열한 것은?

$$865 \times 865 + 865 \times 270 + 135 \times 138 - 405$$

① 0, 0, 0   ② 0, 2, 0

③ 2, 5, 0   ④ 5, 5, 0

⑤ 8, 8, 0

17 길이가 200m인 A열차가 어떤 터널을 60km/h의 속력으로 통과하였다. 잠시 후 길이가 300m인 B열차가 같은 터널을 90km/h의 속력으로 통과하였다. A열차와 B열차가 이 터널을 완전히 통과할 때 걸린 시간의 비가 10 : 7일 때, 이 터널의 길이는?

① 1,200m   ② 1,500m

③ 1,800m   ④ 2,100m

⑤ 2,400m

18 다음과 같이 일정한 규칙으로 수를 나열할 때 빈칸에 들어갈 수로 옳은 것은?

−2	1	6	13	22	33	46	61	78	97	(	)

① 102   ② 106

③ 110   ④ 114

⑤ 118

19 다음은 2023년 K톨게이트를 통과한 차량에 대한 자료이다. 이에 대한 설명으로 옳지 않은 것은?

<대2023년 K톨게이트 통과 차량>

(단위 : 천 대)

구분	승용차			승합차			대형차		
	영업용	비영업용	합계	영업용	비영업용	합계	영업용	비영업용	합계
1월	152	3,655	3,807	244	2,881	3,125	95	574	669
2월	174	3,381	3,555	222	2,486	2,708	101	657	758
3월	154	3,909	4,063	229	2,744	2,973	139	837	976
4월	165	3,852	4,017	265	3,043	3,308	113	705	818
5월	135	4,093	4,228	211	2,459	2,670	113	709	822
6월	142	3,911	4,053	231	2,662	2,893	107	731	838
7월	164	3,744	3,908	237	2,721	2,958	117	745	862
8월	218	3,975	4,193	256	2,867	3,123	115	741	856
9월	140	4,105	4,245	257	2,913	3,170	106	703	809
10월	135	3,842	3,977	261	2,812	3,073	107	695	802
11월	170	3,783	3,953	227	2,766	2,993	117	761	878
12월	147	3,730	3,877	243	2,797	3,040	114	697	811

① 전체 승용차 수와 전체 승합차 수의 합이 가장 많은 달은 9월이고, 가장 적은 달은 2월이다.

② 4월을 제외하고 K톨게이트를 통과한 비영업용 승합차 수는 월별 300만 대 미만이었다.

③ 전체 대형차 수 중 영업용 대형차 수의 비율은 모든 달에서 10% 이상이다.

④ 영업용 승합차 수는 모든 달에서 영업용 대형차 수의 2배 이상이다.

⑤ 승용차가 가장 많이 통과한 달의 전체 승용차 수에 대한 영업용 승용차 수의 비율은 3% 이상이다.

20 K중학교 2학년 A ~ F 6개의 학급이 체육대회에서 줄다리기 경기를 다음과 같은 토너먼트로 진행하려고 한다. 이때, A반과 B반이 모두 2번의 경기를 거쳐 결승에서 만나게 되는 경우의 수는?

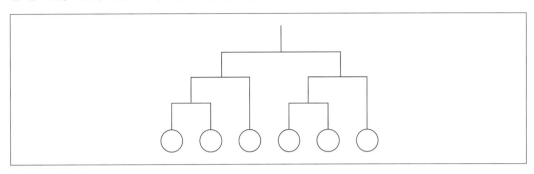

① 6가지
② 24가지
③ 120가지
④ 180가지
⑤ 720가지

21 다음은 연령대별로 도시와 농촌에서의 여가생활 만족도 평가 점수를 조사한 자료이다. 〈조건〉에 따라 빈칸 ㄱ ~ ㄹ에 들어갈 수를 순서대로 바르게 나열한 것은?

〈연령대별 도시·농촌 여가생활 만족도 평가〉

(단위 : 점)

구분	10대 미만	10대	20대	30대	40대	50대	60대	70대 이상
도시	1.6	ㄱ	3.5	ㄴ	3.9	3.8	3.3	1.7
농촌	1.3	1.8	2.2	2.1	2.1	ㄷ	2.1	ㄹ

※ 매우 만족 : 5점, 만족 : 4점, 보통 : 3점, 불만 : 2점, 매우 불만 : 1점

〈조건〉

• 도시에서 여가생활 만족도는 모든 연령대에서 같은 연령대의 농촌보다 높았다.
• 도시에서 10대의 여가생활 만족도는 농촌에서 10대의 2배보다 높았다.
• 도시에서 여가생활 만족도가 가장 높은 연령대는 40대였다.
• 농촌에서 여가생활 만족도가 가장 높은 연령대는 50대지만, 3점을 넘기지 못했다.

	ㄱ	ㄴ	ㄷ	ㄹ
①	3.8	3.3	2.8	3.5
②	3.5	3.3	3.2	3.5
③	3.8	3.3	2.8	1.5
④	3.5	4.0	3.2	1.5
⑤	3.8	4.0	2.8	1.5

22 A ~ E열차를 운행거리가 가장 긴 순서대로 나열하려고 한다. 운행시간 및 평균 속력이 다음과 같을 때, C열차는 몇 번째로 운행거리가 긴 열차인가?(단, 열차 대기시간은 고려하지 않는다)

〈A ~ E열차 운행시간 및 평균 속력〉

구분	운행시간	평균 속력
A열차	900분	50m/s
B열차	10시간 30분	150km/h
C열차	8시간	55m/s
D열차	720분	2.5km/min
E열차	10시간	2.7km/min

① 첫 번째
② 두 번째
③ 세 번째
④ 네 번째
⑤ 다섯 번째

23 다음 대화에서 공통적으로 나타나는 논리적 오류로 가장 적절한 것은?

A : 반려견 출입 금지라고 쓰여 있는 카페에 갔는데 거절당했어. 반려견 출입 금지면 고양이는 괜찮은 거 아니야?
B : 어제 직장동료가 "조심히 들어가세요."라고 했는데 집에 들어갈 때만 조심하라는 건가?
C : 친구가 비가 와서 우울하다고 했는데, 비가 안 오면 행복해지겠지?
D : 이웃을 사랑하라는 선생님의 가르침을 실천하기 위해 사기를 저지른 이웃을 숨겨 주었어.
E : 의사가 건강을 위해 채소를 많이 먹으라고 하던데 앞으로는 채소만 먹으면 되겠어.
F : 긍정적인 생각을 하면 좋은 일이 생기니까 아무리 나쁜 일이 있어도 긍정적으로만 생각하면 될 거야.

① 무지의 오류
② 연역법의 오류
③ 과대해석의 오류
④ 허수아비 공격의 오류
⑤ 권위나 인신공격에 의존한 논증

24 다음은 스마트팜을 운영하는 K사에 대한 SWOT 분석 결과이다. 이에 따른 전략이 나머지와 다른 것은?

<K사 스마트팜 SWOT 분석 결과>

구분		분석 결과
내부환경요인	강점 (Strength)	• 차별화된 기술력 : 기존 스마트팜 솔루션과 차별화된 센서 기술, AI 기반 데이터 분석 기술 보유 • 젊고 유연한 조직 : 빠른 의사결정과 시장 변화에 대한 적응력 • 정부 사업 참여 경험 : 스마트팜 관련 정부 사업 참여 가능성
	약점 (Weakness)	• 자금 부족 : 연구개발, 마케팅 등에 필요한 자금 확보 어려움 • 인력 부족 : 다양한 분야의 전문 인력 확보 필요 • 개발력 부족 : 신규 기술 개발 속도 느림
외부환경요인	기회 (Opportunity)	• 스마트팜 시장 성장 : 스마트팜에 대한 관심 증가와 이에 따른 정부의 적극적인 지원 • 해외 시장 진출 가능성 : 글로벌 스마트팜 시장 진출 기회 확대 • 활발한 관련 연구 : 스마트팜 관련 공동연구 및 포럼, 설명회 등 정보 교류가 활발하게 논의
	위협 (Threat)	• 경쟁 심화 : 후발 주자의 등장과 기존 대기업의 시장 장악 가능성 • 기술 변화 : 빠르게 변화하는 기술 트렌드에 대한 대응 어려움 • 자연재해 : 기후 변화 등 예측 불가능한 자연재해로 인한 피해 가능성

① 정부 지원을 바탕으로 연구개발에 필요한 자금을 확보

② 스마트팜 관련 공동연구에 참가하여 빠르게 신규 기술을 확보

③ 스마트팜에 대한 높은 관심을 바탕으로 온라인 펀딩을 통해 자금을 확보

④ 포럼 등 설명회에 적극적으로 참가하여 전문 인력 확충을 위한 인맥을 확보

⑤ 스마트팜 관련 정부 사업 참여 경험을 바탕으로 정부의 적극적인 지원을 확보

25 다음 글에서 나타난 문제해결 절차의 단계로 가장 적절한 것은?

> K대학교 기숙사는 최근 학생들의 불만이 끊이지 않고 있다. 특히 식사의 질이 낮고, 시설이 노후화되었으며, 인터넷 연결 상태가 불안정하다는 의견이 많았다. 이에 K대학교 기숙사 운영위원회는 문제해결을 위해 긴급 회의를 소집했다.
>
> 회의에서 학생 대표들은 식단의 다양성 부족, 식재료의 신선도 문제, 식당 내 위생 상태 불량 등을 지적했다. 또한 시설 관리 담당자는 건물 외벽의 균열, 낡은 가구, 잦은 누수 현상 등 시설 노후화 문제를 강조했다. IT 담당자는 기숙사 내 와이파이 연결 불안정, 인터넷 속도 저하 등 통신환경 문제를 제기했다.
>
> 운영위원회는 이러한 다양한 의견을 종합하여 문제를 더욱 구체적으로 분석하기로 결정했다. 먼저, 식사 문제의 경우 학생들의 식습관 변화에 따른 메뉴 구성의 문제점, 식자재 조달 과정의 비효율성, 조리 시설의 부족 등의 문제점을 파악했다. 시설 문제는 건물의 노후화로 인한 안전 문제, 에너지 효율 저하, 학생들의 편의성 저하 등으로 세분화했다. 마지막으로 통신환경 문제는 기존 네트워크 장비의 노후화, 학생 수 증가에 따른 네트워크 부하 증가 등의 세부 문제가 제시되었다.

① 문제 인식   ② 문제 도출
③ 원인 분석   ④ 해결안 개발
⑤ 실행 및 평가

26 면접 참가자 A ~ E 5명은 〈조건〉과 같이 면접장에 도착했다. 동시에 도착한 사람은 없다고 할 때, 다음 중 항상 참인 것은?

─────〈조건〉─────

- B는 A 바로 다음에 도착했다.
- D는 E보다 늦게 도착했다.
- C보다 먼저 도착한 사람이 1명 있다.

① E는 가장 먼저 도착했다.
② B는 가장 늦게 도착했다.
③ A는 네 번째로 도착했다.
④ D는 가장 먼저 도착했다.
⑤ D는 A보다 먼저 도착했다.

27 다음 논리에서 나타난 형식적 오류로 옳은 것은?

- 전제 1 : TV를 오래 보면 눈이 나빠진다.
- 전제 2 : 철수는 TV를 오래 보지 않는다.
- 결론 : 그러므로 철수는 눈이 나빠지지 않는다.

① 사개명사의 오류
② 전건 부정의 오류
③ 후건 긍정의 오류
④ 선언지 긍정의 오류
⑤ 매개념 부주연의 오류

※ 서울역 근처 K공사에 근무하는 A과장은 팀원 4명과 함께 열차를 타고 부산으로 출장을 가려고 한다. 다음 자료를 보고 이어지는 질문에 답하시오. [28~29]

〈서울역 → 부산역 열차 시간표〉

구분	출발시각	정차역	다음 정차역까지 소요시간	총주행시간	성인 1인당 요금
KTX	8:00	–	–	2시간 30분	59,800원
ITX-청춘	7:20	대전	40분	3시간 30분	48,800원
ITX-마음	6:40	대전, 울산	40분	3시간 50분	42,600원
새마을호	6:30	대전, 울산, 동대구	60분	4시간 30분	40,600원
무궁화호	5:30	대전, 울산, 동대구	80분	5시간 40분	28,600원

※ 위의 열차 시간표는 운행하는 열차 종류별 승차권 구입이 가능한 가장 빠른 시간표이다.
※ 총주행시간은 정차·대기시간을 제외한 열차가 실제로 달리는 시간이다.

〈운행 조건〉

• 정차역에 도착할 때마다 대기시간 15분을 소요한다.
• 정차역에 먼저 도착한 열차가 출발하기 전까지 뒤에 도착한 열차는 정차역에 들어오지 않고 대기한다.
• 정차역에 먼저 도착한 열차가 정차역을 출발한 후, 5분 뒤에 대기 중인 열차가 정차역에 들어온다.
• 정차역에 2종류 이상의 열차가 동시에 도착하였다면, ITX-청춘 → ITX-마음 → 새마을호 → 무궁화호 순으로 정차역에 들어온다.
• 목적지인 부산역은 먼저 도착한 열차로 인한 대기 없이 바로 역에 들어온다.

┃ 문제해결능력

28 다음 중 자료에 대한 설명으로 옳지 않은 것은?

① ITX-청춘보다 ITX-마음이 목적지에 더 빨리 도착한다.
② 부산역에 가장 늦게 도착하는 열차는 12시에 도착한다.
③ ITX-마음은 먼저 도착한 열차로 인한 대기시간이 없다.
④ 부산역에 가장 빨리 도착하는 열차는 10시 30분에 도착한다.
⑤ 무궁화호는 울산역, 동대구역에서 다른 열차로 인해 대기한다.

29 다음 〈조건〉에 따라 승차권을 구입할 때, A과장과 팀원 4명의 총요금은?

─────〈조건〉─────

- A과장과 팀원 1명은 7시 30분까지 K공사에서 사전 회의를 가진 후 출발하며, 출장 인원이 모두 같이 이동할 필요는 없다.
- 목적지인 부산역에는 11시 30분까지 도착해야 한다.
- 열차 요금은 가능한 한 저렴하게 한다.

① 247,400원   ② 281,800원

③ 312,800원   ④ 326,400원

⑤ 347,200원

30 다음 글에 나타난 논리적 사고의 구성요소로 가장 적절한 것은?

A는 동업자 B와 함께 신규 사업을 시작하기 위해 기획안을 작성하여 논의하였다. 그러나 B는 신규 기획안을 읽고 시기나 적절성에 대해 부정적인 입장을 보였다. A가 B를 설득하기 위해 B의 의견을 정리하여 생각해 보니 B는 신규 사업을 시작하는 데 있어 다른 경쟁사보다 늦게 출발하여 경쟁력이 부족하다는 점 때문에 신규 사업에 부정적이라는 것을 알게 되었다. 이에 A는 경쟁력을 높이기 위한 다양한 아이디어를 추가로 제시하여 B를 다시 설득하였다.

① 설득

② 구체적인 생각

③ 생각하는 습관

④ 타인에 대한 이해

⑤ 상대 논리의 구조화

2024 ~ 2022년 코레일 전공(직렬별) 기출복원 모의고사

문항 수 : 20문항
시험시간 : 20분

| 01 | 토목일반

01 직경이 5cm인 강봉에 10kN의 축방향 하중을 가하자 75mm가 늘어났다. 이 강봉의 늘어나기 전 처음 길이는?(단, 강봉의 탄성계수는 170MPa이다)

① 약 1m
② 약 1.8m
③ 약 2.2m
④ 약 2.5m
⑤ 약 3m

02 다음 그림과 같이 양단고정보에 등분포하중 w와 집중하중 P가 동시에 작용할 때, B지점에서 작용하는 모멘트는?

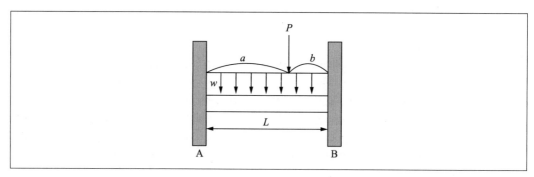

① $\dfrac{12Pa^2b + 18wL^4}{18L^2}$

② $\dfrac{12Pa^2b + wL^4}{12L^2}$

③ $\dfrac{12Pa^2b + 6wL^4}{12L^2}$

④ $\dfrac{4Pa^2b + wL^4}{12L^2}$

⑤ $\dfrac{Pa^2b + 2wL^4}{3L^2}$

03 다음 글에서 설명하는 이론으로 옳은 것은?

- $P = \dfrac{\partial U}{\partial \delta_i}$: 하중(P)은 변형에너지(U)의 변위(δ_i)에 대한 도함수이다.

- $\theta = \dfrac{\partial U}{\partial u_i}$: 처짐각(θ)은 변형에너지(U)의 휨모멘트(u_i)에 대한 도함수이다.

- $\delta = \dfrac{\partial U}{\partial P_i}$: 처짐량(δ)은 변형에너지(U)의 하중(P_i)에 대한 도함수이다.

① 베르누이의 정리
② 에너지 보존의 법칙
③ 카스틸리아노의 정리
④ 중첩의 원리
⑤ 최소 작용의 원리

04 다음 그림과 같이 일단고정 타단지지보에 등분포하중과 집중하중이 동시에 작용하였을 때, 전단력이 0인 지점은 A로부터 얼마나 떨어져 있는가?

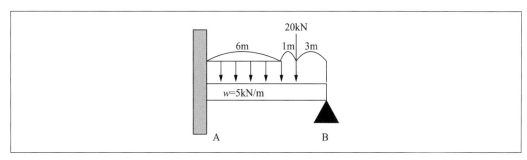

① 4.8m
② 5.4m
③ 6m
④ 6.6m
⑤ 7.2m

05 다음 중 트랜싯의 망원경에 그어진 선을 이용하여 두 지점 간의 수평거리와 고저차를 간접적으로 구하는 측량은?

① 삼각측량
② 수준측량
③ 측지측량
④ 평면측량
⑤ 스타디아측량

06 표고가 1,000m, 해발이 3,000m인 상공에서 초점거리가 200mm인 사진기를 이용하여 사진측량을 실시하였다. 사진 매수가 180매이고 사진 크기가 20cm×20cm일 때, 측정한 실제 면적은?(단, 안전율은 20%이며, 종중복도는 50%, 횡중복도는 40%이다)

① 180km^2
② 210km^2
③ 240km^2
④ 270km^2
⑤ 300km^2

07 다음 중 홍수의 위험이 있거나 철도 등 통행에 제약이 있는 곳에 적용이 가능하며, 단면형상 변화에 대한 적응성이 양호한 공법은?

① FCM 공법
② FSM 공법
③ ILM 공법
④ MSS 공법
⑤ PSM 공법

08 다음 중 지중연속벽에 대한 설명으로 옳지 않은 것은?

① 굴착면의 붕괴 및 지하수의 유입을 방지하기 위해 벤토나이트를 공급한다.
② 지하시설물에 적용할 수 있는 구조물이다.
③ 작업 시 발생하는 소음이 적다.
④ 시공비가 저렴하다.
⑤ 암반층을 최소 1m 굴착하여야 한다.

09 다음 중 모래다짐말뚝 공법의 장점으로 옳지 않은 것은?

① 지반이 균질화된다.

② 압밀침하량이 적다.

③ 진동 및 소음이 적다.

④ 지반의 전단강도가 증가한다.

⑤ 지반의 액상화 현상을 방지할 수 있다.

10 다음 중 기둥을 단주와 장주로 나눌 때, 장주의 기준이 되는 세장비의 최솟값은?

① 25

② 50

③ 75

④ 100

⑤ 500

11 다음 중 고강도 경량콘크리트의 설계기준압축강도(f_{ck})의 최솟값은?

① 15MPa

② 24MPa

③ 27MPa

④ 30MPa

⑤ 40MPa

12 다음 중 설계기준압축강도(f_{ck})가 60MPa인 콘크리트 부재의 극한변형률은?

① 0.0031

② 0.0032

③ 0.0033

④ 0.0034

⑤ 0.0035

13 다음 중 포장된 아스팔트의 파손 원인으로 옳은 것을 〈보기〉에서 모두 고르면?

───〈보기〉───
ㄱ. 과적 차량의 잦은 통행으로 인한 피로 파괴
ㄴ. 아스팔트 배합설계 불량
ㄷ. 우천 시 우수의 배수 불량
ㄹ. 혼합물의 다짐온도 불량

① ㄱ, ㄴ
② ㄴ, ㄹ
③ ㄱ, ㄴ, ㄹ
④ ㄴ, ㄷ, ㄹ
⑤ ㄱ, ㄴ, ㄷ, ㄹ

14 토립자의 비중이 2.60인 흙의 전체 단위중량이 2.0t/m^3이고, 함수비가 20%라고 할 때, 이 흙의 포화도는 얼마인가?

① 약 66.79%
② 약 72.41%
③ 약 73.44%
④ 약 81.23%
⑤ 약 92.85%

15 폭이 400mm이고 유효깊이가 600mm인 철근콘크리트 단철근 직사각형 보의 균형철근비는?(단, $f_{ck}=$ 23MPa, $f_y=350\text{MPa}$, $E_c=200,000\text{MPa}$이다)

① 약 0.019
② 약 0.023
③ 약 0.027
④ 약 0.031
⑤ 약 0.035

16 다음 중 블레이드를 상하로 20 ~ 30도 기울일 수 있어 블레이드 한쪽 끝 부분에 힘을 집중시킬 수 있는 도저는?

① 레이크 도저
② 스트레이트 도저
③ 앵글 도저
④ 틸트 도저
⑤ 습지 도저

17 다음 중 콘크리트의 건조수축에 대한 설명으로 옳은 것은?

① 콘크리트 부재 표면에는 압축응력이 발생한다.

② 건조수축의 진행속도는 외부 환경의 상대습도와 무관하다.

③ 물과 시멘트의 비율이 높을수록 크리프는 작게 발생한다.

④ 잔골재의 사용량을 줄이고 굵은골재의 사용량을 늘려 건조수축을 억제할 수 있다.

⑤ 흡수율이 높은 골재를 사용하여 건조수축을 억제할 수 있다.

18 다음 중 삼변측량에 대한 설명으로 옳지 않은 것은?

① 전자파거리측량기(E.D.M)의 출현으로 이용이 활성화되었다.

② 관측값의 수에 비해 조건식이 많은 것이 장점이다.

③ 변 길이를 관측하여 삼각점의 위치를 구하는 측량이다.

④ 코사인 제2법칙과 반각공식을 이용하여 각을 구한다.

⑤ 조정 방법에는 조건방정식에 의한 조정 방법과 관측방정식에 의한 조정 방법이 있다.

19 한 변의 길이가 a인 정삼각형 모양의 보에서 축을 기준으로 T의 크기만큼 토크가 발생하였다. 이때, 단면의 중심으로부터 발생한 전단응력의 크기는?

① $\dfrac{288\,T}{21b^3}$

② $\dfrac{144\,T}{21b^3}$

③ $\dfrac{288\,T}{7b^3}$

④ $\dfrac{144\,T}{7b^3}$

⑤ $\dfrac{288\,T}{3b^3}$

20 어떤 직선 도로를 최대 10m까지 측정 가능한 줄자로 360m를 측정하였다. 1번 측정할 때마다 1cm의 오차가 발생하고 ±7.5mm의 우연오차가 발생할 때, 이 도로의 정확한 길이의 범위는?

① 360 ± 0.45m

② 360.36 ± 0.45m

③ 360 ± 0.075m

④ 360.36 ± 0.075m

⑤ 360 ± 0.01m

01 다음 중 흑연의 기본형상으로 옳지 않은 것을 〈보기〉에서 모두 고르면?

---〈보기〉---
ㄱ. 괴상흑연
ㄴ. 구상흑연
ㄷ. 국화상흑연
ㄹ. 장미상흑연
ㅁ. 편상흑연

① ㄱ, ㄴ　　　　　　　　　　　② ㄱ, ㅁ
③ ㄴ, ㄹ　　　　　　　　　　　④ ㄷ, ㄹ
⑤ ㄹ, ㅁ

02 다음 중 평판의 하류 쪽으로 갈수록 난류가 발생하는 것은?

① 난류층　　　　　　　　　　② 난류경계층
③ 천이영역　　　　　　　　　④ 층류경계층
⑤ 층류저층

03 다음 중 용매금속에 용질금속의 원자 또는 분자가 녹아 들어가 응고되어 만들어진 혼합물은?

① 공석　　　　　　　　　　　② 공정
③ 포정　　　　　　　　　　　④ 편정
⑤ 고용체

04 다음 윤활유 공급방법 중 순환 급유방식에 해당하는 급유법은?

① 손 급유법　　　　　　　　　　② 패드 급유법

③ 제트 급유법　　　　　　　　　　④ 분무식 급유법

⑤ 적하 급유법

05 다음 중 스프링에 작용하는 하중에서 정하중에 속하지 않는 것은?

① 인장하중　　　　　　　　　　② 압축하중

③ 전단하중　　　　　　　　　　④ 비틀림하중

⑤ 반복하중

06 다음 중 합금에 대한 설명으로 옳지 않은 것은?

① 강도가 향상된다.

② 연성이 작아진다.

③ 전기전도도가 향상된다.

④ 구성비가 고정되어 있지 않다.

⑤ 탄소강은 대표적인 합금 중 하나이다.

07 외부에서 열에너지를 받아 일을 하는 열기관이 있다. 이 열기관에 20kJ의 열량을 더 가하여 열기관이 하는 일의 양이 20kJ 증가하였을 때, 기체의 내부에너지의 변화는?

① 40kJ 증가한다.　　　　　　　　② 20kJ 증가한다.

③ 변하지 않는다.　　　　　　　　④ 20kJ 감소한다.

⑤ 40kJ 감소한다.

08 다음 그림과 같이 양단고정보에 집중하중이 작용하였을 때, 발생하는 처짐량은?

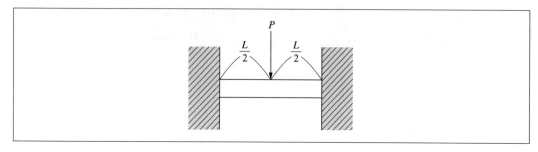

① $\dfrac{PL^3}{64EI}$

② $\dfrac{PL^3}{192EI}$

③ $\dfrac{5PL^3}{192EI}$

④ $\dfrac{5PL^3}{216EI}$

⑤ $\dfrac{5PL^3}{384EI}$

09 다음 중 질량 10kg의 물을 10℃에서 60℃로 가열할 때 필요한 열량은?

① 2,100kJ

② 2,300kJ

③ 2,500kJ

④ 2,700kJ

⑤ 2,900kJ

10 다음 중 카르노 사이클에서 열을 공급받는 과정은?

① 정적 팽창 과정

② 정압 팽창 과정

③ 등온 팽창 과정

④ 단열 팽창 과정

⑤ 열을 공급받지 않는다.

11 다음 중 이상기체의 내부에너지와 엔탈피에 대한 설명으로 옳은 것을 〈보기〉에서 모두 고르면?

――――〈보기〉――――

ㄱ. n몰의 단원자 분자 기체의 내부에너지와 다원자 분자 기체의 내부에너지는 같다.
ㄴ. n몰의 단원자 분자인 이상기체의 내부에너지는 절대온도만의 함수이다.
ㄷ. n몰의 단원자 분자인 이상기체의 엔탈피는 절대온도만의 함수이다.
ㄹ. 이상기체의 엔탈피는 이상기체의 무질서도를 표현한 함수이다.

① ㄱ, ㄴ　　　　　　　　　　② ㄱ, ㄹ
③ ㄴ, ㄷ　　　　　　　　　　④ ㄴ, ㄹ
⑤ ㄷ, ㄹ

12 다음 중 자동차의 안정적인 선회를 위해 사용하는 차동 기어 장치에서 찾아볼 수 없는 것은?

① 링기어　　　　　　　　　　② 베벨기어
③ 스퍼기어　　　　　　　　　④ 유성기어
⑤ 태양기어

13 다음 중 정적 가열과 정압 가열이 동시에 이루어지는 고속 디젤 엔진의 사이클은?

① 오토 사이클　　　　　　　　② 랭킨 사이클
③ 브레이턴 사이클　　　　　　④ 사바테 사이클
⑤ 카르노 사이클

14 다음 중 축과 보스를 결합하기 위해 축에 삼각형 모양의 톱니를 새긴 가늘고 긴 키 홈은?

① 묻힘키　　　　　　　　　　② 세레이션
③ 둥근키　　　　　　　　　　④ 테이퍼
⑤ 스플라인

15 다음 중 담금질 효과가 가장 작은 것은?

① 페라이트

② 펄라이트

③ 오스테나이트

④ 마텐자이트

⑤ 시멘타이트

16 다음 중 소르바이트 조직을 얻기 위한 열처리 방법은?

① 청화법

② 침탄법

③ 마퀜칭

④ 질화법

⑤ 파텐팅

17 다음 중 하중의 크기와 방향이 주기적으로 반복하여 변하면서 작용하는 하중은?

① 정하중

② 교번하중

③ 반복하중

④ 충격하중

⑤ 임의진동하중

18 다음 중 운동에너지를 압력에너지로 변환시키는 장치는?

① 노즐

② 액추에이터

③ 디퓨저

④ 어큐뮬레이터

⑤ 피스톤 로드

19 리벳 이음 중 평행형 겹치기 이음에서 판의 끝부분에서 가장 가까운 리벳의 구멍 열 중심까지의 거리를 무엇이라 하는가?

① 마진
② 피치
③ 뒷피치
④ 리드
⑤ 유효지름

20 다음 중 기계재료의 정적시험 방법이 아닌 것을 〈보기〉에서 모두 고르면?

┌─────────────────〈보기〉─────────────────┐
ㄱ. 인장시험   ㄴ. 피로시험
ㄷ. 비틀림시험   ㄹ. 충격시험
ㅁ. 마멸시험
└──────────────────────────────────────┘

① ㄱ, ㄷ, ㄹ
② ㄱ, ㄷ, ㅁ
③ ㄴ, ㄷ, ㄹ
④ ㄴ, ㄹ, ㅁ
⑤ ㄷ, ㄹ, ㅁ

01 한 변의 길이가 3m인 정삼각형의 세 꼭짓점에 크기가 10^{-4}C인 점전하가 있다. 이때 한 점전하가 다른 두 점전하로부터 받는 힘의 크기는?

① 약 10N

② 약 14.14N

③ 약 17.32N

④ 약 20N

⑤ 약 22.36N

02 크기가 서로 다른 콘덴서 C_1, C_2, C_3를 직렬로 연결했을 때의 합성 용량과 병렬로 연결했을 때의 합성 용량을 바르게 짝지은 것은?

	직렬연결	병렬연결
①	$C_1 + C_2 + C_3$	$C_1 + C_2 + C_3$
②	$C_1 + C_2 + C_3$	$\dfrac{1}{C_1} + \dfrac{1}{C_2} + \dfrac{1}{C_3}$
③	$\dfrac{1}{C_1} + \dfrac{1}{C_2} + \dfrac{1}{C_3}$	$C_1 C_2 + C_2 C_3 + C_3 C_1$
④	$\dfrac{1}{C_1} + \dfrac{1}{C_2} + \dfrac{1}{C_3}$	$C_1 + C_2 + C_3$
⑤	$C_1 C_2 + C_2 C_3 + C_3 C_1$	$\dfrac{1}{C_1} + \dfrac{1}{C_2} + \dfrac{1}{C_3}$

03 거리가 2m 떨어진 무한 평행도선에 서로 같은 방향으로 1A의 전류가 흐를 때, 두 도선 사이에 작용하는 힘의 크기는?(단, 진공으로 가정한다)

① $10^{-7}\,\mathrm{N}$

② $2\pi \times 10^{-7}\,\mathrm{N}$

③ $10^{-6}\,\mathrm{N}$

④ $2\pi \times 10^{-6}\,\mathrm{N}$

⑤ $10^{-5}\,\mathrm{N}$

04 다음 중 변압기의 무부하시험으로 구할 수 없는 것은?

① 철손

② 동손

③ 단락비

④ 여자전류

⑤ 여자어드미턴스

05 3상 3선식 배전선로에서의 대지정전용량이 C_s, 선간정전용량이 C_m일 때, 작용정전용량은?

① $2C_s + C_m$

② $C_s + 2C_m$

③ $3C_s + C_m$

④ $C_s + 3C_m$

⑤ $2C_s + 3C_m$

06 다음 중 히스테리시스 곡선에 대한 설명으로 옳지 않은 것은?

① 히스테리시스 곡선과 횡축이 만나는 점은 보자력이다.

② 히스테리시스 곡선과 종축이 만나는 점은 잔류자기이다.

③ 히스테리시스 곡선의 기울기는 투자율이다.

④ 히스테리시스 곡선의 면적은 동손이다.

⑤ 히스테리시스 곡선은 자계와 자속밀도와의 관계를 나타내는 그래프이다.

07 다음 중 중성점 직접접지 방식의 특징으로 옳지 않은 것은?

① 단절연이 가능하다.

② 지락전류가 커서 보호계전기의 동작이 확실하다.

③ 지락전류는 지상 및 대전류이므로 과도안정도가 나쁘다.

④ 지락전류가 크므로 인접통신선에 대한 전자유도장해가 크다.

⑤ 1선 지락 시 건전상의 전위상승이 가장 크다.

08 다음 중 PID 제어에 대한 설명으로 옳지 않은 것은?

① 비례미분적분 동작이다.

② 진상 보상요소에만 쓰인다.

③ 잔류편차를 없애는 작용을 한다.

④ 응답속도가 매우 빠르다.

⑤ 사이클링 및 오프셋이 제거되고 안정성이 보장된다.

09 다음 중 유도전동기가 동기속도 이상의 빠른 속도로 회전할 때 유도발전기로 동작되어 그 발생전력으로 제동하는 제동방법은?

① 발전제동   ② 역전제동

③ 회생제동   ④ 단상제동

⑤ 기계적 제동

10 다음 중 전기철도의 전기적 부식을 방지하기 위한 전철 측 시설의 대책으로 옳지 않은 것은?

① 레일에 본드를 시설하거나 레일을 따라 보조 귀선을 설치한다.

② 귀선의 극성을 주기적으로 바꾼다.

③ 3선식 배전법을 사용한다.

④ 대지에 대한 레일의 절연저항을 크게 한다.

⑤ 변전소 사이의 간격을 길게 한다.

11 다음 중 SCADA 시스템에 대한 설명으로 옳지 않은 것은?

① 합리적인 운용이 가능하다.

② 효율적인 에너지 관리가 가능하다.

③ 현장에 투여된 모든 장비를 제어할 수 있다.

④ 정보보안이 강하며, 외부 공격에 대응할 수 있다.

⑤ 기존 기계식 시스템의 복잡한 시리얼 케이블 배선을 현장에서 직접 감시가 가능하다.

12 다음중 전기철도의 직류송전방식의 특징으로 옳지 않은 것은?

① 교류송전방식에 비해 필요한 변전소 수가 적다.

② 절연을 작게 할 수 있다.

③ 유도장해가 없다.

④ 손실이 적다.

⑤ 누설전류가 없어 전식이 발생하지 않는다.

13 다음 중 엘리베이터, 에스컬레이터, 전기자동차의 인버터 모터와 같은 각종 AC모터에 적용되는 VVVF 제어가 제어하는 것을 〈보기〉에서 모두 고르면?

┌─────────────────────〈보기〉─────────────────────┐
│ ㄱ. 전압   ㄴ. 전류   │
│ ㄷ. 주파수   ㄹ. 위상차   │
└──┘

① ㄱ, ㄴ   ② ㄱ, ㄷ

③ ㄴ, ㄷ   ④ ㄴ, ㄹ

⑤ ㄷ, ㄹ

14 다음 중 선로 구조물이 아닌 것은?

① 급전선   ② 전차선

③ 철주   ④ 침목

⑤ 측구

15 다음 중 철도 궤간의 국제 표준 규격 길이는?

① 1,355mm   ② 1,435mm

③ 1,550mm   ④ 1,600mm

⑤ 1,785mm

16 다음 글에서 설명하는 용어로 옳은 것은?

> 레일 이음매부에 레일의 온도 변화에 의한 신축을 위하여 두는 간격으로, 레일은 온도의 상승 또는 하강에 따라 물리적으로 신축하는데, 이 신축에 적응하기 위해 이음매부의 레인 사이에 두는 틈이다. 레일온도 변화의 범위, 레일강의 선팽창계수 및 레일길이를 토대로 계산하여 산정한다.

① 고도
② 구배
③ 침목
④ 유간
⑤ 확도

17 다음 중 차량의 운행거리를 정차시간 및 제한속도 운전시간 등을 포함한 운전시분으로 나눈 값은?

① 표정속도
② 평균속도
③ 설계속도
④ 균형속도
⑤ 최고속도

18 다음 중 PP급전방식에 대한 설명으로 옳지 않은 것은?

① 선로 임피던스가 작다.
② 전압강하가 작다.
③ 역간이 짧고 저속 운행구간에 적합하다.
④ 상대적으로 고조파의 공진주파수가 낮고 확대율이 작다.
⑤ 회생전력 이용률이 높다.

19 다음 강체가선방식 중 T-bar 방식과 R-bar 방식의 표준길이를 바르게 연결한 것은?

	T-bar	R-bar
①	8m	10m
②	10m	8m
③	10m	12m
④	12m	10m
⑤	12m	15m

20 다음 커티너리 조가방식에서 A의 명칭은?

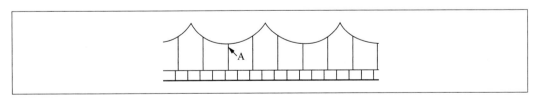

① 지지점　　　　　　　　② 드로퍼

③ 조가선　　　　　　　　④ 보조조가선

⑤ 행거

01 $f = 60\text{Hz}$, 6극 유도전동기의 슬립이 4%일 때의 회전수는?

① 1,089rpm

② 1,152rpm

③ 1,200rpm

④ 1,289rpm

⑤ 1,305rpm

02 직류 분권발전기의 극수가 8이고, 전기자 총 도체수 600으로 매분 900회 회전하고 있다. 매극당 자속수가 0.0138Wb일 때, 유기되는 기전력의 크기는?(단, 전기자 권선은 중권이다)

① 102.6V

② 112.4V

③ 118.6V

④ 124.2V

⑤ 130.5V

03 어떤 회로에 $V = 15 + j4[\text{V}]$의 전압을 가하면 $I = 40 + j20[\text{A}]$의 전류가 흐른다. 이 회로의 유효전력은?

① 640W

② 650W

③ 660W

④ 670W

⑤ 680W

04 RLC직렬회로에서 L, C의 값은 고정하고 R의 값을 증가시켰을 때, 공진주파수와 선택도의 변화로 옳은 것은?

	공진주파수	선택도
①	증가한다.	감소한다.
②	감소한다.	증가한다.
③	변하지 않는다.	변하지 않는다.
④	변하지 않는다.	증가한다.
⑤	변하지 않는다.	감소한다.

05 다음 중 직렬공진상태가 아닌 것은?

① 임피던스의 허수부가 0일 때

② 전압, 전류의 위상이 서로 같을 때

③ 역률이 0일 때

④ 임피던스의 크기가 최소일 때

⑤ 전류의 세기가 최대일 때

06 다음 중 무한장 솔레노이드에 전류 I가 흐를 때, 발생하는 자계에 대한 설명으로 옳은 것은?(단, 단위길이당 감은 코일의 수는 n이다)

① 외부 자계의 세기는 0이다.

② 내부 자계의 세기는 단위길이당 감은 코일의 수 n과 관계가 없다.

③ 내부 자계의 세기는 전류 I에 반비례한다.

④ 외부 자계의 세기와 내부 자계의 세기는 같다.

⑤ 내부 자계는 평등하지 않고 무작위이다.

07 저항 $8\,\Omega$, 리액턴스 $6\,\Omega$이 직렬로 연결된 회로에 $V=250\sqrt{2}\sin\omega t$의 전압이 인가될 때, 전류의 실횻값은?

① 2.5A　　　　　　　　　② 5A

③ 10A　　　　　　　　　④ 25A

⑤ 50A

08 평행판 콘덴서의 두 극판이 면적 변화 없이 극판의 간격이 절반으로 줄었을 때, 콘덴서의 정전용량은 처음의 몇 배가 되는가?

① 변하지 않는다.　　　　② $\dfrac{1}{2}$배

③ $\dfrac{1}{4}$배　　　　　　　④ 2배

⑤ 4배

09 다음과 같은 회로에서 $a-b$점을 연결했을 때의 합성저항과 $c-d$점을 연결했을 때의 합성저항의 합은?

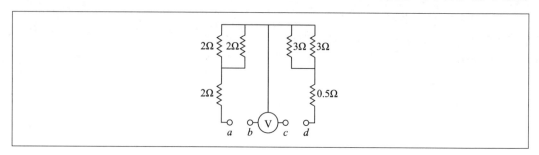

① $2.5\,\Omega$

② $5\,\Omega$

③ $7.5\,\Omega$

④ $10\,\Omega$

⑤ $15\,\Omega$

10 단면적이 200cm^2, 길이가 2m, 비투자율(μ_s)이 $10,000$인 철심에 $N_1=N_2=10$인 두 코일을 감았을 때, 두 코일의 상호 인덕턴스는?

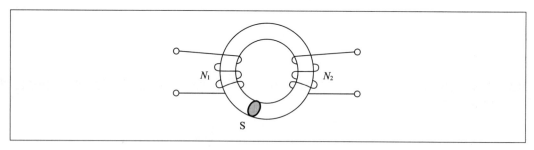

① $4\pi\times10^{-3}\text{H}$

② $4\pi\times10^3\text{H}$

③ $4\pi\times10^4\text{H}$

④ $2\pi\times10^{-2}\text{H}$

⑤ $2\pi\times10^{-5}\text{H}$

11 각변조된 신호 $s(t) = 20\cos(800\pi t + 10\pi\cos7t)$가 있다. 이 신호 $s(t)$의 순시 주파수(Hz)로 옳은 것은? [단, 신호 $s(t)$는 전압이고 단위는 V이며, t의 단위는 초이다]

① $200\pi t - 35\sin7t$
② $400 + 35\sin7t$
③ $400 - 35\sin7t$
④ $800\pi t + 20\cos7t$
⑤ $800\pi t - 20\cos7t$

12 다음 중 $f(s) = \dfrac{2s+3}{s^2+3s+2}$의 시간 함수로 옳은 것은?

① $e^t - e^{-2t}$
② $e^t + e^{-2t}$
③ $e^{-2t} - e^{-2t}$
④ $e^{-t} - e^{-2t}$
⑤ $e^{-t} + e^{-2t}$

13 어떤 전기설비로 역률이 0.8, 용량이 200kVA인 3상 평형유도부하가 사용되고 있다. 이 부하에 병렬로 전력용 콘덴서를 설치하여 합성역률을 0.95로 개선하고자 할 때, 필요한 전력용 콘덴서의 용량은 몇 kVA인가?(단, 소수점 첫째 자리에서 반올림한다)

① 57kVA
② 62kVA
③ 67kVA
④ 72kVA
⑤ 77kVA

14 다음 중 기저대역 전송(Baseband Transmission)의 조건으로 옳지 않은 것은?

① 전송에 필요로 하는 전송 대역폭이 적어야 한다.
② 타이밍 정보가 충분히 포함되어야 한다.
③ 저주파 및 고주파 성분이 제한되어야 한다.
④ 전송로상에서 발생한 에러 검출 및 정정이 가능해야 한다.
⑤ 전송 부호는 직류 성분이 포함되어야 한다.

15 구 내부의 전하량이 Q[C]일 때, 전속수는 몇 개인가?

① Q

② $\dfrac{Q}{\varepsilon_0}$

③ $\dfrac{Q}{\varepsilon}$

④ 0

⑤ 4π

16 다음 중 역률 개선으로 얻을 수 있는 효과로 옳지 않은 것은?

① 전압변동률이 감소한다.
② 변압기 및 배전선의 부하 부담이 증가한다.
③ 설비 투자비가 경감된다.
④ 전압이 안정되므로 생산성이 증가한다.
⑤ 전기요금이 인하된다.

17 다음 중 AWGN(Additive White Gaussian Noise)의 특징으로 옳지 않은 것은?

① 평균값이 무한대인 비주기 신호이다.
② 전 주파수 대역에 걸쳐 전력 스펙트럼 밀도가 일정하다.
③ 통계적 성질이 시간에 따라 변하지 않는다.
④ 가우시안 분포를 형성한다.
⑤ 백색잡음에 가장 근접한 잡음으로 열잡음이 있다.

18 이상적인 변압기의 조건을 만족하는 상호 유도 회로에서 결합계수 k의 값은?(단, M은 상호 인덕턴스, L_1, L_2는 자기 인덕턴스이다)

① $k = \sqrt{ML_1L_2}$

② $k = L_1L_2 + M$

③ $k = M\sqrt{L_1L_2}$

④ $k = \dfrac{M}{\sqrt{L_1L_2}}$

⑤ $k = \dfrac{\sqrt{L_1L_2}}{M}$

19 다음 중 이상적인 연산증폭기의 특징으로 옳지 않은 것은?

① 전압이득은 무한대이다.

② 개방상태에서 입력 임피던스가 무한대이다.

③ 출력 임피던스가 0이다.

④ 두 입력 전압이 같을 때, 출력 전압이 무한대이다.

⑤ 대역폭이 무한대이다.

20 다음 중 위상의 불연속이 발생하지 않는 변조 방식은?

① MSK

② PSK

③ FSKCF

④ QAM

⑤ ASK

1일 차
기출응용 모의고사

〈문항 수 및 시험시간〉

평가영역	문항 수	시험시간
[NCS] 의사소통능력+수리능력+문제해결능력 [전공] 토목일반/기계일반/전기일반/전기이론 [철도법령] 철도 관련 법령	70문항	70분
모바일 OMR 답안채점 / 성적분석 서비스		

 토목일반   기계일반 전기일반   전기이론

※ 수록 기준
　　철도산업발전기본법 : 법률 제18693호(시행 22.7.5.), 철도산업발전기본법 시행령 : 대통령령 제32759호(시행 22.7.5.)
　　한국철도공사법 : 법률 제15460호(시행 19.3.14.), 한국철도공사법 시행령 : 대통령령 제31899호(시행 21.7.20.)
　　철도사업법 : 법률 제19391호(시행 23.10.19.), 철도사업법 시행령 : 대통령령 제33795호(시행 24.1.1.)

1일 차 기출응용 모의고사

문항 수 : 70문항
시험시간 : 70분

제1영역 직업기초능력평가

01 다음 문단을 논리적 순서대로 바르게 나열한 것은?

> (가) 결국 이를 다시 생각하면, 과거와 현재의 문화 체계와 당시 사람들의 의식 구조, 생활상 등을 역추적할 수 있다는 말이 된다. 즉, 동물의 상징적 의미가 문화를 푸는 또 하나의 열쇠이자 암호가 되는 것이다. 그리고 동물의 상징적 의미를 통해 인류의 총체인 문화의 실타래를 푸는 것은 우리는 어떤 존재인가라는 정체성에 대한 답을 하는 과정이 될 수 있다.
>
> (나) 인류는 선사시대부터 생존을 위한 원초적 본능에서 동굴이나 바위에 그림을 그리는 일종의 신앙 미술을 창조했다. 신앙 미술은 동물에게 여러 의미를 부여하기 시작했고, 동물의 상징적 의미는 현재까지도 이어지고 있다. 1억 원 이상 복권 당첨자의 23%가 돼지꿈을 꿨다거나, 황금돼지해에 태어난 아이는 만복을 타고난다는 속설 때문에 결혼과 출산이 줄을 이었고, 대통령 선거에서 후보들은 '두 돼지가 나타나 두 뱀을 잡아 먹는다.'는 식으로 홍보를 하기도 했다. 이렇게 동물의 상징적 의미는 우리 시대에도 여전히 유효한 관념으로 남아 있다.
>
> (다) 동물의 상징적 의미는 시대나 나라에 따라 변하고 새로운 역사성을 담기도 했다. 예를 들면, 뱀은 다산의 상징이자 불사의 존재이기도 했지만, 사악하고 차가운 간사한 동물로 여겨지기도 했다. 하지만 그리스에서 뱀은 지혜의 신이자, 아테네의 상징물이었고, 논리학의 상징이었다. 그리고 과거에 용은 숭배의 대상이었으나, 상상의 동물일 뿐이라는 현대의 과학적 사고는 지금의 용에 대한 믿음을 약화시키고 있다.
>
> (라) 동물의 상징적 의미가 이렇게 다양하게 변하는 것은 문화가 살아 움직이기 때문이다. 문화는 인류의 지식, 신념, 행위의 총체로서, 동물의 상징적 의미 또한 문화에 속한다. 문화는 항상 현재 진행형이기 때문에 현재의 생활이 바로 문화이며, 이것은 미래의 문화로 전이된다. 문화는 과거, 현재, 미래가 따로 떨어진 게 아니라 뫼비우스의 띠처럼 연결되어 있는 것이다. 다시 말하면 그 속에 포함된 동물의 상징적 의미 또한 거미줄처럼 얽히고설켜 형성된 것으로, 그 시대의 관념과 종교, 사회·정치적 상황에 따라 의미가 달라질 수밖에 없다.

① (가) - (다) - (라) - (나)
② (나) - (다) - (라) - (가)
③ (나) - (라) - (다) - (가)
④ (다) - (나) - (라) - (가)
⑤ (다) - (라) - (가) - (나)

02 다음 글을 읽은 독자의 반응으로 적절하지 않은 것은?

> 우주로 발사한 인공위성들은 지구 주위를 돌며 저마다의 임무를 충실히 수행한다. 그렇다면 이들의 수명은 얼마나 될까? 인공위성은 태양 전지판으로 햇빛을 받아 전기를 발생시키는 태양전지와 재충전용 배터리를 장착하여 지구와의 통신은 물론 인공위성의 온도를 유지하고 자세와 궤도를 조정하는데, 이러한 태양전지와 재충전용 배터리의 수명은 평균 15년 정도이다.
>
> 방송 통신 위성은 원활한 통신을 위해 안테나가 늘 지구의 특정 위치를 향해 있어야 하는데, 안테나 자세 조정을 위해 추력기라는 작은 로켓에서 추진제를 소모한다. 자세 제어용 추진제가 모두 소진되면 인공위성은 자세를 유지할 수 없기 때문에 더 이상의 임무 수행이 불가능해지고 자연스럽게 수명을 다하게 된다.
>
> 첩보 위성의 경우는 임무의 특성상 아주 낮은 궤도로 비행한다. 하지만 낮은 궤도로 비행하게 될 경우 인공위성은 공기 저항 때문에 마모가 훨씬 빨라지므로 수명이 몇 개월에서 몇 주일까지 짧아진다. 게다가 운석과의 충돌 등 예기치 못한 사고로 인하여 부품이 훼손되어 수명이 다하는 경우도 발생한다.

① 수명이 다 된 인공위성들은 어떻게 되는 걸까?

② 첩보 위성을 높은 궤도로 비행시키면 더욱 오래 임무를 수행할 수 있을 거야.

③ 아무런 사고 없이 임무를 수행한 인공위성이라도 15년 정도만 사용할 수 있겠구나.

④ 별도의 충전 없이 오래가는 배터리를 사용한다면 인공위성의 수명을 더 늘릴 수 있지 않을까?

⑤ 안테나가 특정 위치를 향하지 않더라도 통신이 가능하도록 만든다면 방송 통신 위성의 수명을 늘릴 수 있을지도 모르겠군.

03 직장 내에서의 의사소통은 반드시 필요하지만, 적절한 의사소통을 형성한다는 것은 쉽지 않다. 다음과 같은 갈등 상황을 유발하는 원인으로 가장 적절한 것은?

> 기획팀의 K대리는 팀원들과 함께 프로젝트를 수행하고 있다. K대리는 이번 프로젝트를 조금 여유 있게 진행할 것을 팀원들에게 요청하였다. 팀원들은 프로젝트 진행을 위해 회의를 진행하였는데, L사원과 P사원의 의견이 서로 대립하는 바람에 결론을 내리지 못한 채 회의를 마치게 되었다. K대리가 회의 내용을 살펴본 결과 L사원은 프로젝트 기획 단계에서 좀 더 꼼꼼하고 상세한 자료를 모으자는 의견이었고, 반대로 P사원은 여유 있는 시간을 프로젝트 수정·보완 단계에서 사용하자는 의견이었다.

① L사원과 P사원이 K대리의 의견을 서로 다르게 받아들였기 때문이다.

② L사원이 K대리의 고정적 메시지를 잘못 이해하고 있기 때문이다.

③ L사원과 P사원이 자신의 정보를 상대방이 이해하기 어렵게 표현하고 있기 때문이다.

④ L사원과 P사원이 서로 잘못된 정보를 전달하고 있기 때문이다.

⑤ L사원과 P사원이 서로에 대한 선입견을 갖고 있기 때문이다.

유전학자들의 최종 목표는 결함이 있는 유전자를 정상적인 유전자로 대체하는 것이다. 이렇게 가장 기본적인 세포 내 차원에서 유전병을 치료하는 것을 '유전자 치료'라 일컫는다. '유전자 치료'를 하기 위해서는 이상이 있는 유전자를 찾아야 한다. 이를 위해 과학자들은 DNA의 특성을 이용한다.

DNA는 두 가닥이 나선형으로 꼬여 있는 이중 나선 구조로 이루어진 분자이다. 그런데 이 두 가닥에 늘어서 있는 염기들은 임의적으로 배열되어 있는 것이 아니다. 한쪽에 늘어선 염기에 따라, 다른 쪽 가닥에 늘어선 염기들의 배열이 결정되는 것이다. 즉, 한쪽에 A염기가 존재하면 거기에 연결되는 반대쪽에는 반드시 T염기가, 그리고 C염기에 대응해서는 반드시 G염기가 존재하게 된다. 염기들이 짝을 지을 때 나타나는 이러한 선택적 특성을 이용하여 유전병을 일으키는 유전자를 찾아낼 수 있다.

유전자를 찾기 위해 사용하는 첫 번째 도구는 DNA 한 가닥 중 극히 일부이다. '프로브(Probe)'라 불리는 이 DNA 조각은 염색체상의 위치가 알려져 있는 이십여 개의 염기들로 이루어진다. 한 가닥으로 이루어져 있는 특성으로 인해, 프로브는 자신의 염기 배열에 대응하는 다른 쪽 가닥의 DNA 부분에 가서 결합할 것이다. 대응하는 두 가닥의 DNA가 이렇게 결합하는 것을 '교잡'이라고 일컫는다. 조사 대상인 염색체로부터 추출한 많은 한 가닥의 염색체 조각들과 프로브를 섞어 놓았을 때, 프로브는 신비스러울 정도로 자신의 짝을 정확하게 찾아 교잡한다. 두 번째 도구는 '겔 전기영동'이라는 방법이다. 생물을 구성하고 있는 단백질·핵산 등 많은 분자들은 전하를 띠고 있어서 전기장 속에서 각 분자마다 독특하게 이동을 한다. 이러한 성질을 이용해 생물을 구성하고 있는 물질의 분자량, 각 물질의 전하량이나 형태의 차이를 이용하여 물질을 분리하는 것이 전기영동법이다. 이를 활용하여 DNA를 분리하려면 우선 DNA 조각들을 전기장에서 이동시키고, 이것을 젤라틴 판을 통과하게 함으로써 분리하면 된다.

유전학자들은 이러한 조사 도구들을 갖추고서 유전병을 일으키는 유전자를 추적하는 데 나섰다. 유전학자들은 먼저 겔 전기영동법으로 유전병을 일으키는 유전자로 의심되는 부분과 동일한 부분에 존재하는 프로브를 건강한 사람에게서 떼어냈다. 그리고 건강한 사람에게서 떼어낸 프로브에 방사성이나 형광성을 띠게 하였다. 그 후에 유전병 환자들에게서 채취한 DNA 조각들과 함께 교잡 실험을 반복하였다. 유전병과 관련된 유전 정보가 담긴 부분의 염기 서열이 정상인과 다르므로 이 부분은 프로브와 교잡하지 않는다는 점을 이용하는 것이다. 교잡이 일어난 후 프로브가 위치하는 곳은 X선 필름을 통해 쉽게 찾아낼 수 있고, 이로써 DNA의 특정 조각은 염색체상에서 프로브와 같은 위치에 존재한다는 것을 알 수 있다.

언뜻 보기에는 대단한 진보를 이룬 것 같지 않지만, 유전자 치료는 최근 들어 공상 과학을 방불케 하는 첨단 의료 기술의 대표적인 주자로 부각되고 있다. DNA 연구 결과로 인해 우리는 지금까지 절망적이라고 여겨 온 질병들을 치료할 수 있다는 희망을 갖게 되었다.

① 유전자 추적의 도구와 방법
② 유전자의 종류와 기능
③ 유전자 치료의 의의와 한계
④ 유전자 치료의 상업적 가치
⑤ 유전 질환의 종류와 발병 원인

05 다음 중 밑줄 친 ㉠~㉣에 대한 판단으로 가장 적절한 것은?

동물실험이란 교육, 시험, 연구 및 생물학적 제제의 생산 등 과학적 목적을 위해 동물을 대상으로 실시하는 실험 및 그 절차를 말한다. 동물실험은 오랜 역사를 가진 만큼 이에 대한 찬반 입장이 복잡하게 얽혀있다. 인간과 동물의 몸이 자동 기계라고 보았던 근대 철학자 ㉠ 데카르트는 동물은 인간과 달리 영혼이 없어 쾌락이나 고통을 경험할 수 없다고 믿었다. 데카르트는 살아있는 동물을 마취도 하지 않은 채 해부 실험을 했던 것으로 악명이 높다. 당시에는 마취술이 변변치 않았을 뿐더러 동물이 아파하는 행동도 진정한 고통의 반영이 아니라고 보았기 때문에, 그는 양심의 가책을 느끼지 않았을 것이다. ㉡ 칸트는 이성 능력과 도덕적 실천 능력을 가진 인간은 목적으로서 대우해야 하지만, 이성도 도덕도 가지지 않는 동물은 그렇지 않다고 보았다. 그는 동물을 학대하는 일은 옳지 않다고 생각했는데, 동물을 잔혹하게 대하는 일이 습관화되면 다른 사람과의 관계에도 문제가 생기고 인간의 품위가 손상된다고 보았기 때문이다.

동물실험을 옹호하는 여러 입장들은 인간은 동물이 가지지 않은 언어 능력, 도구 사용 능력, 이성 능력 등을 가진다는 점을 근거로 삼는 경우가 많지만, 동물들도 지능과 문화를 가진다는 점을 들어 인간과 동물의 근본적 차이를 부정하는 이들도 있다. 현대의 ㉢ 공리주의 생명윤리학자들은 이성이나 언어 능력에서 인간과 동물이 차이가 있더라도 동물실험이 정당화되는 것은 아니라고 본다. 이들에게 도덕적 차원에서 중요한 기준은 고통을 느낄 수 있는지 여부이다. 인종이나 성별과 무관하게 고통은 최소화되어야 하듯, 동물이 겪고 있는 고통도 마찬가지이다. 이들이 문제 삼는 것은 동물실험 자체라기보다는 그것이 초래하는 전체 복지의 감소에 있다. 따라서 동물에 대한 충분한 배려 속에서 전체적인 복지를 증대시킬 수 있다면, 일부 동물실험은 허용될 수 있다.

이와 달리, 현대 철학자 ㉣ 리건은 몇몇 포유류의 경우 각 동물 개체가 삶의 주체로서 갖는 가치가 있다고 주장하면서, 이 동물에게는 실험에 이용되지 않을 권리가 있다고 본다. 이러한 고유한 가치를 지닌 존재는 존중되어야 하며 결코 수단으로 취급되어서는 안 된다. 따라서 개체로서의 가치와 동물권을 지니는 대상은 그 어떤 실험에도 사용되지 않아야 한다.

① ㉠과 ㉡은 이성과 도덕을 갖춘 인간의 이익을 우선시하기 때문에 동물실험에 찬성한다.

② ㉠과 ㉢은 동물이 고통을 느낄 수 있는지 여부에 관해 견해가 서로 다르다.

③ ㉡과 ㉣은 인간과 동물의 근본적 차이로 인해 동물을 인간과 다르게 대우해도 좋다고 본다.

④ ㉢은 언어와 이성 능력에서 인간과 동물이 차이가 있음을 부정한다.

⑤ ㉣은 동물이 고통을 느낄 수 있는 존재이기 때문에 각 동물 개체가 삶의 주체로서 가치를 지닌다고 본다.

06 '샛강을 어떻게 살릴 수 있을까?'라는 주제로 토의하고자 한다. 다음 중 밑줄 친 ㉠, ㉡에 대한 설명으로 적절하지 않은 것은?

> 토의는 어떤 공통된 문제에 대해 최선의 해결안을 얻기 위하여 여러 사람이 의논하는 말하기 양식이다. 패널 토의, 심포지엄 등이 그 대표적 예이다.
> ㉠ 패널 토의는 3 ~ 6인의 전문가들이 사회자의 진행에 따라, 일반 청중 앞에서 토의 문제에 대한 정보나 지식, 의견이나 견해 등을 자유롭게 주고받는 유형이다. 토의가 끝난 뒤에는 청중의 질문을 받고 그에 대해 토의자들이 답변하는 시간을 갖는다. 질의·응답 시간을 통해 청중들은 관련 문제를 보다 잘 이해하게 되고 점진적으로 해결방안을 모색하게 된다.
> ㉡ 심포지엄은 전문가가 참여한다는 점, 청중과 질의·응답 시간을 갖는다는 점에서는 패널 토의와 그 형식이 비슷하다. 다만, 전문가가 토의 문제의 하위 주제에 대해 서로 다른 관점에서 연설이나 강연의 형식으로 10분 정도 발표한다는 점에서는 차이가 있다.

① ㉠과 ㉡은 모두 '샛강 살리기'와 관련하여 전문가의 의견을 들은 이후, 질의·응답 시간을 갖는다.
② ㉠과 ㉡은 모두 '샛강을 어떻게 살릴 수 있을까?'라는 문제에 대해 최선의 해결책을 얻기 위함이 목적이다.
③ ㉡은 토의자가 샛강의 생태적 특성, 샛강 살리기의 경제적 효과 등의 하위 주제를 발표한다.
④ ㉠은 '샛강 살리기'에 대해 찬반 입장을 나누어 이야기한 후 절차에 따라 청중이 참여한다.
⑤ ㉡은 하위 주제에 대해 서로 다른 관점에서 연설이나 강연의 형식으로 발표를 한다.

07 다음 글에서 〈보기〉의 문장이 들어갈 위치로 가장 적절한 곳은?

> 기억이 착오를 일으키는 프로세스는 인상적인 사물을 받아들이는 단계부터 이미 시작된다. (가) 감각적인 지각의 대부분은 무의식중에 기록되고 오래 유지되지 않는다. (나) 대개는 수 시간 안에 사라져 버리며, 약간의 본질만이 남아 장기 기억이 된다. 무엇이 남을지는 선택에 의해서 그 사람의 견해에 따라서도 달라진다. (다) 분주하고 정신이 없는 장면을 보여 주고, 나중에 그 모습에 대해서 이야기하게 해 보자. (라) 어느 부분에 주목하고, 또 어떻게 그것을 해석했는지에 따라 즐겁기도 하고 무섭기도 하다. (마) 단순히 정신 사나운 장면으로만 보이는 경우도 있다. 기억이란 원래 일어난 일을 단순하게 기록하는 것이 아니다.

―〈보기〉―
일어난 일에 대한 묘사는 본 사람이 무엇을 중요하게 판단하고, 무엇에 흥미를 가졌느냐에 따라 크게 다르다.

① (가) ② (나)
③ (다) ④ (라)
⑤ (마)

08 다음 글의 서술상 특징으로 가장 적절한 것은?

제2차 세계대전이 끝나고 나서 미국과 소련 및 그 동맹국들 사이에서 공공연하게 전개된 제한적 대결 상태를 냉전이라고 한다. 냉전의 기원에 관한 논의는 냉전이 시작된 직후부터 최근까지 계속 진행되었다. 이는 단순히 냉전의 발발 시기와 이유에 대한 논의만이 아니라, 그 책임 소재를 묻는 것이기도 하다. 그 연구의 결과를 편의상 세 가지로 나누어 볼 수 있다.

가장 먼저 나타난 전통주의는 냉전을 유발한 근본적 책임이 소련의 팽창주의에 있다고 보았다. 소련은 세계를 공산화하기 위한 계획을 수립했고, 이 계획을 실행하기 위해 특히 동유럽 지역을 시작으로 적극적인 팽창 정책을 수행하였다. 그리고 미국이 자유 민주주의 세계를 지켜야 한다는 도덕적 책임감에 기초하여 그에 대한 봉쇄 정책을 추구하는 와중에 냉전이 발생했다고 본다. 그리고 미국의 봉쇄 정책이 성공적으로 수행된 결과 냉전이 종식되었다는 것이 이들의 입장이다.

여기에 비판을 가한 수정주의는 기본적으로 냉전의 책임이 미국 쪽에 있고, 미국의 정책은 경제적 동기에서 비롯되었다고 주장했다. 즉, 미국은 전후 세계를 자신들이 주도해 나가야 한다고 생각했고, 전쟁 중에 급증한 생산력을 유지할 수 있는 시장을 얻기 위해 세계를 개방 경제 체제로 만들고자 했다. 그러므로 미국 정책 수립의 기저에 깔린 것은 이념이 아니라는 것이다. 무엇보다 소련은 미국에 비해 국력이 미약했으므로 적극적 팽창 정책을 수행할 능력이 없었다는 것이 수정주의의 기본적 입장이었다. 오히려 미국이 유럽에서 공격적인 정책을 수행했고, 소련은 이에 대응했다는 것이다.

냉전의 기원에 관한 또 다른 주장인 탈수정주의는 위의 두 가지 주장에 대한 절충적 시도로서, 냉전의 책임을 일방적으로 어느 한 쪽에 부과해서는 안 된다고 보았다. 즉, 냉전은 양국이 추진한 정책의 '상호작용'에 의해 발생했다는 것이다. 또한, 경제를 중심으로만 냉전을 보아서는 안 되며 안보 문제 등도 같이 고려하여 파악해야 한다고 보았다. 소련의 목적은 주로 안보 면에서 제한적으로 추구되었는데, 미국은 소련의 행동에 과잉 반응했고, 이것이 상황을 악화시켰다는 것이다. 이로 인해 냉전 책임론은 크게 후퇴하고 구체적인 정책 형성에 대한 연구가 부각되었다.

① 하나의 현상에 대한 다양한 견해를 제시하고 있다.
② 여러 가지 의견을 비교하면서 그 우월성을 논하고 있다.
③ 기존의 견해를 비판하면서 새로운 견해를 제시하고 있다.
④ 현상의 원인을 분석하여 다양한 해결책을 제시하고 있다.
⑤ 충분한 사례를 들어 자신의 주장을 뒷받침하고 있다.

09 다음 글을 통해 알 수 있는 내용으로 적절하지 않은 것은?

일반적으로 문화는 '생활양식' 또는 '인류의 진화로 이룩된 모든 것'이라는 포괄적인 개념을 갖고 있다. 이렇게 본다면 언어는 문화의 하위 개념에 속하는 것이다. 그러나 언어는 문화의 하위 개념에 속하면서도 문화 자체를 표현하여 그것을 전파전승하는 기능도 한다. 이로 보아 언어에는 그것을 사용하는 민족의 문화와 세계 인식이 녹아있다고 할 수 있다. 가령 '사촌'이라고 할 때, 영어에서는 'Cousin'으로 이를 통칭하는 것을 우리말에서는 친·외, 고종·이종 등으로 구분하고 있다. 친족 관계에 대한 표현에서 우리말이 영어보다 좀 더 섬세하게 되어 있는 것이다. 이것은 친족 관계를 좀 더 자세히 표현하여 차별 내지 분별하려 한 우리 문화와 그것을 필요로 하지 않는 영어권 문화의 차이에서 기인한 것이다.

문화에 따른 이러한 언어의 차이는 낱말에서만이 아니라 어순에서도 나타난다. 우리말은 영어와 주술 구조가 다르다. 우리는 주어 다음에 목적어, 그 뒤에 서술어가 온다. 이에 비해 영어에서는 주어 다음에 서술어, 그 뒤에 목적어가 온다. 우리말의 경우 '나는 너를 사랑한다.'라고 할 때, '나'와 '너'를 먼저 밝히고, 그 다음에 '나의 생각'을 밝히는 것에 비하여, 영어에서는 '나'가 나오고, 그 다음에 '나의 생각'이 나온 뒤에 목적어인 '너'가 나온다. 이러한 어순의 차이는 결국 나의 의사보다 상대방에 대한 관심을 먼저 보이는 우리와 나의 의사를 밝히는 것이 먼저인 영어를 사용하는 사람들의 문화 차이에서 기인한 것이다. 대화를 할 때 다른 사람을 대우하는 것에서도 이런 점을 발견할 수 있다.

손자가 할아버지에게 무엇을 부탁하는 경우를 생각해 보자. 이 경우 영어에서는 'You do it, please.'라고 하고, 우리말에서는 '할아버지께서 해 주세요.'라고 한다. 영어에서는 상대방이 누구냐에 관계없이 상대방을 가리킬 때 'You'라는 지칭어를 사용하고, 서술어로는 'do'를 사용한다. 그런데 우리말에서는 상대방을 가리킬 때, 무조건 영어의 'You'에 대응하는 '당신(너)'이라는 말만을 쓰는 것은 아니고 상대에 따라 지칭어를 달리 사용한다. 뿐만 아니라, 영어의 'do'에 대응하는 서술어도 상대에 따라 '해 주어라, 해 주게, 해 주오, 해 주십시오, 해 줘, 해 줘요'로 높임의 표현을 달리한다. 이는 우리말이 서열을 중시하는 전통적인 유교 문화를 반영하고 있기 때문이다. 언어는 단순한 음성기호 이상의 의미를 지니고 있다. 앞의 예에서 알 수 있듯이 언어에는 그 언어를 사용하는 민족의 문화가 용해되어 있다. 따라서 우리 민족이 한국어라는 구체적인 언어를 사용한다는 것은 단순히 지구상에 있는 여러 언어 가운데 개별 언어 한 가지를 쓴다는 사실만을 의미하지는 않는다. 한국어에는 우리 민족의 문화와 세계 인식이 녹아있기 때문이다. 따라서 우리말에 대한 애정은 우리 문화에 대한 사랑이요, 우리의 정체성을 살릴 수 있는 길일 것이다.

① 언어는 문화를 표현하고 전파전승하는 기능을 한다.
② 문화의 하위 개념인 언어는 문화와 밀접한 관련이 있다.
③ 영어에 비해 우리말은 친족 관계를 나타내는 표현이 다양하다.
④ 우리말에 높임 표현이 발달한 것은 서열을 중시하는 문화가 반영된 것이다.
⑤ 우리말의 문장 표현에서는 상대방에 대한 관심보다는 나의 생각을 우선시한다.

10 다음 글에 대한 분석으로 적절하지 않은 것은?

공포영화에 자주 등장하는 좀비는 철학에서도 자주 논의된다. 철학적 논의에서 좀비는 '의식을 갖지는 않지만 겉으로 드러나는 행동에서는 인간과 구별되지 않는 존재'로 정의된다. 이를 '철학적 좀비'라고 하자. ㉠ 인간은 고통을 느끼지만, 철학적 좀비는 고통을 느끼지 못한다. 즉 고통에 대한 의식을 가질 수 없는 존재라는 것이다. 그러나 ㉡ 철학적 좀비도 압정을 밟으면 인간과 마찬가지로 비명을 지르며 상처 부위를 부여잡을 것이다. 즉 행동 성향에서는 인간과 차이가 없다. 그렇기 때문에 겉으로 드러나는 모습만으로는 철학적 좀비와 인간을 구별할 수 없다. 그러나 ㉢ 인간과 철학적 좀비는 동일한 존재가 아니다. ㉣ 인간이 철학적 좀비와 동일한 존재라면, 인간도 고통을 느끼지 못하는 존재여야 한다.
물론 철학적 좀비는 상상의 산물이다. 그러나 우리가 철학적 좀비를 모순 없이 상상할 수 있다는 사실은 마음에 관한 이론인 행동주의에 문제가 있다는 점을 보여준다. 행동주의는 마음을 행동 성향과 동일시하는 입장이다. 이에 따르면, ㉤ 마음은 특정 자극에 따라 이러저러한 행동을 하려는 성향이다. ㉥ 행동주의가 옳다면, 인간이 철학적 좀비와 동일한 존재라는 점을 인정할 수밖에 없다. 그러나 인간과 달리 철학적 좀비는 마음이 없어서 어떤 의식도 가질 수 없는 존재다. 따라서 ㉦ 행동주의는 옳지 않다.

① ㉠과 ㉡은 동시에 참일 수 있다.

② ㉠과 ㉣이 모두 참이면, ㉢도 반드시 참이다.

③ ㉡과 ㉥이 모두 참이면, ㉤도 반드시 참이다.

④ ㉢과 ㉥이 모두 참이면, ㉦도 반드시 참이다.

⑤ ㉤과 ㉦은 동시에 거짓일 수 없다.

11 농도 8% 소금물 200g에서 소금물을 조금 퍼낸 후, 퍼낸 소금물만큼 물을 부었다. 여기에 소금 50g을 넣어 농도 24%의 소금물 250g을 만들었을 때, 처음 퍼낸 소금물의 양은?

① 75g

② 80g

③ 90g

④ 95g

⑤ 100g

12 자동차의 정지거리는 공주거리와 제동거리의 합이다. 공주거리는 공주시간 동안 진행한 거리이며, 공주시간은 주행 중 운전자가 전방의 위험상황을 발견하고 브레이크를 밟아서 실제 제동이 시작될 때까지 걸리는 시간이다. 자동차의 평균 제동거리가 다음 표와 같을 때, 시속 72km로 달리는 자동차의 평균 정지거리는 몇 m인가?(단, 공주시간은 1초로 가정한다)

속도(km)	평균 제동거리(m)
12	1
24	4
36	6
48	16
60	25
72	36

① 50m   ② 52m
③ 54m   ④ 56m
⑤ 58m

13 K공사에서 '행복한 밥상 행사'를 추진하려고 한다. 행사에 대한 후원을 받기 위해 행사 시작 전 임원진, 직원, 주주와 협력업체 사람들을 강당에 초대하였다. 〈조건〉이 다음과 같을 때, 후원 행사에 참석한 협력업체 사람들은 모두 몇 명인가?

───────〈조건〉───────
• 강당에 모인 사람들의 수는 270명이다.
• 전체 인원 중 50%는 차장급 이하 직원들이다.
• 차장급 이하 직원들을 제외한 인원의 20%는 임원진이다.
• 차장급 이하 직원과 임원진을 제외한 나머지 좌석에는 주주들과 협력업체 사람들이 반씩 앉아 있다.

① 51명   ② 52명
③ 53명   ④ 54명
⑤ 55명

14 다음은 지역별 의료인력 분포 현황을 나타낸 자료이다. 이에 대한 설명으로 옳지 않은 것은?

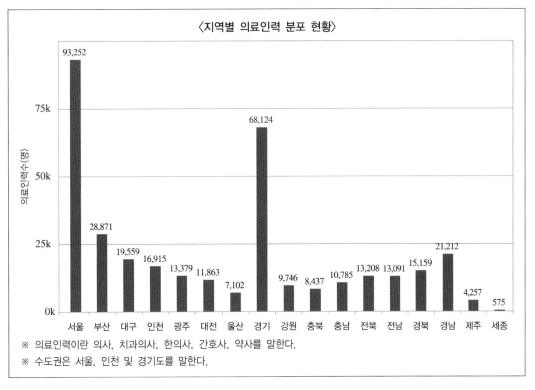

① 의료인력은 수도권에 편중된 불균형상태를 보이고 있다.

② 전라도 지역에서 광주가 차지하는 비중이 충청도 지역에서 대전이 차지하는 비중보다 크다.

③ 의료인력수가 두 번째로 적은 지역은 도서지역이다.

④ 의료인력수가 많을수록 의료인력 비중이 고르다고 말할 수 없다.

⑤ 서울과 경기를 제외한 나머지 지역 중 의료인력수가 가장 많은 지역과 가장 적은 지역의 차는 경남의 의료 인력수보다 크다.

15 상점 A와 B에서는 같은 종류의 면도기를 팔고 있다. 처음에 판매된 면도기 가격은 상점 A, B 모두 동일하였으나, 상점 A에서 할인 행사를 맞아 정가의 15%를 할인하였고, 상점 B는 20%를 할인하였다. 이 소식을 들은 상점 A는 처음 정가의 15%를 추가로 할인을 하였고, 이에 상점 B는 A의 최종 가격보다 같거나 더 싸게 판매하려고 한다. 상점 B는 처음 할인한 가격에서 최소한 몇 %를 추가로 할인해야 하는가?

① 10% ② 11%

③ 12.5% ④ 15%

⑤ 20%

※ 인터넷 쇼핑몰에서 회원가입을 하고 스팀청소기를 구매하려고 한다. 다음은 구매하고자 하는 모델에 대하여 인터넷 쇼핑몰 세 곳의 가격과 조건을 조사한 자료이다. 이어지는 질문에 답하시오(단, 각 쇼핑몰의 혜택 적용 시 최저가로 비교한다). [16~17]

〈쇼핑몰별 스팀청소기 가격 정보〉

구분	정상가격	회원혜택	할인쿠폰	중복할인	배송비
A쇼핑몰	129,000원	7,000원 할인	5%	불가	2,000원
B쇼핑몰	131,000원	3,500원 할인	3%	가능	무료
C쇼핑몰	130,000원	7% 할인	5,000원	불가	2,500원

※ 중복할인 시 할인쿠폰을 우선 적용한다.

16 다음 중 자료에 있는 모든 혜택을 적용하였을 때, 스팀청소기의 배송비를 포함한 실제 구매가격을 바르게 비교한 것은?

① A< B< C
② A< C< B
③ B< C< A
④ C< A< B
⑤ C< B< A

17 다음 중 스팀청소기의 배송비를 포함한 실제 구매가격이 가장 비싼 쇼핑몰과 가장 저렴한 쇼핑몰 간의 가격 차이는?

① 500원
② 550원
③ 600원
④ 650원
⑤ 700원

18 다음은 항목별 상위 7개 동의 자산규모를 나타낸 자료이다. 이에 대한 설명으로 옳은 것은?

<항목별 상위 7개 동의 자산규모>

구분 순위	총자산(조 원)		부동산자산(조 원)		예금자산(조 원)		가구당 총자산(억 원)	
	동명	규모	동명	규모	동명	규모	동명	규모
1	여의도동	24.9	대치동	17.7	여의도동	9.6	을지로동	51.2
2	대치동	23.0	서초동	16.8	태평로동	7.0	여의도동	26.7
3	서초동	22.6	압구정동	14.3	을지로동	4.5	압구정동	12.8
4	반포동	15.6	목동	13.7	서초동	4.3	도곡동	9.2
5	목동	15.5	신정동	13.6	역삼동	3.9	잠원동	8.7
6	도곡동	15.0	반포동	12.5	대치동	3.1	이촌동	7.4
7	압구정동	14.4	도곡동	12.3	반포동	2.5	서초동	6.4

※ (총자산)=(부동산자산)+(예금자산)+(증권자산)
※ (가구 수)=(총자산)÷(가구당 총자산)

① 압구정동의 가구 수는 여의도동의 가구 수보다 적다.
② 이촌동의 가구 수는 2만 가구 이상이다.
③ 대치동의 증권자산은 서초동의 증권자산보다 많다.
④ 여의도동의 증권자산은 최소 4조 원 이상이다.
⑤ 총자산 대비 부동산자산의 비율은 도곡동이 목동보다 높다.

19 다음과 같이 일정한 규칙으로 수를 나열할 때 빈칸에 들어갈 수로 옳은 것은?

	41 216 51 36 61 ( ) 71 1

① 6　　　　　　　　　　② 9
③ 11　　　　　　　　　　④ 14
⑤ 16

20 다음은 K국 국회의원의 SNS(소셜네트워크서비스) 이용자 수 현황에 대한 자료이다. 이를 나타낸 그래프로 옳지 않은 것은?(단, 소수점 둘째 자리에서 반올림한다)

〈K국 국회의원의 SNS 이용자 수 현황〉

(단위 : 명)

구분	정당	당선 횟수별				당선 유형별		성별	
		초선	2선	3선	4선 이상	지역구	비례대표	남자	여자
여당	A	82	29	22	12	126	19	123	22
야당	B	29	25	13	6	59	14	59	14
	C	7	3	1	1	7	5	10	2
합계		118	57	36	19	192	38	192	38

① 국회의원의 여야별 SNS 이용자 수

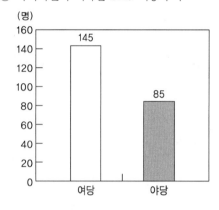

② 남녀 국회의원의 여야별 SNS 이용자 구성비

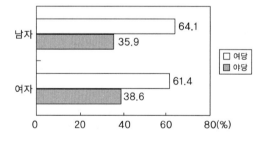

③ 야당 국회의원의 당선 횟수별 SNS 이용자 구성비

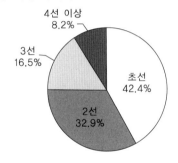

④ 2선 이상 국회의원의 정당별 SNS 이용자 수

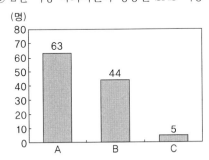

⑤ 여당 국회의원의 당선 유형별 SNS 이용자 구성비

21 K공사 직원 A ~ E 총 5명은 점심식사를 하고 카페에서 각자 원하는 음료를 주문하였다. 〈조건〉이 다음과 같을 때, 카페라테 한 잔의 가격은 얼마인가?

〈조건〉

- 5명의 음료 총 금액은 21,300원이다.
- A를 포함한 3명의 직원은 아메리카노를 시켰다.
- B는 혼자 카페라테를 주문하였다.
- 나머지 한 사람은 5,300원인 생과일주스를 주문하였다.
- A와 B의 음료 금액은 총 8,400원이다.

---

① 3,800원
② 4,000원
③ 4,200원
④ 4,400원
⑤ 4,600원

22 다음 대화를 근거로 판단할 때, 〈보기〉에서 옳은 것을 모두 고르면?

지구와 거대한 운석이 충돌할 것으로 예상되자, K국 정부는 인류의 멸망을 막기 위해 A ~ C 세 사람을 각각 냉동캡슐에 넣어 보존하기로 했다. 운석 충돌 후 시간이 흘러 지구에 다시 사람이 살 수 있는 환경이 조성되자, 3개의 냉동캡슐은 각각 다른 시점에 해동이 시작되어 하루 만에 완료되었다. 그 후 A ~ C 세 사람은 2120년 9월 7일 한 자리에 모여 다음과 같은 대화를 나누었다.

A : 나는 2086년에 태어났습니다. 19살에 냉동캡슐에 들어갔고, 캡슐에서 해동된 지는 정확히 7년이 되었어요.

B : 나는 2075년생입니다. 26살에 냉동캡슐에 들어갔고, 캡슐에서 해동된 것은 지금으로부터 1년 5개월 전입니다.

C : 난 2083년 5월 17일에 태어났어요. 21살이 되기 두 달 전에 냉동캡슐에 들어갔고, 해동된 건 1주일 전이에요.

※ 이들이 밝히는 나이는 만 나이이며, 냉동되어 있는 기간은 나이에 산입되지 않는다.

〈보기〉

ㄱ. A ~ C가 냉동되어 있던 기간은 모두 다르다.
ㄴ. 대화를 나눈 시점에 A가 C보다 나이가 어리다.
ㄷ. 가장 이른 연도에 냉동캡슐에 들어간 사람은 A이다.

---

① ㄱ
② ㄱ, ㄴ
③ ㄱ, ㄷ
④ ㄴ, ㄷ
⑤ ㄱ, ㄴ, ㄷ

23 K공사 인사관리부에서 근무하는 W대리는 2박 3일간 실시하는 신입사원 연수에 대한 기획안과 예산안을 작성해 제출해야 한다. 그중 식사에 대한 예산을 측정하기 위해 연수원에서 다음과 같이 메뉴별 가격 및 안내문을 받았다. 연수를 가는 신입사원은 총 50명이지만, 이 중 15명은 둘째 날 오전 7시에 후발대로 도착할 예정이고, 예산은 최대 금액으로 편성하려 할 때 W대리가 식사비 예산으로 측정할 금액은?

〈메뉴〉

정식 ··· 9,000원
일품 ··· 8,000원
스파게티 ·· 7,000원
비빔밥 ··· 5,000원
낙지덮밥 ·· 6,000원

〈안내문〉

• 식사시간 : (조식) 08:00 ~ 09:00 / (중식) 12:00 ~ 13:00 / (석식) 18:00 ~ 19:00
• 편의를 위하여 도착 후 첫 식사인 중식은 정식, 셋째 날 마지막 식사인 조식은 일품으로 통일한다.
• 나머지 식사는 정식과 일품을 제외한 메뉴에서 자유롭게 선택한다.

---

① 1,820,000원
② 1,970,000원
③ 2,010,000원
④ 2,025,000원
⑤ 2,070,000원

24 K사원은 5명으로 구성된 총무팀에서 비품을 담당하고 있다. 비품을 신청할 때가 되어 다음과 같이 비품을 주문하려고 하는데, 정해진 예산은 25,000원이다. 비품을 모두 주문하고 남은 돈으로 1자루에 250원짜리 볼펜을 주문한다고 할 때, 볼펜 몇 타를 살 수 있겠는가?(단, 볼펜 1타는 볼펜 12자루이다)

〈주문 비품 목록〉

물품	가격	개수
지우개	500원	총무팀 인원 수
계산기	5,700원	1개
형광펜	600원	3개

① 2타
② 3타
③ 4타
④ 5타
⑤ 6타

25 K공사 총무팀은 이번 주 토요일에 워크숍을 가기로 하였다. 점심식사는 도시락을 주문해 가기로 하고, B사원이 도시락 주문을 담당하게 되었다. 7명의 팀원 중 대리는 개인사정으로 뒤늦게 참여해 점심을 먹고 온다고 하였고, 차장은 고향에 내려가 참여하지 못한다고 하였다. 식비가 총 30,000원이었다면, B사원이 주문한 도시락으로 바르게 짝지어진 것은?

〈MENU〉

A도시락	B도시락	C도시락	D도시락	E도시락
6,000원	6,800원	7,500원	7,000원	7,500원

※ 모든 가격은 세트 기준이며, 단품은 위 가격에서 500원을 차감한다.

	인턴	사원	사원	과장	부장
①	A단품	A단품	A세트	B세트	D세트
②	A세트	A세트	B단품	B세트	C세트
③	A단품	A단품	A단품	A세트	E세트
④	A세트	D단품	B단품	C단품	C세트
⑤	A세트	D단품	A단품	C단품	C세트

26 K공사의 기획팀 B팀장은 C사원에게 K공사에 대한 마케팅 전략 보고서를 요청하였다. C사원이 B팀장에게 제출한 SWOT 분석이 다음과 같을 때, 밑줄 친 ㉠ ~ ㉤ 중 적절하지 않은 것은?

강점(Strength)	• 새롭고 혁신적인 서비스 • ㉠ 직원들에게 가치를 더하는 공사의 다양한 측면 • 특화된 마케팅 전문 지식
약점(Weakness)	• 낮은 품질의 서비스 • ㉡ 경쟁자의 시장 철수로 인한 새로운 시장 진입 가능성
기회(Opportunity)	• ㉢ 합작회사를 통한 전략적 협력 구축 가능성 • 글로벌 시장으로의 접근성 향상
위협(Threat)	• ㉣ 주력 시장에 나타난 신규 경쟁자 • ㉤ 경쟁 기업의 혁신적 서비스 개발 • 경쟁 기업과의 가격 전쟁

① ㉠

② ㉡

③ ㉢

④ ㉣

⑤ ㉤

27 다음 자료를 참고할 때 A고객과 B고객이 내야 할 총액은?

<상품별 가격 정보>

구분	금액(원)	비고
전복(1kg)	50,000	–
블루베리(100g)	1,200	–
고구마(100g)	5,000	–
사과(5개)	10,000	–
오렌지(8개)	12,000	–
우유(1L)	3,000	S우유 구매 시 200원 할인
소갈비(600g)	20,000	LA갈비 18,000원
생닭(1마리)	9,000	손질 요청 시 1,000원 추가
배송비	3,000	12만 원 이상 구매 시 무료
신선포장	1,500	–
봉투비	100	배송 시 무료 제공

※ S카드로 결제 시 5% 할인

고객	품목	비고
A	전복(1kg), 블루베리(600g), 고구마(200g), 사과(10개), 오렌지(8개), 우유(1L)	배송, 신선포장, 봉투 1개 필요, 현금 결제
B	블루베리(200g), 오렌지(8개), S우유(1L), 소갈비(600g), 생닭(1마리)	생닭 손질, 봉투 2개 필요, S카드 결제

	A	B
①	106,500원	45,030원
②	105,600원	44,080원
③	105,600원	45,030원
④	106,700원	45,030원
⑤	106,700원	44,080원

28 12명의 사람이 모자, 상의, 하의를 착용했을 때, 모자, 상의, 하의는 빨간색 또는 파란색이고 다음 〈조건〉과 같은 모습이었다고 한다. 이때 하의만 빨간색인 사람은 몇 명인가?

〈조건〉
- 어떤 사람을 보아도 모자와 하의는 서로 다른 색이다.
- 같은 색의 상의와 하의를 입은 사람의 수는 6명이다.
- 빨간색 모자를 쓴 사람의 수는 5명이다.
- 모자, 상의, 하의 중 1가지만 빨간색인 사람은 7명이다.
---

① 1명 ② 2명
③ 3명 ④ 4명
⑤ 5명

29 문제해결 절차의 실행 및 평가 단계가 다음과 같은 절차로 진행될 때, 실행계획 수립 단계에서 고려해야할 사항으로 적절하지 않은 것은?

| 실행계획 수립 | → | 실행 | → | Follow - Up |

① 인적자원, 물적자원, 예산자원, 시간자원을 고려하여 계획을 세운다.
② 세부 실행내용의 난이도를 고려하여 구체적으로 세운다.
③ 해결안별 구체적인 실행계획서를 작성한다.
④ 실행의 목적과 과정별 진행내용을 일목요연하게 파악할 수 있도록 작성한다.
⑤ 실행상의 문제점 및 장애요인을 신속하게 해결하기 위해 모니터링 체제를 구축한다.

30 다음은 환경 분석에 사용하는 3C 분석 방법에 대한 자료이다. (가) ~ (다) 항목에 대한 분석 내용을 〈보기〉에서 찾아 바르게 연결한 것은?

사업 환경을 구성하고 있는 요소인 자사(Company), 경쟁사(Competitor), 고객(Customer)을 3C라고 하며, 3C에 대한 체계적인 분석을 통해 환경 분석을 수행할 수 있다.

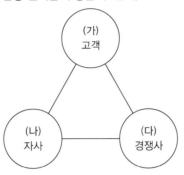

〈보기〉

㉠ 주요 소비층은 무엇을 좋아하는가?
㉡ 우리 조직의 장단점은 무엇인가?
㉢ 신규 경쟁자의 진입장벽은 무엇인가?
㉣ 경쟁사의 핵심 경쟁력은 무엇인가?
㉤ 소비자들의 정보습득 및 교환은 어디서 일어나는가?

	(가)	(나)	(다)
①	㉠, ㉢	㉡, ㉣	㉤
②	㉠, ㉤	㉡	㉢, ㉣
③	㉡, ㉣	㉠, ㉤	㉢
④	㉡, ㉤	㉢, ㉣	㉠
⑤	㉤	㉡, ㉢	㉠, ㉣

| 01 | 토목일반

31 다음 중 단순보 상하부재의 처짐에 대한 설명으로 옳지 않은 것은?

① 보의 강도는 보의 처짐에 영향을 주지 않는다.

② 보의 형태에 따라 처짐에 영향을 줄 수 있다.

③ 보의 재질에 따라 열팽창 특성이 변할 수 있다.

④ 상하부재 사이의 온도 차이가 클수록 처짐량은 증가한다.

⑤ 길이가 긴 보일수록 자체적으로 처지는 정도가 더 크다.

32 다음 중 휨응력의 크기에 대한 설명으로 옳은 것은?

① 중립축에서 거리에 정비례한다.

② 상단에서 최대이고 하단에서 최소이다.

③ 응력도는 곡선변화한다.

④ 중립축에서 최대이다.

⑤ 중칩축에서 반비례한다.

33 다음 중 다각측량에 대한 설명으로 옳지 않은 것은?

① 각과 거리를 측정하여 점의 위치를 결정한다.

② 근거리이고 조건식이 많아 삼각측량에서 구한 위치보다 정확도가 높다.

③ 선로와 같이 좁고 긴 지역의 측량에 편리하다.

④ 삼각측량에 비해 시가지 또는 복잡한 장애물이 있는 곳의 측량에 적합하다.

⑤ 계획 – 답사 – 선점 – 조표 – 관측 – 계산의 순서로 진행된다.

34 다음 그림과 같은 일정한 단면적을 가진 보의 길이가 l인 B지점에 집중하중 P가 작용하여 B점의 처짐 δ가 4δ가 되려면 보의 길이는?

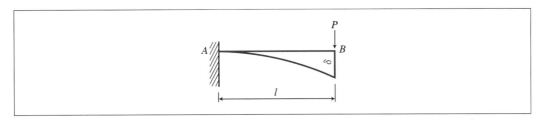

① l의 약 1.2배가 되어야 한다.   ② l의 약 1.6배가 되어야 한다.

③ l의 약 2.0배가 되어야 한다.   ④ l의 약 2.2배가 되어야 한다.

⑤ l의 약 2.4배가 되어야 한다.

35 지구상의 △ABC를 측정한 결과, 두 변의 거리가 $a = 30\text{km}$, $b = 20\text{km}$였고, 그 사잇각이 $80°$였다면 이때 발생하는 구과량은 얼마인가?(단, 지구의 곡선 반지름은 6,400km로 가정한다)

① $1.25''$ ② $1.49''$

③ $1.62''$ ④ $2.04''$

⑤ $2.24''$

36 강도설계법으로 휨부재를 해설할 때, 고정하중 모멘트 $10\text{kN} \cdot \text{m}$, 활하중 모멘트 $20\text{kN} \cdot \text{m}$가 생긴다면 계수 모멘트($M_u$)는?

① $36\text{kN} \cdot \text{m}$ ② $38\text{kN} \cdot \text{m}$

③ $40\text{kN} \cdot \text{m}$ ④ $44\text{kN} \cdot \text{m}$

⑤ $48\text{kN} \cdot \text{m}$

37 크기가 $30\text{cm} \times 30\text{cm}$의 평판을 이용하여 사질토 위에서 평판 재하 시험을 실시하고 극한 지지력 20t/m^2을 얻었다. 크기가 $1.8\text{m} \times 1.8\text{m}$인 정사각형 기초의 총 허용 하중은 얼마인가?(단, 안전율 3을 사용한다)

① $129.6t$ ② $134.1t$

③ $140.7t$ ④ $155.2t$

⑤ $168.3t$

38 무게 1kg의 물체를 두 끈으로 늘어뜨렸을 때, 한 끈이 받는 힘의 크기를 순서대로 바르게 나열한 것은?

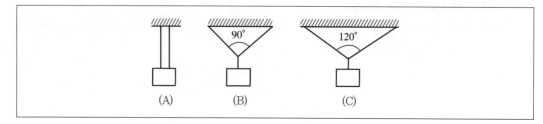

① (A) > (B) > (C)　　　　　　　② (A) > (C) > (B)

③ (B) > (A) > (C)　　　　　　　④ (C) > (A) > (B)

⑤ (C) > (B) > (A)

39 단주에서 단면의 핵이란 기둥에서 인장응력이 발생되지 않도록 재하되는 편심거리로 정의된다. 다음 중 지름이 40cm인 원형단면 핵의 지름은 몇 cm인가?

① 2.5cm　　　　　　　② 5cm

③ 7.5cm　　　　　　　④ 10cm

⑤ 12.5cm

40 복적단 고장력 볼트의 이음에서 강판에 $P = 400$kN이 작용할 때, 필요한 볼트는 모두 몇 개인가?(단, 볼트의 지름은 20mm이고 허용전단응력은 100MPa이다)

① 4개　　　　　　　② 5개

③ 6개　　　　　　　④ 7개

⑤ 8개

41 다음 중 두 개의 규소판 사이에 한 개의 알루미늄판이 결합된 3층 구조가 무수히 많이 연결되어 형성된 점토광물로, 각 3층 구조 사이에 칼륨이온(K^+)으로 결합되어 있는 것은?

① 일라이트(Illite)　　　　　　② 할로이사이트(Halloysite)

③ 고령토(Kaolinite)　　　　　④ 몬모릴로나이트(Montmorillonite)

⑤ 벤토나이트(Bentonite)

42 다음과 같은 단순보에서 최대 휨모멘트가 발생하는 위치는?(단, A점을 기준으로 한다)

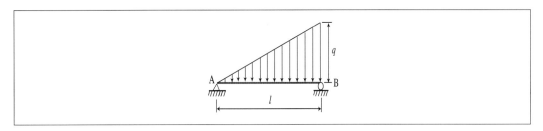

① $\dfrac{2}{3}l$

② $\dfrac{1}{\sqrt{3}}l$

③ $\dfrac{1}{\sqrt{2}}l$

④ $\dfrac{2}{\sqrt{5}}l$

⑤ $\dfrac{2}{\sqrt{2}}l$

43 다음 중 교량에 사용되는 고장력강에 요구되는 특성이 아닌 것은?

① 값이 싸야 할 것
② 용접성이 좋아야 할 것
③ 가공성(열간, 냉간)이 좋아야 할 것
④ 내식성이 좋아야 할 것
⑤ 인장 강도와 항복점이 크고, 피로 강도가 작을 것

44 30m에 대하여 3mm 늘어나 있는 줄자로 정사각형의 지역을 측정한 결과가 $62,500\text{m}^2$이었다면, 실제의 면적은 얼마인가?

① 약 $62,503.3\text{m}^2$

② 약 $62,512.5\text{m}^2$

③ 약 $62,524.3\text{m}^2$

④ 약 $62,535.5\text{m}^2$

⑤ 약 $62,550.3\text{m}^2$

45 다음 중 도면에서 곡선에 둘러싸여 있는 부분의 면적을 구하기에 적합한 방법을 〈보기〉에서 모두 고르면?

─────────────────────〈보기〉─────────────────────
ㄱ. 좌표법   ㄴ. 띠선법
ㄷ. 배횡거법   ㄹ. 삼변법
ㅁ. 분할법
──

① ㄱ, ㄴ   ② ㄴ, ㄷ
③ ㄴ, ㅁ   ④ ㄷ, ㄹ
⑤ ㄹ, ㅁ

46 다음 중 강도설계법의 기본 가정으로 옳지 않은 것은?

① 콘크리트의 최대변형률은 0.003으로 가정한다.

② 철근 및 콘크리트의 변형률은 중립축으로부터의 거리에 비례한다.

③ 콘크리트 압축응력분포는 등가 직사각형 분포로 생각해도 좋다.

④ 설계기준항복강도 f_y는 450MPa을 초과하여 적용할 수 없다.

⑤ 보의 극한상태에서 휨모멘트를 계산할 때는 콘크리트의 인장 강도를 무시한다.

47 다음 중 옹벽 각부설계에 대한 설명으로 옳지 않은 것은?

① 캔틸레버 옹벽의 저판은 수직벽에 의해 지지된 캔틸레버로 설계되어야 한다.

② 뒷부벽은 직사각형 보로, 앞부벽은 T형 보로 설계되어야 한다.

③ 옹벽 후면저판은 그 위에 재하되는 흙의 무게와 모든 하중을 지지하도록 설계하여야 한다.

④ 뒷부벽식 옹벽 및 앞부벽식 옹벽의 저판은 뒷부벽 또는 앞부벽 간의 거리를 지간으로 보고 고정보 또는 연속보로 설계되어야 한다.

⑤ 전면벽의 하부는 연속 슬래브로서 작용한다고 보아 설계하지만 동시에 벽체 또는 캔틸레버로서도 작용하므로 상당한 양의 가외 철근을 넣어야 한다.

48 2,000m의 거리를 50m씩 끊어서 40회 관측하였다. 관측결과 오차가 ±0.14m였고 40회 관측의 정밀도가 동일할 때, 50m 거리 관측의 오차는 몇 m인가?

① ±0.013m

② ±0.016m

③ ±0.019m

④ ±0.020m

⑤ ±0.022m

49 다음 중 지간이 10m이고 지름이 2cm인 원형 단면 단순보에 $w_x = 200$kg/m의 등분포하중이 작용할 때, 최대 전단 응력 $\tau_{\max}$의 값은?

① 약 550kg/cm^2

② 약 425kg/cm^2

③ 약 600kg/cm^2

④ 약 375kg/cm^2

⑤ 약 625kg/cm^2

50 흐트러지지 않은 시료를 이용하여 액성한계 40%, 소성한계 22.3%를 얻었다. Terzaghi와 Peck이 발표한 경험식에 의해 정규압밀 점토의 압축지수 C_c 값을 구하면?

① 0.25

② 0.27

③ 0.30

④ 0.35

⑤ 0.40

51 다음 그림에서 휨모멘트가 최대가 되는 단면의 위치는 B점에서 얼마인가?

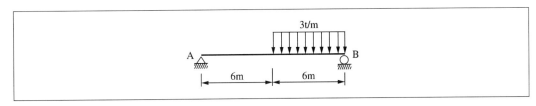

① 4.2m

② 4.5m

③ 4.8m

④ 5.2m

⑤ 5.5m

52 다음 중 철근 콘크리트 부재의 피복 두께에 대한 설명으로 옳지 않은 것은?

① 최소 피복 두께를 제한하는 이유는 철근의 부식 방지, 부착력의 증대, 내화성을 갖도록 하기 위해서이다.

② 콘크리트 표면과 그와 가장 가까이 배치된 철근 표면 사이의 콘크리트 두께를 피복 두께라 한다.

③ 현장치기 콘크리트로써 옥외의 공기나 흙에 직접 접하지 않는 콘크리트의 최소 피복 두께는 기둥의 경우 40mm이다.

④ 현장치기 콘크리트로써 흙에 접하거나 옥외의 공기에 직접 노출되는 콘크리트의 최소 피복 두께는 D16 이하의 철근의 경우 20mm이다.

⑤ 현장치기 콘크리트로써 흙에 접하여 콘크리트를 친 후 영구히 흙에 묻혀 있는 콘크리트의 최소 피복 두께는 80mm이다.

53 슬래브의 단경간 $S = 4\text{m}$, 장경간 $L = 5\text{m}$에 집중하중 $P = 150\text{kN}$이 슬래브의 중앙에 작용할 경우, 장경간 L이 부담하는 하중은 얼마인가?

① 45.5kN

② 48.2kN

③ 50.8kN

④ 58.5kN

⑤ 65.5kN

54 다음 중 2방향 슬래브 설계 시 직접설계법을 적용할 수 있는 제한사항에 대한 설명으로 옳지 않은 것은?

① 각 방향으로 3경간 이상이 연속되어 있어야 한다.

② 연속한 기둥 중심선을 기준으로 기둥의 어긋남은 그 방향 경간의 15% 이하여야 한다.

③ 각 방향으로 연속한 받침부 중심 간 경간 차이는 긴 경간의 $\frac{1}{3}$ 이하여야 한다.

④ 슬래브 판들은 단변경간에 대한 장변경간의 비가 2 이하인 직사각형이여야 한다.

⑤ 모든 하중은 슬래브 판 전체에 걸쳐 등분포된 연직하중이여야 하며, 활하중은 고정하중의 2배 이하여야 한다.

55 옹벽의 안정 조건 중 전도에 의한 저항 모멘트는 횡토압에 의한 전도 모멘트의 최소 몇 배 이상이어야 하는가?

① 1.0배

② 1.5배

③ 2.0배

④ 2.5배

⑤ 3.0배

56 다음과 같은 짧은 기둥에 편심 하중이 작용할 때, CD 부분의 연응력(椽應力)을 계산한 값은?

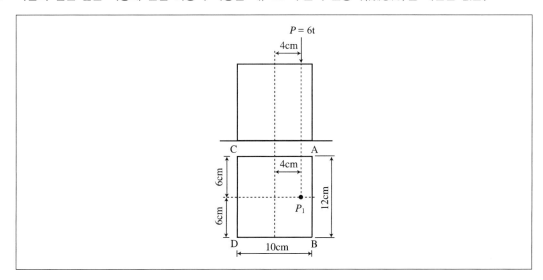

① -50kg/cm^2(압축)

② -70kg/cm^2(압축)

③ -50kg/cm^2(인장)

④ -70kg/cm^2(인장)

⑤ -90kg/cm^2(인장)

57 직사각형 보에서 전단철근이 부담해야 할 전단력 $V_s = 400\text{KN}$일 때 전단철근의 간격(s)은?(단, 수직스트럽의 단면적 $A_v = 750\text{mm}^2$, $b_w = 300\text{mm}$, $d = 500\text{mm}$, $f_{ck} = 21\text{MPa}$, $f_{yt} = 400\text{MPa}$, 보통중량 콘크리트이다)

① 180mm

② 220mm

③ 250mm

④ 375mm

⑤ 600mm

58 다음 중 사진측량의 특수 3점에 대한 설명으로 옳은 것은?

① 사진상에서 등각점을 구하는 것이 가장 쉽다.

② 사진의 경사각이 0°인 경우에는 특수 3점이 일치한다.

③ 기복변위는 주점에서 0이며 연직점에서 최대이다.

④ 카메라 경사에 의한 사선방향의 변위는 등각점에서 최대이다.

⑤ 렌즈 중심으로부터 지표면에 내린 수선의 발을 주점이라 한다.

59 다음 보 구조물의 B지점에서의 모멘트는 얼마인가?

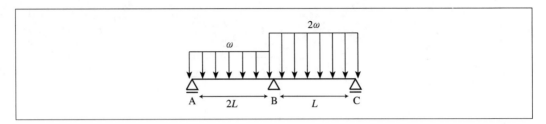

① $M_B = \dfrac{\omega L^2}{4}$ 　　　　　② $M_B = \dfrac{3\omega L^2}{4}$

③ $M_B = \dfrac{5\omega L^2}{12}$ 　　　　④ $M_B = \dfrac{7\omega L^2}{12}$

⑤ $M_B = \dfrac{11\omega L^2}{12}$

60 단순지지된 2방향 슬래브에 등분포하중 w가 작용할 때, AB방향에 분배되는 하중은 얼마인가?

① $0.958w$ 　　　　② $0.941w$

③ $0.932w$ 　　　　④ $0.912w$

⑤ $0.893w$

31 다음 중 가단주철에 대한 설명으로 옳지 않은 것은?

① 가단주철은 연성을 가진 주철을 얻는 방법 중 시간과 비용이 적게 드는 공정이다.

② 가단주철의 연성이 백주철에 비해 좋아진 것은 조직 내의 시멘타이트의 양이 줄거나 없어졌기 때문이다.

③ 가단주철은 파단 시 단면감소율이 10% 정도에 이르며, 연성이 우수하다.

④ 조직 내에 존재하는 흑연의 모양은 회주철에 존재하는 흑연처럼 날카롭지 않고 비교적 둥근 모양으로 연성을 증가시킨다.

⑤ 백주철을 고온에서 장시간 열처리를 하여 시멘타이트조직을 분해하거나 소실시켜 조직의 인성과 연성을 개선한 주철이다.

32 다음 중 센터리스 연삭의 장점으로 옳지 않은 것은?

① 센터 구멍을 뚫을 필요가 없다.

② 속이 빈 원통의 내면연삭도 가능하다.

③ 연속가공이 가능하여 생산속도가 높다.

④ 지름이 크거나 무거운 공작물의 연삭에 적합하다.

⑤ 연삭작업에 숙련을 요구하지 않는다.

33 다음 중 펌프(Pump)에 대한 설명으로 옳지 않은 것은?

① 송출량 및 송출압력이 주기적으로 변화하는 현상을 수격현상(Water Hammering)이라 한다.

② 왕복펌프는 회전수에 제한을 받지 않아 고양정에 적합하다.

③ 원심펌프는 회전차가 케이싱 내에서 회전할 때 발생하는 원심력을 이용한다.

④ 축류 펌프는 유량이 크고 저양정인 경우에 적합하다.

⑤ 공동현상이 계속 발생하면 펌프의 효율이 저하된다.

34 다음 중 인성(Toughness)에 대한 설명으로 옳은 것은?

① 국부 소성변형에 대한 재료의 저항성이다.

② 파괴가 일어나기까지의 재료의 에너지 흡수력이다.

③ 탄성변형에 따른 에너지 흡수력과 하중 제거에 따른 에너지의 회복력이다.

④ 파괴가 일어날 때까지의 소성변형의 정도이다.

⑤ 점성이 약하고 충격에 잘 견디는 성질이다.

35 다음 중 4행정 사이클 기관에서 2사이클을 진행할 때, 크랭크축은 몇 회전하는가?

① 2회전   ② 4회전

③ 6회전   ④ 8회전

⑤ 10회전

36 다음 중 유압장치의 일반적인 특징으로 옳지 않은 것은?

① 힘의 증폭이 용이하다.

② 구조가 복잡하여 원격조작이 어렵다.

③ 작동액체로는 오일이나 물 등이 사용된다.

④ 제어하기 쉽고 정확하다.

⑤ 공압에 비해 출력의 응답속도가 빠르다.

37 직경이 50cm인 어떤 관에 동점성계수가 $5\text{cm}^2/\text{s}$인 기름이 층류로 흐를 때, 기름의 유속은?(단, 관마찰계수는 0.04이다)

① 1.2m/s   ② 1.4m/s

③ 1.6m/s   ④ 1.8m/s

⑤ 2m/s

38 다음 글에서 설명하는 특징에 해당하는 주조법은 무엇인가?

- 영구주형을 사용한다.
- 비철금속의 주조에 적용한다.
- 고온 체임버식과 저온 체임버식으로 나뉜다.
- 용융금속이 응고될 때까지 압력을 가한다.

① 스퀴즈캐스팅(Squeeze Casting)
② 원심 주조법(Centrifugal Casting)
③ 다이캐스팅(Die Casting)
④ 인베스트먼트 주조법(Investment Casting)
⑤ 일렉트로 슬래그 주조법(Electro Slag Casting)

39 동일 재질로 만들어진 두 개의 원형단면축이 같은 비틀림 모멘트 T를 받을 때, 각 축에 저장되는 탄성에너지의 비 $\left(\dfrac{U_1}{U_2}\right)$는?(단, 두 개의 원형단면축 길이는 L_1, L_2이고, 지름은 d_1, d_2이다)

① $\dfrac{U_1}{U_2}=\left(\dfrac{d_1}{d_2}\right)^4\dfrac{L_2}{L_1}$

② $\dfrac{U_1}{U_2}=\left(\dfrac{d_1}{d_2}\right)^4\dfrac{L_1}{L_2}$

③ $\dfrac{U_1}{U_2}=\left(\dfrac{d_2}{d_1}\right)^4\dfrac{L_2}{L_1}$

④ $\dfrac{U_1}{U_2}=\left(\dfrac{d_2}{d_1}\right)^4\dfrac{L_1}{L_2}$

⑤ $\dfrac{U_1}{U_2}=\left(\dfrac{d_2}{d_1}\right)^2\dfrac{L_2}{L_1}$

40 다음 중 강화 플라스틱 재료에 대한 설명으로 옳지 않은 것은?

① 강화 플라스틱은 분산상의 섬유와 플라스틱모재로 구성되어 있다.
② 강화 플라스틱에서 최대 강도는 인장력이 작용하는 방향에 수직으로 섬유가 배열될 때 얻어진다.
③ 강화 플라스틱은 비강도 및 비강성이 높고 이방성이 크다.
④ 강화 플라스틱은 피로 저항과 인성, 크리프 저항이 일반 플라스틱에 비해 높다.
⑤ 강화 플라스틱은 섬유와 플라스틱모재 간의 경계면에서 하중이 전달되기 때문에 두 재료의 접착력이 매우 중요하다.

41 다음 중 잔류응력에 대한 설명으로 옳은 것을 〈보기〉에서 모두 고르면?

〈보기〉

ㄱ. 표면에 남아있는 인장잔류응력은 피로수명과 파괴강도를 향상시킨다.

ㄴ. 표면에 남아있는 압축잔류응력은 응력부식균열을 발생시킬 수 있다.

ㄷ. 표면에 남아있는 인장잔류응력은 피로수명과 파괴강도를 저하시킨다.

ㄹ. 잔류응력은 물체 내의 온도구배(Temperature Gradient)에 의해 생길 수 있다.

ㅁ. 풀림처리(Annealing)를 하거나 소성변형을 추가시키는 방법을 통하여 잔류응력을 제거하거나 감소시킬 수 있다.

ㅂ. 실온에서도 충분한 시간을 두고 방치하면 잔류응력을 줄일 수 있다.

① ㄱ, ㄴ, ㄷ, ㄹ. ② ㄱ, ㄴ, ㄹ, ㅁ

③ ㄱ, ㄷ, ㅁ, ㅂ ④ ㄴ, ㄷ, ㄹ, ㅁ

⑤ ㄷ, ㄹ, ㅁ, ㅂ

42 다음 중 기어 설계 시 이의 간섭에 대한 설명으로 옳지 않은 것은?

① 이의 간섭이 일어난 상태로 회전하면 언더컷이 발생한다.

② 전위기어를 사용하여 이의 간섭을 방지할 수 있다.

③ 압력각을 작게 하여 물림 길이가 짧아지면 이의 간섭을 방지할 수 있다.

④ 피니언과 기어의 잇수 차이를 줄이면 이의 간섭을 방지할 수 있다.

⑤ 치형을 수정하면 이의 간섭을 방지할 수 있다.

43 다음은 사출성형품의 불량 원인과 대책에 대한 설명이다. 이에 해당하는 현상은 무엇인가?

금형의 파팅라인(Parting Line)이나 이젝터핀(Ejector Pin) 등의 틈에서 흘러 나와 고화 또는 경화된 얇은 조각 모양의 수지가 생기는 것을 말하는 것으로, 이를 방지하기 위해서는 금형 자체의 밀착성을 좋게 하도록 체결력을 높여야 한다.

① 플로마크(Flow Mark) 현상

② 싱크마크(Sink Mark) 현상

③ 웰드마크(Weld Mark) 현상

④ 플래시(Flash) 현상

⑤ 스프링백(Spring Back) 현상

44 역카르노 사이클로 작동하는 냉동기의 증발기 온도가 250K이고 응축기 온도가 350K일 때, 냉동 사이클의 성적계수는 얼마인가?

① 0.25   ② 0.4

③ 2.5   ④ 3.5

⑤ 4.5

45 다음 중 다이아몬드 다음으로 경한 재료로, 철계금속이나 내열합금의 절삭에 사용하는 것은?

① 세라믹(Ceramic)

② 초경합금(Carbide)

③ 입방정 질화붕소(CBN; Cubic Boron Nitride)

④ 고속도강(HSS; High Speed Steel)

⑤ 특수강(Special Steel)

46 다음 중 SM35C, SC350으로 표현된 재료 규격의 설명으로 옳지 않은 것은?

① SM35C에서 SM은 기계구조용 탄소강재라는 것이다.

② SM35C에서 35C는 평균 탄소함유량이 3.5%라는 것이다.

③ SC350에서 SC는 탄소강 주강품이라는 것이다.

④ SC350에서 350은 인장강도 $350N/mm^2$ 이상을 나타낸다.

⑤ SM35C의 경우 평균 탄소량을 나타내는 숫자를 S(Steel)와 C(Carbon) 사이에 써서 표시한다.

47 다음 중 보일러 효율을 향상시키는 부속장치인 절탄기(Economizer)에 대한 설명으로 옳은 것은?

① 연도에 흐르는 연소가스의 열을 이용하여 급수를 예열하는 장치이다.

② 석탄을 잘게 부수는 장치이다.

③ 연도에 흐르는 연소가스의 열을 이용하여 연소실에 들어가는 공기를 예열하는 장치이다.

④ 연도에 흐르는 연소가스의 열을 이용하여 고온의 증기를 만드는 장치이다.

⑤ 절탄기를 이용하여 굴뚝에서 배출되는 열량의 대부분을 회수할 수 있다.

48 다음 중 가솔린기관과 디젤기관을 비교한 내용으로 옳지 않은 것은?

① 가솔린기관은 일반적으로 디젤기관보다 압축비가 크다.

② 디젤기관은 혼합기형성에서 공기만 압축한 후 연료를 분사한다.

③ 열효율은 디젤기관이 가솔린기관보다 높다.

④ 디젤기관은 저속성능이 좋고 회전력도 우수하다.

⑤ 연소실 형상은 가솔린기관이 디젤기관보다 간단하다.

49 피스톤 – 실린더 장치에 120kPa, 70℃의 공기 $0.5m^3$가 들어있다. 이 공기가 온도를 일정하게 유지하면서 $0.1m^3$까지 압축될 때 행해진 일(kJ)은 얼마인가?

① $-55.5kJ$ ② $-65.6kJ$

③ $-78.4kJ$ ④ $-95.6kJ$

⑤ $-101.2kJ$

50 다음 중 특정한 온도영역에서 이전의 입자들을 대신하여 변형이 없는 새로운 입자가 형성되는 재결정에 대한 설명으로 옳지 않은 것은?

① 재결정온도는 일반적으로 약 1시간 안에 95% 이상 재결정이 이루어지는 온도로 정의한다.

② 금속의 용융온도를 절대온도 T_m이라 할 때 재결정온도는 대략 $0.3 \sim 0.5 T_m$ 범위에 있다.

③ 재결정은 금속의 연성을 증가시키고 강도를 저하시킨다.

④ 냉간가공도가 클수록 재결정온도는 높아진다.

⑤ 결정입자의 크기가 작을수록 재결정온도는 낮아진다.

51 다음 중 측정기에 대한 설명으로 옳은 것은?

① 버니어캘리퍼스가 마이크로미터보다 측정 정밀도가 높다.

② 사인바(Sine Bar)는 공작물의 내경 측정에 사용된다.

③ 다이얼게이지(Dial Gage)는 각도측정기이다.

④ 스트레이트에지(Straight Edge)는 평면도의 측정에 사용된다.

⑤ 마이크로미터(Micrometer)는 0.1mm 단위까지만 측정 가능하다.

52 다음 중 측정에 대한 설명으로 옳은 것을 〈보기〉에서 모두 고르면?

─────────〈보기〉─────────
ㄱ. 비교측정기에는 게이지 블록, 마이크로미터 등이 있다.
ㄴ. 직접측정기에는 버니어캘리퍼스, 사인바(Sine Bar), 다이얼게이지 등이 있다.
ㄷ. 형상측정의 종류에는 진원도, 원통도, 진직도, 평면도 등이 있다.
ㄹ. 3차원측정기는 측정점의 좌표를 검출하여 3차원적인 크기나 위치, 방향 등을 알 수 있다.
─────────────────────

① ㄱ, ㄴ   ② ㄱ, ㄷ
③ ㄱ, ㄹ   ④ ㄴ, ㄷ
⑤ ㄷ, ㄹ

53 다음 중 가솔린기관의 노킹현상에 대한 설명으로 옳은 것은?

① 공기 – 연료혼합기가 어느 온도 이상 가열되어 점화하지 않아도 연소하기 시작하는 현상이다.
② 흡입공기의 압력을 높여 기관의 출력을 증가시키는 현상이다.
③ 가솔린과 공기의 혼합비를 조절하여 혼합기를 발생시키는 현상이다.
④ 연소 후반에 미연소가스의 급격한 연소에 의한 충격파로 실린더 내 금속을 타격하는 현상이다.
⑤ 피스톤, 실린더헤드, 크랭크축의 손상을 가져오는 현상이다.

54 다음 중 스테인리스강에 대한 설명으로 옳지 않은 것은?

① 스테인리스강은 뛰어난 내식성과 높은 인장강도의 특성을 갖는다.
② 스테인리스강은 산소와 접하면 얇고 단단한 크롬산화막을 형성한다.
③ 스테인리스강에서 탄소량이 많을수록 내식성이 향상된다.
④ 오스테나이트계 스테인리스강은 주로 크롬, 니켈이 철과 합금된 것으로 연성이 크다.
⑤ 12 ~ 18%의 크롬(Cr)을 함유한 내식성이 아주 강한 강재이다.

55 다음 중 제품의 시험검사에 대한 설명으로 옳지 않은 것은?

① 인장시험으로 항복점, 연신율, 단면감소율, 변형률을 알아낼 수 있다.

② 샤르피식 충격시험은 해머로 노치부를 타격하여 연성 파괴인지, 취성 파괴인지 판정하는 시험법이다.

③ 비파괴검사에는 초음파검사, 자분탐상검사, 액체침투검사 등이 있다.

④ 아이조드식 충격시험은 양단이 단순 지지된 시편의 노치부를 회전하는 해머로 타격한다.

⑤ 브리넬시험은 강구를 일정 하중으로 시험편의 표면에 압입시킨 후, 압입자국의 표면적과 하중의 비로 경도 값을 표현한 것이다.

56 다음 중 연삭숫돌에 눈메움이나 무딤이 발생하였을 때 이를 제거하기 위한 방법으로 옳은 것은?

① 드레싱(Dressing)
② 폴리싱(Polishing)
③ 연삭액의 교환
④ 연삭속도의 변경
⑤ 에칭(Etching)

57 실린더 내부 유체가 외부로부터 68kJ/kg의 일을 받아 외부로 36kJ/kg의 열을 방출하였다. 이때, 유체의 내부에너지의 변화로 옳은 것은?

① 내부에너지는 32kJ/kg 증가하였다.

② 내부에너지는 32kJ/kg 감소하였다.

③ 내부에너지는 36kJ/kg 증가하였다.

④ 내부에너지는 104kJ/kg 감소하였다.

⑤ 내부에너지는 104kJ/kg 증가하였다.

58 다음 중 마그네슘의 특징으로 옳지 않은 것은?

① 비중이 알루미늄보다 크다.

② 조밀육방격자이며 고온에서 발화하기 쉽다.

③ 대기 중에서 내식성이 양호하나 산 및 바닷물에 침식되기 쉽다.

④ 알칼리성에 거의 부식되지 않는다.

⑤ 비강도가 우수하여 항공기나 자동차 부품으로 사용된다.

59 다음 중 열역학 제1법칙에 대한 설명으로 옳지 않은 것은?

① 에너지 보존의 법칙과 관련이 있는 법칙이다.

② 어떤 기체에 열을 가하여 정적 변화할 때, 가한 열은 모두 내부에너지 증가에 쓰인다.

③ 어떤 기체에 열을 가하여 등온 변화할 때, 가한 열은 모두 기체가 하는 일로 변환된다.

④ 어떤 기체에 열을 가하여 정압 변화할 때, 가한 열의 일부는 내부에너지의 증가에 쓰인다.

⑤ 어떤 기체에 열을 가하여 단열 변화할 때, 내부에너지와 기체가 하는 일의 합은 항상 양수이다.

60 어떤 기체에 열을 가하여 180kJ만큼 일하고 내부에너지가 370kJ 증가하였다. 이때 가한 열량은 얼마인가?

① 180kJ

② 190kJ

③ 275kJ

④ 370kJ

⑤ 550kJ

31 다음 중 패러데이관에 대한 설명으로 옳지 않은 것은?

① 패러데이관 밀도는 전속밀도와 같다.

② 패러데이관 내부의 전속수는 일정하다.

③ 진전하가 없는 점에서 패러데이관은 불연속이다.

④ 패러데이관에서의 단위전위차 에너지는 $\frac{1}{2}$J이다.

⑤ 패러데이관 양단에는 단위정전하, 단위부전하가 있다.

32 전기장 내의 한 점으로부터 다른 점까지 2C의 전하를 옮기는 데 1J의 일이 필요하였다. 이 두 점 사이의 전위차는?

① 0.25V

② 0.5V

③ 1V

④ 2V

⑤ 3V

33 다음 중 코로나 현상이 발생할 때의 영향으로 옳지 않은 것은?

① 고주파로 인한 통신선 유도 장해

② 질소 발생에 의한 전선의 부식

③ 소호리액터 접지 시 소호 능력 저하

④ 코로나 손실로 인한 송전 용량 감소

⑤ 잡음으로 인한 전파 장해

34 발전기를 정격전압 220V로 전부하 운전하다가 무부하로 운전하였더니 단자전압이 242V가 되었다. 이 발전기의 전압 변동률은?

① 10%

② 14%

③ 16%

④ 20%

⑤ 25%

35 비투자율(μ_r)이 1이고 비유전율(ε_r)이 80인 전자파의 고유임피던스는 몇 Ω인가?

① 약 $160\,\Omega$

② 약 $80\,\Omega$

③ 약 $61\,\Omega$

④ 약 $42\,\Omega$

⑤ 약 $21\,\Omega$

36 다음 중 전류가 전압에 비례하는 것은 어느 법칙과 관계가 있는가?

① 키르히호프의 법칙

② 옴의 법칙

③ 줄의 법칙

④ 렌츠의 법칙

⑤ 앙페르의 법칙

37 다음 중 동기 발전기의 부하각이 증가하는 원인으로 옳은 것은?

① 계통의 전압 상승

② 계통의 주파수 상승

③ 계통의 부하 증가

④ 계통의 무효전력 증가

⑤ 계통의 역률 증가

38 무한평면 전하와 무한장 선전하에서 r[m] 떨어진 점의 전위는 각각 몇 V인가?(단, ρ_s = 평면전하밀도이고 ρ_L = 선전하밀도이다)

	무한평면도체	무한직선도체
①	$\dfrac{\rho_s}{\varepsilon}$	$\dfrac{\rho_L}{2\pi\varepsilon_o}$
②	∞	$\dfrac{\rho_L}{\varepsilon}$
③	$\dfrac{\rho_s}{2\pi\varepsilon_o}$	∞
④	$\dfrac{\rho_s}{\varepsilon}$	$\dfrac{\rho_L}{4\pi\varepsilon_o r}$
⑤	∞	∞

39 3상 유도 전동기의 운전 중 급속 정지가 필요할 때 사용하는 제동 방식은?

① 단상제동
② 회생제동
③ 발전제동
④ 역상제동
⑤ 저항제동

40 다음 중 전력계통을 연계할 경우의 장점으로 옳지 않은 것은?

① 계통 전체로서의 신뢰도가 증가한다.
② 전력의 융통으로 설비용량이 절감된다.
③ 건설비 및 운전 경비 절감으로 경제 급전이 용이하다.
④ 단락전류가 증가하고 통신선의 전자 유도장해가 작아진다.
⑤ 부하 변동의 영향이 작아 안정된 주파수 유지가 가능하다.

41 다음 그림에서 $R=10\,\Omega$, $L=0.1\mathrm{H}$인 직렬회로에 직류 전압 100V를 가했을 때 0.01초 후의 전류는 몇 A인가?

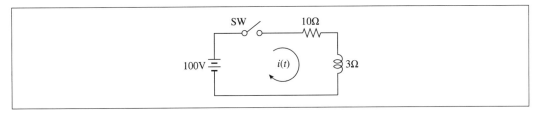

① 약 632A

② 약 63.2A

③ 약 6.32A

④ 약 0.632A

⑤ 약 0.0632A

42 RL 직렬회로에 $v(t)=160\sin(10^4 t + Q_1)[\mathrm{V}]$의 전압을 가했더니 $i(t)=4\sin(10^4 t + Q_2)[\mathrm{A}]$의 전류가 흘렀다. 이때, $R=10\sqrt{15}\,\Omega$ 이라면 인덕턴스 L은 얼마인가?

① 100mH

② 10mH

③ 1mH

④ 0.1mH

⑤ 0.01mH

43 다음 그림과 같은 유도 전동기가 있다. 고정자가 매초 100회전하고 회전자가 매초 95회전하고 있을 때, 회전자의 도체에 유기되는 기전력의 주파수는?

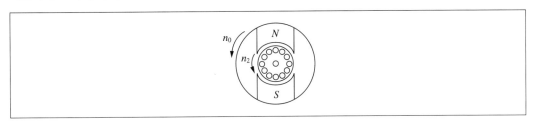

① 5Hz

② 10Hz

③ 15Hz

④ 20Hz

⑤ 25Hz

44 평행판 콘덴서에 전하량 Q가 충전되어 있다. 이 콘덴서의 내부 유전체의 유전율이 두 배로 변했을 때, 콘덴서 내부의 전속밀도는?

① 변화하지 않는다.　　　　　　　　② 2배가 된다.

③ 4배가 된다.　　　　　　　　　　④ 6배가 된다.

⑤ 절반으로 감소한다.

45 다음 중 전류와 자속에 대한 설명으로 옳은 것은?

① 전류와 자속은 항상 폐회로를 이룬다.

② 전류와 자속은 항상 폐회로를 이루지 않는다.

③ 전류는 폐회로이나 자속은 아니다.

④ 자속은 폐회로이나 전류는 아니다.

⑤ 자속은 어떤 표면을 통과하는 자기력선의 수에 비례하는 양이다.

46 다음 회로가 정저항 회로가 되기 위한 C의 값은 얼마인가?(단, $L=500\text{mH}$이고 $R=1,000\,\Omega$ 이다)

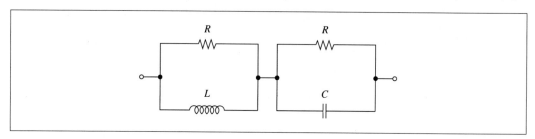

① $0.1\mu\text{F}$　　　　　　　　　　② $0.2\mu\text{F}$

③ $0.5\mu\text{F}$　　　　　　　　　　④ $1\mu\text{F}$

⑤ $2\mu\text{F}$

47 전위 함수가 $V=3x+2y^2\,[\text{V}]$로 주어질 때, 점$(2,\ -1,\ 3)$에서 전계의 세기는?

① 5V/m　　　　　　　　　　② 6V/m

③ 8V/m　　　　　　　　　　④ 12V/m

⑤ 14V/m

48 RLC 직렬회로에 공급되는 교류전압의 주파수가 $f = \dfrac{1}{2\pi\sqrt{LC}}$ [Hz]일 때, 〈보기〉 중 옳은 것을 모두 고르면?

─────── 〈보기〉 ───────

ㄱ. L 또는 C 양단에 가장 큰 전압이 걸리게 된다.
ㄴ. 회로의 임피던스는 가장 작은 값을 가지게 된다.
ㄷ. 회로에 흐른 전류는 공급전압보다 위상이 뒤진다.
ㄹ. L에 걸리는 전압과 C에 걸리는 전압의 위상은 서로 같다.

① ㄱ, ㄴ   ② ㄴ, ㄷ
③ ㄱ, ㄷ, ㄹ   ④ ㄴ, ㄷ, ㄹ
⑤ ㄷ, ㄹ

49 일정한 속도로 운동하던 어떤 대전 입자가 균일한 자기장 속에 자기장의 방향과 수직으로 입사하였다. 이때 자기장 안에서 이 입자가 하는 운동으로 옳은 것은?

① 직선 운동을 한다.   ② 등속 원운동을 한다.
③ 포물선 운동을 한다.   ④ 힘을 받지 않는다.
⑤ 나선 운동을 한다.

50 다음 설명에 해당하는 이론은?

2개 이상의 기전력을 포함한 회로망 중의 어떤 점의 전위 또는 전류는 각 기전력이 단독으로 존재한다고 생각했을 경우 그 점의 전위 또는 전류의 합과 같다.

① 데브낭의 정리   ② 중첩의 정리
③ 노튼의 정리   ④ 헤르츠의 정리
⑤ 밀만의 정리

51 다음 중 전하의 성질에 대한 설명으로 옳지 않은 것은?

① 같은 종류의 전하는 흡인하고 다른 종류의 전하끼리는 반발한다.

② 대전체에 들어있는 전하를 없애려면 접지시킨다.

③ 대전체의 영향으로 비대전체에 전기가 유도된다.

④ 전하는 가장 안정한 상태를 유지하려는 성질이 있다.

⑤ 인접한 전하의 극성에 따라 인력 또는 척력이 작용한다.

52 다음 그림의 회로에서 독립적인 전류방정식 N과 독립적인 전압방정식 B는 각각 몇 개인가?

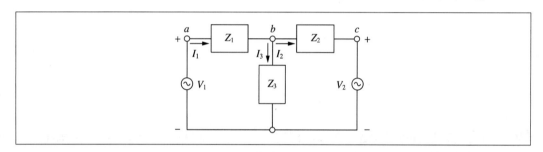

	N	B
①	3개	4개
②	2개	3개
③	2개	2개
④	1개	2개
⑤	1개	1개

53 어떤 계에 단위 임펄스 입력이 가하여질 경우 출력이 e^{-3t}로 나타났다. 이 계의 전달 함수는?

① $\dfrac{1}{s+1}$

② $\dfrac{1}{s-1}$

③ $\dfrac{1}{s+3}$

④ $\dfrac{1}{s-3}$

⑤ $\dfrac{s+1}{s-3}$

54 다음 중 전자기파에 대한 설명으로 옳은 것은?

① 진공 중에서의 전파 속도는 파장에 따라 다르다.
② 음극선은 전자기파의 일종이다.
③ 전기장과 자기장의 방향은 평행이다.
④ 시간에 따른 전기장의 변화가 자기장을 유도한다.
⑤ 전자기파는 양자들의 집합이다.

55 다음 중 3상 유도 전압 조정기의 동작 원리로 옳은 것은?

① 회전 자계에 의한 유도 작용을 이용하여 2차 전압의 위상 전압의 조정에 따라 변화한다.
② 교번 자계의 전자 유도 작용을 이용한다.
③ 충전된 두 물체 사이에 작용하는 힘을 이용한다.
④ 두 전류 사이에 작용하는 힘을 이용한다.
⑤ 누설 자계의 전자 유도 작용을 이용한다.

56 다음 중 유도 전동기 권선법에 대한 설명으로 옳지 않은 것은?

① 홈 수는 24개 또는 36개이다.
② 고정자 권선은 3상 권선이 쓰인다.
③ 소형 전동기는 보통 4극이다.
④ 고정자 권선은 단층 파권이다.
⑤ 일반적으로 중권을 사용한다.

57 퍼센트 저항 강하 1.8% 및 퍼센트 리액턴스 강하 2%인 변압기가 있다. 부하의 역률이 1일 때의 전압 변동률은?

① 1.8%
② 2.0%
③ 2.7%
④ 3.8%
⑤ 4.0%

58 유도 전동기의 1차 접속을 Δ에서 Y로 바꾸면 기동 시의 1차 전류는 어떻게 변화하는가?

① $\dfrac{1}{3}$로 감소

② $\dfrac{1}{\sqrt{3}}$로 감소

③ $\sqrt{3}$ 배로 증가

④ 3배로 증가

⑤ 4배로 증가

59 반파 정현파에서 평균치가 I_{av}이고 실효치가 I일 때, 평균치와 실효치 사이의 관계식으로 옳은 것은?

① $I = \dfrac{2\sqrt{2}}{\pi} \times I_{av}$

② $I = \dfrac{\pi}{2} \times I_{av}$

③ $I = \dfrac{\pi}{2\sqrt{2}} \times I_{av}$

④ $I = \dfrac{\pi}{\sqrt{2}} \times I_{av}$

⑤ $I = \dfrac{2}{\pi} \times I_{av}$

60 다음 중 저항 R의 크기에 대한 설명으로 옳은 것을 〈보기〉에서 모두 고르면?

─────〈보기〉─────
ㄱ. 저항은 고유저항에 비례한다.
ㄴ. 저항은 단면적의 넓이에 비례한다.
ㄷ. 저항은 길이에 비례한다.
ㄹ. 저항의 길이가 n배, 단면적의 넓이가 n배 증가하면 저항의 크기는 n^2배 증가한다.

① ㄱ, ㄷ

② ㄴ, ㄷ

③ ㄱ, ㄷ, ㄹ

④ ㄴ, ㄷ, ㄹ

⑤ ㄱ, ㄴ, ㄷ, ㄹ

| 04 | 전기이론

31 다음 중 파고율, 파형률이 모두 1인 파형은?

① 사인파   ② 고조파

③ 삼각파   ④ 고주파

⑤ 구형파

32 함수 $f(t) = 2t^4$에 대한 $\mathcal{L}[f(t)]$는?

① $\dfrac{10}{s^5}$ ② $\dfrac{48}{s^5}$

③ $\dfrac{8}{s^4}$ ④ $\dfrac{24}{s^4}$

⑤ $\dfrac{6}{s^3}$

33 다음 중 가장 폭넓게 사용되는 전송 제어 절차는?

① BASIC 제어 절차   ② SDLC 제어 절차

③ BSC 제어 절차   ④ HDLC 제어 절차

⑤ CRC 제어 절차

34 면적 5cm^2의 금속판을 1mm의 간격을 두고 공기 중에 평행하게 위치시켰을 때, 이 도체 사이의 정전 용량을 구하면?

① $4.4275 \times 10^{-12}\text{F}$ ② $44.275 \times 10^{-12}\text{F}$

③ $2.2145 \times 10^{-12}\text{F}$ ④ $22.145 \times 10^{-12}\text{F}$

⑤ $221.45 \times 10^{-12}\text{F}$

35 다음 중 전이중 통신 방식의 특징으로 옳지 않은 것은?

① 하드와이어 전송의 경우 송수신에 4개의 회선을 사용한다.

② 아날로그 방식의 전송에서는 FDM으로 전이중 모드를 지원한다.

③ 데이터 전송량이 많고 통신 회선의 용량이 클 때 사용한다.

④ 송수신에 2개의 채널을 사용하며, 각 채널의 주파수는 서로 같다.

⑤ 다른 통신 방식에 비해 장비가 비싸고 더 많은 전송 매체가 필요하다.

36 다음 중 도체 내부에서 자속이 변화하고 있는 곳에서 전계의 회전이 발생한다는 의미를 나타내는 식은?

① $div E = -\dfrac{\rho}{\epsilon}$

② $div H = \dfrac{\rho}{\epsilon}$

③ $rot E = -\dfrac{\partial B}{\partial t}$

④ $rot H = \dfrac{\partial B}{\partial t}$

⑤ $div E = -\dfrac{\partial B}{\partial t}$

37 다음 중 물속에서 전자파의 속도는 몇 m/s인가?(단, $\mu_r = 1$이고 $\varepsilon_r = 80$이다)

① 약 9.0×10^9 m/s

② 약 5.3×10^8 m/s

③ 약 3.35×10^7 m/s

④ 약 3.30×10^9 m/s

⑤ 약 2.67×10^8 m/s

38 다음 중 비등수형 원자로의 특징에 대한 설명으로 옳지 않은 것은?

① 방사능 때문에 증기는 완전히 기수 분리를 해야 한다.

② 열교환기가 필요하다.

③ 기포에 의한 자기 제어성이 있다.

④ 순환 펌프로서는 급수 펌프뿐이므로 펌프 동력이 작다.

⑤ 가압수형에 비해 설치 면적이 적게 소요된다.

39 다음 중 사이리스터(Thyristor)에 대한 설명으로 옳지 않은 것은?

① 내전압 특성이 우수하다.

② PNPN의 4중 구조를 하고 있다.

③ 자기소호(Self Commutation)가 불가능하다.

④ 금속 산화막 반도체 전계효과 트랜지스터를 게이트부에 넣은 접합형 트랜지스터이다.

⑤ 제어단자(G)로부터 음극(K)에 전류를 흘리는 것으로, 양극(A)과 음극(K) 사이를 도통시킬 수 있는 3단자의 반도체 소자이다.

40 0.4Wb/m^2의 평등자계 속에 자계와 수직 방향으로 놓인 30cm 길이의 도선이 자계와 $30°$의 방향으로 30m/s로 이동할 경우에 도체의 양단에 유기되는 기전력은 얼마인가?

① 1.2V   ② 1.5V

③ 1.8V   ④ 2.1V

⑤ 2.4V

41 비투자율 $\mu_s = 1,001$인 자성체에서 자계의 세기가 $\dfrac{1,000}{\pi}\text{AT/m}$이었다. 이때 자화의 세기는?

① 0.4Wb/m^2 ② 0.04Wb/m^2

③ 0.2Wb/m^2 ④ 0.02Wb/m^2

⑤ 4Wb/m^2

42 $10\mu\text{F}$의 콘덴서에 100V의 직류 전압을 가하면 축적되는 전하는 얼마인가?

① $5\times10^{-3}\text{C}$ ② 10^{-3}C

③ 10^{-4}C ④ $5\times10^{-4}\text{C}$

⑤ 0.05C

43 무한평면도체의 표면에서 수직거리 a[m] 떨어진 곳에 점전하 $+Q$[C]가 있을 경우 영상전하와 평면도체 사이에 작용하는 힘의 크기와 방향으로 옳은 것은?(단, 공간 매질의 유전율은 ε[F/m]이다)

① $\dfrac{Q^2}{16\pi\varepsilon a^2}$[N], 흡인력

② $\dfrac{Q^2}{4\pi\varepsilon a^2}$[N], 흡인력

③ $\dfrac{Q^2}{4\pi\varepsilon a^2}$[N], 반발력

④ $\dfrac{Q^2}{16\pi\varepsilon a^2}$[N], 반발력

⑤ $\dfrac{Q^2}{8\pi\varepsilon a^2}$[N], 반발력

44 평균 반지름이 10cm이고 감은 횟수 10회의 원형 코일에 5A의 전류를 흐르게 할 때, 코일 중심에서 자기장의 세기는?

① 250AT/m

② 500AT/m

③ 750AT/m

④ 1,000AT/m

⑤ 1,250AT/m

45 자기저항이 2×10^7AT/Wb인 철심이 있는 환상 솔레노이드에 5×10^{-5}Wb의 자속이 통과할 때, 철심의 기자력은?

① 1,000AT

② 1,200AT

③ 1,400AT

④ 1,600AT

⑤ 1,700AT

46 저항 8Ω과 용량 리액턴스 X_C이 직렬로 접속된 회로에 100V, 60Hz의 교류를 가하니 10A의 전류가 흐른다. 이때 X_C의 값은?

① 2Ω

② 4Ω

③ 6Ω

④ 8Ω

⑤ 10Ω

47 교류 회로에서 전압과 전류의 위상차를 θ[rad]라 할 때, $\cos\theta$는 무엇인가?

① 역률
② 왜곡률
③ 전압변동률
④ 효율
⑤ 맥동률

48 저항 $30\,\Omega$과 유도 리액턴스 $40\,\Omega$을 병렬로 접속한 회로에 120V의 교류전압을 가할 때의 전체 전류는?

① 5A
② 6A
③ 8A
④ 10A
⑤ 12A

49 다음 중 유전체의 경계면 조건에 대한 설명으로 옳지 않은 것은?

① 완전유전체 내에서는 자유전하가 존재하지 않는다.
② 유전율이 서로 다른 두 유전체의 경계면에서 전계의 수평(접선) 성분이 같다.
③ 유전체의 경계면에서 전속밀도의 수직(법선) 성분은 서로 다르고 불연속적이다.
④ 유전체의 표면전하 밀도는 유전체 내의 구속전하의 변위 현상에 의해 발생한다.
⑤ 경계면에 외부 전하가 있으면 유전체의 외부와 내부의 전하는 평형을 이루지 않는다.

50 다음 중 이상적인 전압 전류원에 대한 설명으로 옳은 것은?

① 전압원의 내부저항은 ∞이고, 전류원의 내부저항은 0이다.
② 전압원의 내부저항은 0이고, 전류원의 내부저항은 ∞이다.
③ 전압원, 전류원의 내부저항은 흐르는 전류에 따라 변한다.
④ 전압원의 내부저항은 일정하고 전류원의 내부저항은 일정하지 않다.
⑤ 전압원의 내부저항은 일정하지 않고 전류원의 내부저항은 일정하다.

51 $\lambda[C/m]$의 선밀도 전하를 가진 무한 길이의 도선이 있을 때, 그 도선으로부터 $r[m]$의 점 P의 전계 E는 몇 V/m인가?

① $\dfrac{\lambda}{4\pi\epsilon_0 r^2}\,[\text{V/m}]$

② $\dfrac{\lambda}{4\pi\epsilon_0 r}\,[\text{V/m}]$

③ $\dfrac{\lambda}{2\pi\epsilon_0 r^2}\,[\text{V/m}]$

④ $\dfrac{\lambda}{2\pi\epsilon_0 r}\,[\text{V/m}]$

⑤ $\dfrac{\lambda}{\pi\epsilon_0 r^2}\,[\text{V/m}]$

52 다음 중 HVDC에 대한 설명으로 옳지 않은 것은?

① 지지물의 크기가 축소된다.

② 전류형은 장거리 대전송에 유리하다.

③ 포인트 투 포인트(P－to－P) 방식에서는 직류 차단기가 반드시 필요하다.

④ 전압형은 전압을 제어하여 전력을 조절한다.

⑤ 전력 변환소가 필요하다.

53 진공 상태에서 한 변의 길이가 $a[\text{m}]$인 정사각형의 단일 코일에 $I[\text{A}]$의 전류가 흐를 경우에 정사각형의 중심에서 자계의 세기는 얼마인가?

① $\dfrac{\sqrt{2}}{\pi a}\,\text{AT/m}$

② $\dfrac{I}{\sqrt{2}\,a}\,\text{AT/m}$

③ $\dfrac{4I}{a}\,\text{AT/m}$

④ $\dfrac{I}{2\pi a}\,\text{AT/m}$

⑤ $\dfrac{2\sqrt{2}\,I}{\pi a}\,\text{AT/m}$

54 다음 중 전동기의 극수가 8극이고 주파수가 60Hz일 때, 동기속도 N_s는 얼마인가?

① 1,800rpm
② 1,500rpm
③ 1,200rpm
④ 900rpm
⑤ 800rpm

55 비유전율이 4이고 전계의 세기가 20kV/m인 유전체 내의 전속밀도는?(단, $\epsilon_0 = 8.855 \times 10^{-12}$이다)

① 약 $0.708\mu C/m^2$
② 약 $0.152\mu C/m^2$
③ 약 $0.168\mu C/m^2$
④ 약 $6.28\mu C/m^2$
⑤ 약 $2.83\mu C/m^2$

56 투자율이 μ, 길이가 l, 단면적 S인 자성체의 자기회로에 권선을 N회 감고 I의 전류를 통하게 할 경우에 자속은 얼마인가?

① $\dfrac{\mu NI}{Sl}$ Wb
② $\dfrac{\mu SI}{Nl}$ Wb
③ $\dfrac{\mu SNI}{l}$ Wb
④ $\dfrac{\mu SNI}{2l}$ Wb
⑤ $\dfrac{NIl}{\mu S}$ Wb

57 다음 중 PCM 송신 과정을 순서대로 바르게 나열한 것은?

㉠ 음성 발생	㉡ 양자화
㉢ LPF 통과	㉣ 표본화
㉤ 부호화	㉥ 압축

① ㉠－㉢－㉣－㉤－㉡－㉥
② ㉠－㉢－㉣－㉥－㉡－㉤
③ ㉠－㉢－㉥－㉡－㉤－㉣
④ ㉠－㉢－㉥－㉣－㉡－㉤
⑤ ㉠－㉣－㉢－㉥－㉡－㉤

58 다음 중 전자분극에 대한 설명으로 옳은 것은?

① 유전체 내부 원자의 흐름이다.

② 도체 내부의 원자핵의 변위이다.

③ 유전체 내부 속박전자의 변위이다.

④ 도체 내부의 자유전자의 흐름이다.

⑤ 도체 내부의 속박전자의 흐름이다.

59 $100\,\Omega$ 의 저항에 1A의 전류가 1분간 흐를 때 발생하는 열량은 약 몇 kcal인가?

① 3,200kcal

② 2,880kcal

③ 1,440kcal

④ 2.88kcal

⑤ 1.44kcal

60 다음 회로에서 두 점 a, b의 전위차는?

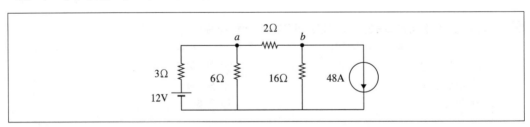

① 33.2V

② 46.2V

③ 68.8V

④ 77.6V

⑤ 80.8V

61 다음 중 한국철도공사법의 목적으로 옳은 것은?

① 한국철도공사의 경쟁력 향상

② 철도시설기반의 전문성 향상

③ 철도공사의 공익성·효율성 추구

④ 여객 및 화물의 유기적인 운송체계

⑤ 철도산업과 국민경제의 발전에 이바지함

62 다음은 철도산업발전기본법상 벌칙에 대한 설명이다. 빈칸 ㉠, ㉡에 들어갈 숫자의 합은 얼마인가?

철도산업발전기본법 제34조의 규정을 위반하여 국토교통부장관의 승인을 얻지 아니하고 특정 노선 및 역을 폐지하거나 철도서비스를 제한 또는 중지한 자는 ____㉠____ 년 이하의 징역 또는 ____㉡____ 만 원 이하의 벌금에 처한다.

① 2,002

② 2,003

③ 3,005

④ 5,002

⑤ 5,003

63 다음 중 철도산업발전기본법상 철도자산에 대한 설명으로 옳은 것은?

① 철도자산 중 기타자산은 운영자산과 시설자산을 포함한 자산이다.

② 국토교통부장관은 철도자산처리계획을 위원회의 심의를 거쳐 수립해야 한다.

③ 국토교통부장관은 현물출자받은 운영자산과 관련된 권리와 의무를 포괄하여 승계한다.

④ 철도청이 건설 중인 시설자산은 철도자산이 완공된 때에 철도시설관리자에게 귀속된다.

⑤ 철도청은 철도자산처리계획에 의하여 철도공사에 운영자산을 현물출자한다.

64 다음은 한국철도공사법의 일부이다. 빈칸에 들어갈 내용을 순서대로 바르게 나열한 것은?

> • 공사의 자본금은 22조 원으로 하고, 그 전부를 _____이/가 출자한다.
> • 자본금의 납입 시기와 방법은 _____이 정하는 바에 따른다.

① 철도청, 국토건설부장관

② 정부, 기획재정부장관

③ 한국철도공사, 대통령령

④ 시설관리자, 행정안정부장관

⑤ 국가철도공사, 산업통상자원부장관

65 다음 중 철도사업법상 철도운수종사자의 준수사항이 아닌 것은?

① 부당한 운임 또는 요금을 요구하는 행위

② 정당한 사유 없이 여객 또는 화물의 운송을 거부한 행위

③ 안전운행을 위한 철도운수종사자가 준수사항을 위반한 행위

④ 정당한 사유 없이 여객 또는 화물을 중도에서 내리게 하는 행위

⑤ 타인에게 자기의 성명 또는 상호를 사용하여 철도사업을 경영하게 한 행위

66 다음 중 한국철도공사법령상 한국철도공사의 하부조직을 설치할 때의 등기 내용으로 옳은 것을 〈보기〉에서 모두 고르면?

> ─────〈보기〉─────
> ㄱ. 새로이 설치된 하부조직의 소재지에 있어서는 2개월 이내에 설립등기의 각 사항
> ㄴ. 주된 사무소의 소재지에 있어서는 3주일 이내에 새로이 설치된 하부조직의 명칭 및 소재지
> ㄷ. 이미 설치된 하부조직의 소재지에 있어서는 2개월 이내에 새로이 설치된 하부조직의 명칭 및 소재지

① 없음   ② ㄱ, ㄴ

③ ㄱ, ㄷ   ④ ㄴ, ㄷ

⑤ ㄱ, ㄴ, ㄷ

67 다음 중 철도사업법령상 사업정지처분에 갈음하여 과징금 처분을 통지를 받은 철도사업자가 수납기관에 납부해야 하는 기간은?

① 7일 이내
② 10일 이내
③ 15일 이내
④ 20일 이내
⑤ 30일 이내

68 다음 중 철도산업발전기본법상 철도의 관리청은?

① 국가철도공단
② 한국철도공사
③ 국토교통부장관
④ 철도시설관리자
⑤ 고속철도건설공사

69 다음 중 철도사업법령상 국가가 소유·관리하는 철도시설에 대한 점용허가를 하고자 할 때, 정해진 시설물의 종류와 기간으로 옳은 것은?

① 철골조 건물의 축조를 목적으로 하는 경우 : 30년
② 건물 외 공작물의 축조를 목적으로 하는 경우 : 10년
③ 철근콘크리트조 건물의 축조를 목적으로 하는 경우 : 40년
④ 석조와 유사한 견고한 건물의 축조를 목적으로 하는 경우 : 50년
⑤ 철골조·철근콘크리트조·석조 외의 건물의 축조를 목적으로 하는 경우 : 30년

70 다음 중 철도산업발전기본법령상 선로배분지침의 포함 사항이 아닌 것은?

① 철도차량의 안전운행에 관한 사항
② 여객열차와 화물열차에 대한 선로용량의 배분
③ 선로의 유지보수·개량 및 건설을 위한 작업시간
④ 지역 간 열차와 지역 내 열차에 대한 선로용량의 배분
⑤ 그 밖에 철도차량의 효율적 활용을 위하여 필요한 사항

2일 차
기출응용 모의고사

〈문항 수 및 시험시간〉

평가영역	문항 수	시험시간
[NCS] 의사소통능력＋수리능력＋문제해결능력 [전공] 토목일반/기계일반/전기일반/전기이론 [철도법령] 철도 관련 법령	70문항	70분
모바일 OMR 답안채점 / 성적분석 서비스		

토목일반   기계일반   전기일반   전기이론

※ 수록 기준
　철도산업발전기본법 : 법률 제18693호(시행 22.7.5.), 철도산업발전기본법 시행령 : 대통령령 제32759호(시행 22.7.5.)
　한국철도공사법 : 법률 제15460호(시행 19.3.14.), 한국철도공사법 시행령 : 대통령령 제31899호(시행 21.7.20.)
　철도사업법 : 법률 제19391호(시행 23.10.19.), 철도사업법 시행령 : 대통령령 제33795호(시행 24.1.1.)

2일 차 기출응용 모의고사

문항 수 : 70문항
시험시간 : 70분

제1영역 직업기초능력평가

01 다음 글의 내용으로 가장 적절한 것은?

> 사회 진화론은 다윈의 생물 진화론을 개인과 집단에 적용시킨 사회 이론이다. 사회 진화론의 중심 개념은 19세기에 등장한 '생존경쟁'과 '적자생존'인데, 이 두 개념의 적용 범위가 개인인가 집단인가에 따라 자유방임주의와 결합하기도 하고 민족주의나 제국주의와 결합하기도 하였다. 1860년대 대표적인 사회 진화론자인 스펜서는 인간 사회의 생활은 개인 간의 '생존경쟁'이며, 그 경쟁은 '적자생존'에 의해 지배된다고 주장하였다. 19세기 말 키드, 피어슨 등은 인종이나 민족, 국가 등의 집단 단위로 '생존경쟁'과 '적자생존'을 적용하여 우월한 집단이 열등한 집단을 지배하는 것은 자연법칙이라고 주장함으로써 인종 차별이나 제국주의를 정당화하였다. 또한, 일본에서는 19세기 말 문명개화론자들이 사회 진화론을 수용하였다.
> 이들은 '생존경쟁'과 '적자생존'을 국가와 민족 단위에 적용하여 '약육강식'과 '우승열패'의 논리를 바탕으로 서구식 근대 문명국가 건설과 군국주의를 역설하였다.

① 사회 진화론은 생물 진화론을 개인에게만 적용시킨 사회 이론이다.

② 사회 진화론은 19세기 이전에는 존재하지 않았다.

③ '생존경쟁'과 '적자생존'의 개념이 개인의 범위에 적용되면 민족주의와 결합한다.

④ 키드, 피어슨 등의 주장은 사회 진화론의 개념을 집단 단위에 적용한 결과이다.

⑤ 문명개화론자들은 생물 진화론을 수용하였다.

02 다음 글에서 밑줄 친 ㉠ ～ ㉤의 수정 방안으로 적절하지 않은 것은?

"저 친구 이름이 뭐였더라?", "이거 전에 배웠던 건데 왜 생각이 안 나지!" 바쁘게 일상을 살다 보면 때때로 이처럼 꼭 기억해야 할 것이 생각나지 않아서 답답할 때가 있다. 모든 것을 다 기억하면서 살아갈 수는 없지만, 밤새 공부했던 내용이 시험 때 생각나지 않는다거나, 여러 날 고생해서 만든 과제를 깜빡 잊고 그냥 학교에 갔을 때는 짜증이 나고 속이 상하기 마련이다. ㉠ <u>그러므로</u> 기억력을 향상할 수 있는 방법은 없을까?

기억 전문가들은 기억력 때문에 고생하는 사람들이 이를 극복하기 위해서는 20초 동안 대상을 응시하는 습관을 ㉡ <u>들여야 한다고</u> 말한다. 방법은 간단하다. 기억할 대상을 20초 동안 집중해서 기억한 다음, 눈을 감고 그 내용을 다시 한 번 확인하는 것인데, 이때 기억한 내용이 잘 떠오르지 않는다면 다시 20초 동안 집중해서 바라본다. 이런 식으로 기억하는 습관을 들이면 ㉢ <u>행동을 하던, 학습을 하던</u> 그 내용이 2 ～ 3배는 더 강력하게 ㉣ <u>저장되어진다고</u> 한다.

㉤ <u>물론 이러한 습관이 기억력 향상에 도움을 주는 것은 아니다.</u> 기억은 기억을 보유하는 시간과 안정성의 정도에 따라 단기 기억과 장기 기억으로 나눌 수 있는데, 앞에서 제시한 방법이 기억력을 높이는 데 도움이 되는 이유는 단기 기억을 20초 이상 유지할 때, 입력된 정보가 비교적 안정된 장기 기억으로 남을 확률이 높아지기 때문이다.

① 문장의 접속 관계를 고려하여 ㉠을 '그렇다면'으로 고친다.
② 호응 관계를 고려하여 ㉡을 '들여야 한다.'로 고친다.
③ 어미의 사용이 잘못되었으므로 ㉢을 '행동을 하든, 학습을 하든'으로 고친다.
④ 피동 표현이 불필요하게 중복되었으므로 ㉣을 '저장된다고'로 고친다.
⑤ 글의 흐름과 어긋나는 문장이므로 ㉤을 삭제한다.

03 다음 글의 빈칸에 들어갈 내용으로 가장 적절한 것은?

과학을 이야기할 때 꼭 언급하고 지나가야 할 문제는 과학적인 방법으로 얻어진 결과를 어느 정도 신뢰할 수 있느냐 하는 문제이다. 과학은 인간의 이성으로 진리를 추구해 가는 가장 합리적인 방법이다. 따라서 과학적인 방법으로 도출해 낸 결론은 우리가 얻을 수 있는 가장 신뢰할 수 있는 결론이라고 해야 할 것이다. 그러나 인간의 이성으로 얻은 결론이므로 인간이라는 한계를 뛰어넘을 수는 없다. 인간의 지식이나 이성이 완벽하지 못하다는 것은 누구나 인정하고 있는 사실이다. 그러므로 _____

① 과학에 대하여 보다 더 적극적인 관심을 가질 필요가 있다.
② 과학적인 방법으로 얻어진 결론도 완벽하다고 할 수는 없다.
③ 과학으로써 인간의 지식이나 이성의 한계를 넘어서야 한다.
④ 과학 탐구에 있어서도 결국 그 주체는 인간임을 잊어서는 안 된다.
⑤ 과학의 산물이 인간에게 유용한 것만은 아니라고 보아야 한다.

04 다음 글의 밑줄 친 주장을 강화하는 사례를 〈보기〉에서 모두 고르면?

최근에 트랜스 지방은 그 건강상의 위해 효과 때문에 주목받고 있다. 우리가 즐겨 먹는 많은 식품에는 트랜스 지방이 숨어 있다. 그렇다면 트랜스 지방이란 무엇일까?

지방에는 불포화 지방과 포화 지방이 있다. 식물성 기름의 주성분인 불포화 지방은 포화 지방에 비하여 수소의 함유 비율이 낮고 녹는점도 낮아 상온에서 액체인 경우가 많다.

불포화 지방은 그 안에 존재하는 이중 결합에서 수소 원자들의 결합 형태에 따라 시스(Cis)형과 트랜스(Trans)형으로 나뉘는데 자연계에 존재하는 대부분의 불포화 지방은 시스형이다. 그런데 조리와 보존의 편의를 위해 액체 상태인 식물성 기름에 수소를 첨가하여 고체 혹은 반고체 상태로 만드는 과정에서 트랜스 지방이 만들어진다. 그래서 대두, 땅콩, 면실유를 경화시켜 얻은 마가린이나 쇼트닝은 트랜스 지방의 함량이 높다. 또한, 트랜스 지방은 식물성 기름을 고온으로 가열하여 음식을 튀길 때도 발생한다. 따라서 튀긴 음식이나 패스트푸드에는 트랜스 지방이 많이 들어 있다.

트랜스 지방은 포화 지방인 동물성 지방처럼 심혈관계에 해롭다. 트랜스 지방은 혈관에 나쁜 저밀도지방단백질(LDL)의 혈중 농도를 증가시키는 한편 혈관에 좋은 고밀도지방단백질(HDL)의 혈중 농도는 감소시켜 혈관벽을 딱딱하게 만들어 심장병이나 동맥경화를 유발하고 악화시킨다.

〈보기〉

ㄱ. 쥐의 먹이에 함유된 트랜스 지방 함량을 2% 증가시키자 쥐의 심장병 발병률이 25% 증가하였다.

ㄴ. 사람들이 마가린을 많이 먹는 지역에서 마가린의 트랜스 지방 함량을 낮추자 동맥경화의 발병률이 1년 사이에 10% 감소하였다.

ㄷ. 성인 1,000명에게 패스트푸드를 일정 기간 지속적으로 섭취하게 한 후 검사해 보니, HDL의 혈중 농도가 섭취 전에 비해 20% 감소하였다.

① ㄱ

② ㄴ

③ ㄱ, ㄷ

④ ㄴ, ㄷ

⑤ ㄱ, ㄴ, ㄷ

05 다음 글의 구조로 가장 적절한 것은?

(가) 의미기억은 범주화 과정을 거쳐 형성되는 개념적 지식과 관련된다. 다양한 학술 용어들을 기억하고 있는 것이 그 사례이다. 일화기억은 특정 시공간이나 사건에 관한 기억으로, 종종 여러 가지 심상이 동반되기도 한다. 어떤 부모가 자식의 결혼식 날에 자식의 성장 과정을 회상하다가 갓 태어난 아이를 처음 품에 안던 순간을 떠올렸다면 이것은 일화기억에 속한다.

(나) 한편 반복된 연합 경험이 기억을 남기는 것을 조건형성이라 한다. 그 대표적인 사례로 파블로프의 실험을 들 수 있다. 개에게 먹이를 줄 때마다 종소리를 울리면 개는 종소리와 먹이가 연합 관계에 있다는 것을 기억하게 된다.

(다) 인간의 인지 활동은 기억을 바탕으로 이루어진다. 감각 기관을 통해 들어온 정보를 아주 짧은 시간 동안 유지하는 최초의 기억을 '감각기억'이라 한다. 이 기억은 주의를 기울이지 않으면 금세 사라지지만, 주의를 기울이면 '단기기억'으로 전이된다. 그리고 단기기억은 암기나 메모 등의 정교화 단계를 거치면 머릿속에 오랫동안 남아 있는 '장기기억'이 된다. 그리고 장기기억은 다시 감각기억이나 단기기억을 형성하는 데 영향을 미친다. 이처럼 세 가지 기억은 제각기 독립적인 것이 아니라 지속적으로 상호 작용하는 관계에 있다.

(라) 절차기억은 자전거 타기나 악기 연주 등과 같이 연습을 통해 습득되는 기술과 관련이 있다. 이러한 기술은 수행 과정에 필요한 정보를 기억하고 있다는 것을 의식하지 못한 상태에서도 능숙하게 발휘된다. 점화는 어떤 대상에 대한 경험이 이전 경험에 대한 기억을 불러일으키는 것이다. 가령 고향 어귀에서 버스를 내리자 예전 고향에서 살던 기억이 되살아났다고 한다면, 이는 고향에 도착해서 보게 된 나무나 집 등이 단서가 되어 이전의 기억들을 환기시켰기 때문이다.

(마) 장기기억은 자신이 기억하고 있음을 의식하느냐 그렇지 않느냐에 따라 크게 둘로 나눌 수 있다. 전자에는 '의미기억'과 '일화기억'이 있으며, 후자에는 '절차기억', '점화', '조건형성'이 있다.

①
```
       ┌─(라)─(나)
(가)──┤
       └─(다)─(마)
```

②
```
       ┌─(마)
(다)──┼─(가)
       └─(라)─(나)
```

③
```
              ┌─(가)
(다)─(마)──┼─(라)
              └─(나)
```

④
```
              ┌─(가)
(다)─(마)──┤
              └─(라)─(나)
```

⑤
```
┌─(라)─(나)─(다)
┤
└─(마)─(가)
```

06 다음 글에서 추론할 수 있는 것은?

> 조선이 임진왜란 중 필사적으로 보존하고자 한 서적은 바로 『조선왕조실록』이다. 실록은 원래 서울의 춘추관과 성주·충주·전주 4곳의 사고(史庫)에 보관되었으나, 임진왜란 이후 전주 사고의 실록만 온전한 상태였다. 전란이 끝난 후 단 1벌 남은 실록을 다시 여러 벌 등서하자는 주장이 제기되었다. 우여곡절 끝에 실록 인쇄가 끝난 것은 1606년이었다. 재인쇄 작업의 결과 원본을 포함해 모두 5벌의 실록을 갖추게 되었다. 원본은 강화도 마니산에 봉안하고 나머지 4벌은 서울의 춘추관과 평안도 묘향산, 강원도의 태백산과 오대산에 봉안했다.
>
> 이 5벌 중에서 서울 춘추관의 것은 1624년 이괄의 난 때 불에 타 없어졌고, 묘향산의 것은 1633년 후금과의 관계가 악화되자 전라도 무주의 적상산에 사고를 새로 지어 옮겼다. 강화도 마니산의 것은 1636년 병자호란 때 청군에 의해 일부 훼손되었던 것을 현종 때 보수하여 숙종 때 강화도 정족산에 다시 봉안했다. 결국 내란과 외적 침입으로 인해 5곳 가운데 1곳의 실록은 소실되었고, 1곳의 실록은 장소를 옮겼으며, 1곳의 실록은 손상을 입었던 것이다.
>
> 정족산, 태백산, 적상산, 오대산 4곳의 실록은 그 후 안전하게 지켜졌다. 그러나 일본이 다시 여기에 손을 대었다. 1910년 조선 강점 이후 일제는 정족산과 태백산에 있던 실록을 조선총독부로 이관하고 적상산의 실록은 구황궁 장서각으로 옮겼으며, 오대산의 실록은 일본 동경제국대학으로 반출했다. 일본으로 반출한 것은 1923년 관동대지진 때 거의 소실되었다. 정족산과 태백산의 실록은 1930년에 경성제국대학으로 옮겨져 지금까지 서울대학교에 보존되어 있다. 한편 장서각의 실록은 6·25전쟁 때 북으로 옮겨져 현재 김일성종합대학에 소장되어 있다.

① 재인쇄하였던 실록은 모두 5벌이다.

② 태백산에 보관하였던 실록은 현재 일본에 있다.

③ 현재 한반도에 남아 있는 실록은 모두 4벌이다.

④ 적상산에 보관하였던 실록은 일부가 훼손되었다.

⑤ 현존하는 가장 오래된 실록은 서울대학교에 있다.

07 다음 〈보기〉 중 보고서 작성에 대한 설명으로 적절하지 않은 것을 모두 고르면?

─〈보기〉─

ㄱ. 일반적으로 업무의 진행 과정에서 쓰이므로, 핵심내용을 구체적으로 제시하는 것이 중요하다.

ㄴ. 업무상 상사에게 제출하는 문서이므로, 작성 후에는 질의사항에 대응한다.

ㄷ. 정확한 이해를 위하여 중요한 내용은 반복을 통해 강조한다.

ㄹ. 참고자료의 양이 방대하여 보고서 독해 시 방해가 된다면 참고자료를 생략할 수 있다.

① ㄱ, ㄴ   ② ㄱ, ㄷ

③ ㄴ, ㄷ   ④ ㄴ, ㄹ

⑤ ㄷ, ㄹ

08 다음 중 빈칸 ㉠ ~ ㉣에 들어갈 말을 순서대로 바르게 나열한 것은?

오늘날의 민주주의는 자본주의가 성숙함에 따라 함께 성장한 것이라고 볼 수 있다. ___㉠___ 자본주의가 발달함에 따라 민주주의가 함께 발달한 것이다. ___㉡___ 이러한 자본주의의 성숙을 긍정적으로만 해석할 수는 없다. ___㉢___ 자본주의의 성숙이 민주주의와 그 성장에 부정적 영향을 끼칠 수도 있기 때문이다. 자본주의가 발달하면 돈 많은 사람이 그렇지 않은 사람보다 더 많은 권리 내지는 권력을 갖게 된다. ___㉣___ 시장에서의 권리나 권력뿐만 아니라 정치 영역에서도 그럴 수 있다는 것이 문제다.

	㉠	㉡	㉢	㉣
①	즉	그러나	왜냐하면	비단
②	그러나	즉	비단	왜냐하면
③	비단	즉	그러나	왜냐하면
④	즉	그러나	비단	왜냐하면
⑤	왜냐하면	즉	그러나	비단

우리가 어떤 개체의 행동이나 상태 변화를 설명하고 예측하고자 할 때는 물리적 태세, 목적론적 태세, 지향적 태세라는 전략을 활용할 수 있다. 소금을 물에 넣고, 물 속의 소금에 어떤 변화가 일어날지 예측하기 위해서는 소금과 물 그리고 그것을 지배하는 물리적 법칙을 적용해야 한다. 이는 대상의 물리적 구성 요소와 그것을 지배하는 법칙을 통해 그 변화를 예측한 것이다. 이와 같은 전략을 '물리적 태세'라 한다.

'목적론적 태세'는 개체의 설계 목적이나 기능을 파악하여 그 행동을 설명하고 예측하는 전략이다. 컴퓨터의 〈F8〉 키가 어떤 기능을 하는지 알기만 하면 〈F8〉 키를 누를 때 컴퓨터가 어떤 반응을 보일지 예측할 수 있다. 즉, 〈F8〉 키를 누르면 컴퓨터가 맞춤법을 검사할 것이라고 충분히 예측할 수 있다는 것이다.

마지막으로 '지향적 태세'는 지향성의 개념을 사용하여 개체의 행동을 설명하고 예측하는 전략이다. 여기서 '지향성'이란 어떤 대상을 향한 개체의 의식, 신념, 욕망 등을 가리킨다. 쥐의 왼쪽에 고양이가 나타났을 경우를 가정해 보자. 쥐의 행동을 예측하기 위해서는 어떤 전략을 사용해야 할까? 물리적 태세를 취해 쥐의 물리적 구성 요소나 쥐의 행동 양식을 지배하는 물리적 법칙을 파악할 수는 없다. 또한, 쥐가 어떤 기능이나 목적을 수행하도록 설계된 개체로 보기도 어려우므로 목적론적 태세도 취할 수 없다. 따라서 우리는 쥐가 살고자 하는 지향성을 지닌 개체라고 전제하고, 그 행동을 예측하는 것이 타당할 것이다. 즉, 쥐는 생존 욕구 때문에 '왼쪽에 고양이가 있으니 그쪽으로 가면 잡아먹힐 위험이 있다. 그러니 왼쪽으로는 가지 말아야지.'라는 믿음을 가질 것이다. 우리는 쥐가 고양이가 있는 왼쪽으로 가는 행동을 하지 않을 것으로 예측할 수 있다. 그런데 예측 과정에서 선행되어야 하는 것은 쥐가 살아남기 위해 합리적으로 행동하는 개체라는 점을 인식하는 것이다. 따라서 지향적 태세를 취한다는 것은 예측 대상이 합리적으로 행동하는 개체임을 가정하는 것임을 알 수 있다.

유기체는 생존과 번성의 욕구를 성취하기 위한 지향성을 지닌다. 그리고 환경에 성공적으로 적응하기 위해 정보를 수집하고, 축적된 정보에 새로운 정보를 결합하여 가장 합리적이라고 판단되는 행동을 선택한다. 이처럼 대부분의 유기체는 외부 세계와의 관계 속에서 지향성을 지니며 진화해 왔다. 지향적 태세는 우리가 대상을 바라보는 새로운 자세와 관점을 제공했다는 점에서 의의를 찾을 수 있다.

① 구체적인 사례를 통해 추상적인 개념을 설명하고 있다.

② 다양한 관점을 소개하면서 이를 서로 절충하고 있다.

③ 전문가의 견해를 토대로 현상의 원인을 분석하고 있다.

④ 기존 이론의 문제점을 밝히고 새로운 이론을 제시하고 있다.

⑤ 시대적 흐름에 따른 핵심 개념의 변화 과정을 규명하고 있다.

10 다음 중 자료의 내용을 포괄하는 기사의 제목으로 가장 적절한 것은?

〈의약품 부작용으로 인한 환자 수ㆍ진료비ㆍ사회경제적 비용〉

(단위 : 명, 억 원)

구분	2019년	2020년	2021년	2022년	2023년
환자 수	364,625	383,474	424,686	423,272	430,827
진료비	1,745	1,910	2,204	2,485	2,738
사회경제적 비용	3,195	3,589	4,238	5,027	5,352

※ 환자 수 : 의약품 부작용 관련 상병으로 진료받은 환자 수(전체 청구상병 대상)
※ 진료비 : 의약품 부작용 관련 상병 진료비(과다추정 방지를 위해 주ㆍ제1부상병만 대상)
※ 사회경제적 비용 : [직접비용(진료비ㆍ교통비ㆍ간병비)]+[간접비용(생산ㆍ소득손실액)]

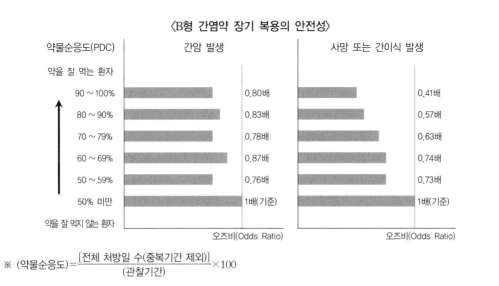

① 의약품 피해 꾸준히 증가
② 의약품 꾸준히 복용해야 효과 드러나
③ 의약품 오ㆍ남용의 폐해 이대로 괜찮나
④ 의약품 부작용 줄이고, 국민 안전 올리고
⑤ 의약품 부작용으로 사회적 지출 심각한 수준

11 다음은 K은행의 적금상품별 거래에 대한 자료이다. 보고서의 밑줄 친 내용 중 옳은 것은 모두 몇 개인가?

〈월별 적금상품총괄 현황〉

(단위 : 만 원)

구분		2023. 12.	2024. 1.	2024. 2.
상품A	누적거래량	483,193,291	506,168,300	526,237,131
	익월신규계약금액	31,293,132	29,192,312	35,123,123
	익월해지금액	8,318,123	9,123,481	11,293,693
상품B	누적거래량	91,291,318	99,761,447	114,857,147
	익월신규계약금액	11,293,312	18,288,823	31,312,523
	익월해지금액	2,823,183	3,193,123	5,381,693

구분		2024. 3.	2024. 4.	2024. 5.
상품A	누적거래량	550,066,561	566,867,625	590,012,575
	익월신규계약금액	32,192,303	31,283,312	35,235,120
	익월해지금액	15,391,239	8,138,362	10,139,381
상품B	누적거래량	140,787,977	164,907,986	192,727,185
	익월신규계약금액	28,391,293	29,102,381	19,192,319
	익월해지금액	4,271,284	1,283,182	3,129,132

※ (누적거래량)=(전월누적거래량)+(전월신규계약금액)−(전월해지금액)

〈보고서〉

㉠ 위 자료에 따르면 상품A의 누적거래량은 2024년 1월 5천억 원을 넘어섰고 ㉡ 이후에도 상품A의 누적거래량은 계속 증가하는 추이를 보여 ㉢ 2024년 6월에는 6천억 원을 넘어서게 되었다.
상품B 역시 계속 증가하는 추이를 보이고 있으며, ㉣ 2024년 2월에는 누적거래량이 1천억 원을 넘어서게 되었다.

① 없음
② 1개
③ 2개
④ 3개
⑤ 4개

12 어느 회사에서는 A, B 두 제품을 주력 상품으로 제조하고 있다. A제품을 1개 만드는 데 재료비는 3,600원, 인건비는 1,600원이 들어간다. 또한 B제품을 1개 만드는 데 재료비는 1,200원, 인건비는 2,000원이 들어간다. 이 회사는 한 달 동안 두 제품을 합하여 40개를 생산하려고 한다. 재료비는 12만 원 이하, 인건비는 7만 원 이하가 되도록 하려고 할 때, A제품은 최대 몇 개를 생산할 수 있는가?

① 25개   ② 26개

③ 28개   ④ 30개

⑤ 31개

13 P사원은 지하철을 타고 출근한다. 속력이 60km/h인 지하철에 이상이 생겨 평소 속력의 0.4배로 운행하게 되었다. 지하철이 평소보다 45분 늦게 도착하였다면, P사원이 출발하는 역부터 도착하는 역까지 지하철의 이동거리는 얼마인가?

① 20km   ② 25km

③ 30km   ④ 35km

⑤ 40km

14 다음과 같이 일정한 규칙으로 수를 나열할 때 빈칸에 들어갈 수로 옳은 것은?

−1	0	4	13	29	54	(	)

① 84   ② 87

③ 90   ④ 93

⑤ 96

※ 다음은 2023년 주당 근무시간에 대한 자료이다. 이어지는 질문에 답하시오. **[15~16]**

〈2023년 주당 근무시간〉

(단위 : %)

특성별		사례 수(명)	주 40시간 이하	주 41 ~ 52시간 이하	주 53시간 이상
전체	소계	50,091	52.3	27.2	20.5
성별	남성	28,612	48.1	28.7	23.2
	여성	21,478	58.0	25.0	17.0
종사상 지위별	고용원이 없는 자영업자	7,677	27.6	26.0	46.4
	고용원이 있는 자영업자 / 사업주	2,993	28.3	30.0	41.7
	임금근로자	37,073	59.7	27.4	12.9
	무급가족종사자	2,149	46.0	24.0	30.0
	그 외 종사자	200	61.6	19.8	18.6
직업별	관리자	291	63.6	30.1	6.3
	전문가 및 관련종사자	10,017	64.5	26.5	9.0
	사무종사자	9,486	70.8	25.0	4.2
	서비스종사자	6,003	39.6	21.9	38.5
	판매종사자	6,602	34.7	29.1	36.2
	농림어업 숙련종사자	2,710	54.8	24.5	20.7
	기능원 및 관련기능종사자	4,853	35.1	37.1	27.8
	장치, 기계조작 및 조립종사자	5,369	41.8	32.2	26.0
	단순노무종사자	4,642	57.4	21.9	20.7
	군인	118	71.9	23.8	4.3

15 다음 〈보기〉 중 자료에 대한 설명으로 옳지 않은 것을 모두 고르면?

───── 〈보기〉 ─────

ㄱ. 판매종사자 중 주 52시간 이하로 근무하는 비율은 60%를 넘는다.
ㄴ. 남성과 여성 모두 주 41 ~ 52시간 이하로 근무하는 비율이 가장 높다.
ㄷ. 응답자 중 무급가족종사자의 절반 이상은 주 40시간 이하로 근무한다.
ㄹ. 농림어업 숙련종사자 중 주 40시간 이하로 근무하는 응답자의 수는 1,000명이 넘는다.

① ㄱ, ㄴ
② ㄱ, ㄷ
③ ㄴ, ㄷ
④ ㄴ, ㄹ
⑤ ㄷ, ㄹ

16 다음 중 고용원이 없는 자영업자와 고용원이 있는 자영업자 / 사업주에서 주 40시간 이하로 근무하는 응답자의 비율의 합으로 옳은 것은?

① 0.7%   ② 37.6%

③ 54.9%   ④ 55.9%

⑤ 58.0%

17 초콜릿 한 상자를 만드는 데 명훈이는 30시간, 우진이는 20시간이 걸린다. 명훈이가 3시간, 우진이가 5시간 동안 초콜릿을 만든 후, 둘이서 같이 한 상자를 완성하려고 한다. 이때 두 사람이 같이 초콜릿을 만드는 시간은 얼마인가?

① $\dfrac{37}{5}$ 시간   ② $\dfrac{39}{5}$ 시간

③ 8시간   ④ $\dfrac{42}{5}$ 시간

⑤ $\dfrac{44}{5}$ 시간

18 다음은 K국의 노동 가능인구 구성의 변화를 나타낸 자료이다. 이에 대한 설명으로 옳은 것은?

<K국 노동 가능인구 구성의 변화>

구분	취업자	실업자	비경제활동인구
2022년	55%	25%	20%
2023년	43%	27%	30%

※ [경제활동인구(%)]=100−[비경제활동인구(%)]

① 자료에서 실업자의 수는 알 수 없다.
② 실업자의 비율은 감소하였다.
③ 경제활동인구의 비율은 증가하였다.
④ 취업자 비율의 증감폭이 실업자 비율의 증감폭보다 작다.
⑤ 비경제활동인구의 비율은 감소하였다.

※ 다음은 어느 나라의 국내 여행객 수에 대한 자료이다. 이어지는 질문에 답하시오. [19~20]

〈1985년 관광객 유동수〉

(단위 : 천 명)

여행지 / 출신지	동부지역	남부지역	서부지역	북부지역	합계
동부지역	550	80	250	300	1,180
남부지역	200	400	510	200	1,310
서부지역	390	300	830	180	1,700
북부지역	80	200	80	420	780
합계	1,220	980	1,670	1,100	4,970

〈1990년 관광객 유동수〉

(단위 : 천 명)

여행지 / 출신지	동부지역	남부지역	서부지역	북부지역	합계
동부지역	500	200	400	200	1,300
남부지역	200	300	500	300	1,300
서부지역	400	400	800	200	1,800
북부지역	100	300	100	300	800
합계	1,200	1,200	1,800	1,000	5,200

19 1990년 동부지역을 여행한 서부지역 출신 대비 1985년 서부지역을 여행한 남부지역 출신의 비율은?(단, 소수점 첫째 자리에서 반올림한다)

① 116%
② 119%
③ 122%
④ 125%
⑤ 128%

20 다음 중 자료에 대한 설명으로 옳은 것은?

① 5년 사이에 전체적으로 관광업이 성장하였고, 지역별로도 모든 지역에서 관광객이 증가했다.
② 남부지역을 관광한 사람들 중에서 서부지역 출신이 차지하는 비중은 5년 사이에 증가했다.
③ 자기 지역 내 관광이 차지하는 비중은 1985년에 비해 1990년에 증가했다.
④ 1990년에 자신의 출생지를 여행한 관광객이 가장 많은 곳은 동부지역이다.
⑤ 모든 관광객이 동일한 지출을 한다고 가정했을 때, 1985년에 관광수지가 적자인 곳은 2곳이었지만, 1990년에는 1곳이다.

※ 다음은 이번 달 K공사의 업무일정에 대한 자료이다. 이어지는 질문에 답하시오. **[21~22]**

〈업무일정 기간 및 순서〉

구분	업무별 소요 기간	선결업무
A업무	3일	–
B업무	1일	A
C업무	6일	–
D업무	7일	B
E업무	5일	A
F업무	3일	B, C

21 다음 중 모든 업무를 끝마치는 데 걸리는 최소 소요 기간은?

① 8일
② 9일
③ 10일
④ 11일
⑤ 12일

22 다음 〈보기〉 중 옳지 않은 것을 모두 고르면?

─〈보기〉─

㉠ B업무의 소요 기간이 4일로 연장된다면 D업무를 마칠 때까지 11일이 소요된다.
㉡ D업무의 선결업무가 없다면 모든 업무를 마치는 데 최소 8일이 소요된다.
㉢ E업무의 선결업무에 C업무가 추가된다면 최소 소요 기간은 11일이 된다.
㉣ C업무의 소요 기간이 2일 연장되더라도 최소 소요 기간은 변하지 않는다.

① ㉠, ㉡
② ㉠, ㉢
③ ㉡, ㉢
④ ㉡, ㉣
⑤ ㉢, ㉣

23 A ~ E 다섯 명은 직장에서 상여금을 받았다. 상여금은 순서와 관계없이 각각 25만 원, 50만 원, 75만 원, 100만 원, 125만 원이다. 〈조건〉이 다음과 같을 때, 옳지 않은 것은?

───────────〈조건〉───────────

- A의 상여금은 다섯 사람 상여금의 평균이다.
- B의 상여금은 C, D보다 적다.
- C의 상여금은 어떤 이의 상여금의 두 배이다.
- D의 상여금은 E보다 적다.

① A의 상여금은 A를 제외한 나머지 네 명의 평균과 같다.
② A의 상여금은 반드시 B보다 많다.
③ C의 상여금은 두 번째로 많거나 두 번째로 적다.
④ C의 상여금이 A보다 많다면, B의 상여금은 C의 50%일 것이다.
⑤ C의 상여금이 D보다 적다면, D의 상여금은 E의 80%일 것이다.

24 푸드 트럭을 운영하기로 계획 중인 홍길동은 자료를 참고하여, 이윤이 가장 높은 푸드 트럭 메뉴 한 가지를 선정하려고 한다. 다음 중 홍길동이 선택할 메뉴는 무엇인가?

〈푸드 트럭 메뉴 정보〉

메뉴	월간 판매량	생산단가	판매가격
A	500개	3,500원	4,000원
B	300개	5,500원	6,000원
C	400개	4,000원	5,000원
D	200개	6,000원	7,000원
E	150개	3,000원	5,000원

① A메뉴
② B메뉴
③ C메뉴
④ D메뉴
⑤ E메뉴

25 다음은 K유통에서 발생하는 작업 환경의 유해 원인을 작업장별로 나타낸 자료이다. 이에 대한 설명으로 옳은 것을 〈보기〉에서 모두 고르면?

〈작업장별 작업 환경의 유해 원인〉

구분	작업 환경의 유해 원인	사례 수		
		A작업장	B작업장	합계
1	소음(물리적 요인)	3	1	4
2	분진(화학적 요인)	1	2	3
3	진동(물리적 요인)	3	0	3
4	바이러스(생물학적 요인)	0	5	5
5	부자연스러운 자세 (인간공학적 요인)	5	3	8
	합계	12	11	23

〈보기〉

ㄱ. A작업장에서 발생하는 작업 환경 유해 사례는 화학적 요인에서 가장 많이 발생되었다.
ㄴ. B작업장에서 발생하는 작업 환경 유해 사례는 생물학적 요인에서 가장 많이 발생되었다.
ㄷ. A와 B작업장에서 화학적 요인으로 발생되는 작업 환경의 유해 요인은 집진 장치를 설치하여 예방할 수 있다.

① ㄱ
② ㄴ
③ ㄴ, ㄷ
④ ㄱ, ㄷ
⑤ ㄱ, ㄴ, ㄷ

26 A ~ D사원은 각각 홍보부, 총무부, 영업부, 기획부 소속으로 3 ~ 6층의 서로 다른 층에서 근무하고 있다. 이들 중 한 명이 거짓말을 하고 있을 때, 다음 중 바르게 추론한 것은?(단, 각 팀은 서로 다른 층에 위치한다)

A사원 : 저는 홍보부와 총무부 소속이 아니며, 3층에서 근무하고 있지 않습니다.
B사원 : 저는 영업부 소속이며, 4층에서 근무하고 있습니다.
C사원 : 저는 홍보부 소속이며, 5층에서 근무하고 있습니다.
D사원 : 저는 기획부 소속이며, 3층에서 근무하고 있습니다.

① A사원은 홍보부 소속이다.
② B사원은 영업부 소속이다.
③ 기획부는 3층에 위치한다.
④ 홍보부는 4층에 위치한다.
⑤ D사원은 5층에서 근무하고 있다.

27 다음 글과 상황을 근거로 판단할 때, 갑이 둘째 딸에게 물려주려는 땅의 크기는?

> 한 도형이 다른 도형과 접할 때, 안쪽에서 접하는 것을 내접, 바깥쪽에서 접하는 것을 외접이라고 한다. 이를 테면 한 개의 원이 다각형의 모든 변에 접할 때, 그 다각형은 원에 외접한다고 하며 원은 다각형에 내접한다고 한다. 한편 원이 한 다각형의 각 꼭짓점을 모두 지날 때 그 원은 다각형에 외접한다고 하며, 다각형은 원에 내접한다고 한다. 정다각형은 반드시 내접원과 외접원을 가지게 된다.

> 〈상황〉
>
> 갑은 죽기 전 자신이 가진 가로와 세로가 각각 100m인 정사각형의 땅을 다음과 같이 나누어주겠다는 유서를 작성하였다.
> "내 전 재산인 정사각형의 땅에 내접하는 원을 그리고, 다시 그 원에 내접하는 정사각형을 그린다. 그 내접하는 정사각형에 해당하는 땅을 첫째 딸에게 주고, 나머지 부분은 둘째 딸에게 물려준다."

① $4,000\text{m}^2$

② $5,000\text{m}^2$

③ $6,000\text{m}^2$

④ $7,000\text{m}^2$

⑤ $8,000\text{m}^2$

28 다음은 K회사의 연차휴가와 관련된 자료이다. A대리는 2020년 1월 1일에 입사하였고 매해 80% 이상 출근하였다. 오늘 날짜가 2024년 1월 26일이라면 A대리의 당해 연도 연차휴가는 며칠인가?

> **연차휴가(제29조)**
> • 직전 연도에 연간 8할 이상 출근한 직원에게는 15일의 연차유급휴가를 준다.
> • 3년 이상 근속한 직원에 대하여는 최초 1년을 초과하는 근속 매 2년마다 연차유급휴가에 1일을 가산한 휴가를 준다. 여기서 소수점 단위는 절사하고, 가산휴가를 포함한 총 휴가일수는 25일을 한도로 한다.
> • 연차휴가는 직원의 자유의사에 따라 분할하여 사용할 수 있다. 반일단위(9 ~ 14시, 14 ~ 18시)로 분할하여 사용할 수 있으며 반일 연차휴가 2회는 연차휴가 1일로 계산한다.
> • 연차휴가를 줄 수 없을 때는 연봉 및 복리후생 관리규정에 정하는 바에 따라 보상금을 지급한다.

① 15일

② 16일

③ 17일

④ 18일

⑤ 19일

29 다음은 K섬유회사에 대한 SWOT 분석 자료이다. 분석에 따른 대응 전략으로 적절한 것을 〈보기〉에서 모두 고르면?

• 첨단 신소재 관련 특허 다수 보유	• 신규 생산 설비 투자 미흡 • 브랜드의 인지도 부족
S 강점	W 약점
O 기회	T 위협
• 고기능성 제품에 대한 수요 증가 • 정부 주도의 문화 콘텐츠 사업 지원	• 중저가 의류용 제품의 공급 과잉 • 저임금의 개발도상국과 경쟁 심화

〈보기〉
ㄱ. SO전략으로 첨단 신소재를 적용한 고기능성 제품을 개발한다.
ㄴ. ST전략으로 첨단 신소재 관련 특허를 개발도상국의 경쟁업체에 무상 이전한다.
ㄷ. WO전략으로 문화 콘텐츠와 디자인을 접목한 신규 브랜드 개발을 통해 적극적 마케팅을 한다.
ㄹ. WT전략으로 기존 설비에 대한 재투자를 통해 대량생산 체제로 전환한다.

① ㄱ, ㄷ
② ㄱ, ㄹ
③ ㄴ, ㄷ
④ ㄴ, ㄹ
⑤ ㄷ, ㄹ

30 다음 중 창의적 사고 기법에 대한 설명으로 옳은 것은?
① 브레인스토밍은 여러 사람의 아이디어를 합친 후 최적의 대안을 찾는다.
② 자유연상법은 주제의 본질과 닮은 것을 힌트로 발상하는 방법이다.
③ 비교발상법은 각종 힌트에 강제적으로 연결 지어서 발상하는 방법이다.
④ NM법은 서로 관련이 없어 보이는 것들을 조합하여 새로운 것을 도출하는 방법이다.
⑤ 시네틱스(Synetics)는 대상과 비슷한 것을 찾아내 그것을 힌트로 새로운 아이디어를 생각하는 방법이다.

| 01 | 토목일반

31   두께 5m의 점토층을 90% 압밀하는 데 50일이 걸렸다. 이때 같은 조건으로 두께 10m의 점토층을 90% 압밀하는 데 걸리는 시간은?

① 100일

② 150일

③ 200일

④ 225일

⑤ 250일

32   재질, 단면적, 길이가 같은 장주에서 양단 활절 기둥의 좌굴하중과 양단 고정 기둥의 좌굴하중의 비는?

① 1 : 2

② 1 : 4

③ 1 : 8

④ 1 : 16

⑤ 1 : 32

33   다음 중 뉴턴의 점성법칙의 함수를 구성하는 항으로 모여 있는 것은?

① 압력, 속도, 점성계수

② 압력, 속도

③ 온도, 점성계수

④ 점성계수, 속도경사

⑤ 속도경사, 압력

34   한 변의 길이가 10m인 정사각형 토지를 축척 1 : 600인 도상에서 관측한 결과 도상의 변 관측 오차가 0.2mm씩 발생하였다면, 실제 면적에 대한 오차 비율은?

① 1.2%

② 2.4%

③ 4.8%

④ 6.0%

⑤ 7.2%

35 다음 그림과 같은 내민 보의 B점에서 처짐을 구한 값은 얼마인가?

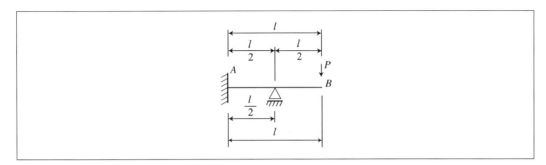

① $\dfrac{5Pl^3}{16EI}$

② $\dfrac{9Pl^3}{48EI}$

③ $\dfrac{5Pl^3}{96EI}$

④ $\dfrac{7Pl^3}{36EI}$

⑤ $\dfrac{7Pl^3}{24EI}$

36 다음 중 축방향 압축력을 받는 기둥을 설계할 때, 허용압축 응력도를 판단하기 위하여 고려하여야 할 여러 사항 중 가장 중요한 요소는 무엇인가?

① 단면적

② 기둥의 길이

③ 세장비

④ 기둥의 단면 1차 모멘트

⑤ 기둥의 단면 2차 모멘트

37 길이가 4.0m이고 직사각형 단면을 가진 기둥의 세장비 λ는?(단, 기둥의 단면성질에서 $I_{\max} = 2,500\text{cm}^4$, $I_{\min} = 1,600\text{cm}^4$, $A = 100\text{cm}^2$이다)

① 50

② 80

③ 100

④ 150

⑤ 160

38 흙의 비중이 2.60이고 함수비가 30%이며 간극비가 0.80일 때, 포화도는 몇 %인가?

① 24.0%

② 62.4%

③ 78.0%

④ 88.6%

⑤ 97.5%

39 다음 그림과 같이 방향이 반대인 힘 P와 $3P$가 L간격으로 평행하게 작용하고 있다. 두 힘의 합력의 작용위치 X는?

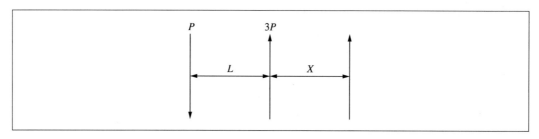

① $\dfrac{1}{3}L$

② $\dfrac{1}{2}L$

③ $\dfrac{2}{3}L$

④ $1L$

⑤ $2L$

40 다음 중 다각측량의 순서로 옳은 것은?

① 계획 – 답사 – 선점 – 조표 – 관측

② 계획 – 선점 – 답사 – 조표 – 관측

③ 계획 – 선점 – 답사 – 관측 – 조표

④ 계획 – 답사 – 선점 – 관측 – 조표

⑤ 계획 – 관측 – 답사 – 선점 – 조표

41 허용전단응력이 10kg/cm^2이고 높이가 30cm인 사각형 단면으로 된 보의 최대 전단력이 10t일 때, 다음 중 전단력을 견딜 수 있는 보의 폭은 얼마인가?

① 30cm
② 50cm
③ 60cm
④ 90cm
⑤ 100cm

42 설계 기준 압축강도(f_{ck})가 24MPa이고, 쪼갬인장강도(f_{sp})가 2.4MPa인 경량골재 콘크리트에 적용하는 경량 콘크리트계수(λ)는?

① 0.53
② 0.65
③ 0.72
④ 0.87
⑤ 0.92

43 다음 중 길이가 10m인 양단 고정보에서 온도가 30℃만큼 상승하였을 때, 발생하는 열응력은?(단, $E=2.1 \times 10^6 \text{kg/cm}^2$, $\alpha = 0.00001/℃$이다)

① 530kg/cm^2
② 580kg/cm^2
③ 610kg/cm^2
④ 630kg/cm^2
⑤ 650kg/cm^2

44 다음 〈조건〉에서 표준 갈고리가 있는 인장 이형철근의 기본정착길이(l_{hb})는 얼마인가?

─────── 〈조건〉 ───────
- 보통 중량골재를 사용한 콘크리트 구조물이다.
- 도막되지 않은 D35(공칭직경 34.9mm)철근으로 단부에 90° 표준 갈고리가 있다.
- $f_{ck}=28\text{MPa}$, $f_y=400\text{MPa}$이다.

① 약 633mm
② 약 660mm
③ 약 1,130mm
④ 약 1,585mm
⑤ 약 2,130mm

45 어떤 모래층의 간극률이 35%, 비중이 2.66이다. 이 모래의 Quick Sand에 대한 한계 동수 구배는 얼마인가?

① 2.20

② 1.14

③ 1.08

④ 0.98

⑤ 0.51

46 다음 중 활동면 위의 흙을 몇 개의 연직 평행한 절편으로 나누어 사면의 안정을 해석하는 방법이 아닌 것은?

① Fellenius 방법

② Bishop 간편법

③ 마찰원법

④ Janbu 간편법

⑤ Spencer 방법

47 길이가 20m인 단순보 위를 하나의 집중하중 8t이 통과할 때, 다음 중 최대 전단력 S와 최대 휨모멘트 M의 값은?

① $S=4\text{t}, \ M=40\text{t} \cdot \text{m}$

② $S=4\text{t}, \ M=80\text{t} \cdot \text{m}$

③ $S=8\text{t}, \ M=40\text{t} \cdot \text{m}$

④ $S=8\text{t}, \ M=80\text{t} \cdot \text{m}$

⑤ $S=8\text{t}, \ M=120\text{t} \cdot \text{m}$

48 다음 중 지형 공간 정보 체계의 자료 정리 과정을 순서대로 바르게 나열한 것은?

① 부호화 – 자료정비 – 자료입력 – 조작처리 – 출력

② 자료입력 – 부호화 – 자료정비 – 조작처리 – 출력

③ 자료입력 – 자료정비 – 부호화 – 조작처리 – 출력

④ 부호화 – 조작처리 – 자료정비 – 자료입력 – 출력

⑤ 부호화 – 자료정비 – 조작처리 – 자료정비 – 출력

49 다음 중 트래버스 측량의 일반적인 사항에 대한 설명으로 옳지 않은 것은?

① 트래버스 종류 중 결합 트래버스는 가장 높은 정확도를 얻을 수 있다.

② 각 관측 방법 중 방위각법은 한번 오차가 발생하면 그 영향이 끝까지 미친다.

③ 폐합 오차조정 방법 중 컴퍼스 법칙은 각 관측의 정밀도가 거리 관측의 정밀도보다 높을 때 실시한다.

④ 폐합 트래버스에서 편각의 총합은 반드시 360°가 되어야 한다.

⑤ 트랜싯 법칙은 위거 및 경거의 오차를 각 측선의 위거 및 경거의 길이에 비례하여 배분하면 된다는 법칙이다.

50 유효깊이(d)가 500mm인 직사각형 단면보에 $f_y = 400$MPa인 인장철근이 1일로 배치되어 있다. 중립축(c)의 위치가 압축연단에서 200mm인 경우 강도감소계수(ϕ)는?

① 0.804

② 0.817

③ 0.834

④ 0.842

⑤ 0.876

51 양단힌지로 된 장주의 좌굴하중이 $P_{cr} = 10$t일 때, 조건이 같은 양단고정인 장주의 좌굴하중은?

① 5t

② 10t

③ 20t

④ 30t

⑤ 40t

52 최대주응력이 $10t/m^2$이고 최소주응력이 $4t/m^2$일 때, 최소주응력 면과 45°를 이루는 평면에 일어나는 수직응력은?

① $7t/m^2$

② $6t/m^2$

③ $3t/m^2$

④ $4\sqrt{2}\,t/m^2$

⑤ $\sqrt{2}\,t/m^2$

53 다음 중 단면의 전단중심(Shear Center)에 대한 설명으로 옳은 것은?

① 단면의 도심을 통하는 축이다.

② 단면의 휨 축이다.

③ 대칭축을 갖는 단면의 중심축이다.

④ 단면에 작용하는 최대 전단응력의 축이다.

⑤ 단면에 비틀림 모멘트를 작용시킬 때 변형이 생기지 않는 축이다.

54 다음 중 말뚝의 부마찰력(Negative Skin Friction)에 대한 설명으로 옳지 않은 것은?

① 말뚝의 허용지지력을 결정할 때 세심하게 고려해야 한다.

② 연약지반에 말뚝을 박은 후 그 위에 성토를 한 경우 일어나기 쉽다.

③ 연약한 점토에 있어서는 상대변위의 속도가 느릴수록 부마찰력은 크다.

④ 연약지반을 관통하여 견고한 지반까지 말뚝을 박은 경우 일어나기 쉽다.

⑤ 파일시공 전 연약지반 개량공법을 충분히 적용하여 방지할 수 있다.

55 다음 중 측량의 분류에 대한 설명으로 옳은 것은?

① 측량 구역이 상대적으로 협소하여 지구의 곡률을 고려하지 않아도 되는 측량을 측지측량이라 한다.

② 측량 정확도에 따라 평면기준점 측량과 고저기준점 측량으로 구분한다.

③ 구면 삼각법을 적용하는 측량과 평면 삼각법을 적용하는 측량과의 근본적인 차이는 삼각형 내각의 합이다.

④ 측량법에서는 기본측량과 공공측량의 두 가지로만 측량을 분류한다.

⑤ 지상의 여러 점의 고·저의 차이나 표고를 측정하기 위한 측량을 기준점 측량이라 한다.

56 다음 중 UTM 좌표에 대한 설명으로 옳지 않은 것은?

① 중앙 자오선의 축척 계수는 0.9996이다.

② 좌표계는 경도 6°, 위도 8° 간격으로 나눈다.

③ 우리나라는 40구역(Zone)과 43구역(Zone)에 위치하고 있다.

④ 경도의 원점은 중앙자오선에 있으며 위도의 원점은 적도상에 있다.

⑤ 남북·동서의 양선이 만나는 정방형의 망상구조를 보인다.

57 다음 그림의 삼각형 구조가 평형 상태에 있을 때, 법선 방향에 대한 힘의 크기 P는?

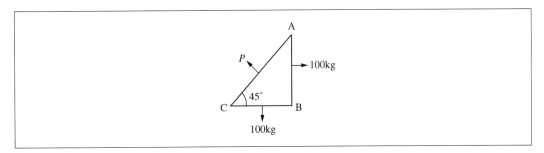

① 약 200.2kg

② 약 180.4kg

③ 약 165.7kg

④ 약 141.4kg

⑤ 약 133.0kg

58 다음 중 지성선에 해당하지 않는 것은?

① 구조선

② 능선

③ 계곡선

④ 경사변환선

⑤ 최대 경사선

59 다음 중 카스틸리아노(Castigliano)의 정리에 대한 설명으로 옳지 않은 것은?

① 가상일의 원리를 일반적으로 유도할 수 있다.

② 최소일의 원리를 유도할 수 있다.

③ 회전 변위를 구할 수 있다.

④ 탄성구조물에 저장되는 탄성에너지를 어느 작용 외력으로 편미분하면 그 힘 방향의 변위를 구할 수 있다.

⑤ 구조물 지점의 침하나 온도 변화 등에 따른 처짐의 계산에는 사용할 수 없다.

60 내부 마찰각이 30°, 점착력이 $1.5t/m^2$, 단위중량이 $1.7t/m^3$인 흙에 있어서 인장균열(Tension Crack)이 일어나기 시작하는 깊이는 얼마인가?

① 약 2.2m

② 약 2.7m

③ 약 3.1m

④ 약 3.5m

⑤ 약 3.7m

31 다음 중 프루드(Fr) 수에 대한 정의로 옳은 것은?

① 관성력과 점성력의 비

② 관성력과 탄성력의 비

③ 중력과 점성력의 비

④ 관성력과 표면장력의 비

⑤ 관성력과 중력의 비

32 다음 화학식을 참고할 때, 탄소 6kg 연소 시 필요한 공기의 양은?(단, 공기 내 산소는 20%이다)

$$C + O_2 = CO_2$$

① 30kg

② 45kg

③ 60kg

④ 80kg

⑤ 95kg

33 다음 중 유압 작동유의 점도가 높을 때 발생할 수 있는 현상으로 옳지 않은 것은?

① 온도가 상승한다.

② 공동현상이 발생한다.

③ 더 빨리 마모된다.

④ 동력손실이 커진다.

⑤ 내부 마찰력이 커진다.

34 다음 중 절삭가공에서 공구수명을 판정하는 기준으로 옳지 않은 것은?

① 공구날의 마모가 일정량에 달했을 때
② 절삭저항이 절삭개시 때와 비교해 급격히 증가하였을 때
③ 절삭가공 직후 가공표면에 반점이 나타날 때
④ 가공물의 온도가 일정하게 유지될 때
⑤ 가공물의 완성치수 변화가 일정량에 달했을 때

35 다음 중 클러치를 설계할 때 유의사항으로 옳지 않은 것은?

① 균형상태가 양호하도록 하여야 한다.
② 관성력을 크게 하여 회전 시 토크 변동을 작게 한다.
③ 단속을 원활히 할 수 있도록 한다.
④ 마찰열에 대하여 내열성이 좋아야 한다.
⑤ 회전 부분의 평형이 좋아야 한다.

36 회전수 4,000rpm에서 최대 토크가 70kgf·m로 계측된 축의 축마력으로 가장 근접한 값은?

① 195.53PS
② 297.23PS
③ 391.06PS
④ 401.23PS
⑤ 407.45PS

37 다음 중 가스터빈에 대한 설명으로 옳지 않은 것은?

① 압축, 연소, 팽창, 냉각의 4과정으로 작동되는 외연기관이다.
② 실제 가스터빈은 개방 사이클이다.
③ 증기터빈에 비해 중량당의 동력이 크다.
④ 공기는 산소를 공급하고 냉각제의 역할을 한다.
⑤ 브레이턴 사이클이 대표적이며, 완전 연소를 하므로 유해성분이 적게 배출된다.

38 다음 중 냉간가공과 열간가공에 대한 설명으로 옳지 않은 것은?

① 냉간가공을 하면 가공면이 깨끗하고 정확한 치수가공이 가능하다.

② 재결정온도 이상에서의 가공을 열간가공이라 한다.

③ 열간가공은 소재의 변형저항이 적어 소성가공이 용이하다.

④ 냉간가공은 열간가공보다 표면산화물의 발생이 많다.

⑤ 열간가공은 불순물이나 편석이 없어지고 재질이 균일하게 된다.

39 다음 중 유량 제어밸브에서 유체가 흐르기 시작할 때 일시적으로 설정값을 넘어서는 현상은?

① 채터링   ② 서징

③ 점핑   ④ 수격

⑤ 공동

40 다음 중 강의 열처리 및 표면경화에 대한 설명으로 옳지 않은 것은?

① 질화법 : 질화용 강의 표면층에 질소를 확산시켜 표면층을 경화하는 방법이다.

② 불림(Normalizing) : 가공의 영향을 제거하고 결정립을 조대화시켜 기계적 성질을 향상시키기 위해 수행된다.

③ 심랭(Subzero)처리 : 잔류 오스테나이트(Austenite)를 마텐자이트(Martensite)화 하기 위한 공정이다.

④ 침탄법 : 표면은 내마멸성이 좋고 중심부는 인성이 있는 기계 부품을 만들기 위해 표면층만을 고탄소로 조성하는 방법이다.

⑤ 구상화 풀림(Spheroidizing Annealing) : 과공석강에서 초석탄화물이 석출되어 기계가공성이 저하되는 문제를 해결하기 위해 행하는 열처리 공정으로, 탄화물을 구상화하여 기계가공성 및 인성을 향상시키기 위해 수행된다.

41 다음 중 펀치(Punch)와 다이(Die)를 이용하여 판금재료로부터 제품의 외형을 따내는 작업은?

① 블랭킹(Blanking)   ② 피어싱(Piercing)

③ 트리밍(Trimming)   ④ 플랜징(Flanging)

⑤ 스탬핑(Stamping)

42 압력용기 내의 게이지 압력이 50kPa로 측정되었고 대기압력이 120kPa일 때, 압력용기 내의 절대압력은?

① 170kPa
② 160kPa
③ 150kPa
④ 140kPa
⑤ 130kPa

43 다음 중 웜 기어에 대한 설명으로 옳은 것을 〈보기〉에서 모두 고르면?

───────〈보기〉───────
ㄱ. 역전 방지를 할 수 없다.
ㄴ. 웜에 축방향의 하중이 생긴다.
ㄷ. 부하용량이 크다.
ㄹ. 진입각(Lead Angle)의 증가에 따라 효율이 증가한다.

① ㄱ, ㄹ
② ㄴ, ㄷ
③ ㄷ, ㄹ
④ ㄱ, ㄴ, ㄷ
⑤ ㄴ, ㄷ, ㄹ

44 다음 중 전해 가공과 화학적 가공에 대한 설명으로 옳지 않은 것은?

① 광화학 블랭킹(Photochemical Blanking)은 버(Burr)의 발생 없이 블랭킹(Blanking)이 가능하다.
② 화학적 가공에서는 부식액(Etchant)을 이용해 공작물 표면에 화학적 용해를 일으켜 소재를 제거한다.
③ 전해 가공은 경도가 높은 전도성 재료에 적용할 수 있다.
④ 전해 가공으로 가공된 공작물에서는 열 손상이 발생한다.
⑤ 전해 가공으로 복잡한 3차원 가공도 쉽게 할 수 있다.

45 다음 중 컴퓨터에 의한 통합 제조라는 의미로 제조부문, 기술부문 등의 제조 시스템과 경영 시스템을 통합 운영하는 생산 시스템의 용어는?

① CAM(Computer Aided Manufacturing)

② FMS(Flexible Manufacturing System)

③ CIM(Computer Integrated Manufacturing)

④ FA(Factory Automation)

⑤ TQM(Total Quality Management)

46 다음 중 사형주조에서 사용되는 주물사의 조건이 아닌 것은?

① 성형성이 있어야 한다.

② 통기성이 있어야 한다.

③ 수축성이 없어야 한다.

④ 열전도도가 낮아야 한다.

⑤ 열에 의한 화학적 변화가 일어나지 않아야 한다.

47 사각나사의 축 방향 하중이 Q, 마찰각이 ρ, 리드각이 α일 때, 사각나사가 저절로 풀리는 조건은?

① $Q\tan(\rho+\alpha)>0$　　　　　② $Q\tan(\rho+\alpha)<0$

③ $Q\tan(\rho-\alpha)<0$　　　　　④ $Q\tan(\rho-\alpha)>0$

⑤ $Q\tan(p-\alpha)=0$

48 균일 분포하중 $\omega=10\text{N/mm}$가 전 길이에 작용할 때, 길이가 50cm인 단순지지보에 생기는 최대 전단력은?

① 0.25kN　　　　　② 2.5kN

③ 25kN　　　　　④ 250kN

⑤ 2,500kN

49 다음 중 3줄 나사에서 수나사를 고정하고 암나사를 1회전시켰을 때, 암나사가 이동한 거리는?

① 나사피치의 $\frac{1}{3}$ 배

② 나사리드의 $\frac{1}{3}$ 배

③ 나사피치의 3배

④ 나사리드의 3배

⑤ 나사리드의 4배

50 다음 중 연강용 아크용접봉에서 그 규격을 나타낼 때, E4301에서 43이 의미하는 것은?

① 피복제의 종류

② 용착금속의 최소 인장강도

③ 용접자세

④ 아크용접 시의 사용전류

⑤ 전기용접봉의 종류

51 다음 그림과 같은 수평면에 놓인 50kg 무게의 상자에 힘 $P = 400$N으로 5초 동안 잡아당긴 후 운동하게 되는 상자의 속도와 가장 가까운 값은?(단, 상자와 바닥면 간의 마찰계수는 0.3이다)

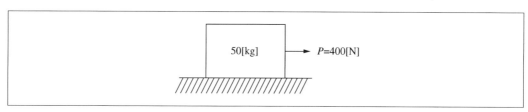

① 10m/s

② 25m/s

③ 40m/s

④ 50m/s

⑤ 60m/s

52 다음 중 철판에 전류를 통전하며 외력을 이용하여 용접하는 방법은?

① 마찰 용접

② 플래시 용접

③ 서브머지드 아크 용접

④ 전자빔 용접

⑤ 테르밋 용접

53 다음 중 웨버 수(Weber Number)의 정의와 표면장력의 차원으로 옳은 것은?(단, 질량은 M, 길이는 L, 시간은 T이다)

① $\dfrac{(관성력)}{(표면장력)}$, (표면장력)$=[MT^{-2}]$ ② $\dfrac{(점성력)}{(표면장력)}$, (표면장력)$=[MT^{-2}]$

③ $\dfrac{(관성력)}{(표면장력)}$, (표면장력)$=[MLT^{-2}]$ ④ $\dfrac{(점성력)}{(표면장력)}$, (표면장력)$=[MLT^{-2}]$

④ $\dfrac{(관성력)}{(표면장력)}$, (표면장력)$=[MLT^{-3}]$

54 축(세로)방향 단면적 A의 물체에 인장하중을 가하였을 때, 인장방향 변형률이 ε이면 단면적의 변화량은? (단, 이 물체의 푸아송 비는 0.5이다)

① εA ② 2εA
③ 3εA ④ 4εA
⑤ 5εA

55 금속의 파괴 현상 중 하나인 크리프(Creep) 현상에 대한 설명으로 옳은 것은?

① 응력이 증가하여 재료의 항복점을 지났을 때 일어나는 파괴 현상이다.
② 반복응력이 장시간 가해졌을 때 일어나는 파괴 현상이다.
③ 응력과 온도가 일정한 상태에서 시간이 지남에 따라 변형이 연속적으로 진행되는 현상이다.
④ 균열이 진전되어 소성변형 없이 빠르게 파괴되는 현상이다.
⑤ 외력이 증가할 때, 시간이 흐름에 따라 재료의 변형이 증대하는 현상이다.

56 다음 중 미끄럼 베어링의 유체윤활에 대한 설명으로 옳지 않은 것은?

① 미끄럼표면들이 윤활막으로 완전히 분리된 상태이다.
② 점도가 높아지면 마찰계수가 증가한다.
③ 베어링면의 평균 압력이 증가하면 마찰계수가 감소한다.
④ 회전속도가 증가하면 마찰계수가 감소한다.
⑤ 접촉표면에 걸리는 하중은 모두 접촉면의 상대운동에 의해 발생되는 유압으로 지지된다.

57 다음 중 강의 탄소함유량이 증가함에 따라 나타나는 특성으로 옳지 않은 것은?

① 인장강도가 증가한다. ② 항복점이 증가한다.

③ 경도가 증가한다. ④ 충격치가 증가한다.

⑤ 인성이 감소한다.

58 $V_1 = 4.0\text{m}^3$, $P_1 = 80\text{kPa}$인 공기 5kg가 $V_2 = 1.5\text{m}^3$로 압축되었고, $P_2 = 236\text{kPa}$로 증가하였다. 내부 에너지가 68kJ/kg 증가했다면, 엔탈피 변화량은?

① 152kJ ② 252kJ

③ 374kJ ④ 472kJ

⑤ 535kJ

59 다음 중 사각형의 단면계수를 구하는 식으로 옳은 것은?

① $Z = \dfrac{bh^2}{3}$ ② $Z = \dfrac{bh^3}{30}$

③ $Z = \dfrac{\pi d^3}{32}$ ④ $Z = \dfrac{bh^2}{6}$

⑤ $Z = \dfrac{bh^3}{36}$

60 단면적이 0.36m^2이고 한쪽 벽이 고정되지 않은 실린더를 가열하여 벽이 40cm 이동하였다. 내부 압력이 50kPa으로 일정하고 내부에너지의 변화량이 13.5kJ일 때, 실린더가 얻은 열량은?

① 13.5kJ ② 16.1kJ

③ 18.5kJ ④ 20.7kJ

⑤ 22.3kJ

31 다음 중 직류송전의 특징으로 옳지 않은 것은?

① 절연 레벨을 낮출 수 있다.

② 유전체 손실과 연피 손실이 없다.

③ 서로 다른 주파수로 비동기 송전이 가능하다.

④ 표피효과 또는 근접효과가 없어 실효저항의 증대가 없다.

⑤ 전류 차단 및 전압의 변성이 쉽다.

32 60Hz, 154kV, 길이 300km인 3상 송전선로에서 대지 정전 용량 $C_s = 0.008\mu F/km$, 전선 간의 상호 정전 용량 $C_m = 0.0018\mu F/km$일 때 1선에 흐르는 충전전류는?

① 약 67.8A

② 약 134.7A

③ 약 178.9A

④ 약 213.6A

⑤ 약 224.1A

33 2대의 직류 발전기를 병렬 운전하여 부하에 100A를 공급하고 있다. 각 발전기의 유기기전력과 내부저항이 각각 110V, 0.04Ω 및 112V, 0.06Ω 일 때, 2대의 직류 발전기에 흐르는 전류는?

① 10A, 90A

② 20A, 80A

③ 30A, 70A

④ 40A, 60A

⑤ 50A, 50A

34 다음 중 PN접합 다이오드의 대표적 응용작용은?

① 증폭작용

② 발진작용

③ 정류작용

④ 변조작용

⑤ 승압작용

35 다음 중 전류에 의한 자계의 세기와 관계가 있는 법칙은 무엇인가?

① 비오 – 사바르의 법칙　　　　　② 렌츠의 법칙

③ 키르히호프의 법칙　　　　　　④ 옴의 법칙

⑤ 플레밍의 왼손 법칙

36 다음 그림과 같은 회로에서 전류는 몇 A인가?

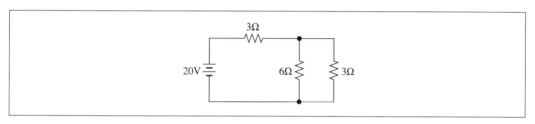

① 2A　　　　　　　　　　　　② 3A

③ 4A　　　　　　　　　　　　④ 5A

⑤ 6A

37 다음 중 금속관 공사를 할 때 사용하는 케이블 손상방지용 부품은 무엇인가?

① 부싱　　　　　　　　　　　　② 엘보

③ 커플링　　　　　　　　　　　④ 로크 너트

⑤ 로크 와셔

38 다음 중 제어되는 상태량과 같은 단위를 가지며, 제어량의 희망값을 설정하는 값은?

① 목푯값　　　　　　　　　　　② 기준입력

③ 외란　　　　　　　　　　　　④ 검출값

⑤ 조작량

39 다음 중 직류기에서 전기자 반작용을 방지하기 위한 보상권선의 전류 방향은?

① 계자 전류의 방향과 같다.

② 계자 전류의 방향과 반대이다.

③ 전기자 전류 방향과 같다.

④ 정류자 전류 방향과 같다.

⑤ 전기자 전류 방향과 반대이다.

40 다음 중 충전된 대전체를 대지(大地)에 연결하면 대전체는 어떻게 되는가?

① 방전된다.　　　　　　　　　　　　② 반발한다.

③ 충전이 계속된다.　　　　　　　　④ 반발과 흡인을 반복한다.

⑤ 대전한다.

41 다음 중 3상 동기 발전기의 상간 접속을 Y결선으로 하는 이유로 옳지 않은 것은?

① 중성점을 이용할 수 있다.

② 같은 선간전압의 결선에 비하여 절연이 어렵다.

③ 선간전압에 제3고조파가 나타나지 않는다.

④ 선간전압이 상전압의 $\sqrt{3}$ 배가 된다.

⑤ 지락이나 단락 발생 시 보호계전기가 즉각 동작될 수 있도록 접지할 수 있다.

42 다음 그림과 같은 파형의 파형률은 얼마인가?

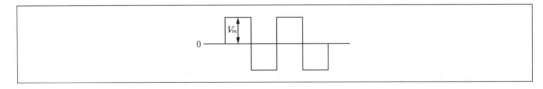

① 1　　　　　　　　　　　　　　　② 1.11

③ 1.2　　　　　　　　　　　　　　④ 1.4

⑤ 1.5

43 다음 중 2대의 동기 발전기의 병렬 운전 조건으로 같지 않아도 되는 것은?

① 기전력의 위상　　　　　　　② 기전력의 주파수

③ 기전력의 임피던스　　　　　④ 기전력의 크기

⑤ 기전력의 파형

44 다음 중 회전 변류기의 직류측 전압을 조정하는 방법으로 옳지 않은 것은?

① 여자 전류를 조정

② 직렬 리액턴스를 조정

③ 동기 승압기를 사용

④ 부하 시 전압 조정 변압기를 사용

⑤ 유도 전압 조정기를 사용

45 다음 중 옥내배선 공사에서 절연전선의 피복을 벗길 때 사용하는 공구는 무엇인가?

① 드라이버　　　　　　　　　② 플라이어

③ 압착펀치　　　　　　　　　④ 와이어 스트리퍼

⑤ 스패너

46 6극 60Hz, 200V, 7.5kW의 3상 유도 전동기가 960rpm으로 회전하고 있을 때, 회전자 전류의 주파수는?

① 8Hz　　　　　　　　　　　② 10Hz

③ 12Hz　　　　　　　　　　　④ 14Hz

⑤ 16Hz

47 다음 그림과 같은 회로의 $Y(s)$인 $\dfrac{I(s)}{E(s)}$는?

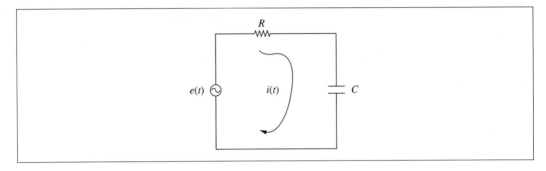

① $\dfrac{1}{RCs^2+1}$

② $\dfrac{1}{RCs+1}$

③ $\dfrac{Rs}{RCs+1}$

④ $\dfrac{Cs}{RCs+1}$

⑤ $\dfrac{1}{RCs-1}$

48 다음 중 1차 전지로 가장 많이 사용되는 것은?

① 니켈카드뮴 전지

② 연료 전지

③ 망간 전지

④ 납축 전지

⑤ 볼타 전지

49 정격 전압이 6,000V, 정격 전류가 480A인 3상 교류 발전기에서 여자전류가 200A일 때, 무부하 단자 전압은 6,000V이고 단락 전류는 600A이다. 이 발전기의 단락비는?

① 0.8

② 1.2

③ 1.25

④ 1.5

⑤ 1.6

50 다음 중 대전류 · 고전압의 전기량을 제어할 수 있는 자기소호형 소자는?

① FET   ② Diode
③ Triac   ④ IGBT
⑤ LED

51 다음 중 유기 기전력과 관계가 있는 것은 무엇인가?

① 쇄교 자속수의 변화에 비례한다.
② 쇄교 자속수에 비례한다.
③ 시간에 비례한다.
④ 쇄교 자속수에 반비례한다.
⑤ 쇄교 자속수의 변화에 반비례한다.

52 2kVA의 단상 변압기 3대를 △ 결선하여 급전하고 있는 경우 1대가 소손되어 나머지 2대로 급전하게 되었다. 이 2대의 변압기가 과부하를 20%까지 견딜 수 있다고 할 때, 2대가 부담할 수 있는 최대 부하는?(단, 소수점 셋째 자리에서 반올림한다)

① 3.46kVA   ② 4.16kVA
③ 5.16kVA   ④ 6.92kVA
⑤ 7.56kVA

53 다음 중 고장 시의 불평형 차전류가 평형 전류의 어떤 비율 이상으로 되었을 때, 동작하는 계전기는?

① 과전압 계전기   ② 과전류 계전기
③ 전압 차동 계전기   ④ 비율 차동 계전기
⑤ 선택 차동 계전기

54 다음 중 3상 유도 전동기의 속도를 제어하는 방법으로 옳지 않은 것은?

① 전전압법   ② 종속접속법
③ 2차 여자법   ④ 전압제어법
⑤ 주파수 변환법

55 다음 그림과 같이 3Ω, 7Ω, 10Ω의 세 개의 저항을 직렬로 접속하여 이 양단에 100V 직류 전압을 가했을 때, 세 개의 저항에 흐르는 전류는 얼마인가?

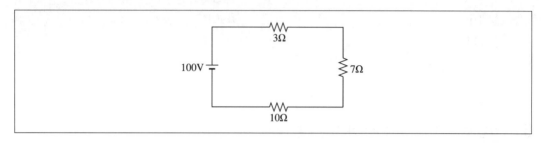

① 1A
② 5A
③ 8A
④ 15A
⑤ 18A

56 다음 〈보기〉에서 직류 전동기의 손실 중 부하손에 해당하는 것을 모두 고르면?

─〈보기〉─
㉠ 전기자저항손   ㉡ 히스테리시스손
㉢ 계자저항손   ㉣ 기계손
㉤ 브러시손   ㉥ 와류손

① ㉠, ㉡, ㉣
② ㉠, ㉡, ㉥
③ ㉠, ㉢, ㉤
④ ㉡, ㉢, ㉣
⑤ ㉡, ㉣, ㉥

57 다음 중 동기 발전기에서 고정자 권선의 지지와 회전자계를 연계시키는 자속로(磁束路)를 제공하는 부분은?

① 고정자 틀(Frame)
② 고정자 권선
③ 고정자 철심
④ 회전자
⑤ 공극

58 다음 중 리액션 토크(Reaction Torque)가 발생하는 동기 발전기의 특징이 아닌 것은?

① 단락비가 1보다 크다.

② 내부 상차각이 크다.

③ 직축 리액턴스와 횡축 리액턴스의 크기가 다르다.

④ 과부하 내량이 크다.

⑤ 돌극기이다.

59 다음 중 단상 변압기의 병렬 운전 조건으로 옳지 않은 것은?

① 1차, 2차 정격전압이 같을 것   ② 각 변위와 상회전 방향이 같을 것

③ 임피던스 전압이 같을 것   ④ 극성이 같을 것

⑤ 저항과 리액턴스비가 같을 것

60 다음 중 전력계통에서 안정하게 운전되는 능력인 안정도의 종류로 옳은 것을 〈보기〉에서 모두 고르면?

――――――――〈보기〉――――――――

| ㄱ. 동태 안정도 | ㄴ. 과도 안정도 |
| ㄷ. 전압 안정도 | ㄹ. 정태 안정도 |

① ㄱ, ㄴ   ② ㄴ, ㄷ

③ ㄷ, ㄹ   ④ ㄱ, ㄴ, ㄷ

⑤ ㄱ, ㄴ, ㄹ

31 정전 용량이 $2,500\mu F$인 콘덴서에 100V를 충전하였을 때 콘덴서에 저장된 에너지는?

① 5J

② 12.5J

③ 25J

④ 125J

⑤ 250J

32 간격이 2m이고, 평행한 무한히 긴 단상 송전선로가 가설되었다. 여기에 6,600V, 3A를 송전하였을 때 단위 길이당 작용하는 힘은?

① $6.7 \times 10^{-3} N/m$

② $9 \times 10^{-4} N/m$

③ $6.7 \times 10^{-6} N/m$

④ $9 \times 10^{-7} N/m$

⑤ $10.3 \times 10^{-7} N/m$

33 어떤 전지의 외부회로 저항은 5Ω 이고 전류는 8A가 흐른다. 외부회로에 5Ω 대신에 15Ω 의 저항을 접속하면 전류는 4A로 떨어진다. 이때 전지의 기전력은 몇 V인가?

① 10V

② 25V

③ 40V

④ 60V

⑤ 80V

34 다음 중 쿨롱의 법칙에 대한 설명으로 옳지 않은 것은?

① 두 전하 사이에 작용하는 힘의 크기는 두 전하량의 곱에 비례한다.

② 두 전하 사이에 작용하는 힘의 방향은 두 전하를 연결하는 직선과 일치한다.

③ 두 전하 사이에 작용하는 힘은 반발력과 흡인력이 있다.

④ 두 전하 사이에 작용하는 힘의 크기는 두 전하 사이의 거리에 반비례한다.

⑤ 정지해 있는 두 개의 점전하 사이에 작용하는 힘을 기술하는 물리법칙이다.

35 공진하고 있는 R, L, C 직렬회로에 있어서 저항 R 양단의 전압은 인가 전압의 몇 배인가?

① 인가 전압과 같다.

② 인가 전압의 2배이다.

③ 인가 전압의 3배이다.

④ 인가 전압의 4배이다.

⑤ 인가 전압의 6배이다.

36 전력이 P_1[W]인 신호가 증폭기를 통과하였더니 P_2[W]가 되었다. $P_2 = 2 \times P_1$의 크기일 경우 증폭기의 이득은 얼마인가?

① 약 3dB

② 약 5dB

③ 약 10dB

④ 약 100dB

⑤ 약 200dB

37 다음 중 기본 주파수가 60Hz인 신호의 고조파가 아닌 것은?

① 120Hz

② 150Hz

③ 180Hz

④ 240Hz

⑤ 300Hz

38 다음 중 전기이론에 대한 설명으로 옳지 않은 것은?

① 정전 유도에 의하여 작용하는 힘은 반발력이다.

② 정전 용량이란 콘덴서가 전하를 축적하는 능력을 말한다.

③ 같은 부호의 전하끼리는 반발력이 생긴다.

④ 콘덴서에 전압을 가하는 순간은 콘덴서는 단락 상태가 된다.

⑤ 정전 용량을 증가시키려면 극판 간 거리를 작게 하면 된다.

39 다음 그림과 같은 회로에서 r_1, r_2에 흐르는 전류의 크기가 2 : 1의 비율일 때, r_1, r_2의 저항은 각각 몇 Ω인가?

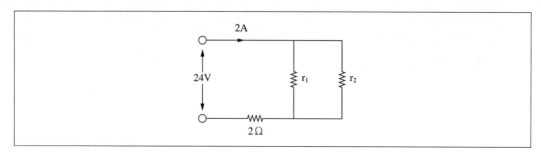

① $r_1 = 10\,\Omega$, $r_2 = 20\,\Omega$

② $r_1 = 12\,\Omega$, $r_2 = 24\,\Omega$

③ $r_1 = 15\,\Omega$, $r_2 = 30\,\Omega$

④ $r_1 = 30\,\Omega$, $r_2 = 15\,\Omega$

⑤ $r_1 = 35\,\Omega$, $r_2 = 12\,\Omega$

40 어떤 전압계의 측정 범위를 21배로 하려면 배율기의 저항 R_m을 전압계의 저항 r의 몇 배로 하여야 하는가?

① 19배

② 20배

③ 21배

④ 22배

⑤ 23배

41 다음 중 정현파의 실횻값(V_{rms})과 평균값(V_{av})의 관계식으로 옳은 것은?

① $V_{\mathrm{rms}} = \sqrt{2}\, V_{av}$

② $V_{\mathrm{rms}} = \dfrac{\pi}{2} V_{av}$

③ $V_{\mathrm{rms}} = \dfrac{2}{\pi} V_{av}$

④ $V_{\mathrm{rms}} = \dfrac{\pi}{2\sqrt{2}} V_{av}$

⑤ $V_{\mathrm{rms}} = \dfrac{\pi}{\sqrt{2}} V_{av}$

42 기준 전압이 250kV일 때 선로 임피던스로 전압이 10kV 저하되었다면, 선로의 %Z는 몇 %인가?

① 0.5% ② 4%

③ 5% ④ 10%

⑤ 25%

43 다음과 같은 두 전류의 합으로 옳은 것은?

- $i_1(t) = \sqrt{2}\sin\left(wt + \dfrac{\pi}{4}\right)$
- $i_2(t) = -\dfrac{2}{\sqrt{3}}\cos\left(wt - \dfrac{\pi}{6}\right)$

① $\left(1 + \dfrac{1}{\sqrt{3}}\right)\cos wt$ ② $\left(1 + \dfrac{1}{\sqrt{3}}\right)\sin wt$

③ $\left(1 - \dfrac{1}{\sqrt{3}}\right)\sin wt$ ④ $\left(1 - \dfrac{1}{\sqrt{3}}\right)\cos wt$

⑤ $\left(1 - \dfrac{\sqrt{3}}{2}\right)\cos wt$

44 다음 중 정현파 교류전압의 실횻값에 대한 물리적 의미로 옳은 것은?

① 실횻값은 교류전압의 최댓값을 나타낸다.

② 실횻값은 교류전압 반주기에 대한 평균값이다.

③ 실횻값은 교류전압의 최댓값과 평균값의 비율이다.

④ 실횻값은 교류전압이 생성하는 전력 또는 에너지의 효능을 내포한 값이다.

⑤ 실횻값은 주어진 전압이 변화하거나 허용 오차가 있는 경우 대표적으로 나타내는 값이다.

45 6mH인 두 개의 자기 인덕턴스가 있을 때 결합 계수를 0.5부터 0.9까지 변화시킬 수 있다면, 이를 접속하여 얻을 수 있는 합성 인덕턴스의 최댓값과 최솟값은 각각 몇 mH인가?

	최댓값	최솟값			최댓값	최솟값
①	22.8mH	1.2mH		②	21.6mH	2.4mH
③	12.8mH	1.2mH		④	9.6mH	4.4mH
⑤	8mH	5mH				

46 다음 중 1상의 대지 정전 용량 0.05μF의 3상 송전선 소호 리액터의 리액턴스는?

① $\dfrac{1}{9\pi}\times 10^6\,\Omega$
② $\dfrac{1}{36\pi}\times 10^6\,\Omega$
③ $\dfrac{1}{18\pi}\times 10^5\,\Omega$
④ $\dfrac{1}{36\pi}\times 10^5\,\Omega$
⑤ $\dfrac{1}{18\pi}\times 10^6\,\Omega$

47 다음 중 3상 교류의 벡터 연산자를 a라고 할 때, $a+a^2$의 직교 좌표법으로 옳은 것은?

① 1
② -1
③ $-\dfrac{1}{2}+j\dfrac{\sqrt{3}}{2}$
④ $\dfrac{1}{2}-j\dfrac{\sqrt{3}}{2}$
⑤ $-\dfrac{\sqrt{3}}{2}+j\dfrac{1}{2}$

48 전송 채널의 대역폭이 10MHz이고 신호 대 잡음비가 15일 때, 샤논의 정리에 의한 채널 용량은?

① 20Mbps
② 30Mbps
③ 40Mbps
④ 50Mbps
⑤ 60Mbps

49 굵기가 일정한 원통형의 도체를 체적은 고정시킨 채 길게 늘여 지름이 절반이 되도록 하였다. 이 경우 길게 늘인 도체의 저항값은?

① 원래 도체의 저항값의 2배가 된다.

② 원래 도체의 저항값의 4배가 된다.

③ 원래 도체의 저항값의 8배가 된다.

④ 원래 도체의 저항값의 12배가 된다.

⑤ 원래 도체의 저항값의 16배가 된다.

50 다음 중 v[m/s]인 등속 정상류의 물의 속도 수두는?(단, g는 중력 가속도m/s^{2}이다)

① $\dfrac{v}{2g}$[m]

② $\dfrac{v^2}{2g}$[m]

③ $2gv$[m]

④ $2gv^2$[m]

⑤ $\dfrac{2g}{v}$[m]

51 선로의 손실이 없다고 가정할 경우 $L=96$mH, $C=0.6\mu$F 이라고 할 때, 특성 임피던스의 값은?

① $30\,\Omega$

② $40\,\Omega$

③ $50\,\Omega$

④ $60\,\Omega$

⑤ $400\,\Omega$

52 다음 중 등전위면과 전기력선의 교차 관계는?

① 30°로 교차한다.

② 45°로 교차한다.

③ 60°로 교차한다.

④ 교차하지 않는다.

⑤ 직각으로 교차한다.

53 다음 그림의 Y_L에서 소비되는 전력은?

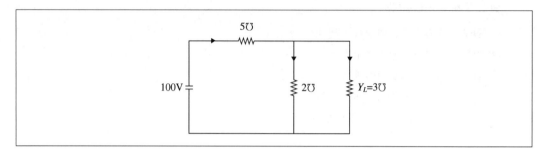

① 0.75kW

② 7.5kW

③ 25kW

④ 250kW

⑤ 500kW

54 인덕턴스가 20mH인 코일에 흐르는 전류가 0.2sec 동안에 6A가 변화했을 때, 코일에 유기되는 기전력은?

① 0.6V

② 1V

③ 3V

④ 6V

⑤ 12V

55 저장하여야 할 데이터의 종류가 총 600가지일 경우, 이 데이터를 저장할 수 있는 공간의 비트수는?(단, 가능한 비트수 가운데 가장 작은 비트수를 정답으로 한다)

① 8비트

② 9비트

③ 10비트

④ 11비트

⑤ 12비트

56 총 21개의 통신장치를 Fully Connected Mesh 방식으로 네트워크를 구성할 때, 필요한 링크의 수는?

① 190개

② 210개

③ 240개

④ 290개

⑤ 300개

57 균일한 자기장 속에 직선 도선이 자기장의 방향에 수직하게 놓여 있다. 이 도선의 길이가 2m이고 자기장의 세기(자속 밀도)가 1Wb/m^2일 때, 도선에 흐르는 전류가 3A라면 도선이 받는 힘은 몇 N인가?

① 2N

② 3N

③ 4N

④ 5N

⑤ 6N

58 용량이 C인 콘덴서가 전압 V로 충전되어 있다. 이 콘덴서에 용량이 $3C$인 콘덴서를 병렬로 연결하였을 때, 단자 전압은?

① $4V$

② $3V$

③ V

④ $\dfrac{1}{3}V$

⑤ $\dfrac{1}{4}V$

59 유전율이 다른 두 유전체가 완전경계를 이루며 서로 접하였을 때, 경계면에서의 전계와 전속밀도에 대한 설명으로 옳지 않은 것은?

① 전계의 접선 성분은 같다.

② 전계와 전속밀도는 같다.

③ 전속밀도의 법선 성분은 같다.

④ 전계와 전속밀도는 굴절한다.

⑤ 전계의 방향과 전속밀도의 방향은 서로 같다.

60 다음 중 다중화에 대한 설명으로 옳지 않은 것은?

① 정적(Static)인 방법과 동적(Dynamic)인 방법이 있다.

② FDM이란 주파수 대역폭을 여러 개의 작은 대역폭으로 나누어 쓰는 방법이다.

③ FDM에서 가드 밴드(Guard Band)로 채널 간의 간섭을 배제한다.

④ 다중화 장비의 입력측의 전송 속도는 전송 선로측의 전송 속도보다 크다.

⑤ 대표적인 다중화 방식으로는 주파수 분할 다중 방식(FDM)과 시분할 다중 방식(TDM)이 있다.

61 다음 중 한국철도공사법상 한국철도공사가 아닌 자가 한국철도공사와 유사한 명칭을 사용한 경우 부과할 수 있는 과태료는?

① 500만 원

② 1,000만 원

③ 2,000만 원

④ 3,000만 원

⑤ 5,000만 원

62 다음 중 철도사업법령상 민자철도사업자에 대한 과징금을 2분의 1의 범위에서 감액할 수 없는 경우는?

① 과징금을 체납하고 있는 위반자의 경우

② 위반행위가 오류로 인한 것으로 인정된 경우

③ 위반행위가 사소한 부주의에 의한 것으로 인정된 경우

④ 위반행위의 동기와 그 결과를 고려할 때 과징금을 줄일 필요가 인정된 경우

⑤ 위반행위자가 위반행위를 바로 정정하여 철도사업법 위반상태를 해소한 경우

63 다음 중 철도산업발전기본법령에서 철도자산의 관리업무를 민간위탁하고자 할 때 계약에 포함되지 않는 것은?

① 위탁대가의 지급에 관한 사항

② 위탁계약기간의 수정에 관한 사항

③ 위탁대상시설의 재위탁에 관한 사항

④ 위탁대상 철도자산의 관리에 관한 사항

⑤ 위탁업무에 대한 관리 및 감독에 관한 사항

64 다음 중 철도사업법령상 국토교통부장관이 여객운임의 상한을 지정할 때 고려해야 할 내용이 아닌 것은?

① 원가수준

② 물가상승률

③ 철도차량의 유형

④ 철도이용수요

⑤ 다른 교통수단과의 형평성

65 다음 중 한국철도공사법의 내용으로 옳지 않은 것은?

① 한국철도공사는 법인으로 한다.

② 국가가 공사에 출자를 할 때에는 국유재산법에 따른다.

③ 국가는 철도산업발전기본법에 따른 운영자산을 공사에 현물로 출자한다.

④ 공사가 아닌 자는 한국철도공사 또는 이와 유사한 명칭을 사용하지 못한다.

⑤ 공사의 임직원은 그 직무상 알게 된 비밀을 누설하거나 도용하여서는 아니 된다.

66 다음 중 철도산업발전기본법상 공익서비스 제공에 따른 보상계약의 내용이 아닌 것은?

① 계약기간 및 계약기간의 수정·갱신과 계약의 해지에 관한 사항

② 원인제공자와 철도운영자가 필요하다고 합의하는 사항

③ 철도운영자가 제공하는 철도서비스의 기준과 내용에 관한 사항

④ 철도운영자가 국가의 특수목적사업을 수행함으로써 발생되는 비용

⑤ 공익서비스 제공과 관련하여 원인제공자가 부담하여야 하는 보상내용

67 다음 중 한국철도공사법령상 한국철도공사의 등기에 대한 설명으로 옳은 것은?

① 공사가 주된 사무소를 다른 등기소의 관할구역으로 이전한 때에는 구소재지에 있어서는 3주일 이내에 그 이전한 뜻을 각각 등기해야 한다.

② 동일한 등기소의 관할구역 안에서 하부조직을 이전한 때에는 3주일 이내에 그 이전의 뜻만을 등기하여야 한다.

③ 공사는 설립등기 각 호의 사항에 변경이 있는 때에는 주된 사무소의 소재지에서는 3주일 이내에 그 변경된 사항을 등기하여야 한다.

④ 공사가 하부조직을 설치한 때에는 이미 설치된 하부조직의 소재지에 있어서는 3주일 이내에 새로이 설치된 하부조직의 명칭 및 소재지에 따라 각각 등기하여야 한다.

⑤ 공사는 설립등기 각 호의 사항에 변경이 있는 때에는 하부조직의 소재지에서는 2주일 이내에 그 변경된 사항을 등기하여야 한다.

68 다음 중 철도사업법상 국토교통부장관이 철도사업자의 면허를 취소해야 하는 경우는?

① 철도사업의 면허기준에 미달하게 된 경우

② 면허받은 사항을 정당한 사유 없이 시행하지 아니한 경우

③ 거짓이나 그 밖의 부정한 방법으로 철도사업의 면허를 받은 경우

④ 고의 또는 중대한 과실에 의해 다수의 사상자(死傷者)가 발생한 경우

⑤ 국토교통부장관이 지정한 날 또는 기간에 운송을 시작하지 아니한 경우

69 다음 중 한국철도공사법상 국토교통부장관이 한국철도공사의 업무와 관련하여 지도 · 감독할 사항이 아닌 것은?

① 철도사업계획의 이행에 관한 사항

② 철도서비스 품질 개선에 관한 사항

③ 연도별 사업계획 및 예산에 관한 사항

④ 역시설의 개발 및 운영사업에 관한 사항

⑤ 철도시설 · 철도차량 · 열차운행 등 철도의 안전을 확보하기 위한 사항

70 다음은 철도사업법령상 사업계획 변경을 제한할 수 있는 철도사고의 기준이다. 빈칸에 들어갈 내용을 순서대로 바르게 나열한 것은?

> 사업계획의 변경을 신청한 날이 포함된 연도의 직전 연도의 열차운행거리 _____ km당 철도사고(철도사업자 또는 그 소속 종사자의 고의 또는 과실에 의한 철도사고)로 인한 사망자 수 또는 철도사고의 발생횟수가 최근(직전연도를 제외) 5년간 평균보다 _____ 이상 증가한 경우를 말한다.

① 5만, 10분의 1
② 10만, 10분의 1
③ 10만, 10분의 2
④ 100만, 10분의 1
⑤ 100만, 10분의 2

3일 차
기출응용 모의고사

www.sdedu.co.kr

〈문항 수 및 시험시간〉

평가영역	문항 수	시험시간
[NCS] 의사소통능력＋수리능력＋문제해결능력 [전공] 토목일반/기계일반/전기일반/전기이론 [철도법령] 철도 관련 법령	70문항	70분
모바일 OMR 답안채점 / 성적분석 서비스		

| 토목일반 | 기계일반 | 전기일반 | 전기이론 |

※ 수록 기준
  철도산업발전기본법 : 법률 제18693호(시행 22.7.5.), 철도산업발전기본법 시행령 : 대통령령 제32759호(시행 22.7.5.)
  한국철도공사법 : 법률 제15460호(시행 19.3.14.), 한국철도공사법 시행령 : 대통령령 제31899호(시행 21.7.20.)
  철도사업법 : 법률 제19391호(시행 23.10.19.), 철도사업법 시행령 : 대통령령 제33795호(시행 24.1.1.)

3일 차 기출응용 모의고사

문항 수 : 70문항
시험시간 : 70분

제1영역 직업기초능력평가

01 다음 글의 내용으로 적절하지 않은 것은?

> 청색기술은 자연의 원리를 차용하거나 자연에서 영감을 얻은 기술을 말한다. 그리고 청색기술을 경제 전반으로 확대한 것을 '청색경제'라고 한다. 벨기에의 환경운동가인 군터 파울리(Gunter Pauli)가 저탄소 성장을 표방하는 녹색기술의 한계를 지적하며 처음으로 청색경제를 제안했다. 녹색경제가 환경오염에 대한 사후 대책으로 환경보호를 위한 비용을 수반한다면, 청색경제는 애초에 자연 친화적이면서도 경제적인 물질을 창조한다는 점에서 차이가 있다.
>
> 청색기술은 오랫동안 진화를 거듭해서 자연에 적응한 동식물 등을 모델 삼아 새로운 제품을 만드는데, 특히 화학·재료과학 분야에서 연구가 활발히 진행되고 있다. 예를 들어 1955년 스위스에서 식물 도꼬마리의 가시를 모방해 작은 돌기를 가진 잠금장치 '벨크로(일명 찍찍이)'가 발명되었고, 얼룩말의 줄무늬에서 피부 표면 온도를 낮추는 원리를 알아낼 수 있었다.
>
> 이미 미국·유럽·일본 등 선진국에서는 청색기술을 국가 전략사업으로 육성하고 있고, 세계 청색기술 시장은 2030년에 1조 6,000억 달러 규모로 성장할 전망이다. 그러나 커다란 잠재력을 지닌 것에 비해 사람들의 인식은 터무니없이 부족하다. 청색기술에 대해 많은 사람이 알고 있을수록 환경과 기술에 대한 가치관의 변화를 이끌어낼 수 있고, 기술을 상용화시킬 수 있다. 따라서 청색기술의 발전을 위해서는 많은 홍보가 필요하다.

① 청색경제는 자연과 상생하는 것을 목적으로 하며, 이를 바탕으로 경제성을 창조한다.

② 청색기술의 대상은 자연에 포함되는 모든 동식물이다.

③ 청색기술 시장은 커다란 잠재력을 지닌 시장이다.

④ 청색기술을 홍보하는 것은 사람들의 가치관 변화와 기술 상용화에 도움이 된다.

⑤ 흰개미집을 모델로 냉난방 없이 공기를 신선하게 유지하도록 설계된 건물은 청색기술을 활용한 것이다.

02 다음 글의 글쓰기 전략으로 가장 적절한 것은?

고객은 제품의 품질에 대해 나름의 욕구를 가지고 있다. 카노는 품질에 대한 고객의 욕구와 만족도를 설명하는 모형을 개발하였다. 카노는 일반적으로 고객이 세 가지 욕구를 가지고 있다고 하였다. 그는 그것을 각각 기본적 욕구, 정상적 욕구, 감동적 욕구라고 지칭했다.

기본적 욕구는 고객이 가지고 있는 가장 낮은 단계의 욕구로서, 그들이 구매하는 제품이나 서비스에 당연히 포함되어 있을 것으로 기대되는 특성들이다. 만약 이런 특성들이 제품이나 서비스에 결여되어 있다면, 고객은 예외 없이 크게 불만족스러워 한다. 그러나 기본적 욕구가 충족되었다고 해서 고객이 만족감을 느끼는 것은 아니다. 정상적 욕구는 고객이 직접 요구하는 욕구로서, 이 욕구가 충족되지 못하면 고객은 불만족스러워 한다. 그러나 이 욕구가 충족되면 될수록, 고객은 만족을 더 많이 느끼게 된다.

감동적 욕구는 고객이 지니고 있는 가장 높은 단계의 욕구로서, 고객이 기대하지는 않는 욕구이다. 감동적 욕구가 충족되면 고객은 큰 감동을 느끼지만, 충족되지 않아도 상관없다고 생각한다. 카노는 이러한 고객의 욕구를 확인하기 위해 설문지 조사법을 제안하였다.

세 가지 욕구와 관련하여 고객이 식당에 가는 상황을 생각해 보자. 의자와 식탁이 당연히 깨끗해야 한다고 생각하는 고객은 의자와 식탁이 깨끗하다고 해서 만족감을 느끼지는 않는다. 그러나 그렇지 않으면 그 고객은 크게 불만족스러워 한다. 한편 식탁의 크기가 적당해야 만족감을 느끼는 고객은 식탁이 좁으면 불만족스러워 한다. 그러나 자신의 요구로 식탁의 크기가 적당해지면 고객의 만족도는 높아진다. 여기에 더해 꼭 필요하지는 않지만, 식탁 위에 장미가 놓여 있으면 좋겠다고 생각하는 고객이 실제로 식탁 위에 장미가 놓여 있는 것을 보면, 단순한 만족 이상의 감동을 느낀다. 그러나 이런 것이 없다고 해서 그 고객이 불만족스러워 하지는 않는다. 제품이나 서비스에 대한 고객의 기대가 항상 고정적이지 않다. 고객의 기대는 시간이 지남에 따라 바뀐다. 즉, 감동적 욕구를 충족시킨 제품이나 서비스의 특성은 시간이 지나면 정상적 욕구를 충족시키는 특성으로, 시간이 더 지나면 기본적 욕구만을 충족시키는 특성으로 바뀐다. 또한 고객의 욕구는 일정한 단계를 지닌다. 고객의 기본적 욕구를 충족시키지 못하는 제품은 고객의 정상적 욕구를 절대로 충족시킬 수 없다. 마찬가지로 고객의 정상적 욕구를 충족시키지 못하는 제품은 고객의 감동적 욕구를 충족시킬 수 없다.

① 구체적인 사례를 들어 독자의 이해를 돕고 있다.
② 대상의 변화 과정과 그것의 문제점을 언급하고 있다.
③ 화제와 관련한 질문을 통해 독자의 관심을 환기하고 있다.
④ 개념 사이의 장단점을 비교하여 차이점을 부각하고 있다.
⑤ 이론이 등장하게 된 사회적 배경을 구체적으로 소개하고 있다.

03 다음 글의 주장에 대한 비판으로 가장 적절한 것은?

> 사회 현상을 볼 때는 돋보기로 세밀하게, 때로는 멀리 떨어져서 전체 속에 어떻게 위치하고 있는가를 동시에 봐야 한다. 숲과 나무는 서로 다르지만 따로 떼어 생각할 수 없기 때문이다. 이는 현대 사회 현상의 최대 쟁점인 과학기술에 대해 평가할 때도 마찬가지이다. 로봇 탄생의 숲을 보면, 그 로봇 개발에 투자한 사람과 로봇을 개발한 사람들의 의도가 드러난다. 그리고 나무인 로봇을 세밀히 보면, 그 로봇이 생산에 이용되는 것인지 아니면 감옥의 죄수들을 감시하기 위한 것인지 그 용도를 알 수가 있다. 이 광범한 기술의 성격을 객관적이고 물질적이어서 가치관이 없다고 쉽게 생각하면 로봇에 당하기 십상이다.
>
> 자동화는 자본주의의 실업을 늘려 실업자에게 생계의 위협을 가하는 역할뿐 아니라 기존 근로자에 대한 감시를 더욱 효율적으로 해내는 역할도 수행한다. 자동화를 적용하는 기업 측에서는 자동화가 인간의 삶을 증대시키는 이미지로 일반 사람들에게 인식되기를 바란다. 그래야 자동화 도입에 대한 노동자의 반발을 무마하고 기업가의 구상을 관철시킬 수 있기 때문이다. 그러나 자동화나 기계화 도입으로 인해 실업을 두려워하고, 업무 내용이 바뀌는 것을 탐탁해 하지 않았던 유럽의 노동자들은 자동화 도입에 대해 극렬히 반대했던 경험들을 갖고 있다.
>
> 지금도 자동화 · 기계화는 좋은 것이라는 고정관념을 가진 사람들이 많고, 현실에서 이러한 고정관념이 가져오는 파급 효과는 의외로 크다. 예를 들어 은행에 현금을 자동으로 세는 기계가 등장하면 은행원들이 현금을 세는 작업량은 줄어든다. 손님들도 기계가 현금을 재빨리 세는 것을 보고 감탄하면서 행원이 세는 것보다 더 많은 신뢰를 보낸다. 그러나 현금 세는 기계의 도입에는 이익 추구라는 의도가 숨어 있다. 현금 세는 기계는 행원의 수고를 덜어 준다. 그러나 현금 세는 기계를 들여옴으로써 실업자가 생기고 만다. 사람이 잘만 이용하면 잘 써먹을 수 있을 것만 같은 기계가 엄청나게 혹독한 성품을 지닌 프랑켄슈타인으로 돌변하는 것이다. 자동화와 정보화를 추진하는 핵심 조직이 기업이란 것에서도 알 수 있듯이 기업은 이윤 추구에 도움이 되지 않는 행위는 무가치하다고 판단한다. 그러므로 자동화는 그 계획 단계에서부터 기업의 의도가 스며들어 탄생하게 된다. 또한, 그 의도대로 자동화나 정보화가 진행되면 다른 한편으로는 의도하지 않은 결과를 초래한다. 자동화와 같은 과학기술이 풍요를 생산하는 수단이라고 생각하는 것은 하나의 고정관념에 불과하다.
>
> 채플린이 제작한 영화 〈모던 타임즈〉에 나타난 것처럼 초기 산업화 시대에는 기계에 종속된 인간의 모습이 가시적으로 드러날 수밖에 없었다. 그래서 이러한 종속에 저항하고자 하는 인간의 노력도 적극적인 모습을 보였다. 그러나 현대의 자동화기기는 그 첨병이 정보 통신기기로 바뀌면서 문제는 질적으로 달라진다. 무인 생산까지 진전된 자동화나 정보 통신화는 인간에게 단순 노동을 반복시키는 모습을 보이지 않는다. 그래서인지는 몰라도 정보 통신은 별 무리 없이 어느 나라에서나 급격하게 개발 · 보급되고 보편화되어 있다. 그런데 문제는 이 자동화기기가 생산에만 이용되는 것이 아니라 노동자를 감시하거나 관리하는 데도 이용될 수 있다는 것이다. 오히려 정보 통신의 발달로 이전보다 사람들은 더 많은 감시와 통제를 받게 되었다.

① 기업의 이윤 추구가 사회 복지 증진과 직결될 수 있음을 간과하고 있다.

② 기계화 · 정보화가 인간의 삶의 질 개선에 기여하고 있음을 경시하고 있다.

③ 기계화를 비판하는 주장만 되풀이할 뿐 구체적인 근거를 제시하지 않고 있다.

④ 화제의 부분적 측면에 관계된 이론을 소개하여 편향적 시각을 갖게 하고 있다.

⑤ 현대의 기술 문명이 가져다 줄 수 있는 긍정적인 측면을 과장하여 강조하고 있다.

04 K공사의 책임연구원은 고객의 소리에 접수된 내용에 답변하라는 업무지시를 받았다. 고객의 소리에 접수된 내용은 매일 열차를 이용해야 하는 상황인데, 사고위험 때문에 두렵다는 고객의 하소연이었다. 다음은 고객의 질문에 대한 책임연구원의 답변이다. 빈칸에 들어갈 내용으로 가장 적절한 것은?

안녕하세요, 고객님.

열차는 한 번에 많은 승객을 수송하기 때문에 사고가 날 경우에는 큰 피해가 발생할 수도 있습니다. 아마도 이 점 때문에 고객님께서 열차 이용에 두려움을 가지셨으리라 추측됩니다. 그러나 현재 사고를 예방하기 위한 여러 기술적 노력이 이루어졌고 그 결과 열차는 지상 교통수단 중 가장 높은 안전도를 확보하게 되었습니다.

첫째, 열차의 모든 시스템은 고장과 사고를 대비한 안전유지 체계를 가지고 있습니다. 'Fail Safe(고장 시 안전확보)'라는 이 개념은 고장이 발생해도 다른 열차에 미치는 영향을 최소화하고 사고로 이어지지 않도록 하는 것입니다.

둘째, _____ 만약 열차 운행 중 고장이 발생하거나 앞차와의 간격유지를 위해 서행 운전하는 경우 후속열차에 의한 충돌이 발생할 수도 있기 때문입니다. 열차는 24시간 운영되는 종합 관제실에서 열차 위치를 실시간으로 파악하고 선로를 신호등처럼 이용해 후속열차의 속도를 제어합니다. 이 과정은 자동화 시스템을 통해 이루어지며 설사 비상상황이 발생하여 기관사가 정지명령을 내리지 못하더라도 열차에 설치된 자동 열차 제어장치가 강제로 제동장치를 작동시킵니다.

셋째, 우리나라의 열차 안전도는 높은 수준에 속합니다. 2006년부터 2016년까지 국내 여객수송 분담률과 사망자 누계를 토대로 도출된 상대적 사망률을 비교해보면 열차 사망률을 1이라 가정했을 때 자동차 사망률은 25.3배, 항공사고 사망률은 10.4배입니다. 해외국가들과 비교해도 한국 열차사고 발생건수는 낮은 편에 속합니다.

이제 편안한 마음으로 열차를 이용하시기 바랍니다. 감사합니다.

① 열차의 제동장치는 어떠한 상황에서도 작동합니다.

② 열차는 어떤 상황에서도 안전거리를 유지합니다.

③ 열차의 모든 시스템은 고장 및 사고를 대비해 안전유지 체계를 가지고 있습니다.

④ 24시간 운영되는 관제실에서 열차 위치를 실시간으로 파악합니다.

⑤ 우리나라의 열차 안전도는 다른 교통수단과 비교해 높은 수준입니다.

05 다음 중 〈보기〉가 들어갈 위치로 가장 적절한 곳은?

> 유기농 농법으로 키운 작물보다 유전자 변형 식품이 더 안전할 수 있다. 사람들은 식품에 '자연산'이라는 표시가 있으면 무조건 안전하려니 믿는 경향이 있다. ___①___ 특히 유기농 식품이라면 무조건 좋다고 생각하는 사람이 많다. ___②___ 하지만 유기농 식품이 더 위험할 수 있다. ___③___ 이렇게 보면 자연식품이 안전하고 더 몸에 좋을 것이라는 생각은 편견일 가능성이 많다. ___④___ 자연 또는 천연이라는 말이 반드시 안전을 의미하지는 않는 것이다. ___⑤___

---〈보기〉---
> 세균 오염으로 인한 치명적인 결과를 초래할 수 있기 때문이다.

06 다음 글의 주장으로 가장 적절한 것은?

> 신문이 진실을 보도해야 한다는 것은 새삼스러운 설명이 필요 없는 당연한 이야기이다. 정확한 보도를 하기 위해서는 문제를 전체적으로 보아야 하고, 역사적으로 새로운 가치의 편에서 봐야 하며, 무엇이 근거이고, 무엇이 조건인가를 명확히 해야 한다. 그런데 이러한 준칙을 강조하는 것은 기자들의 기사 작성 기술이 미숙하기 때문이 아니라 이해관계에 따라 특정 보도의 내용이 달라지기 때문이다. 자신들에게 유리하도록 기사가 보도되게 하려는 외부 세력이 있으므로 진실 보도는 일반적으로 수난의 길을 걷게 마련이다. 신문은 스스로 자신들의 임무가 '사실 보도'라고 말한다. 그 임무를 다하기 위해 신문은 자신들의 이해관계에 따라 진실을 왜곡하려는 권력과 이익 집단, 그 구속과 억압의 논리로부터 자유로워야 한다.

① 진실 보도를 위하여 구속과 억압의 논리로부터 자유로워야 한다.
② 자신들에게 유리하도록 기사가 보도되게 하는 외부 세력이 있다.
③ 신문의 임무는 '사실 보도'이나, 진실 보도는 수난의 길을 걷는다.
④ 정확한 보도를 하기 위하여 전체적 시각을 가져야 한다.
⑤ 신문 보도에 있어 준칙을 강조하는 것은 기자들의 기사 작성 기술이 미숙하기 때문이다.

다음 글을 읽고 추론할 수 있는 것을 〈보기〉에서 모두 고르면?

20세기 초만 해도 전체 사망자 중 폐암으로 인한 사망자의 비율은 극히 낮았다. 그러나 20세기 중반에 들어서면서, 이 병으로 인한 사망률은 크게 높아졌다. 이러한 변화를 우리는 어떻게 설명할 수 있을까? 여러 가지 가설이 가능한 것으로 보인다. 예를 들어 자동차를 이용하면서 운동 부족으로 사람들의 폐가 약해졌을지도 모른다. 또는 산업화 과정에서 증가한 대기 중의 독성 물질이 도시 거주자들의 폐에 영향을 주었을지도 모른다.

하지만 담배가 그 자체로 독인 니코틴을 함유하고 있다는 것이 사실로 판명되면서, 흡연이 폐암으로 인한 사망의 주요 요인이라는 가설은 다른 가설들보다 더 그럴듯해 보이기 시작한다. 담배 두 갑에 들어 있는 니코틴이 화학적으로 정제되어 혈류 속으로 주입된다면, 그것은 치사량이 된다. 이러한 가설을 지지하는 또 다른 근거는 담배 연기로부터 추출된 타르를 쥐의 피부에 바르면 쥐가 피부암에 걸린다는 사실에 기초해 있다. 이미 18세기 이후 영국에서는 타르를 함유한 그을음 속에서 일하는 굴뚝 청소부들이 다른 사람들보다 피부암에 더 잘 걸린다는 것이 정설이었다.

이러한 증거들은 흡연이 폐암의 주요 원인이라는 가설을 뒷받침해 주지만, 그것들만으로 이 가설을 증명하기에는 충분하지 않다. 의학자들은 흡연과 폐암을 인과적으로 연관시키기 위해서는 훨씬 더 많은 증거가 필요하다는 점을 깨닫고, 수십 가지 연구를 수행하고 있다.

─────〈보기〉─────

ㄱ. 화학적으로 정제된 니코틴은 폐암을 유발한다.
ㄴ. 19세기에 타르와 암의 관련성이 이미 보고되어 있었다.
ㄷ. 니코틴이 타르와 동시에 신체에 흡입될 경우 폐암 발생률은 급격히 증가한다.

① ㄱ
② ㄴ
③ ㄱ, ㄴ
④ ㄴ, ㄷ
⑤ ㄱ, ㄴ, ㄷ

08 다음 글의 제목으로 가장 적절한 것은?

> 감시용으로만 사용되는 CCTV가 최근에 개발된 신기술과 융합되면서 그 용도가 점차 확대되고 있다. 대표적인 것이 인공지능(AI)과의 융합이다. CCTV가 지능을 가지게 되면 단순 행동 감지에서 벗어나 객체를 추적해 행위를 판단할 수 있게 된다. 단순히 사람의 눈을 대신하던 CCTV가 사람의 두뇌를 대신하는 형태로 진화하고 있는 셈이다.
> 인공지능을 장착한 CCTV는 범죄현장에서 이상 행동을 하는 사람을 선별하고, 범인을 추적하거나 도주 방향을 예측해 통합관제센터로 통보할 수 있다. 또 수상한 사람의 행동 패턴에 따라 지속적인 추적이나 감시를 수행하고, 차량번호 및 사람 얼굴 등을 인식해 관련 정보를 분석해 제공할 수 있다.
> 한국전자통신연구원(ETRI)에서는 CCTV 등의 영상 데이터를 활용해 특정 인물이 어떤 행동을 할지를 사전에 예측하는 영상분석 기술을 연구 중인 것으로 알려져 있다. 인공지능 CCTV는 범인 추적뿐만 아니라 자연재해를 예측하는 데 사용할 수도 있다. 장마철이나 국지성 집중호우 때 홍수로 범람하는 하천의 수위를 감지하는 것은 물론 산이나 도로 등의 붕괴 예측 등 다양한 분야에 적용될 수 있기 때문이다.

① AI와 융합한 CCTV의 진화
② 범죄를 예측하는 CCTV
③ 당신을 관찰한다, CCTV의 폐해
④ CCTV와 AI의 현재와 미래
⑤ 인공지능과 사람의 공존

09 다음은 경청훈련에 대한 설명이다. 빈칸에 들어갈 내용으로 가장 적절한 것은?

> _____는 보통 '누가·언제·어디서·언제 또는 어떻게'라는 어휘로 시작하며, 상대방의 다양한 생각을 이해하고 상대방으로부터 많은 정보를 얻기 위한 방법이다. 서로에 대한 이해 정도를 높일 수 있고, "직장을 옮기는 것에 대해 어떤 생각을 하고 있어요?", "당신, 기운이 없어 보이는군요. 무슨 일이 있어요?" 등의 표현을 예로 들 수 있다.

① '왜?'라는 질문 피하기
② 정확성을 위해 요약하기
③ 주의 기울이기
④ 개방적인 질문하기
⑤ 상대방의 경험을 인정하고 더 많은 정보 요청하기

10 다음 문단에 이어질 문단을 논리적 순서대로 바르게 나열한 것은?

우리는 살아가면서 얼마나 많은 것들을 알고 배우는가? 우리는 주로 우리가 '아는 것'들에 초점을 맞추지만, 사실상 살아가면서 알고 있고, 알 수 있는 것보다는 알지 못하는 것들이 훨씬 더 많다. 그러나 대부분의 사람들이 평소에 자신이 얼마나 많은 것들을 모르고 있는지에 대해서는 그다지 의식하지 못한 채 살아가고 있다. 일상생활에서는 자신의 주변과 관련하여 아는 바와 이미 습득한 지식에 대해서 의심하는 일은 거의 없을 뿐더러, 그 지식체계에 변화를 주어야 할 계기도 거의 주어지지 않기 때문이다.

(가) 그러므로 어떤 지식을 안다는 것은 어떤 지식을 알지 못하는 것에서 출발하는 것이며, 때로는 '어떤 부분에 대하여 잘 알지 못한다는 것을 앎' 자체가 하나의 지식이 될 수 있다. 『논어』 위정편에서 공자는 "아는 것을 아는 것이라 하고, 알지 못하는 것을 알지 못하는 것이라고 하는 것이 곧 안다는 것이다(知之爲知之 不知爲不知 是知也)."라고 하였다. 비슷한 시기에 서양의 소크라테스는 무지(無知)를 아는 것이 신으로부터 받은 가장 큰 지혜라고 주장하였다. '무지에 대한 지'의 중요성을 인식한 것은 동서양의 학문이 크게 다르지 않았던 것이다.

(나) 우리는 더 발전된 미래로 나아가는 힘은 '무지에 대한 지'에 있음을 자각해야 한다. 무엇을 잘못 알고 있지는 않은지, 더 알아야 할 것은 무엇인지, 끊임없이 우리 자신의 지식에 대하여 질문하고 도전해야 한다. 아는 것과 모르는 것을 구분하고, '무지에 대한 지'를 통해 얻은 것들을 단순히 지식으로 아는 데 그치지 않고 아는 것들을 실천하는 것, 그것이 성공하는 사람이 되고 성공하는 사회로 나아가는 길일 것이다.

(다) 이러한 학문적 소견과 달리 역사는 때때로 '무지에 대한 지'를 철저히 배제하는 방향으로 흘러가기도 했다. 그리하여 제대로 검증되지도 않은 어떤 신념이나 원칙을 맹목적으로 좇은 결과, 불특정 다수의 사람들이나 특정 집단을 희생시키고 발전을 저해한 사례들은 역사 가운데 수도 없이 많다. 가까운 과거에는 독재와 전체주의가 그랬고, 학문과 예술 분야에서 암흑의 시기였던 중세 시대가 그랬다.

(라) 그러나 예상치 못했던 일이 발생하거나 낯선 곳에 가는 등 일상적이지 않은 상황에 놓이게 되면, 이전에는 궁금하지 않았던 것들에 대하여 알고자 하는 욕구가 커진다. 또한 공부를 하거나 독서를 하는 경우, 자신이 몰랐던 많은 것들을 알게 되고 이를 해결하기 위해 치열하게 몰입한다. 이 과정에서 자신이 잘못 알고 있던 것들을 깨닫기도 함은 물론이다.

(마) 오늘날이라고 해서 크게 다르지는 않다. 정보의 홍수라고 할 만큼 사람들은 과거에 비하여 어떤 정보에 대해 접근하기가 쉬워졌지만, 쉽게 얻을 수 있는 만큼 깊게 알려고 하지 않는다. 그러면서도 사람들은 보거나 들은 것을 마치 자신이 알고 있는 것으로 생각하는 경향이 크다.

① (가) – (다) – (라) – (나) – (마)
② (가) – (다) – (마) – (라) – (나)
③ (가) – (마) – (라) – (나) – (다)
④ (라) – (가) – (다) – (마) – (나)
⑤ (라) – (마) – (가) – (다) – (나)

11 철수와 만수가 각각 A, B지역으로 출장을 갔다. 출장 업무가 끝난 후 A와 B 사이에 있으며 A와 200km 거리에 있는 C에서 만나기로 했을 때, 만수의 속력은?(단, A와 B의 거리는 500km이다)

- 철수는 80km/h의 속력으로 갔다.
- 만수는 철수보다 2시간 30분 늦게 도착했다.

① 50km/h   ② 60km/h

③ 70km/h   ④ 80km/h

⑤ 90km/h

12 다음은 기술개발 투자 현황 자료이다. 이를 토대로 일본의 GDP 총액을 구하면 얼마인가?(단, 소수점 이하는 버림한다)

<기술개발 투자 및 성과>

구분	한국	미국	일본
R&D 투자 총액(억 달러)	313	3,688	1,508
매율	1.0	11.78	4.82
GDP 대비(%)	3.37	2.68	3.44
(기술수출액)÷(기술도입액)	0.45	1.70	3.71

※ GDP 대비 : GDP 총액 대비 R&D 투자 총액의 비율

① 26,906억 달러   ② 31,047억 달러

③ 37,208억 달러   ④ 43,837억 달러

⑤ 45,326억 달러

13 다음은 중학생의 주당 운동시간 현황을 조사한 자료이다. 이에 대한 〈보기〉의 설명 중 옳은 것을 모두 고르면?

〈중학생의 주당 운동시간 현황〉

(단위 : %, 명)

구분		남학생			여학생		
		1학년	2학년	3학년	1학년	2학년	3학년
1시간 미만	비율	10.0	5.7	7.6	18.8	19.2	25.1
	인원수	118	66	87	221	217	281
1시간 이상 2시간 미만	비율	22.2	20.4	19.7	26.6	31.3	29.3
	인원수	261	235	224	312	353	328
2시간 이상 3시간 미만	비율	21.8	20.9	24.1	20.7	18.0	21.6
	인원수	256	241	274	243	203	242
3시간 이상 4시간 미만	비율	34.8	34.0	23.4	30.0	27.3	14.0
	인원수	409	392	266	353	308	157
4시간 이상	비율	11.2	19.0	25.2	3.9	4.2	10.0
	인원수	132	219	287	46	47	112
합계	비율	100.0	100.0	100.0	100.0	100.0	100.0
	인원수	1,176	1,153	1,138	1,175	1,128	1,120

〈보기〉

ㄱ. 1시간 미만 운동하는 3학년 남학생 수는 4시간 이상 운동하는 1학년 여학생 수보다 많다.

ㄴ. 동일 학년의 남학생과 여학생을 비교하면, 남학생 중 1시간 미만 운동하는 남학생의 비율이 여학생 중 1시간 미만 운동하는 여학생의 비율보다 각 학년에서 모두 낮다.

ㄷ. 남학생과 여학생 모두 학년이 높아질수록 3시간 이상 운동하는 학생의 비율이 낮아진다.

ㄹ. 모든 학년별 남학생과 여학생 각각에서 3시간 이상 4시간 미만 운동하는 학생의 비율이 4시간 이상 운동하는 학생의 비율보다 높다.

① ㄱ, ㄴ
② ㄱ, ㄹ
③ ㄴ, ㄷ
④ ㄷ, ㄹ
⑤ ㄱ, ㄴ, ㄷ

14 다음과 같이 일정한 규칙으로 수를 나열할 때 빈칸에 들어갈 수로 옳은 것은?

61 729 120 243 238 81 ( ) 27

① 54   ② 81

③ 210   ④ 474

⑤ 500

15 H사와 K사는 연구 협업을 맺고 있다. 초기 투자 비용은 H사와 K사가 5 : 2의 비율로 투자하였는데, 초기 투자금 내에서 H사가 K사에 1,500만 원의 연구자금을 주었다면 투자금의 비율은 4 : 3이 된다. 이때, K사의 초기 투자 비용은 얼마인가?

① 2,000만 원   ② 2,200만 원

③ 2,500만 원   ④ 3,000만 원

⑤ 3,500만 원

16 사고 난 차를 견인하기 위해 A와 B, 두 견인업체에서 견인차를 보내려고 한다. 사고지점은 B업체보다 A업체와 40km 더 가깝고, A업체의 견인차가 시속 63km의 일정한 속력으로 달리면 40분 만에 사고지점에 도착한다. B업체에서 보낸 견인차가 A업체의 견인차보다 늦게 도착하지 않으려면 B업체의 견인차가 내야 하는 최소 속력은?

① 119km/h   ② 120km/h

③ 121km/h   ④ 122km/h

⑤ 123km/h

17 다음은 4개 지역 국제선에 대한 통계이다. 이에 대한 설명으로 옳은 것은?

〈지역별 여객 및 화물 현황〉

(단위 : 명, 톤)

지역명	여객			화물		
	도착	출발	합계	도착	출발	합계
일본	3,661,457	3,683,674	7,345,131	49,302.60	49,812.30	99,114.90
미주	222	107	329	106.7	18.4	125.1
동남아	2,785,258	2,757,248	5,542,506	36,265.70	40,503.50	76,769.20
중국	1,884,697	1,834,699	3,719,396	25,217.60	31,315.80	56,533.40

〈지역별 운항 현황〉

(단위 : 편)

지역명	운항편수		
	도착	출발	합계
일본	21,425	21,433	42,858
미주	5	1	6
동남아	16,713	16,705	33,418
중국	12,427	12,446	24,873

① 중국 국제선의 출발 여객 1명당 출발 화물량은 도착 여객 1명당 도착 화물량보다 적다.

② 미주 국제선의 전체 화물 중 도착 화물이 차지하는 비중은 90%를 초과한다.

③ 동남아 국제선의 도착 운항 1편당 도착 화물량은 2톤 이상이다.

④ 중국 국제선의 도착 운항편수는 일본 국제선의 도착 운항편수의 70% 이상이다.

⑤ 각 국가의 전체 화물 중 도착 화물이 차지하는 비중은 동남아 국제선이 일본 국제선보다 높다.

18 다음은 외상 후 스트레스 장애 진료인원에 대한 자료이다. 이를 바르게 나타낸 그래프는?(단, 그래프의 단위는 '명'이다.)

〈연도별 외상 후 스트레스 장애 진료인원〉

(단위 : 명)

구분	전체	남성	여성	성비
2019년	7,268	2,966	4,302	69
2020년	7,901	3,169	4,732	67
2021년	8,282	3,341	4,941	68
2022년	9,648	3,791	5,857	65
2023년	10,570	4,170	6,400	65

※ (성비)$=\dfrac{(남성\ 수)}{(여성\ 수)}\times100$

※ 성비는 소수점 첫째 자리에서 반올림한 값이다.

①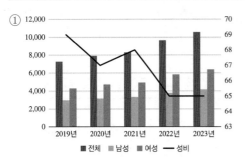

②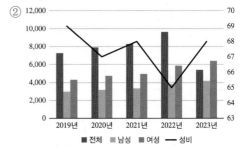

③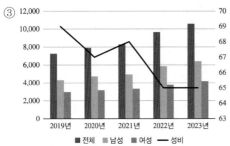

④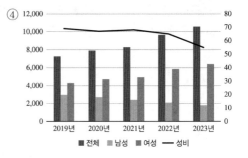

⑤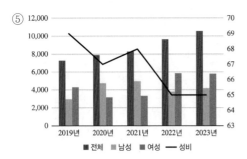

※ 다음은 신재생에너지 공급량 현황에 대한 자료이다. 이어지는 질문에 답하시오. **[19~20]**

〈신재생에너지 공급량 현황〉

(단위 : 천TOE)

구분	2015년	2016년	2017년	2018년	2019년	2020년	2021년	2022년	2023년
총공급량	5,608.8	5,858.4	6,086.2	6,856.2	7,582.7	8,850.7	9,879.3	11,537.3	13,286.0
태양열	29.4	28.0	30.7	29.3	27.4	26.3	27.8	28.5	28.0
태양광	15.3	61.1	121.7	166.2	197.2	237.5	344.5	547.4	849.0
바이오	370.2	426.8	580.4	754.6	963.4	1,334.7	1,558.5	2,822.0	2,766.0
폐기물	4,319.3	4,568.6	4,558.1	4,862.3	5,121.5	5,998.5	6,502.4	6,904.7	8,436.0
수력	780.9	660.1	606.6	792.3	965.4	814.9	892.2	581.2	454.0
풍력	80.8	93.7	147.4	175.6	185.5	192.7	242.4	241.8	283.0
지열	11.1	15.7	22.1	33.4	47.8	65.3	87.0	108.5	135.0
수소·연료전지	1.8	4.4	19.2	42.3	63.3	82.5	122.4	199.4	230.0
해양	–	–	–	0.2	11.2	98.3	102.1	103.8	105.0

19 다음 중 자료에 대한 설명으로 옳지 않은 것은?

① 2018년 수력을 통한 신재생에너지 공급량은 같은 해 바이오와 태양열을 통한 공급량의 합보다 크다.

② 폐기물을 통한 신재생에너지 공급량은 매해 증가하였다.

③ 2018년부터 수소·연료전지를 통한 공급량은 지열을 통한 공급량을 추월하였다.

④ 2018년부터 꾸준히 공급량이 증가한 신재생에너지는 5가지이다.

⑤ 2015년에 비해 2023년에 공급량이 감소한 신재생에너지는 2가지이다.

20 다음 중 2017 ~ 2021년에서 전년 대비 신재생에너지 총공급량의 증가율이 가장 큰 해는 언제인가?(단, 증가율은 소수점 둘째 자리에서 반올림한다)

① 2017년   ② 2018년

③ 2019년   ④ 2020년

⑤ 2021년

※ K회사 인사팀에 근무하고 있는 C대리는 A사원과 B차장의 승진심사를 위해 다음과 같이 표를 작성하였다. 이어지는 질문에 답하시오. **[21~22]**

〈승진심사 점수표〉

(단위 : 점)

소속	직급	업무			업무평점	능력	태도	승진심사 평점
		업무실적	개인평가	조직기여도				
총무팀	A사원	86	70	80	( )	80	60	( )
자산팀	B차장	80	85	90	( )	77	85	85

※ 승진심사 평점은 업무평점 80%, 능력 10%, 태도 10%로 계산한다.
※ 직급에 따른 업무항목별 계산 기준
 – 사원 ~ 대리 : (업무실적)×0.5, (개인평가)×0.3, (조직기여도)×0.2
 – 과장 ~ 부장 : (업무실적)×0.3, (개인평가)×0.2, (조직기여도)×0.5
※ K회사의 직급체계는 부장>차장>과장>대리>주임>사원 순서이다.

21 다음 중 B차장의 업무평점을 바르게 계산한 것은?

① 78점   ② 80점
③ 83점   ④ 86점
⑤ 89점

22 다음 중 A사원의 승진심사 평점을 바르게 계산한 것은?

① 65점   ② 70점
③ 78점   ④ 82점
⑤ 84점

23 다음 글에서 범하고 있는 논리적 오류는 무엇인가?

> 여러분, 분열은 우리의 화합으로 극복할 수 있습니다. 화합한 사회에서는 분열이 일어나지 않습니다.

① 순환논증의 오류
② 무지의 오류
③ 논점 일탈의 오류
④ 대중에 호소하는 오류
⑤ 애매성의 오류

24 다음 〈조건〉을 바탕으로 추론한 〈보기〉에 대한 판단으로 옳은 것은?

─〈조건〉─
- 1교시부터 4교시까지 국어, 수학, 영어, 사회 4과목의 수업이 한 시간씩 있다.
- 국어는 1교시가 아니다.
- 영어는 2교시가 아니다.
- 영어는 국어와 수학 시간 사이에 있다.

─〈보기〉─
A : 2교시가 수학일 때 1교시는 사회이다.
B : 3교시는 영어이다.

① A만 옳다.
② B만 옳다.
③ A, B 모두 옳다.
④ A, B 모두 틀리다.
⑤ A, B 모두 옳은지 틀린지 판단할 수 없다.

※ A ~ E 5명은 다음 〈조건〉에 따라 세계 각국에 있는 해외사업본부로 배치될 예정이다. 이어지는 질문에 답하시오.
 [25~26]

───────────────── 〈조건〉 ─────────────────
• A, B, C, D, E는 인도네시아, 미국 서부, 미국 남부, 칠레, 노르웨이에 있는 서로 다른 해외사업본부로 배치된다.
• C와 D 중 한 명은 미국 서부에 배치된다.
• B는 칠레에 배치되지 않는다.
• E는 노르웨이로 배치된다.
• 미국 서부에는 회계직이 배치된다.
• C가 인도네시아에 배치되면 A는 칠레에 배치된다.
• A가 미국 남부에 배치되면 B는 인도네시아에 배치된다.
• A, D, E는 회계직이고, B, C는 기술직이다.

25 다음 중 D가 배치될 해외사업본부는 어디인가?

① 인도네시아   ② 미국 서부
③ 미국 남부   ④ 칠레
⑤ 노르웨이

26 다음 중 〈조건〉을 바탕으로 할 때, 〈보기〉 중 옳은 것을 모두 고르면?

───────────────── 〈보기〉 ─────────────────
㉠ C가 인도네시아에 배치되면 B는 미국 남부에 배치된다.
㉡ A가 미국 남부에 배치되면 C는 인도네시아에 배치된다.
㉢ A는 반드시 칠레에 배치된다.
㉣ 노르웨이에는 회계직이 배치된다.

① ㉠, ㉡   ② ㉠, ㉣
③ ㉡, ㉢   ④ ㉡, ㉣
⑤ ㉢, ㉣

27 K공사에 근무하는 A대리는 국내 자율주행자동차 산업에 대한 SWOT 분석 결과에 따라 국내 자율주행자동차 산업 발달을 위한 방안을 고안하는 중이다. A대리가 SWOT 분석에 의한 경영전략에 따라 판단하였다고 할 때, 다음 〈보기〉 중 SWOT 분석에 의한 경영전략에 맞춘 판단으로 적절하지 않은 것을 모두 고르면?

〈국내 자율주행자동차 산업에 대한 SWOT 분석 결과〉

구분	분석 결과
강점(Strength)	• 민간 자율주행기술 R&D지원을 위한 대규모 예산 확보 • 국내외에서 우수한 평가를 받는 국내 자동차기업 존재
약점(Weakness)	• 국내 민간기업의 자율주행기술 투자 미비 • 기술적 안전성 확보 미비
기회(Opportunity)	• 국가의 지속적 자율주행자동차 R&D 지원법안 본회의 통과 • 완성도 있는 자율주행기술을 갖춘 외국 기업들의 등장
위협(Threat)	• 자율주행차에 대한 국민들의 심리적 거부감 • 자율주행차에 대한 국가의 과도한 규제

〈SWOT 분석에 의한 경영전략〉

• SO전략 : 기회를 이용해 강점을 활용하는 전략
• ST전략 : 강점을 활용하여 위협을 최소화하거나 극복하는 전략
• WO전략 : 기회를 활용하여 약점을 보완하는 전략
• WT전략 : 약점을 최소화하고 위협을 회피하는 전략

〈보기〉

ㄱ. 자율주행기술 수준이 우수한 외국 기업과의 기술이전협약을 통해 국내 우수 자동차기업들의 자율주행기술 연구 및 상용화 수준을 향상시키려는 전략은 SO전략에 해당한다.
ㄴ. 민간의 자율주행기술 R&D를 적극 지원하여 자율주행기술의 안전성을 높이려는 전략은 ST전략에 해당한다.
ㄷ. 자율주행자동차 R&D를 지원하는 법률을 토대로 국내 기업의 기술개발을 적극 지원하여 안전성을 확보하려는 전략은 WO전략에 해당한다.
ㄹ. 자율주행기술개발에 대한 국내기업의 투자가 부족하므로 국가기관이 주도하여 기술개발을 추진하는 전략은 WT전략에 해당한다.

① ㄱ, ㄴ
② ㄱ, ㄷ
③ ㄴ, ㄷ
④ ㄴ, ㄹ
⑤ ㄱ, ㄴ, ㄷ

※ 다음은 K공사 직원들의 핵심성과지표(KPI)를 토대로 인사점수를 산정한 자료이다. 이어지는 질문에 답하시오.
[28~29]

〈개별 인사점수〉

직원	리더십	조직기여도	성과	교육이수여부	부서
L과장	88점	86점	83점	×	영업부
M차장	92점	90점	88점	O	고객만족부
N주임	90점	82점	85점	×	IT부
O사원	90점	90점	85점	×	총무부
P대리	83점	90점	88점	O	영업부

※ 교육을 이수하였으면 20점을 가산한다.
※ 사원 ~ 주임은 50점, 대리는 80점, 과장 이상의 직급은 100점을 가산한다.

〈부서평가〉

구분	영업부	총무부	IT부	고객만족부	기획부
등급	A	C	B	A	B

※ 부서평가 등급이 A등급인 부서는 조직기여도 점수에 1.5배, B등급은 1배, C등급은 0.8배로 계산한다.

28 다음 중 총점수가 400점 이상 410점 이하인 직원은 모두 몇 명인가?

① 1명
② 2명
③ 3명
④ 4명
⑤ 5명

29 다음 중 가장 높은 점수를 받은 직원은 누구인가?

① L과장
② M차장
③ N사원
④ O사원
⑤ P대리

30 K프랜차이즈 카페에서는 디저트로 빵, 케이크, 마카롱, 쿠키를 판매하고 있다. 최근 각 지점에서 디저트를 섭취하고 땅콩 알레르기가 발생했다는 민원이 제기되었다. 해당 디저트에는 모두 땅콩이 들어가지 않으며, 땅콩을 사용한 제품과 인접 시설에서 제조하고 있다. 다음 사례를 참고할 때, 반드시 거짓인 경우는?

> • 땅콩 알레르기 유발 원인이 된 디저트는 빵, 케이크, 마카롱, 쿠키 중 하나이다.
> • 각 지점에서 땅콩 알레르기가 있는 손님이 섭취한 디저트와 알레르기 유무는 다음과 같다.
>
> <A ~ F지점의 사례>
>
> | A지점 | 빵과 케이크를 먹고, 마카롱과 쿠키를 먹지 않은 경우, 알레르기가 발생했다. |
> | --- | --- |
> | B지점 | 빵과 마카롱을 먹고, 케이크와 쿠키를 먹지 않은 경우, 알레르기가 발생하지 않았다. |
> | C지점 | 빵과 쿠키를 먹고, 케이크와 마카롱을 먹지 않은 경우, 알레르기가 발생했다. |
> | D지점 | 케이크와 마카롱을 먹고, 빵과 쿠키를 먹지 않은 경우, 알레르기가 발생했다. |
> | E지점 | 케이크와 쿠키를 먹고, 빵과 마카롱을 먹지 않은 경우, 알레르기가 발생하지 않았다. |
> | F지점 | 마카롱과 쿠키를 먹고, 빵과 케이크를 먹지 않은 경우, 알레르기가 발생하지 않았다. |

① A · B · D지점의 사례만을 고려하면, 케이크가 알레르기의 원인이다.

② A · C · E지점의 사례만을 고려하면, 빵이 알레르기의 원인이다.

③ B · D · F지점의 사례만을 고려하면, 케이크가 알레르기의 원인이다.

④ C · D · F지점의 사례만을 고려하면, 마카롱이 알레르기의 원인이다.

⑤ D · E · F지점의 사례만을 고려하면, 쿠키는 알레르기의 원인이 아니다.

| 01 | 토목일반

31 다음 중 단면적이 같은 정사각형과 원의 단면계수비는?(단, 정사각형 단면의 일변은 h이고, 단면의 지름은 D이다)

① 1 : 0.46　　　　　　　　　　② 1 : 0.85

③ 1 : 1.18　　　　　　　　　　④ 1 : 2.24

⑤ 1 : 3.02

32 다음 중 DAD 해석과 관련있는 요소가 바르게 짝지어진 것은?

① 강우량, 유수단면적, 최대수심

② 적설량, 분포면적, 적설일수

③ 강우깊이, 유역면적, 최대수심

④ 강우깊이, 유역면적, 지속기간

④ 강우깊이, 유수단면적, 적설일수

33 엘리데이드 고저측량에서 수평거리는 34m, 분획차는 8.4, 측표의 높이는 2.0m, 시준공까지의 높이는 1.2m일 때, 두 점 간의 고저차는 얼마인가?

① 1.856m　　　　　　　　　　② 1.956m

③ 2.056m　　　　　　　　　　④ 2.156m

④ 2.324m

34 노선측량에서 교각이 $32°15'00''$, 곡선 반지름이 600m일 때, 곡선장의 길이는 얼마인가?

① 355.52m

② 337.72m

③ 328.75m

④ 315.35m

⑤ 306.62m

35 현장에서 다짐된 사질토의 상대다짐도가 95%이고 최대 및 최소 건조단위중량이 각각 $1.76t/m^3$, $1.5t/m^3$ 일 때, 현장시료의 상대밀도는?

① 약 59%

② 약 64%

③ 약 69%

④ 약 74%

④ 약 82%

36 슬래브와 보가 일체로 타설된 비대칭 T형보(반 T형보)의 유효폭은 얼마인가?(단, 플랜지 두께는 100mm, 복부 폭은 300mm, 인접보와의 내측거리는 1,600mm, 보의 경간은 6.0m이다)

① 800mm

② 900mm

③ 1,000mm

④ 1,100mm

⑤ 1,200mm

37 내부 반지름(r)이 100인 원형 강철관 속에 작용하고 있는 수압(P)이 $10kg/cm^2$ 이다. 강철관의 허용 인장응력이 $1,000kg/cm^2$ 이라고 할 때, 관의 소요두께는?

① 0.1cm

② 1cm

③ 10cm

④ 100cm

⑤ 1,000cm

38 다음 중 장주의 정의에 대한 설명으로 옳은 것은?

① 중심축하중에 의한 직응력에 의해서 파괴되는 기둥이다.

② 편심하중에 의한 직응력 및 휨응력에 의해서 파괴되는 기둥이다.

③ 주로 탄성좌굴에 의해서 파괴되는 기둥이다.

④ 주로 휨응력에 의해서 파괴되는 기둥이다.

⑤ 주로 비틀림응력에 의해서 파괴되는 기둥이다.

39 다음 중 답사나 홍수 등 급하게 유속 관측을 필요로 하는 경우에 주로 이용하는 방법은?

① 이중부자

② 표면부자

③ 스크루(Screw)형 유속계

④ 프라이스(Price)식 유속계

⑤ 에크만(Ekman) 유속계

40 다음 그림과 같이 도심을 지나는 X, Y축에 대한 단면 상승 모멘트의 값은?

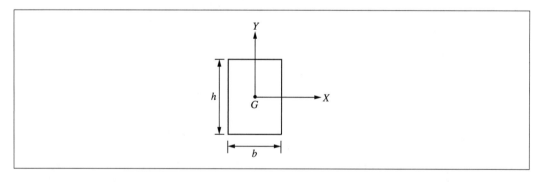

① 0

② $\dfrac{b^2 h^2}{2}$

③ $\dfrac{b^2 h^2}{4}$

④ $\dfrac{b^2 h^2}{6}$

⑤ $\dfrac{b^2 h^2}{8}$

41 도로노선의 곡률반지름 $R=2,000$m, 곡선길이 $L=245$m일 때, 클로소이드의 매개변수 A는?

① 500m   ② 600m

③ 700m   ④ 800m

⑤ 900m

42 촬영고도가 800m인 연직사진에서 높이 20m에 대한 시차차의 크기는?(단, 초점거리는 21cm, 사진 크기는 23×23cm, 종중복도는 60%이다)

① 약 0.8mm   ② 약 1.3mm

③ 약 1.8mm   ④ 약 2.3mm

⑤ 약 2.8mm

43 다음 〈보기〉에서 흙의 투수계수에 영향을 미치는 요소를 모두 고르면?

$$\boxed{\begin{array}{ll} \text{〈보기〉} \\ \text{ㄱ. 흙입자의 크기} & \text{ㄴ. 간극비} \\ \text{ㄷ. 흙의 비중} & \text{ㄹ. 활성도} \\ \text{ㅁ. 물의 점성계수} & \text{ㅂ. 포화도} \end{array}}$$

① ㄱ, ㄴ, ㄹ, ㅂ   ② ㄱ, ㄴ, ㅁ, ㅂ

③ ㄱ, ㄷ, ㄹ, ㅁ   ④ ㄴ, ㄷ, ㅁ, ㅂ

⑤ ㄷ, ㄹ, ㅁ, ㅂ

44 다음 중 철근 콘크리트 보에 배치되는 철근의 순간격에 대한 설명으로 옳지 않은 것은?

① 동일 평면에서 평행한 철근 사이의 수평 순간격은 25mm 이상이어야 한다.

② 상단과 하단에 2단 이상으로 배치된 경우 상하 철근의 순간격은 25mm 이상으로 하여야 한다.

③ 벽체 또는 슬래브에서 휨 주철근의 간격은 벽체나 슬래브 두께의 2배 이하로 하여야 한다.

④ 철근의 순간격에 대한 규정은 서로 접촉된 겹침이음 철근과 인접된 이음철근 또는 연속철근 사이의 순간격에도 적용하여야 한다.

⑤ 철근 콘크리트 부재의 철근을 설계 배치하는 경우에 현장에서의 시공성 및 충분한 부착성을 확보하기 위하여 정해진 철근의 간격이다.

45 다음 수준측량의 야장 기입법 중 가장 간단한 방법으로, 전시와 후시만 있으면 되는 것은?

① 고차식

② 교호식

③ 기고식

④ 승강식

⑤ 계수식

46 다음 중 보의 탄성변형에서 내력이 한 일을 그 지점의 반력으로 1차 편미분한 것은 '0'이 된다는 정리는?

① 중첩의 원리

② 맥스웰베티의 상반원리

③ 최소일의 원리

④ 카스틸리아노의 제1정리

⑤ 테브난의 정리

47 하천의 유속 측정 결과, 수면으로부터 깊이의 $\frac{2}{10}$, $\frac{4}{10}$, $\frac{6}{10}$, $\frac{8}{10}$ 되는 곳의 유속(m/s)이 각각 0.662, 0.552, 0.442, 0.332이었을 때, 3점법에 의한 평균유속은?

① 0.4603m/s

② 0.4695m/s

③ 0.5245m/s

④ 0.5337m/s

⑤ 0.5463m/s

48 10℃의 물방울 지름이 3mm일 때, 그 내부와 외부의 압력차는?(단, 10℃에서의 표면장력은 75dyne/cm 이다)

① 250dyne/cm²

② 500dyne/cm²

③ 1,000dyne/cm²

④ 2,000dyne/cm²

⑤ 3,000dyne/cm²

49 어떤 흙의 변수위 투수시험을 한 결과 시료의 직경과 길이가 각각 5.0cm, 2.0cm이었으며, 유리관의 내경이 4.5mm이고, 1분 10초 동안에 수두가 40cm에서 20cm로 내렸다. 이 시료의 투수계수는?

① 5.95×10^{-4} cm/s
② 4.45×10^{-4} cm/s
③ 1.60×10^{-4} cm/s
④ 1.39×10^{-4} cm/s
⑤ 0.70×10^{-4} cm/s

50 축척 1 : 50,000의 지형도상에서 주곡선 간의 도상 수평길이가 1cm일 때, 이 지형의 경사는?

① 4%
② 5%
③ 6%
④ 10%
⑤ 13%

51 사질토에 대한 직접 전단시험을 실시하여 다음과 같은 결과를 얻었다. 내부마찰각은 얼마인가?

수직응력(t/m^2)	3	6	9
최대전단응력(t/m^2)	1.73	3.46	5.19

① 약 25°
② 약 30°
③ 약 35°
④ 약 40°
⑤ 약 45°

52 다음 중 토적곡선(Mass Curve)을 작성하는 목적으로 거리가 먼 것은?

① 토량의 운반거리 산출
② 토공기계의 선정
③ 토량의 배분
④ 교통량 산정
⑤ 토량과 건축물의 중량 산정

53 사용고정하중(D)과 활화중(L)을 작용시켜서 단면에서 구한 휨모멘트는 각각 $M_D=30\text{kN}\cdot\text{m}$, $M_L=$ 3kN·m이었다. 주어진 단면에 대해서 현행 콘크리트 구조설계기준에 따라 최대 소요강도를 구하면?

① 25kN·m
② 32kN·m
③ 37kN·m
④ 42kN·m
⑤ 45kN·m

54 다음 도형(빗금 친 부분)의 X축에 대한 단면 1차 모멘트는?

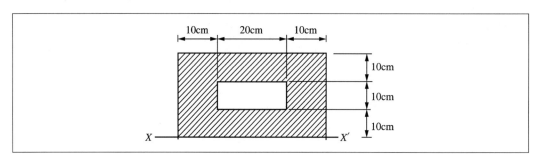

① 5,000cm³
② 10,000cm³
③ 15,000cm³
④ 20,000cm³
⑤ 25,000cm³

55 다음 중 비틀림 철근에 대한 설명으로 옳지 않은 것은?(단, A_{oh}는 가장 바깥의 비틀림 보강철근의 중심으로 닫혀진 단면적이고, P_h는 가장 바깥의 횡방향 폐쇄스터럽 중심선의 둘레이다)

① 종방향 비틀림 철근은 양단에 정착하여야 한다.
② 횡방향 비틀림 철근은 종방향 철근 주위로 135° 표준갈고리에 의해 정착하여야 한다.
③ 횡방향 비틀림 철근의 간격은 $P_h/6$ 이하, 400mm 이하여야 한다.
④ 비틀림에 요구되는 종방향 철근은 폐쇄스터럽의 둘레를 따라 300mm 이하의 간격으로 분포시켜야 한다.
⑤ 비틀림 모멘트를 받는 속빈 단면에서 횡방향 비틀림 철근의 중심선으로부터 내부 벽면까지의 거리는 0.5 A_{oh}/P_h 이상이 되도록 설계하여야 한다.

56 도로 기점으로부터 교점($I.P$)까지의 추가거리가 400m, 곡선 반지름 $R=200$m, 교각 $I=90°$인 원곡선을 설치할 경우, 곡선시점($B.C$)은?(단, 중심말뚝거리는 20m이다)

① $No.9$

② $No.9+10$m

③ $No.10$

④ $No.10+10$m

⑤ $No.10+20$m

57 습윤 단위 중량이 2.0t/m^3, 함수비가 20%, $G_s=2.7$인 경우의 포화도는?

① 86.1%

② 87.1%

③ 91.7%

④ 95.6%

⑤ 100%

58 고정하중 50kN/m, 활하중 100kN/m를 지지해야 할 지간 8m의 단순보에서 계수 모멘트 M_u는?

① $1,630$kN·m

② $1,760$kN·m

③ $1,870$kN·m

④ $1,960$kN·m

⑤ $2,030$kN·m

59 다음 중 표면장력의 단위와 단위중량의 단위를 바르게 짝지은 것은?

① dyne/cm^2, dyne/cm^3

② dyne/cm^2, dyne/cm

③ dyne/cm, dyne/cm^3

④ dyne/cm, dyne/cm^2

⑤ dyne/cm^3, dyne/cm^2

60 다음 중 하천 측량 과정을 순서대로 바르게 나열한 것은?

① 도상조사 → 자료조사 → 답사 → 관측

② 도상조사 → 답사 → 자료조사 → 관측

③ 답사 → 도상조사 → 자료조사 → 관측

④ 답사 → 자료조사 → 도상조사 → 관측

⑤ 자료조사 → 답사 → 도상조사 → 관측

31 단면이 원이고 탄성계수가 250,000Mpa인 철강 3m가 있다. 이 철강에 100kN의 인장하중이 작용하여 1.5mm가 늘어날 때, 이 철강의 직경은?

① 약 2.3cm   ② 약 3.2cm

③ 약 4.5cm   ④ 약 4.8cm

⑤ 약 5.2cm

32 $G=80\times10^3\,\text{N/mm}^2$ 이고 유효권수가 100인 스프링에 300N의 외력을 가하였더니 길이가 30cm 변하였다. 이 스프링의 평균 반지름의 길이는 얼마인가?(단, 스프링지수는 10이다)

① 80mm   ② 90mm

③ 100mm   ④ 110m

⑤ 120m

33 다음 중 연삭가공 및 특수가공에 대한 설명으로 옳지 않은 것은?

① 방전가공에서 방전액은 냉각제의 역할을 한다.
② 전해가공은 공구의 소모가 크다.
③ 초음파가공 시 공작물은 연삭입자에 의해 미소 치핑이나 침식작용을 받는다.
④ 전자빔가공은 전자의 운동에너지로부터 얻는 열에너지를 이용한다.
⑤ 레이저가공은 특수한 빛을 가진 에너지를 열에너지로 변환시켜 공작물을 국부적으로 가열한다.

34 연신율이 20%인 재료의 인장시험에서 파괴되기 직전의 시편 전체 길이가 24cm일 때, 이 시편의 초기 길이는?

① 19.2cm   ② 20cm

③ 28.8cm   ④ 30cm

⑤ 31.2cm

35 다음 중 유체의 정의로 옳은 것은?

① 용기 안에 충만될 때까지 항상 팽창하는 물질이다.

② 흐르는 모든 물질이다.

③ 흐르는 물질 중 전단응력이 생기지 않는 물질이다.

④ 극히 작은 전단응력이 물질 내부에 생기면 정지 상태로 있을 수 없는 물질이다.

⑤ 압력을 받고 난 후 복원력이 우수한 물질이다.

36 발전용량이 100MW이고 천연가스를 연료로 사용하는 발전소에서 보일러는 527℃에서 운전되고 응축기에서는 27℃로 폐열을 배출한다. 다음 중 카르노 효율 개념으로 계산한 보일러의 초당 연료 소비량은?(단, 천연가스의 연소열은 20MJ/kg이다)

① 8kg/s

② 16kg/s

③ 48kg/s

④ 60kg/s

⑤ 72kg/s

37 다음 중 2행정 사이클 기관과 비교할 때 4행정 사이클 기관의 장점으로 옳은 것은?

① 매회전마다 폭발하므로 동일 배기량일 경우 출력이 2사이클 기관보다 크다.

② 마력당 기관중량이 가볍고 밸브기구가 필요 없어 구조가 간단하다.

③ 회전력이 균일하다.

④ 체적효율이 높다.

⑤ 윤활유 소비가 적다.

38 다음 중 알루미늄 재료의 특징에 대한 설명으로 옳지 않은 것은?

① 열과 전기가 잘 통한다.

② 전연성이 좋은 성질을 가지고 있다.

③ 공기 중에서 산화가 계속 일어나는 성질을 가지고 있다.

④ 같은 부피이면 강보다 가볍다.

⑤ 염산이나 황산 등의 무기산에 잘 부식된다.

39 축 방향의 압축하중이 작용하는 원통 코일 스프링에서 코일 소재의 지름이 d일 때 최대 전단응력이 τ_1이고, 코일 소재의 지름이 $\dfrac{d}{2}$일 때 최대 전단응력이 τ_2일 경우 $\dfrac{\tau_2}{\tau_1}$는?(단, 응력 수정계수는 1로 하고, 다른 조건은 동일하다)

① 2

② 4

③ 8

④ 16

⑤ 22

40 다음 중 나사를 1회전 시켰을 때, 축방향 이동거리가 가장 큰 것은?

① 1줄 M48×5

② 2줄 M30×2

③ 2줄 M20×3

④ 3줄 M8×1

⑤ 4줄 M12×1

41 동력전달축이 비틀림을 받아 그 축의 반지름과 길이가 모두 두 배로 증가할 때, 비틀림각은 몇 배로 변하는가?

① $\dfrac{1}{2}$

② $\dfrac{1}{4}$

③ $\dfrac{1}{8}$

④ $\dfrac{1}{16}$

⑤ $\dfrac{1}{20}$

42 단순 지지보 전체 길이에 균일 분포하중 450N/m가 작용하고 있다. 최대 굽힘응력은 몇 MPa인가?[단, (폭)×(높이)=5cm×6cm인 직사각형 단면, 보의 길이는 1m이다. 또한 보의 지점은 양 끝단에 있다]

① 0.75MPa

② 1.02MPa

③ 1.88MPa

④ 2.54MPa

⑤ 2.76MPa

43 두께가 6mm이고 안지름이 180mm인 원통형 압력용기가 14kgf/cm^{2}의 내압을 받을 때, 이 압력용기의 원주 방향 및 축 방향의 인장응력(kgf/cm^2)은?

	원주 방향	축 방향
①	210kgf/cm^2	420kgf/cm^2
②	420kgf/cm^2	840kgf/cm^2
③	210kgf/cm^2	105kgf/cm^2
④	420kgf/cm^2	210kgf/cm^2
⑤	520kgf/cm^2	620kgf/cm^2

44 선반을 이용하여 지름이 50mm인 공작물을 절삭속도 196m/min로 절삭할 때, 필요한 주축의 회전수는? (단, π는 3.14로 계산하고, 회전수는 일의 자리에서 반올림한다)

① 1,000rpm
② 1,250rpm
③ 3,120rpm
④ 3,920rpm
⑤ 4,320rpm

45 다음 중 액체의 역류를 방지하기 위해 한쪽 방향으로만 흐르게 하는 밸브는?

① 체크 밸브
② 교축 밸브
③ 카운터 밸런스 밸브
④ 시퀀스 밸브
⑤ 릴리프 밸브

46 1,000K 고온과 300K 저온 사이에서 작동하는 카르노 사이클이 있다. 한 사이클 동안 고온에서 50kJ의 열을 받고 저온으로 30kJ의 열을 방출하면서 일을 발생시킬 때, 이 열기관의 손실일(Lost Work)은?

① 5kJ
② 10kJ
③ 15kJ
④ 20kJ
⑤ 25kJ

47 회전수가 400rpm, 이송량이 2mm/rev인 120mm 길이의 공작물을 선삭 가공할 때 걸리는 가공시간은?

① 7초   ② 9초

③ 11초   ④ 13초

⑤ 15초

48 4행정 사이클 기관에서 크랭크축이 12회 회전하는 동안 흡기밸브가 열리는 횟수는?

① 3회   ② 4회

③ 6회   ④ 12회

⑤ 14회

49 다음 중 냉동기의 COP가 2라면, 저온부에서 1초당 5kJ의 열을 흡수하여 고온부에서 방출하는 열량은?

① 5.5kW   ② 6.5kW

③ 7.5kW   ④ 8.5kW

⑤ 9.5kW

50 다음 중 구성인선(Built Up Edge)에 대한 설명으로 옳지 않은 것은?

① 구성인선은 일반적으로 연성재료에서 많이 발생한다.

② 구성인선은 공구 윗면경사면에 윤활을 하면 줄일 수 있다.

③ 구성인선에 의해 절삭된 가공면은 거칠게 된다.

④ 구성인선은 절삭속도를 느리게 하면 방지할 수 있다.

⑤ 구성인선은 절삭깊이를 작게 하여 방지할 수 있다.

51 다음 중 점성계수 측정 방법과 그에 맞는 법칙을 〈보기〉에서 바르게 짝지은 것은?

(가) 세이볼트(Saybolt) 점도계
(나) 스토머(Stormer) 점도계
(다) 낙구식 점도계

─────〈보기〉─────

㉠ 스토크스 법칙
㉡ 하겐 – 푸아죄유 법칙
㉢ 뉴턴의 점성 법칙

	(가)	(나)	(다)
①	㉠	㉡	㉢
②	㉡	㉠	㉢
③	㉡	㉢	㉠
④	㉢	㉠	㉡
⑤	㉢	㉡	㉠

52 수면에 떠 있는 선체의 저항 측정시험과 풍동 실험을 통해 자동차 공기저항 측정시험을 하고자 한다. 이때 모형과 원형 사이에 서로 역학적 상사를 이루려면 두 시험에서 공통적으로 고려해야 하는 무차원수는?

① 마하 수(Ma)
② 레이놀즈 수(Re)
③ 오일러 수(Eu)
④ 프루드 수(Fr)
⑤ 웨버 수(We)

53 다음 중 철(Fe)에 탄소(C)를 함유한 탄소강(Carbon Steel)에 대한 설명으로 옳지 않은 것은?

① 탄소함유량이 높을수록 비중이 증가한다.
② 탄소함유량이 높을수록 비열과 전기저항이 증가한다.
③ 탄소함유량이 높을수록 연성이 감소한다.
④ 탄소함유량이 0.2% 이하인 탄소강은 산에 대한 내식성이 있다.
⑤ 탄소강은 탄소 함유량에 따라 강의 종류를 구분한다.

54 다음 중 침탄법과 질화법에 대한 설명으로 옳지 않은 것은?

① 침탄법은 질화법에 비해 같은 깊이의 표면경화를 짧은 시간에 할 수 있다.

② 질화법은 침탄법에 비해 변형이 작다.

③ 질화법은 침탄법에 비해 경화층은 얇으나 경도가 높다.

④ 질화법은 질화 후 열처리가 필요하다.

⑤ 침탄법은 질화법보다 가열온도가 높다.

55 다음 중 수차에 대한 설명으로 옳지 않은 것은?

① 프란시스 수차는 반동수차의 일종이다.

② 프란시스 수차에서는 고정깃과 안내깃에 의해 유도된 물이 회전차를 회전시키고 축방향으로 송출된다.

③ 프로펠러 수차는 축류형 반동수차로 수량이 많고 저낙차인 곳에 적용된다.

④ 펠턴 수차는 고낙차에서 수량이 많은 곳에 사용하기 적합하다.

⑤ 카플란 수차는 프로펠러 수차의 일종이다.

56 다음 중 전달 토크가 크고 정밀도가 높아 가장 널리 사용되는 키(Key)로, 벨트풀리와 축에 모두 홈을 파서 때려 박는 키는?

① 평키 ② 안장키

③ 접선키 ④ 묻힘키

⑤ 새들키

57 4개의 케이블로 지탱되고 있는 자중 500kgf의 엘리베이터에 몸무게 80kgf인 성인 남자 6명이 동시 탑승하였다. 이때, 각 케이블에 작용하는 응력의 크기는?(단, 케이블의 단면적은 10^4mm^2 이다)

① 245kgf/m^2 ② $2,401\text{kgf/m}^2$

③ $24,500\text{kgf/m}^2$ ④ $200,000\text{kgf/m}^2$

⑤ $240,100\text{kgf/m}^2$

58 다음 중 나사의 풀림방지장치로 쓰이는 것을 〈보기〉에서 모두 고르면?

─────────────〈보기〉─────────────
ㄱ. 고정 와셔   ㄴ. 톱니붙이 와셔
ㄷ. 스프링 와셔   ㄹ. 로크 너트
─────────────────────────────────

① ㄱ, ㄹ   ② ㄱ, ㄴ, ㄷ
③ ㄱ, ㄷ, ㄹ   ④ ㄴ, ㄷ, ㄹ
⑤ ㄱ, ㄴ, ㄷ, ㄹ

59 다음 중 원통 코일스프링의 스프링상수에 대한 설명으로 옳지 않은 것은?

① 유효감김수 n에 반비례한다.
② 소선의 전단탄성계수 G에 비례한다.
③ 소선의 지름 d의 네제곱에 비례한다.
④ 스프링의 평균지름 D의 제곱에 비례한다.
⑤ 하중 P에 비례한다.

60 다음 중 축방향 하중을 지지하는 데 적합하지 않은 베어링은?

① 단열 깊은 홈 볼베어링
② 앵귤러 콘택트 볼베어링
③ 니들 롤러베어링
④ 테이퍼 롤러베어링
⑤ 구름 베어링

31 7,000/260V, 10kVA 단상 변압기의 퍼센트 전압강하가 4.8%이고, 리액턴스 강하가 3.6%일 때, 임피던스 전압의 크기는?

① 270V

② 340V

③ 420V

④ 500V

④ 580V

32 유효낙차가 80m, 최대사용유량이 $25m^3/s$이고, 수차효율이 87%, 발전기효율이 97%인 수력발전소의 최대출력은?

① 약 13,230kW

② 약 15,880kW

③ 약 16,540kW

④ 약 18,670kW

⑤ 약 20,730kW

33 3,300V, 60Hz용 변압기의 와류손이 720W이다. 이 변압기를 2,750V, 570Hz의 주파수에서 사용할 때, 와류손은 얼마인가?

① 250W

② 350W

③ 425W

④ 450W

⑤ 500W

34 다음 중 동기기의 과도 안정도를 증가시키는 방법으로 옳지 않은 것은?

① 회전자의 플라이휠 효과를 작게 한다.

② 속응 여자 방식을 채용한다.

③ 동기화 리액턴스를 작게 한다.

④ 발전기의 조속기 동작을 신속하게 한다.

⑤ FACTS(유연 송전 시스템) 기기를 설치한다.

35 다음 중 배전방식에 대한 설명으로 옳지 않은 것은?

① 환상식 방식은 전류 통로에 대한 융통성이 있다.

② 수지식 방식은 전압 변동이 크고 정전 범위가 좁다.

③ 뱅킹 방식은 전압 강하 및 전력 손실을 경감한다.

④ 망상식 방식은 건설비가 비싸다.

⑤ 망상식 방식은 무정전 공급이 가능하다.

36 변압기에 전원 투입 시 철심이 과도적으로 포화되고, 여자 인덕턴스가 감소되어 큰 전류가 흐른다. 이 전류 파형을 분석하였을 때, DC성분을 제외하고 가장 많이 함유되어 있는 고조파는 몇 고조파 성분인가?

① 제2고조파 성분 ② 제3고조파 성분

③ 제4고조파 성분 ④ 제5고조파 성분

⑤ 제6고조파 성분

37 다음 그림과 같은 단상 전파 정류에서 직류 전압 100V를 얻는 데 필요한 변압기 2차 한상의 전압은 얼마인가?(단, 부하는 순저항으로 하고 변압기 내의 전압 강하는 무시하며 정류기의 전압 강하는 10V로 한다)

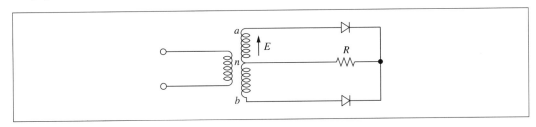

① 약 156V ② 약 144V

③ 약 122V ④ 약 100V

⑤ 약 80V

38 퍼센트 저항 전압 강하가 0.9%, 퍼센트 리액턴스 전압 강하가 5.4%인 변압기가 있다. 역률이 지상 80%일 때, 이 변압기의 전압 변동률은?

① 4.86%

② 4.36%

③ 3.96%

④ 3.84%

⑤ 2.95%

39 다음 중 침투 깊이에 대한 설명으로 옳은 것은?

① 침투 깊이는 주파수에 비례한다.

② 침투 깊이는 투자율에 비례한다.

③ 침투 깊이는 도전율에 반비례한다.

④ 침투 깊이가 작을수록 표피효과도 작아진다.

⑤ 침투 깊이가 작으면 전류가 도선 표피에 적게 흐른다.

40 다음 그림과 같은 전동기의 기동법으로 옳은 것은?

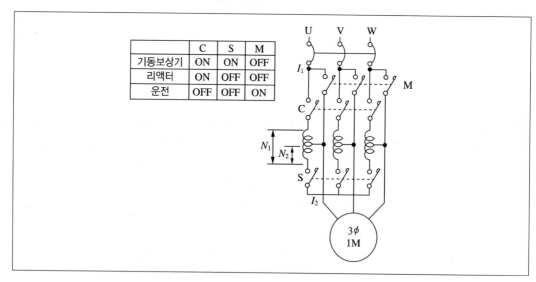

① 세이딩 코일형 기동

② 리액터 기동

③ 콘도르퍼 기동

④ 기동보상기 기동

⑤ 2차 저항 기동 방식

41 다음 중 전류에 의한 자기장 현상에 대한 설명으로 옳지 않은 것은?

① 렌츠(Lenz)의 법칙으로 유도기전력의 방향을 알 수 있다.

② 직선도체에 흐르는 전류 주위에는 원형의 자기력선이 발생한다.

③ 직선도체에 전류가 흐를 때 자기력선의 방향은 앙페르(Ampere)의 오른나사 법칙을 따른다.

④ 플레밍(Fleming)의 오른손 법칙으로 직선도체에 흐르는 전류의 방향과 자기장의 방향이 수직인 경우, 직선도체가 자기장에서 받는 힘의 방향을 알 수 있다.

⑤ 플레밍(Fleming)의 왼손 법칙은 자기장의 방향과 도선에 흐르는 전류의 방향으로 도선이 받는 힘의 방향을 결정하는 규칙이다.

42 다음 중 동기 발전기를 계통에 접속하여 병렬 운전할 때, 관계없는 것은 무엇인가?

① 주파수 ② 전압

③ 위상 ④ 전류

⑤ 파형

43 다음 중 도체의 저항값에 대한 설명으로 옳지 않은 것은?

① 저항값은 도체의 고유저항에 비례한다.

② 저항값은 도체의 단면적에 비례한다.

③ 저항값은 도체의 길이에 비례한다.

④ 저항값은 도체의 단면적에 반비례한다.

⑤ 전기저항 $R = \rho \dfrac{l}{A}$ 이다.

44 다음 중 자체 인덕턴스에 축적되는 에너지에 대한 설명으로 옳은 것은?

① 자체 인덕턴스 및 전류에 비례한다.

② 자체 인덕턴스 및 전류에 반비례한다.

③ 자체 인덕턴스와 전류의 제곱에 반비례한다.

④ 자체 인덕턴스에 비례하고, 전류의 제곱에 비례한다.

⑤ 자체 인덕턴스에 반비례하고, 전류의 제곱에 반비례한다.

45 다음 그림과 같은 전기 회로 a, b 간의 합성 저항은 얼마인가?

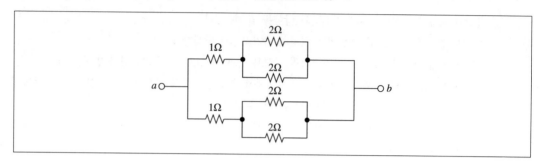

① 0.5Ω
② 2Ω
③ 1Ω
④ 3Ω
⑤ 4Ω

46 다음 중 변압기의 무부하 시험과 단락 시험에서 구할 수 없는 것은?

① 동손
② 철손
③ 절연 내력
④ 전압 변동률
⑤ 무부하 전류

47 다음 중 비유전율이 6인 유전체 내에 전속밀도가 $2 \times 10^{-6} \text{C/m}^2$인 점의 전기장의 세기는 얼마인가?

① 약 $3.764 \times 10^6 \text{V/m}$
② 약 $3.764 \times 10^5 \text{V/m}$
③ 약 $3.764 \times 10^4 \text{V/m}$
④ 약 $3.764 \times 10^3 \text{V/m}$
⑤ 약 $3.764 \times 10^2 \text{V/m}$

48 다음 중 50Hz, 4극의 유도 전동기의 슬립이 4.2%일 때의 분당 회전수로 옳은 것은?

① 1,410rpm
② 1,420rpm
③ 1,437rpm
④ 1,440rpm
⑤ 1,452rpm

49 다음 중 인덕턴스에 대한 설명으로 옳은 것은?

① 인덕턴스가 증가할수록 굵기는 감소하고, 간격도 감소한다.

② 인덕턴스가 증가할수록 굵기는 감소하고, 간격은 증가한다.

③ 인덕턴스가 증가할수록 굵기는 증가하고, 간격도 증가한다.

④ 인덕턴스가 증가할수록 굵기는 증가하고, 간격은 감소한다.

⑤ 인덕턴스가 증가할수록 굵기는 변하기 않고, 간격은 증가한다.

50 다음 중 변압기의 병렬 운전이 가능한 결선 방식의 조합으로 옳은 것은?

① $\triangle - \triangle$와 $\triangle - Y$ ② $\triangle - Y$와 $Y - \triangle$

③ $Y - Y$와 $\triangle - Y$ ④ $Y - \triangle$와 $Y - Y$

⑤ $\triangle - \triangle$와 $Y - \triangle$

51 임피던스 강하가 5%인 변압기가 운전 중 단락되었을 때, 그 단락 전류는 정격 전류의 몇 배인가?

① 15배   ② 20배

③ 25배   ④ 30배

⑤ 35배

52 다음 중 황산구리($CuSO_4$) 전해액에 2개의 구리판을 넣고 전원을 연결하였을 때, 음극에서 나타나는 현상으로 옳은 것은?

① 변화가 없다.   ② 구리판이 두꺼워진다.

③ 구리판이 얇아진다.   ④ 수소 가스가 발생한다.

⑤ 검은색으로 바뀐다.

53 직류전동기의 전기적인 제동 방법으로 운전 중인 전동기의 전원을 내리면 발전기로 동작되는데, 이때 발생되는 전력을 제동용 전원으로 사용하여 제동하는 방식은?

① 역상제동
② 플러깅제동
③ 발전제동
④ 전동제동
⑤ 회생제동

54 6극 36슬롯 3상 동기 발전기의 매극 매상당 슬롯수는?

① 2슬롯
② 3슬롯
③ 4슬롯
④ 5슬롯
⑤ 6슬롯

55 다음 중 변압기의 정격 1차 전압의 식은 무엇인가?

① 정격 출력일 때의 1차 전압
② (정격 2차 전압)×(권수비)
③ 무부하에 있어서의 1차 전압
④ (임피던스 전압)×(권수비)
⑤ (정격 1차 전류)×(저항)

56 다음 중 변압기의 무부하인 경우에 1차 권선에 흐르는 전류는?

① 정격 전류
② 단락 전류
③ 부하 전류
④ 여자 전류
⑤ 누설 전류

57 다음 중 변압기의 종류로 옳지 않은 것은?

① 내철형
② 외철형
③ 분포 철심형
④ 농형
⑤ 권철심형

58 다음 그림과 같은 회로에서 전압비의 전달 함수를 구하면?

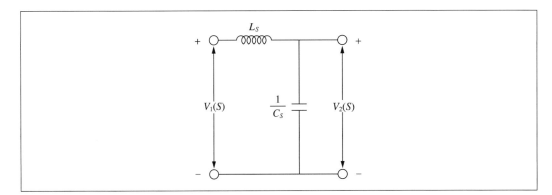

① $\dfrac{1}{\dfrac{1}{Ls}+Cs}$

② $\dfrac{1}{LC+Cs}$

③ $\dfrac{\dfrac{1}{LC}}{s^2+\dfrac{1}{LC}}$

④ $\dfrac{sC}{s^2(s+LC)}$

⑤ $\dfrac{\dfrac{1}{LC}}{s+\dfrac{1}{LC}}$

59 다음 중 60Hz, 18극의 동기 전동기 회전 자계의 주변 속도는?(단, 회전 자계의 극 간격은 1m이다)

① 240m/s ② 180m/s

③ 160m/s ④ 120m/s

⑤ 60m/s

60 60Hz의 전원에 접속된 4극 3상 유도 전동기에서 슬립(Slip)이 0.05일 때, 회전 속도로 옳은 것은?

① 1,800rpm ② 1,760rpm

③ 1,740rpm ④ 1,720rpm

⑤ 1,710rpm

| 04 | 전기이론

31 자속밀도가 2Wb/m^2인 평등 자기장 중에 자기장과 $30°$의 방향으로 길이 0.5m인 도체에 8A의 전류가 흐르는 경우 전자력은?

① 8N

② 4N

③ 3N

④ 2N

⑤ 1N

32 다음 중 물리 계층(Physical Layer)에 대한 설명으로 옳지 않은 것은?

① 장치와 전송 매체 간 인터페이스의 특성과 전송 매체의 유형을 규정한다.

② 전송로의 연결, 유지, 해제를 담당한다.

③ 패킷의 흐름을 제어하고 전송 오류를 점검한다.

④ 회선 연결을 확립, 유지, 단절하기 위한 기계적, 전기적, 기능적, 절차적 특성을 정의한다.

⑤ 전자 파장을 전달하는 공간 자체를 의미한다.

33 다음 중 각주파수 $\omega = 100\pi$[rad/s]일 때, 주파수 f는?

① 50Hz

② 60Hz

③ 150Hz

④ 300Hz

⑤ 360Hz

34 유도기전력의 방향은 그 유도 전류가 만들어진 자속이 항상 원래의 자속의 증감을 방해하는 방향이라고 한다. 다음 중 이를 나타낸 법칙은 무엇인가?

① 렌츠의 법칙

② 쿨롱의 법칙

③ 줄의 법칙

④ 앙페르의 법칙

⑤ 패러데이의 법칙

35 다음 그림과 같은 파형을 갖는 펄스의 충격계수는?

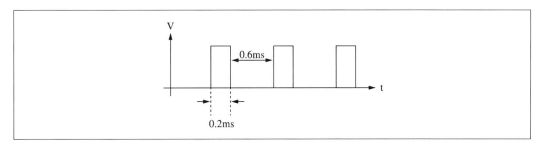

① 80% ② 50%

③ 40% ④ 25%

⑤ 10%

36 다음 중 최댓값이 10A인 정현파 교류의 한 주기의 평균값은?

① 0 ② 5

③ 10 ④ $\dfrac{20}{\pi}$

⑤ $5\sqrt{2}$

37 도전율이 σ, 투자율이 μ인 도체에 교류 전류가 흐를 때, 표피효과의 영향에 대한 설명으로 옳은 것은?

① σ가 작을수록 커진다. ② σ가 클수록 작아진다.

③ μ가 작을수록 커진다. ④ μ가 클수록 작아진다.

⑤ 주파수가 클수록 커진다.

38 다음 중 석탄 화력 발전소의 설비 중 손실이 가장 많이 발생하는 부분은?

① 보일러 ② 발전기

③ 터빈 ④ 복수기

⑤ 절탄기

39 어떤 물체에 $F_1 = -i + 2j + 5k$와 $F_2 = 4i + 2j - 2k$의 힘이 작용하고 있다. 이 물체에 F_3를 가했을 때, 세 힘이 평형이 되기 위한 F_3은?

① $F_3 = -3i - 4j + 7k$ ② $F_3 = 3i + 4j - 7k$

③ $F_3 = 3i - j - 7k$ ④ $F_3 = -3i - 4j - 3k$

⑤ $F_3 = -3i - j - 7k$

40 어떤 회로의 전압 순시값이 $v = 100\sin\omega t\,[\text{V}]$, 전류의 순시값이 $i = 10\sin\left(\omega t - \dfrac{\pi}{6}\right)[\text{A}]$일 때, 이 회로의 임피던스를 복소수로 나타낸 것은?

① $5 + j5\sqrt{3}\ \Omega$ ② $5 - j5\sqrt{3}\ \Omega$

③ $5\sqrt{3} + j5\,\Omega$ ④ $5\sqrt{3} - j5\,\Omega$

⑤ $10\sqrt{3} - j10\,\Omega$

41 정전 용량이 $5\mu\text{F}$, 극간 거리가 2mm인 평행 평판 콘덴서에 $500\mu\text{C}$의 전하를 주었을 때, 극판간의 전위 경도는?

① 150V/mm   ② 100V/mm

③ 50V/mm   ④ 35V/mm

⑤ 20V/mm

42 공기 중 두 점전하 사이에 작용하는 힘이 10N이었다. 두 전하 사이에 비유전율이 ϵ_s인 유전체를 넣었더니 힘이 5N으로 되었을 때, 유전체의 비유전율(ϵ_s)은?

① 10   ② 7.5

③ 5   ④ 2.5

⑤ 2

43 단상용 전류력계형 역률계에서 전압과 전류가 동위상일 경우 역률은?

① 0

② 1

③ 2

④ $-\infty$

⑤ $+\infty$

44 다음 그림과 같이 반지름 1m의 반원과 2줄의 반무한장 직선으로 된 도선에 전류 8A가 흐를 때, 반원의 중심 0에서 자계의 세기는?

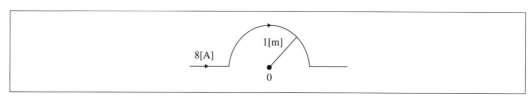

① 0.25AT/m

② 0.5AT/m

③ 1AT/m

④ 2AT/m

⑤ 4AT/m

45 다음 중 $\epsilon_1 > \epsilon_2$인 두 유전체의 경계면이 전계와 수직일 때, 경계면에 작용하는 힘의 방향은?

① 전계의 방향과 같다.

② 전속밀도의 방향과 같다.

③ ϵ_1에서 ϵ_2으로 향한 방향과 같다.

④ ϵ_2에서 ϵ_1으로 향한 방향과 같다.

⑤ 유전체와 작용하는 힘의 방향은 무관하다.

46 다음 라인코딩 방식 중 코딩된 신호를 통해서 수신측에서 동기화 정보를 쉽게 얻을 수 있는 방식을 〈보기〉에서 모두 고르면?

┌─────────────────────〈보기〉─────────────────────┐
│ ㄱ. RZ   ㄴ. Manchester   │
│ ㄷ. NRZ   ㄹ. NRZ–L   │
└──┘

① ㄱ, ㄴ
③ ㄴ, ㄷ
⑤ ㄷ, ㄹ

② ㄱ, ㄷ
④ ㄴ, ㄹ

47 진공 중에서 Q[C]의 전하가 반지름이 a[m]인 구에 내부까지 균일하게 분포되어 있는 경우 구의 중심으로부터 $\dfrac{a}{2}$인 거리에 있는 점의 전계의 세기 E는?

① $\dfrac{Q}{16\pi\epsilon_0 a^2}$ [V/m]

② $\dfrac{Q}{8\pi\epsilon_0 a^2}$ [V/m]

③ $\dfrac{Q}{4\pi\epsilon_0 a^2}$ [V/m]

④ $\dfrac{Q}{2\pi\epsilon_0 a^2}$ [V/m]

⑤ $\dfrac{Q}{\pi\epsilon_0 a^2}$ [V/m]

48 어떤 도체판이 무한히 넓다고 가정하고 이 도체판의 면전하 밀도가 ρ_s[C/m^2]일 때, 도체판에서 R[m]만큼 떨어져 있는 점의 전계의 세기는?

① $\dfrac{\rho_s}{\epsilon_o}$ [V/m]

② $\dfrac{\rho_s}{2\epsilon_o}$ [V/m]

③ $\dfrac{\rho_s}{2R}$ [V/m]

④ $\dfrac{\rho_s}{4\pi R^2}$ [V/m]

⑤ $\dfrac{\rho_s}{8\pi R^2}$ [V/m]

49 다음 중 어드미턴스 $Y = G + jB$에서 B가 의미하는 것은?

① 레지스턴스(Resistance) ② 서셉턴스(Susceptance)
③ 컨덕턴스(Conductance) ④ 리액턴스(Reactance)
⑤ 인덕턴스(Inductance)

50 다음 중 전자 냉동기에서 활용하는 효과는 무엇인가?

① 제벡 효과 ② 톰슨 효과
③ 펠티어 효과 ④ 줄의 효과
⑤ 제이만 효과

51 다음 중 비유전율에 대한 설명으로 옳지 않은 것은?

① 비유전율은 무차원수이다.
② 진공에서의 비유전율은 1이다.
③ 비유전율은 재질에 따라 다른 고유한 값이다.
④ 비유전율이 1보다 작은 절연체 내에서는 분극 현상이 발생한다.
⑤ 비유전율이 1보다 큰 절연체는 도체 간 절연 및 정전용량 값을 증가시킨다.

52 24C의 전기량이 이동하여 144J의 일을 했을 때 기전력은 얼마인가?

① 2V ② 4V
③ 6V ④ 8V
⑤ 10V

53 권수가 N회, 단면적이 S, 길이가 l인 환상 코일에 I만큼의 전류가 흐를 때, 인덕턴스는 L이다. 권수를 절반으로 줄였을 때, 인덕턴스의 변화가 없도록 단면적, 길이, 전류의 세기를 조절한다면 어떻게 조절해야 하는가?

① 단면적, 전류의 세기를 유지하고 길이를 2배로 한다.

② 단면적, 전류의 세기를 유지하고 길이를 4배로 한다.

③ 길이, 전류의 세기를 유지하고 단면적을 2배로 한다.

④ 길이, 전류의 세기를 유지하고 단면적을 4배로 한다.

⑤ 길이, 단면적을 유지하고 전류의 세기를 2배로 한다.

54 0.1H인 자체 인덕턴스 L에 5A의 전류가 흐를 때 L에 축적되는 에너지는 몇 J인가?

① 0.75J

② 1.25J

③ 2.52J

④ 3.25J

④ 4.25J

55 다음 중 $e = 141\sin\left(120\pi t - \dfrac{\pi}{3}\right)$인 파형의 주파수는 몇 Hz인가?

① 10Hz

② 15Hz

③ 30Hz

④ 60Hz

⑤ 75Hz

56 다음 중 정현파 교류 $i = I_m \sin\omega t$의 파형률은?

① 1.05

② 1.25

③ 2.11

④ 1.11

⑤ 1.35

57 어느 점전하에 의하여 생기는 전위를 처음 전위의 $\dfrac{1}{4}$ 이 되게 하려면 전하로부터의 거리를 몇 배로 해야 하는가?

① $\dfrac{1}{4}$ 배

② $\dfrac{1}{2}$ 배

③ 2배

④ 4배

⑤ 16배

58 $R=2\,\Omega$, $L=10\text{mH}$, $C=4\,\mu\text{F}$으로 구성되는 직렬공진회로의 L과 C에서의 전압 확대율은?

① 3

② 6

③ 12

④ 16

⑤ 25

59 서로 결합하고 있는 두 코일 A와 B를 같은 방향으로 감아서 직렬로 접속하면 합성 인덕턴스가 10mH가 되고, 반대로 연결하면 합성 인덕턴스가 40% 감소한다. A코일의 자기 인덕턴스가 5mH라면 B코일의 자기 인덕턴스는 몇 mH인가?

① 1mH

② 3mH

③ 5mH

④ 8mH

⑤ 10mH

60 샘플된 신호로부터 원래의 아날로그 신호를 에러 없이 복원하기 위해서는 샘플링 주파수와 샘플되는 신호의 주파수의 관계는 어떠해야 하는가?

① 최고 주파수와 동일해야 한다.
② 최고 주파수의 두 배 이상이어야 한다.
③ 최저 주파수와 동일해야 한다.
④ 최저 주파수의 두 배 이상이어야 한다.
⑤ 최저 주파수의 세 배 이상이어야 한다.

61 다음은 철도사업법상 사업의 휴업·폐업에 대한 설명이다. 빈칸에 들어갈 기간으로 옳은 것은?

> • 철도사업자가 그 사업의 전부 또는 일부를 휴업 또는 폐업하려는 경우에는 국토교통부령으로 정하는 바에 따라 국토교통부장관의 허가를 받아야 한다.
> • 허가를 받거나 신고한 휴업기간 중이라도 휴업 사유가 소멸된 경우에는 국토교통부장관에게 신고하고 사업을 재개할 수 있다.
> • 국토교통부장관은 신고를 받은 날부터 _____ 이내에 신고수리 여부를 신고인에게 통지하여야 한다.

① 40일 ② 60일
③ 80일 ④ 100일
⑤ 120일

62 다음은 한국철도공사법의 일부이다. 빈칸에 들어갈 내용을 순서대로 바르게 나열한 것은?

> _____(으)로 정하는 바에 따라 사장이 지정한 한국철도공사의 직원은 사장을 대신하여 공사의 _____에 관한 재판상 또는 재판 외의 모든 행위를 할 수 있다.

① 법규, 권리 ② 규정, 수익
③ 정관, 업무 ④ 계약, 자산
⑤ 약관, 의결

63 다음 중 철도산업발전기본법상 국가가 철도이용자의 권익보호를 위해 강구해야 할 시책이 아닌 것은?

① 철도이용자의 재산상의 위해 방지
② 철도이용자의 권익보호를 위한 홍보
③ 철도이용자의 생명·신체의 위해 방지
④ 철도이용자의 피해에 대한 신속·공정한 구제조치
⑤ 철도이용자의 철도시설 관리를 위한 교육 및 연구

64 다음 중 철도사업법상 용어의 정의가 바르게 연결된 것은?

① 철도 : 철도사업을 목적으로 설치하거나 운영하는 철도이다.

② 철도차량 : 다른 사람의 수요에 따른 영업을 목적으로 하지 아니하고 자신의 수요에 따라 특수 목적을 수행하기 위하여 설치하거나 운영하는 철도이다.

③ 전용철도 : 여객 또는 화물을 운송하는 데 필요한 철도시설과 철도차량 및 이와 관련된 운영·지원체계가 유기적으로 구성된 운송체계이다.

④ 철도사업 : 다른 사람의 수요에 응하여 철도차량을 사용하여 유상(有償)으로 여객이나 화물을 운송하는 사업이다.

⑤ 사업용철도 : 선로를 운행할 목적으로 제작된 동력차·객차·화차 및 특수차여객 또는 화물을 운송하는 데 필요한 철도시설과 철도차량 및 이와 관련된 운영·지원체계가 유기적으로 구성된 운송체계이다.

65 다음은 철도산업발전기본계획의 수립에 대한 설명이다. 밑줄 친 부분의 내용으로 옳은 것은?

> 국토교통부장관은 기본계획을 수립하고자 하는 때에는 미리 기본계획과 관련이 있는 행정기관의 장과 협의한 후 철도산업위원회의 심의를 거쳐야 한다. 수립된 기본계획을 변경(대통령령으로 정하는 경미한 변경은 제외한다)하고자 하는 때에도 또한 같다.

① 철도시설투자사업 시행업자의 변경

② 철도시설투자사업 운영체계에 관한 변경

③ 철도시설투자사업 기간의 2년의 기간 내에서의 변경

④ 철도시설투자사업 사업기술의 50분의 1의 범위 안에서의 변경

⑤ 철도시설투자사업 총투자비용의 50분의 1의 범위 안에서의 변경

66 다음은 한국철도공사법령상 한국철도공사의 손익금의 처리에 대한 설명이다. 빈칸에 들어갈 내용으로 옳은 것은?

> 한국철도공사가 이익준비금 또는 사업확장적립금을 자본금으로 전입하고자 하는 때에는 이사회의 _____ 을/를 거쳐 기획재정부장관의 승인을 얻어야 한다.

① 의결   ② 승인

③ 허락   ④ 협의

⑤ 보고

67 다음 중 철도사업법령상 철도사업자의 면허취소 또는 사업정지 등의 처분대상이 되는 사상자의 수는?

① 1회 철도사고로 사망자 3명 이상

② 1회 철도사고로 사망자 4명 이상

③ 1회 철도사고로 사망자 5명 이상

④ 1회 철도사고로 사망자 7명 이상

⑤ 1회 철도사고로 사망자 9명 이상

68 다음 중 한국철도공사법상 한국철도공사의 손익금 처리 순서를 바르게 나열한 것은?

> ㄱ. 국고에 납입
> ㄴ. 이월결손금의 보전(補塡)
> ㄷ. 자본금의 2분의 1이 될 때까지 이익금의 10분의 2 이상을 이익준비금으로 적립
> ㄹ. 자본금과 같은 액수가 될 때까지 이익금의 10분의 2 이상을 사업확장적립금으로 적립

① ㄴ - ㄷ - ㄹ - ㄱ   ② ㄴ - ㄹ - ㄷ - ㄱ

③ ㄷ - ㄴ - ㄹ - ㄱ   ④ ㄷ - ㄹ - ㄴ - ㄱ

⑤ ㄹ - ㄴ - ㄷ - ㄱ

69 다음 중 한국철도공사법령상 한국철도공사의 설립등기사항이 아닌 것은?

① 명칭   ② 자본금

③ 설립목적   ④ 임원의 자격

⑤ 공고의 방법

70 다음 중 철도산업발전기본법령상 철도산업위원회의 위원이 될 수 없는 사람은?

① 기획재정부차관   ② 한국철도공사 사장

③ 산업통상자원부차관   ④ 공정거래위원회위원장

⑤ 과학기술정보통신부차관

4일 차
기출응용 모의고사

〈문항 수 및 시험시간〉

평가영역	문항 수	시험시간
[NCS] 의사소통능력＋수리능력＋문제해결능력 [전공] 토목일반/기계일반/전기일반/전기이론 [철도법령] 철도 관련 법령	70문항	70분
모바일 OMR 답안채점 / 성적분석 서비스		

토목일반

기계일반

전기일반

전기이론

※ 수록 기준
    철도산업발전기본법 : 법률 제18693호(시행 22.7.5.), 철도산업발전기본법 시행령 : 대통령령 제32759호(시행 22.7.5.)
    한국철도공사법 : 법률 제15460호(시행 19.3.14.), 한국철도공사법 시행령 : 대통령령 제31899호(시행 21.7.20.)
    철도사업법 : 법률 제19391호(시행 23.10.19.), 철도사업법 시행령 : 대통령령 제33795호(시행 24.1.1.)

4일 차 기출응용 모의고사

문항 수 : 70문항
시험시간 : 70분

제1영역 직업기초능력평가

01 다음 글의 내용으로 가장 적절한 것은?

> 음악에서 화성이나 멜로디가 하나의 음 또는 하나의 화음을 중심으로 일정한 체계를 유지하는 것을 조성(調性)이라 한다. 조성을 중심으로 한 음악은 서양음악에 지배적인 영향을 미쳤는데, 여기에서 벗어나 자유롭게 표현하고 싶은 음악가의 열망이 무조(無調) 음악을 탄생시켰다. 무조 음악에서는 한 옥타브 안의 12음 각각에 동등한 가치를 두어 음들을 자유롭게 사용하였다. 이로 인해 무조 음악은 표현의 자유를 누리게 되었지만 조성이 주는 체계성은 잃게 되었다. 악곡의 형식을 유지하는 가장 기초적인 뼈대가 흔들린 것이다. 이와 같은 상황 속에서 무조 음악이 지닌 자유로움에 체계성을 더하고자 고민한 작곡가 쇤베르크는 '12음 기법'이라는 독창적인 작곡 기법을 만들어 냈다. 쇤베르크의 12음 기법은 12음을 한 번씩 사용하여 만든 기본 음렬(音列)에 이를 '전위', '역행', '역행 전위'의 방법으로 파생시킨 세 가지 음렬을 더해 악곡을 창작하는 체계적인 작곡 기법이다.

① 조성은 하나의 음으로 여러 음을 만드는 것을 말한다.

② 무조 음악은 조성이 발전한 형태라고 할 수 있다.

③ 무조 음악은 한 옥타브 안의 음 각각에 가중치를 두어서 사용했다.

④ 조성은 체계성을 추구하고, 무조 음악은 자유로움을 추구한다.

⑤ 쇤베르크의 12음 기법은 무조 음악과 조성 모두에서 벗어나고자 한 작곡 기법이다.

02 다음 글을 읽고 '한국인의 수면 시간'과 관련된 글을 쓴다고 할 때, 글의 주제로 적절하지 않은 것은?

인간은 평생 3분의 1 정도를 잠으로 보낸다. 잠은 낮에 사용한 에너지를 보충하고, 피로를 회복하는 중요한 과정이다. 하지만 한국인은 잠이 부족하다. 한국인의 수면 시간은 7시간 41분밖에 되지 않으며, 2016년 기준 경제협력개발기구(OECD) 회원국 가운데 꼴찌를 차지했다. 한 조사에 따르면, 전 국민의 17% 정도가 주 3회 이상 불면 증상을 갖고 있으며, 이는 연령이 높아짐에 따라 늘어났다.

이에 따라 불면증, 기면증, 수면무호흡증 등 수면장애로 병원을 찾는 사람은 2016년 기준 291만 8,976명으로 5년 새 13%나 증가했다. 수면장애를 방치하면 삶의 질 저하는 물론 만성 두통, 심혈관계질환 등이 발생할 수 있고 그중에서도 불면증은 수면 질환의 대명사로, 가장 흔하고 복합적인 질환이다. 불면증은 면역기능 저하, 인지감퇴뿐만 아니라 일상생활에 장애를 초래할 수 있으며, 우울증, 인지장애 등을 유발할 수 있다.

코를 골며 자다가 몇 초에서 몇 분 동안 호흡을 멈추는 수면무호흡증도 있다. 이 역시 인지기능 저하와 심혈관계질환 등 합병증을 일으킨다. 특히 수면무호흡증은 비만과 관계가 깊고, 졸음운전의 원인이 되기도 한다. 최근 고령 인구 증가로 뇌 퇴행성 질환인 렘수면 행동장애(RBD; Rem − sleep Behavior Disorder)도 늘고 있다. 이 병은 잠자는 동안 악몽을 꾸면서 소리를 지르고, 팔다리를 움직이고, 벽을 치고, 침대에서 뛰어내리는 등 난폭한 행동을 한다. 이 병을 앓는 상당수는 파킨슨병, 치매 환자로 이어진다. 또한, 잠들기 전에 다리에 이상 감각이나 통증이 생기는 하지불안증후군도 수면의 질을 떨어뜨리는 병이다. 낮 동안 졸리는 기면증(嗜眠症) 역시 일상생활에 심각한 장애를 초래한다.

한 정신건강의학과 교수는 "수면 문제는 결국 심혈관계질환, 치매와 파킨슨병 등의 퇴행성 질환, 우울증, 졸음운전의 원인이 되므로 전문적인 치료를 받아야 한다."라고 했다.

① 한국인의 부족한 수면 시간 ② 수면 마취제의 부작용
③ 수면장애의 종류 ④ 수면장애의 심각성
⑤ 전문적인 치료가 필요한 수면장애

03 다음 글의 연구결과에 대한 평가로 적절한 것을 〈보기〉에서 모두 고르면?

콩 속에는 식물성 단백질과 불포화 지방산 등 건강에 이로운 물질들이 풍부하다. 약콩, 서리태 등으로 불리는 검은 콩 껍질에는 황색 콩 껍질에서 발견되지 않는 특수한 항암물질이 들어 있다. 검은 콩은 항암 효과는 물론 항산화 작용 및 신장 기능과 시력 강화에도 좋은 것으로 알려져 있다. A ~ C팀은 콩의 효능을 다음과 같이 연구했다.

〈연구결과〉

• A팀 연구진 : 콩 속 제니스틴의 성인병 예방 효능을 실험을 통해 세계 최초로 입증했다. 또한 제니스틴은 흰쥐 실험을 통해 발암 물질에 노출된 비정상 세포가 악성 종양 세포로 진행되지 않도록 억제하는 효능을 갖고 있다는 사실을 밝혀냈다. 암이 발생하는 과정은 세포 내의 유전자가 손상되는 개시 단계와 손상된 세포의 분열이 빨라지는 촉진 단계로 나뉘는데 제니스틴은 촉진 단계에서 억제효과가 있다는 것이다.
• B팀 연구진 : 200명의 여성을 조사해 본 결과, 매일 흰 콩 식품을 섭취한 사람은 한 달에 세 번 이하로 섭취한 사람에 비해 폐암에 걸릴 위험이 절반으로 줄었다.
• C팀 연구진 : 식이요법으로 원형탈모증을 완치할 수 있을 것으로 보고 원형탈모증을 가지고 있는 쥐에게 콩기름에서 추출된 화합물을 투여해 효과를 관찰하는 실험을 했다. 실험 결과 콩기름에서 추출된 화합물을 각각 0.1mL, 0.5mL, 2.0mL씩 투여한 쥐에서 원형탈모증 완치율은 각각 18%, 39%, 86%를 기록했다.

〈보기〉

ㄱ. A팀의 연구결과는 콩이 암의 발생을 억제하는 효과가 있다는 것을 뒷받침한다.
ㄴ. C팀의 연구결과는 콩기름 함유가 높은 음식을 섭취할수록 원형탈모증 발생률이 높게 나타난다는 것을 뒷받침한다.
ㄷ. 세 팀의 연구결과는 검은 콩이 성인병, 폐암의 예방과 원형탈모증 치료에 효과가 있다는 것을 뒷받침한다.

---

① ㄱ   ② ㄴ
③ ㄱ, ㄷ   ④ ㄴ, ㄷ
⑤ ㄱ, ㄴ, ㄷ

04 다음 제시된 문단을 읽고 이어질 내용을 논리적 순서대로 바르게 나열한 것은?

구체적 행위에 대한 도덕적 판단 문제를 다루는 것이 규범 윤리학이라면, 옳음의 의미 문제, 도덕적 진리의 존재 문제 등과 같이 규범 윤리학에서 사용하는 개념과 원칙에 대해 다루는 것은 메타 윤리학이다. 메타 윤리학에서 도덕 실재론과 정서주의는 '옳음'과 '옳지 않음'의 의미를 이해하는 방식과 도덕적 진리의 존재 여부에 대해 상반된 주장을 펼친다.

(가) 따라서 '옳다' 혹은 '옳지 않다'라는 도덕적 판단을 내리지만, 과학적 진리와 같은 도덕적 진리는 없다는 입장을 보인다.

(나) 도덕 실재론에서는 도덕적 판단과 도덕적 진리를 과학적 판단 및 과학적 진리와 마찬가지라고 본다.

(다) 한편, 정서주의에서는 어떤 도덕적 행위에 대해 도덕적으로 옳음이나 도덕적으로 옳지 않음이라는 성질은 객관적으로 존재하지 않는 것이고 도덕적 판단도 참 또는 거짓으로 판정되는 명제를 나타내지 않는다.

(라) 즉, 과학적 판단이 '참' 또는 '거짓'을 판정할 수 있는 명제를 나타내고 이때 참으로 판정된 명제를 과학적 진리라고 부르는 것처럼, 도덕적 판단도 참 또는 거짓으로 판정할 수 있는 명제를 나타내고 참으로 판정된 명제가 곧 도덕적 진리라고 규정하는 것이다.

---

① (가) - (나) - (다) - (라)   ② (나) - (가) - (다) - (라)

③ (나) - (라) - (다) - (가)   ④ (다) - (가) - (나) - (라)

⑤ (다) - (라) - (나) - (가)

05 다음은 새로 부임한 김과장에 대한 직원들의 대화 내용이다. 키슬러의 대인관계 의사소통에 따를 때, 김과장에게 해 줄 조언으로 가장 적절한 것은?

> 직원 A : 최과장님이 본사로 발령 나시면서 홍보팀에 과장님이 새로 부임하셨다며. 어떠셔? 계속 지방에 출장 중이어서 이번에 처음 뵙는데 궁금하네.
>
> 직원 B : 김과장님? 음. 되게 능력이 있으시다고 들었어. 회사에서 상당한 연봉을 제시해 직접 스카웃 하셨다고 들었거든. 근데, 좀 직원들에게 관심이 너무 많으셔.
>
> 직원 C : 맞아. 최과장님은 업무를 지시하시고 나서는 우리가 보고할 때까지 아무 간섭 안 하시고 보고 후에 피드백을 주셔서 일하는 중에는 부담이 덜했잖아. 근데, 새로 온 김과장님은 업무 중간 중간에 어디까지 했냐? 어떻게 처리되었냐? 이렇게 해야 한다. 저렇게 해야 한다. 계속 말씀하셔서 너무 눈치 보여. 물론 바로바로 피드백을 받을 수 있어 수정이 수월하긴 하지만 말이야.
>
> 직원 B : 맞아. 그것도 그거지만 나는 회식 때마다 이전 회사에서 했던 프로젝트에 대해 계속 자랑하셔서 이젠 그 대사도 외울 지경이야. 물론 김과장님의 능력이 출중하다는 건 우리도 알기는 하지만.

① 독단적으로 결정하시면 대인 갈등을 겪으실 수도 있으니 직원들과의 상의가 필요합니다.
② 자신만 생각하지 마시고, 타인에게 관심을 갖고 배려해 주세요.
③ 직원들과 어울리지 않으시고 혼자 있는 것만 선호하시면 대인관계를 유지하기 어려워요.
④ 인정이 많으신 것은 좋으나 직원들의 요구를 적절하게 거절할 필요성이 있어요.
⑤ 타인에 대한 높은 관심과 인정받고자 하는 욕구는 낮출 필요성이 있어요.

06 다음 중 밑줄 친 부분의 맞춤법이 옳은 것은?

① 나의 <u>바램대로</u> 내일은 흰 눈이 왔으면 좋겠다.
② 엿가락을 고무줄처럼 <u>늘였다.</u>
③ 학생 신분에 <u>알맞는</u> 옷차림을 해야 한다.
④ 계곡물에 손을 <u>담구니</u> 시원하다.
⑤ <u>지리한</u> 장마가 끝나고 불볕더위가 시작되었다.

나이가 들면서 크고 작은 신체 장애가 오는 것은 동서고금의 진리이고 어쩔 수 없는 사실이다. 노화로 인한 신체 장애는 사십대 중반의 갱년기를 넘기면 누구에게나 나타날 수 있는 현상이다.

원시가 된다든가, 치아가 약해진다든가, 높은 계단을 빨리 오를 수 없다든가, 귀가 잘 안 들려서 자신도 모르게 큰 소리로 이야기한다든가, 기억력이 감퇴하는 것 등이 그 현상이다. 노인들에게 '당신들도 젊은이들처럼 할 수 있다.' 라고 헛된 자존심을 부추길 것이 아니라, ___㉠___ 우리가 장애인들에게 특별한 배려를 하는 것은 그들의 인권을 위해 서이다. 그것은 건강한 사람과 동등하게 그들을 인간으로 대하는 태도이다. 늙음이라는 신체적 장애를 느끼는 노인 들에 대한 배려도 그들의 인권을 보호하는 차원에서 이루어져야 할 것이다.

집안의 어르신을 잘 모시는 것을 효도의 관점에서만 볼 것이 아니라, 인권의 관점에서 볼 줄도 알아야 한다. 노부모 에 대한 효도가 좀 더 보편적 차원의 성격을 갖지 못한다면, 앞으로의 세대들에게 설득력을 얻기 어려울 것이다. 나는 장애인을 위한 자원 봉사에는 열심인 한 젊은이가 자립 능력이 없는 병약한 노부모 모시기를 거부하며, 효도의 ㉡ 시대착오적 측면을 적극 비판하는 경우를 보았다. 이렇게 인권의 사각 지대는 가정 안에도 있을 수 있다. 보편적 관점에서 보면, 노부모를 잘 모시는 것은 효도의 차원을 넘어선 인권 존중이라고 할 수 있다. 인권 존중은 가까운 곳에서부터 시작되어야 하고, 인권은 그것이 누구의 인권이든, 언제 어디서든 존중되어야 한다.

07 다음 중 빈칸 ㉠에 들어갈 말로 가장 적절한 것은?

① 모든 노인들을 가족처럼 공경해야 한다.
② 노인 스스로 그 문제를 해결할 수 있도록 한다.
③ 노인들에게 실질적으로 경제적인 도움을 주어야 한다.
④ 노인성 질환 치료를 위해 노력해야 한다.
⑤ 사회가 노인들의 장애로 인한 부담을 나누어 가져야 한다.

08 다음 중 밑줄 친 ㉡의 사례로 적절하지 않은 것은?

① 정민주씨는 투표할 때마다 반드시 입후보자들의 출신 고교를 확인한다.
② 차사랑씨는 직장에서 승진하였기에 자가용 자동차를 고급차로 바꾸었다.
③ 이규제씨는 학생들의 효율적인 생활지도를 위해 두발 규제를 제안했다.
④ 한지방씨는 생활비를 아끼기 위해 직장에 도시락을 싸가기로 했다.
⑤ 장부호씨는 직원들의 창의적 업무 수행을 위해 직원들의 복장을 통일된 정장 차림으로 할 것을 건의하였다.

09 다음 글에 사용된 논지 전개 방식을 〈보기〉에서 모두 고르면?

'K-POP'은 전 세계적으로 동시에, 빠르게, 자연스럽게 퍼져나가 이른바 'K-POP 신드롬'을 일으켰다. 그런데 우월한 문화가 열등한 문화를 잠식하기 위해 의도적으로 문화를 전파한다는 기존의 문화 확산론으로는 이런 현상을 설명할 수 없었다.

그래서 새로 등장한 이론이 체험코드 이론이다. 오늘날과 같은 디지털 문화 사회에서 개인은 전 세계의 다양한 문화들을 커뮤니케이션 미디어를 통해서 선택적으로 체험하게 된다. 이러한 체험을 통해 일종의 코드가 형성되는데 이를 '체험코드'라고 말한다. 따라서 체험코드 이론은 커뮤니케이션 미디어 기술의 발전을 전제로 하고 있다. 현대의 문화는 커뮤니케이션 미디어에 담겨 문화 콘텐츠화되고, 세계화한 커뮤니케이션 미디어를 통해 소비된다.

또한 체험코드 이론은 문화 수용자 스스로의 판단에 의해 문화를 체험하는 개인주의적인 성향이 전 세계적으로 확대되고 있다는 점에 주목한다. 이제는 '우리 가문은 뼈대가 있고, 전통과 체면이 있으니 너 또한 그에 맞게 행동하여라.'라는 부모의 혈연코드적이고 신분코드적인 말은 잘 통하지 않는다. 과거의 이념인 민족·계급·신분 의식 등이 문화 소비와 수용 행위에 큰 영향을 주었던 것과 달리 오늘날은 문화 소비자의 개별적인 동기나 취향, 가치관 등이 더 중요하기 때문이다.

이처럼 커뮤니케이션 미디어의 발달과 개인주의의 확대는 기존의 코드를 뛰어 넘어 공통 문화를 향유하는 소비자들만의 체험코드를 형성하는 토대가 되었다. K-POP이 그 대표적인 예다. K-POP이라는 문화 콘텐츠가 '유튜브' 등과 같은 커뮤니케이션 미디어를 통해 전 세계의 사람들에게 체험되어 하나의 코드를 형성했고 쌍방의 소통으로 더욱 확대되었기 때문에 그러한 인기가 가능했던 것이다.

지난 시대의 문화 중심부와 주변부의 대립적 패러다임은 설득력을 잃고 있다. 오늘날의 사회는 서로의 문화를 체험하고 이해하고 공감하는 탈영토적인 문화 교류의 장(場)으로 변하고 있다. 이런 점에서 체험코드 이론은 앞으로 문화 교류가 나아가야 할 방향을 제시해 주고 있다고 할 수 있다.

※ 커뮤니케이션 미디어(Communication Media) : 의사소통 매체 또는 통신 매체로, 각종 정보 단말기와 TV, 인터넷 매체 등을 말함
※ 코드(Code) : 어떤 사회나 직업 따위에서 공유되어 굳어진 공통의 약속. 제시문에서는 공통의 인식 체계나 가치관이란 의미로 쓰임

─────〈보기〉─────

ㄱ. 특정 현상을 사례로 제시하고 그 원인을 밝히고 있다.
ㄴ. 기존 이론의 한계를 밝히고 새로운 관점을 제시하고 있다.
ㄷ. 두 이론을 절충하여 새로운 이론의 가능성을 제시하고 있다.
ㄹ. 개념을 정의한 후 대상을 일정한 기준으로 나누어 설명하고 있다.

① ㄱ, ㄴ　　　　　　　　　　② ㄱ, ㄷ
③ ㄱ, ㄹ　　　　　　　　　　④ ㄴ, ㄷ
⑤ ㄷ, ㄹ

10 다음 글이 비판의 대상으로 삼는 주장으로 가장 적절한 것은?

경제 문제는 대개 해결이 가능하다. 대부분의 경제 문제에는 몇 개의 해결책이 있다. 그러나 모든 해결책은 누군가가 반드시 상당한 손실을 감수해야 한다는 특징을 갖고 있다. 하지만 누구도 이 손실을 자발적으로 감수하고자 하지 않으며, 우리의 정치제도는 누구에게도 이 짐을 짊어지라고 강요할 수 없다. 우리의 정치적·경제적 구조로는 제로섬(Zero - sum)적인 요소를 지니는 경제 문제에 전혀 대처할 수 없기 때문이다.

대개의 경제적 해결책은 대규모의 제로섬적인 요소를 갖기 때문에 큰 손실을 수반한다. 모든 제로섬 게임에는 승자가 있다면 반드시 패자가 있으며, 패자가 존재해야만 승자가 존재할 수 있다. 경제적 이득이 경제적 손실을 초과할 수도 있지만, 손실의 주체에게 손실의 의미란 상당한 크기의 경제적 이득을 부정할 수 있을 만큼 매우 중요하다. 어떤 해결책으로 인해 평균적으로 사회는 더 잘 살게 될 수도 있지만, 이 평균이 훨씬 더 잘 살게 된 수많은 사람과 훨씬 더 못살게 된 수많은 사람을 감춘다. 만약 당신이 더 못살게 된 사람 중 하나라면 내 수입이 줄어든 것보다 다른 누군가의 수입이 더 많이 늘었다고 해서 위안을 얻지는 않을 것이다. 결국 우리는 우리 자신의 수입을 보호하기 위해 경제적 변화가 일어나는 것을 막거나 혹은 사회가 우리에게 손해를 입히는 공공정책을 강제로 시행하는 것을 막기 위해 싸울 것이다.

① 빈부격차를 해소하는 것만큼 중요한 정책은 없다.
② 사회의 총생산량이 많아지게 하는 정책이 좋은 정책이다.
③ 경제문제에서 모두가 만족하는 해결책은 존재하지 않는다.
④ 경제적 변화에 대응하는 정치제도의 기능에는 한계가 존재한다.
⑤ 경제정책의 효율성을 높이는 방법은 일관성을 유지하는 것이다.

11 아이스링크장에서 2종목의 경기가 열리고 있다. 참가자는 피겨 스케이팅 4명, 쇼트트랙 8명이다. 모든 경기가 토너먼트 방식으로 진행된다고 할 때, 두 경기의 가능한 대진표는 모두 몇 가지인가?

① 100가지   ② 102가지
③ 108가지   ④ 115가지
⑤ 120가지

12 K고등학교의 학생회장인 철수는 K고등학교의 화장실에 대한 만족도를 조사하기 위해 3학년 학생 160명을 대상으로 설문조사를 실시하였다. 설문조사 후 다음과 같은 결과를 얻었을 때, 100점 만점으로 환산한 평균 만족도 점수는?

<K고등학교 화장실 만족도 조사 결과>

구분	매우 불만족	불만족	보통	만족	매우 만족
K고등학교 화장실에 만족하는가?	10명	36명	30명	72명	12명

※ 매우 불만족, 불만족, 보통, 만족, 매우 만족을 각각 1점, 2점, 3점, 4점, 5점으로 계산한다.
※ 평균 만족도 점수는 3학년 학생 160명의 만족도 점수의 평균으로 계산한다.

① 55점   ② 65점
③ 75점   ④ 85점
⑤ 95점

13 다음 〈조건〉을 바탕으로 할 때, 乙의 나이로 가능한 것은?

─〈조건〉─
• 甲과 乙은 부부이다. a는 甲의 동생, b, c는 아들과 딸이다.
• 甲은 乙과 동갑이거나 乙보다 나이가 많다.
• a, b, c 나이의 곱은 2,450이다.
• a, b, c 나이의 합은 46이다.
• a는 19 ~ 34세이다.
• 甲과 乙의 나이 합은 아들과 딸의 나이 합의 4배이다.

① 46세   ② 45세
③ 44세   ④ 43세
⑤ 42세

14 직선상에 있는 A지점부터 B지점까지 일정한 간격으로 나무를 심으려고 한다. 현재 가지고 있는 나무를 10m 간격으로 심으면 10그루가 남고 5m 간격으로 심으면 5그루가 모자란다고 할 때, A지점과 B지점 사이의 거리는?(단, A와 B지점에도 나무를 심는다)

① 100m   ② 150m
③ 200m   ④ 250m
⑤ 300m

15 다음은 OECD 주요 국가별 삶의 만족도 및 관련 지표를 나타낸 자료이다. 이에 대한 설명으로 옳지 않은 것은?

〈OECD 주요 국가별 삶의 만족도 및 관련 지표〉

(단위 : 점, %, 시간)

구분	삶의 만족도	장시간 근로자 비율	여가·개인 돌봄시간
덴마크	7.6	2.1	16.1
아이슬란드	7.5	13.7	14.6
호주	7.4	14.2	14.4
멕시코	7.4	28.8	13.9
미국	7.0	11.4	14.3
영국	6.9	12.3	14.8
프랑스	6.7	8.7	15.3
이탈리아	6.0	5.4	15.0
일본	6.0	22.6	14.9
한국	6.0	28.1	14.9
에스토니아	5.4	3.6	15.1
포르투갈	5.2	9.3	15.0
헝가리	4.9	2.7	15.0

※ 장시간 근로자 비율은 전체 근로자 중 주 50시간 이상 근무한 근로자의 비율이다.

① 삶의 만족도가 가장 높은 국가는 장시간 근로자 비율이 가장 낮다.

② 한국의 장시간 근로자 비율은 삶의 만족도가 가장 낮은 국가의 장시간 근로자 비율의 10배 이상이다.

③ 여가·개인 돌봄시간이 가장 긴 국가와 가장 짧은 국가의 삶의 만족도 차이는 0.3점 이하이다.

④ 삶의 만족도가 한국보다 낮은 국가들의 장시간 근로자 비율 산술평균은 이탈리아의 장시간 근로자 비율보다 높다.

⑤ 장시간 근로자 비율이 미국보다 낮은 국가의 여가·개인 돌봄시간은 모두 미국의 여가·개인 돌봄시간보다 길다.

16 甲은 개인사유로 인해 5년간 재직했던 회사를 그만두게 되었다. 甲에게 지급된 퇴직금이 1,900만 원일 때, 甲의 평균 연봉은 얼마인가?[단, 평균 연봉은 (1일 평균임금)×365이고, 천의 자리에서 올림한다]

〈퇴직금 산정방법〉

▶ 고용주는 퇴직하는 근로자에게 계속근로기간 1년에 대해 30일분 이상의 평균임금을 퇴직금으로 지급해야 합니다.
   − '평균임금'이란 이를 산정해야 할 사유가 발생한 날 이전 3개월 동안에 해당 근로자에게 지급된 임금의 총액을 그 기간의 총일수로 나눈 금액을 말합니다.
   − 평균임금이 근로자의 통상임금보다 적으면 그 통상임금을 평균임금으로 합니다.
▶ 퇴직금 산정공식
   (퇴직금)＝[(1일 평균임금)×30일×(총 계속근로기간)]÷365

---

① 4,110만 원   ② 4,452만 원
③ 4,650만 원   ④ 4,745만 원
⑤ 4,800만 원

17 양궁 대회에 참여한 진수, 민영, 지율, 보라 네 명의 최고점이 모두 달랐다. 진수의 최고점과 민영이의 최고점의 2배를 합한 점수가 10점이었고, 지율이의 최고점과 보라의 최고점의 2배를 합한 점수가 35점이었다. 진수의 최고점의 2배, 민영이의 최고점의 4배와 지율이의 최고점의 5배를 합한 총점이 85점이었다면, 보라의 최고점은 몇 점인가?

① 8점   ② 9점
③ 10점   ④ 11점
⑤ 12점

18 다음은 의약품 종류별 상자 수에 따른 가격표이다. 종류별 상자 수를 가중치로 적용하여 가격에 대한 가중평균을 구하면 66만 원이다. 이때, 빈칸에 들어갈 가격은 얼마인가?

〈의약품 종류별 가격 및 상자 수〉

(단위 : 만 원, 개)

구분	A	B	C	D
가격	( )	70	60	65
상자 수	30	20	30	20

① 60만 원
② 65만 원
③ 70만 원
④ 75만 원
⑤ 80만 원

19 다음은 어느 지역의 주화 공급에 대한 자료이다. 이에 대한 설명으로 옳은 것을 〈보기〉에서 모두 고르면?

〈주화 공급 관련 정보〉

구분	액면가				합계
	10원	50원	100원	500원	
공급량(만 개)	3,469	2,140	2,589	1,825	10,023
공급기관 수(개)	1,519	929	801	953	4,202

※ (평균 주화 공급량) = $\dfrac{(\text{주화 종류별 공급량의 합})}{(\text{주화 종류 수})}$

※ (주화 공급액) = (주화 공급량) × (액면가)

─────〈보기〉─────

ㄱ. 주화 공급량이 주화 종류별로 각각 200만 개씩 증가한다면, 이 지역의 평균 주화 공급량은 2,700만 개 이상이다.

ㄴ. 주화 종류별 공급기관당 공급량은 10원 주화가 500원 주화보다 적다.

ㄷ. 10원과 500원 주화는 각각 10%씩, 50원과 100원 주화는 각각 20%씩 공급량이 증가한다면, 이 지역의 평균 주화 공급량의 증가율은 15% 이하이다.

ㄹ. 총 주화 공급액 규모가 12% 증가해도 주화 종류별 주화 공급량의 비율은 변하지 않는다.

① ㄱ, ㄴ
② ㄱ, ㄷ
③ ㄱ, ㄷ, ㄹ
④ ㄴ, ㄷ, ㄹ
⑤ ㄱ, ㄴ, ㄷ, ㄹ

20 다음은 V~Z면접관이 A~D응시자에게 부여한 면접 점수에 대한 자료이다. 이에 대한 설명으로 옳은 것을 〈보기〉에서 모두 고르면?

〈A~D응시자의 면접 점수〉

(단위 : 점)

면접관＼응시자	A	B	C	D	범위
V	7	8	8	6	2
W	4	6	8	10	( )
X	5	9	8	8	( )
Y	6	10	9	7	4
Z	9	7	6	5	4
중앙값	( )	( )	8	( )	–
교정점수	( )	8	( )	7	–

※ 1) 범위 : 해당 면접관이 각 응시자에게 부여한 면접 점수 중 최댓값에서 최솟값을 뺀 값
　2) 중앙값 : 해당 응시자가 V~Z면접관에게 받은 모든 면접 점수를 크기순으로 나열할 때 한가운데 값
　3) 교정점수 : 해당 응시자가 V~Z면접관에게 받은 모든 면접 점수 중 최댓값과 최솟값을 제외한 면접 점수의 산술평균값

〈보기〉

ㄱ. 면접관 중 범위가 가장 큰 면접관은 W이다.
ㄴ. 응시자 중 중앙값이 가장 작은 응시자는 D이다.
ㄷ. 교정점수는 C가 A보다 크다.

① ㄱ
② ㄴ
③ ㄱ, ㄷ
④ ㄴ, ㄷ
⑤ ㄱ, ㄴ, ㄷ

21 다음 〈보기〉를 원인 분석 단계의 절차에 따라 순서대로 바르게 나열한 것은?

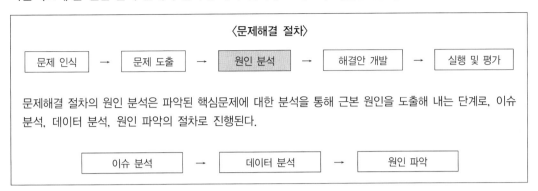

〈문제해결 절차〉

문제 인식 → 문제 도출 → 원인 분석 → 해결안 개발 → 실행 및 평가

문제해결 절차의 원인 분석은 파악된 핵심문제에 대한 분석을 통해 근본 원인을 도출해 내는 단계로, 이슈 분석, 데이터 분석, 원인 파악의 절차로 진행된다.

이슈 분석 → 데이터 분석 → 원인 파악

─〈보기〉─

㉠ 가설검증계획에 의거하여 분석결과를 미리 이미지화한다.
㉡ 데이터 수집계획을 세운 후 목적에 따라 정량적이고 객관적인 사실을 수집한다.
㉢ 인터뷰 및 설문조사 등을 활용하여 현재 수행하고 있는 업무에 가장 크게 영향을 미치는 문제를 선정한다.
㉣ 이슈와 데이터 분석을 통해 얻은 결과를 바탕으로 최종 원인을 확인한다.
㉤ 자신의 경험, 지식 등에 의존하여 이슈에 대한 일시적인 결론을 예측해 보는 가설을 설정한다.
㉥ 목적에 따라 수집된 정보를 항목별로 분류·정리한 후 'What', 'Why', 'How' 측면에서 의미를 해석한다.

① ㉠ - ㉢ - ㉤ - ㉡ - ㉥ - ㉣
② ㉠ - ㉥ - ㉢ - ㉤ - ㉡ - ㉣
③ ㉢ - ㉠ - ㉤ - ㉥ - ㉡ - ㉣
④ ㉢ - ㉤ - ㉠ - ㉡ - ㉥ - ㉣
⑤ ㉤ - ㉠ - ㉢ - ㉡ - ㉥ - ㉣

22 중소기업청은 우수 중소기업 지원자금을 5,000억 원 한도 내에서 다음 지침에 따라 A ~ D기업에 배분하고자 한다. 이때 기업별 지원 금액은 얼마인가?

〈지침〉

- 평가지표별 점수 부여 : 평가지표별로 1위 기업에게는 4점, 2위는 3점, 3위는 2점, 4위는 1점을 부여한다. 다만, 부채비율이 낮을수록 순위가 높으며, 나머지 지표는 클수록 순위가 높다.
- 기업 평가순위 부여 : 획득한 점수의 합이 큰 기업 순으로 평가순위(1 ~ 4위)를 부여한다.
- 지원한도
  (1) 평가 순위 1위 기업에는 2,000억 원, 2위는 1,500억 원, 3위는 1,000억 원, 4위는 500억 원까지 지원할 수 있다.
  (2) 각 기업에 대한 지원한도는 순자산의 2/3로 제한된다. 다만, 평가순위가 3위와 4위인 기업 중 부채비율이 400% 이상인 기업에게는 순자산의 1/2만큼만 지원할 수 있다.
- 지원요구금액이 지원한도보다 적은 경우에는 지원요구금액만큼만 배정한다.

〈평가지표와 각 기업의 순자산 및 지원요구금액〉

구분		A기업	B기업	C기업	D기업
평가지표	경상이익률(%)	5	2	1.5	3
	영업이익률(%)	5	1	2	1.5
	부채비율(%)	500	350	450	300
	매출액증가율(%)	8	10	9	11
순자산(억 원)		2,100	600	900	3,000
지원요구금액(억 원)		2,000	500	1,000	1,800

	A기업	B기업	C기업	D기업
①	1,400억 원	400억 원	450억 원	1,800억 원
②	1,050억 원	500억 원	1,000억 원	1,800억 원
③	1,400억 원	400억 원	500억 원	2,000억 원
④	1,050억 원	500억 원	450억 원	2,000억 원
⑤	1,400억 원	500억 원	450억 원	1,800억 원

※ K대리는 대전에서 출발하여 각각 광주, 대구, 부산, 울산에 있는 4개 지부로 출장을 갈 계획이다. 다음 자료를 보고 이어지는 질문에 답하시오. [23~24]

〈도시 간 이동비용〉

출발지 \ 도착지	대전	광주	대구	부산	울산
대전		41,000원	38,000원	44,500원	39,000원
광주	41,000원		32,000원	35,500원	37,500원
대구	38,000원	32,000원		7,500원	10,500원
부산	44,500원	35,500원	7,500원		22,000원
울산	39,000원	37,500원	10,500원	22,000원	

〈도시 간 이동소요시간〉

출발지 \ 도착지	대전	광주	대구	부산	울산
대전		2시간 40분	2시간 20분	3시간 10분	2시간 45분
광주	2시간 40분		2시간 5분	2시간 15분	2시간 35분
대구	2시간 20분	2시간 5분		40분	1시간 5분
부산	3시간 10분	2시간 15분	40분		1시간 40분
울산	2시간 45분	2시간 35분	1시간 5분	1시간 40분	

23 K대리는 4개 지부를 방문한 후 대전으로 돌아와야 한다. 다음 이동경로 중 K대리가 대전으로 복귀하기까지 이동비용이 가장 저렴한 경로는?

① 대전 – 광주 – 대구 – 부산 – 울산 – 대전
② 대전 – 광주 – 부산 – 울산 – 대구 – 대전
③ 대전 – 대구 – 부산 – 울산 – 광주 – 대전
④ 대전 – 울산 – 부산 – 대구 – 광주 – 대전
⑤ 대전 – 울산 – 대구 – 부산 – 광주 – 대전

24 K대리는 4개 지부를 방문한 후 집으로 퇴근한다. K대리의 집이 대구라고 할 때, 다음 이동경로 중 K대리가 퇴근하기까지 이동 소요시간이 가장 짧은 경로는?

① 대전 – 부산 – 울산 – 광주 – 대구
② 대전 – 부산 – 광주 – 울산 – 대구
③ 대전 – 광주 – 울산 – 부산 – 대구
④ 대전 – 광주 – 부산 – 울산 – 대구
⑤ 대전 – 울산 – 광주 – 부산 – 대구

25 A ~ E 5명이 순서대로 퀴즈게임을 해서 벌칙 받을 사람 1명을 선정하고자 한다. 게임 규칙과 결과에 근거할 때, 항상 옳은 것을 〈보기〉에서 모두 고르면?

- 규칙
  - A → B → C → D → E 순서대로 퀴즈를 1개씩 풀고, 모두 한 번씩 퀴즈를 풀고 나면 한 라운드가 끝난다.
  - 퀴즈 2개를 맞힌 사람은 벌칙에서 제외되고, 다음 라운드부터는 게임에 참여하지 않는다.
  - 라운드를 반복하여 맨 마지막까지 남는 한 사람이 벌칙을 받는다.
  - 벌칙에서 제외되는 4명이 확정되면 라운드 중이라도 더 이상 퀴즈를 출제하지 않는다. 이 외에는 라운드 끝까지 퀴즈를 출제한다.
  - 게임 중 동일한 문제는 출제하지 않는다.
- 결과
  3라운드에서 A는 참가자 중 처음으로 벌칙에서 제외되었고, 4라운드에서는 오직 B만 벌칙에서 제외되었으며, 벌칙을 받을 사람은 5라운드에서 결정되었다.

〈보기〉

ㄱ. 5라운드까지 참가자들이 정답을 맞힌 퀴즈는 총 9개이다.

ㄴ. 게임이 종료될 때까지 총 22개의 퀴즈가 출제되었다면, E는 5라운드에서 퀴즈의 정답을 맞혔다.

ㄷ. 게임이 종료될 때까지 총 21개의 퀴즈가 출제되었다면, 퀴즈를 푸는 순서가 벌칙을 받을 사람 선정에 영향을 미친 것으로 볼 수 있다.

① ㄱ

② ㄴ

③ ㄱ, ㄷ

④ ㄴ, ㄷ

⑤ ㄱ, ㄴ, ㄷ

26 다음 자료에 근거할 때, 갑이 내년 1월 1일부터 12월 31일까지 아래 A ~ D 네 가지 작물을 재배하여 최대로 얻을 수 있는 소득은?

갑은 작물별 재배 기간과 재배 가능 시기를 고려하여 작물 재배 계획을 세우고자 한다. 아래 표의 네 가지 작물 중 어느 작물이든 재배할 수 있으나, 동시에 두 가지 작물을 재배할 수는 없다. 또한 하나의 작물을 같은 해에 두 번 재배할 수도 없다.

〈작물 재배 조건〉

작물	1회 재배 기간	재배 가능 시기	1회 재배로 얻을 수 있는 소득
A	4개월	3월 1일 ~ 11월 30일	800만 원
B	5개월	2월 1일 ~ 11월 30일	1,000만 원
C	3개월	3월 1일 ~ 11월 30일	500만 원
D	3개월	2월 1일 ~ 12월 31일	350만 원

① 1,500만 원
② 1,650만 원
③ 1,800만 원
④ 1,850만 원
⑤ 2,150만 원

27 A ~ D 네 명이 키우는 동물의 종류에 대한 〈조건〉이 다음과 같을 때, 바르게 추론한 것은?

─〈조건〉─
• A는 개, C는 고양이, D는 닭을 키운다.
• B는 토끼를 키우지 않는다.
• A가 키우는 동물은 B도 키운다.
• A와 C는 같은 동물을 키우지 않는다.
• A, B, C, D 각각은 2종류 이상의 동물을 키운다.
• A, B, C, D는 개, 고양이, 토끼, 닭 이외의 동물은 키우지 않는다.

① B는 개를 키우지 않는다.
② B와 C가 공통으로 키우는 종류의 동물이 있다.
③ C는 키우지 않지만 D가 키우는 종류의 동물이 있다.
④ 3명이 공통으로 키우는 종류의 동물은 없다.
⑤ 3가지 종류의 동물을 키우는 사람은 없다.

※ K공사는 직원들의 명함을 다음 기준에 따라 제작한다. 이어지는 질문에 답하시오. **[28~29]**

〈기준〉

• 국문 명함 : 100장에 10,000원, 50장 추가 시 3,000원
• 영문 명함 : 100장에 15,000원, 50장 추가 시 5,000원
※ 고급 종이로 만들 경우 정가에서 10% 할증

28 올해 신입사원이 입사해서 국문 명함을 만들었다. 명함은 1인당 150장씩 지급하며, 일반 종이로 만들어 총 제작비용은 195,000원이다. 신입사원은 총 몇 명인가?

① 12명   ② 13명
③ 14명   ④ 15명
⑤ 16명

29 이번 신입사원 중 해외영업부서로 배치받은 사원들이 있다. 해외영업부 사원들에게는 고급 종이로 된 영문 명함을 200장씩 만들어 주려고 한다. 사원들의 인원이 8명일 때, 총가격은 얼마인가?

① 158,400원   ② 192,500원
③ 210,000원   ④ 220,000원
⑤ 247,500원

30 A씨는 영업비밀 보호를 위해 자신의 컴퓨터 속 각 문서의 암호를 다음 규칙에 따라 만들었다. 파일 이름이 〈보기〉와 같을 때, 이 파일의 암호는 무엇인가?

〈규칙〉

1. 비밀번호 중 첫 번째 자리에는 파일 이름의 첫 문자가 한글일 경우 @, 영어일 경우 #, 숫자일 경우 *로 특수문자를 입력한다.
   → 고슴Dochi=@, haRAMY801=#, 1app루=*
2. 두 번째 자리에는 파일 이름의 총 자리 개수를 입력한다.
   → 고슴Dochi=@7, haRAMY801=#9, 1app루=*5
3. 세 번째 자리부터는 파일 이름 내에 숫자를 순서대로 입력한다. 숫자가 없을 경우 0을 두 번 입력한다.
   → 고슴Dochi=@700, haRAMY801=#9801, 1app루=*51
4. 그 다음 자리에는 파일 이름 중 한글이 있을 경우 초성만 순서대로 입력한다. 없다면 입력하지 않는다.
   → 고슴Dochi=@700ㄱㅅ, haRAMY801=#9801, 1app루=*51ㄹ
5. 그 다음 자리에는 파일 이름 중 영어가 있다면 뒤에 덧붙여 순서대로 입력하되, a, e, i, o, u만 'a=1, e=2, i=3, o=4, u=5'로 변형하여 입력한다(대문자·소문자 구분 없이 모두 소문자로 입력한다).
   → 고슴Dochi=@700ㄱㅅd4ch3, haRAMY801=#9801h1r1my, 1app루=*51ㄹ1pp

---

〈보기〉

2022매운전골Cset3인기준recipe8

---

① @23202238ㅁㅇㅈㄱㅇㄱㅈcs2trecipe
② @23202238ㅁㅇㅈㄱㅇㄱㅈcs2tr2c3p2
③ *23202238ㅁㅇㅈㄱㅇㄱㅈcs2trecipe
④ *23202238ㅁㅇㅈㄱㅇㄱㅈcs2tr2c3p2
⑤ *23202238ㅁㅇㅈㄱㅇㄱㅈcsetrecipe

| 01 | 토목일반

31 다음 중 고성토의 제방에서 전단파괴가 발생하기 전에 제방의 외측에 흙을 돋우어 활동에 대한 저항모멘트를 증대시켜 전단파괴를 방지하는 공법은?

① 프리로딩 공법
② 압성토 공법
③ 치환 공법
④ 대기압 공법
⑤ 페이퍼드레인 공법

32 연약점토지반에 압밀촉진공법을 적용한 후, 전체 평균압밀도가 90%로 계산되었다. 압밀촉진공법을 적용하기 전 수직방향의 평균압밀도가 20%였을 때 수평방향의 평균압밀도는?

① 70%
② 77.5%
③ 82.5%
④ 87.5%
⑤ 92.5%

33 다음 중 $S=1.8t$, $\tau_{\max}=4.5\mathrm{kg}_f/\mathrm{cm}^2$이고, 폭이 20cm일 때 단면의 높이는?

① 25cm
② 27cm
③ 30cm
④ 35cm
⑤ 37cm

34 간극률이 50%, 함수비가 40%인 포화토에 있어서 지반의 분사현상에 대한 안전율이 3.5라고 할 때 이 지반에 허용되는 최대동수경사는?(단, 소수점 셋째 자리에서 반올림한다)

① 0.21
② 0.51
③ 0.61
④ 1.00
⑤ 1.23

35 다음 중 서로 다른 크기의 철근을 압축부에서 겹침이음하는 경우 이음길이에 대한 설명으로 옳은 것은?

① 이음길이는 크기가 큰 철근의 정착길이와 크기가 작은 철근의 겹침이음길이 중 큰 값 이상이어야 한다.

② 이음길이는 크기가 작은 철근의 정착길이와 크기가 큰 철근의 겹침이음길이 중 작은 값 이상이어야 한다.

③ 이음길이는 크기가 작은 철근의 정착길이와 크기가 큰 겹침이음길이의 평균값 이상이어야 한다.

④ 이음길이는 크기가 큰 철근의 정착길이와 크기가 작은 철근의 겹침이음길이를 합한 값 이상이어야 한다.

⑤ 이음길이는 크기가 큰 철근의 정착길이와 크기가 작은 철근의 겹침이음길의 평균값 이상이어야 한다.

36 단철근 직사각형 균형보에서 $f_y = 400\text{MPa}$, $d = 700\text{mm}$일 때, 압축연단에서 중립축까지의 거리(c)는?

① 400mm
② 410mm
③ 420mm
④ 430mm
⑤ 440mm

37 전단설계 시에 깊은 보(Deep Beam)란 하중이 받침으로부터 부재깊이의 2배 거리 이내에 작용하는 부재이다. 이는 $\dfrac{l_n}{h}$ 이 얼마 이하인 경우인가?(단, l_n 은 받침부 내면 사이의 순경간이고, h 는 부재깊이이다)

① 2
② 3
③ 4
④ 5
⑤ 6

38 다음 중 프리스트레스의 손실에 대한 설명으로 옳지 않은 것은?

① 콘크리트의 크리프와 건조 수축에 의한 손실은 프리텐션이나 포스트텐션에서 큰 몫을 차지한다.

② 포스트텐션에서는 탄성 손실을 극소화시킬 수 있다.

③ 마찰에 의한 손실은 통상 프리텐션에서 고려한다.

④ 일반적으로 프리텐션이 포스트텐션보다 손실이 크다.

⑤ 마찰에 의한 프리스트레스 감소는 곡률마찰에 의한 감소와 파상마찰에 의한 감소 두 가지로 나뉜다.

39 다음 중 트래버스 측량에 속하는 방위각법에 대한 설명으로 옳지 않은 것은?

① 진북을 기준으로 어느 측선까지 시계 방향으로 측정하는 방법이다.

② 험준하고 복잡한 지역에서는 적합하지 않다.

③ 노선측량 또는 지형측량에 널리 쓰인다.

④ 각 관측값의 계산과 제도가 편리하고 신속히 관측할 수 있다.

⑤ 각이 독립적으로 관측되므로 오차 발생 시 개별각의 오차는 이후의 측량에 영향이 없다.

40 80m의 측선을 20m 줄자로 관측하였다. 만약 1회의 관측에 +4mm의 정오차와 ±3mm의 부정오차가 있었다면 이 측선의 거리는?

① 80.006±0.006m ② 80.006±0.016m

③ 80.016±0.006m ④ 80.016±0.016m

⑤ 80.026±0.006m

41 다음 중 수치지형도(Digital Map)에 대한 설명으로 옳지 않은 것은?

① 우리나라는 축척 1:5,000 수치지형도를 국토기본도로 한다.

② 주로 필지정보와 표고자료, 수계정보 등을 얻을 수 있다.

③ 일반적으로 항공사진측량에 의해 구축된다.

④ 축척별 포함 사항이 다르다.

⑤ 종이 지형도에 지리정보시스템을 이용하여 수치화한 것이다.

42 다음 중 평판측량에서 중심맞추기 오차가 6cm까지 허용할 때, 도상축적의 한계는?(단, 도상오차는 0.2mm로 한다)

① $\dfrac{1}{200}$ ② $\dfrac{1}{400}$

③ $\dfrac{1}{500}$ ④ $\dfrac{1}{600}$

⑤ $\dfrac{1}{800}$

43 다음 중 철근의 겹침이음 등급에서 A급 이음의 조건으로 옳은 것은?

① 배치된 철근량이 이음부 전체 구간에서 해석 결과 요구되는 소요 철근량의 3배 이상이고, 소요 겹침이음길이 내 겹침이음된 철근량이 전체 철근량의 1/3 이상인 경우

② 배치된 철근량이 이음부 전체 구간에서 해석 결과 요구되는 소요 철근량의 3배 이상이고, 소요 겹침이음길이 내 겹침이음된 철근량이 전체 철근량의 1/2 이하인 경우

③ 배치된 철근량이 이음부 전체 구간에서 해석 결과 요구되는 소요 철근량의 2배 이상이고, 소요 겹침이음길이 내 겹침이음된 철근량이 전체 철근량의 1/4 이상인 경우

④ 배치된 철근량이 이음부 전체 구간에서 해석 결과 요구되는 소요 철근량의 2배 이상이고, 소요 겹침이음길이 내 겹침이음된 철근량이 전체 철근량의 1/3 이상인 경우

⑤ 배치된 철근량이 이음부 전체 구간에서 해석 결과 요구되는 소요 철근량의 2배 이상이고, 소요 겹침이음길이 내 겹침이음된 철근량이 전체 철근량의 1/2 이하인 경우

44 캔트(Cant)의 크기가 C인 노선에서 곡선의 반지름을 2배로 증가시킬 때, 새로운 캔트의 크기(C')는?

① $0.5C'$ ② $1C'$

③ $2C'$ ④ $4C'$

⑤ $6C'$

45 다음 중 철근 콘크리트 구조물의 단점으로 옳지 않은 것은?

① 중량이 비교적 크다. ② 균열이 발생하기 쉽다.

③ 개조, 보강, 해체가 어렵다. ④ 내구성과 내화성이 좋지 않다.

⑤ 내부 결함 유무를 검사하기 어렵다.

46 다음 중 클로소이드 곡선(Clothoid Curve)에 대한 설명으로 옳지 않은 것은?

① 고속도로에 널리 이용된다.

② 곡률이 곡선의 길이에 비례한다.

③ 완화곡선(緩和曲線)의 일종이다.

④ 클로소이드 요소는 모두 단위를 갖지 않는다.

⑤ 곡선반지름이 곡선의 길이에 반비례한다.

47 다음 중 1방향 슬래브의 전단력에 대한 위험단면은 어느 곳인가?(단, d는 유효깊이이다)

① 지점에서 $d/5$인 곳　　　　　　② 지점에서 $d/4$인 곳

③ 지점에서 $d/2$인 곳　　　　　　④ 지점에서 $d/3$인 곳

⑤ 지점에서 d인 곳

48 다음 그림과 같이 우력(偶力)이 작용할 때, 각 점의 모멘트에 대한 설명으로 옳은 것은?

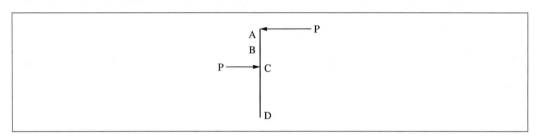

① B점의 모멘트가 제일 작다.

② D점의 모멘트가 제일 크다.

③ A점과 C점은 모멘트의 크기는 같으나 방향이 서로 반대이다.

④ A, B, C, D 모든 점의 모멘트는 같다.

⑤ C점의 모멘트가 제일 작다.

49 점토층의 두께가 5m, 간극비가 1.4, 액성 한계가 50%이고, 점토층 위의 유효 상재 압력이 $10t/m^2$에서 $14t/m^2$으로 증가할 때의 침하량은?(단, 압축 지수는 흐트러지지 않은 시료에 대한 Terzaghi & Peck의 경험식을 사용하여 구한다)

① 5cm　　　　　　　　　　② 7cm

③ 11cm　　　　　　　　　　④ 13cm

⑤ 15cm

50 토질 실험 결과 내부 마찰각(ϕ)$= 30°$, 점착력 $c = 0.5\text{kg/cm}^2$, 간극 수압이 8kg/cm^2이고 파괴면에 작용하는 수직응력이 30kg/cm^2일 때, 이 흙의 전단응력은?

① 12.7kg/cm^2
② 13.2kg/cm^2
③ 15.8kg/cm^2
④ 19.5kg/cm^2
⑤ 23.1kg/cm^2

51 다음 중 항공사진측량의 입체시에 대한 설명으로 옳은 것은?

① 다른 조건이 동일할 때 초점거리가 긴 사진기에 의한 입체상이 짧은 사진기의 입체상보다 높게 보인다.
② 한 쌍의 입체사진은 촬영코스 방향과 중복도만 유지하면 두 사진의 축척이 30% 정도 달라도 무관하다.
③ 다른 조건이 동일할 때 기선의 길이를 길게 하는 것이 짧은 경우보다 과고감이 크게 된다.
④ 입체상의 변화는 기선고도비에 영향을 받지 않는다.
⑤ 입체사진의 조건에서 사진 축척은 달라야 한다.

52 다음 중 인장을 받는 표준 갈고리의 정착에 대한 설명으로 옳지 않은 것은?

① 갈고리는 압축을 받는 구역에서 철근 정착에 유효하다.
② 기본 정착 길이에 수정 계수를 곱하여 정착 길이를 계산하는데 $8d_b$ 이상, 15cm 이상이어야 한다.
③ 경량 콘크리트의 수정 계수는 1.3이다.
④ 정착 길이는 위험 단면으로부터 갈고리 외부 끝까지의 거리로 나타낸다.
⑤ 정착 길이의 허용오차는 소정 길이의 10% 이내로 한다.

53 인장 이형철근을 겹침이음할 때 $\left(\dfrac{\text{배근 } A_s}{\text{소요 } A_s} \right) < 2.0$이고, 겹침이음된 철근량이 전체 철근량의 $\dfrac{1}{2}$을 넘는 경우, 겹침이음길이는?(이때, l_d는 규정에 의해 계산된 이형철근의 정착길이이다)

① $1.0l_d$ 이상
② $1.3l_d$ 이상
③ $1.5l_d$ 이상
④ $1.7l_d$ 이상
⑤ $2.0l_d$ 이상

54 다음 중 단면의 성질에 대한 설명으로 옳지 않은 것은?

① 단면 2차 모멘트의 값은 항상 0보다 크다.

② 도심축에 관한 단면 1차 모멘트의 값은 항상 0이다.

③ 단면 2차 극모멘트의 값은 항상 극을 원점으로 하는 두 직교 좌표축에 대한 단면 2차 모멘트의 합과 같다.

④ 단면 상승 모멘트의 값은 항상 0보다 크다.

⑤ 단면계수는 도심을 지나는 축에 대한 단면 2차 모멘트를 단면의 상, 하 끝단까지의 거리로 나눈 것이다.

55 다음 중 GNSS 상대측위 방법에 대한 설명으로 옳은 것은?

① 수신기 1대만을 사용하여 측위를 실시한다.

② 위성과 수신기 간의 거리는 전파의 파장 개수를 이용하여 계산할 수 있다.

③ 위상차의 계산은 단순차, 이중차, 삼중차와 같은 차분기법으로는 해결하기 어렵다.

④ 전파의 위상차를 관측하는 방식이나 절대측위 방법보다 정밀도가 낮다.

⑤ 미지점을 제외한 두 각 및 그 사이 변의 길이를 측량하는 것이다.

56 다음 중 얕은 기초 아래의 접지압력 분포 및 침하량에 대한 설명으로 옳지 않은 것은?

① 접지압력의 분포는 기초의 강성, 흙의 종류, 형태 및 깊이 등에 따라 다르다.

② 점성토 지반에 강성기초 아래의 접지압 분포는 기초의 모서리 부분이 중앙 부분보다 작다.

③ 사질토 지반에서 강성기초인 경우 중앙 부분이 모서리 부분보다 큰 접지압을 나타낸다.

④ 사질토 지반에서 유연성 기초인 경우 침하량은 중심부보다 모서리 부분이 더 크다.

⑤ 접지압력의 분포는 기초 바닥면과 지반과의 접촉면에 생기는 압력, 즉 지반 압력으로 볼 수 있다.

57 다음 중 하천측량 시 무제부에서의 평면측량 범위는?

① 홍수가 영향을 주는 구역보다 약간 넓게

② 계획하고자 하는 지역의 전체

③ 홍수가 영향을 주는 구역까지

④ 홍수영향 구역보다 약간 좁게

⑤ 계획하고자 하는 지역의 절반

58 다음 중 우리나라 시방서 강도 설계편에서 처짐의 검사는 어느 하중에 의하도록 되어 있는가?

① 극한 하중
② 설계 하중
③ 사용 하중
④ 상재 하중
⑤ 파괴 하중

59 다음 중 탄성계수 $E = 2.1 \times 10^6 \, \text{kg/cm}^2$, 푸아송 비 $v = 0.25$일 때, 전단탄성계수의 값은?

① $8.4 \times 10^5 \, \text{kg/cm}^2$
② $10.5 \times 10^5 \, \text{kg/cm}^2$
③ $16.8 \times 10^5 \, \text{kg/cm}^2$
④ $21.0 \times 10^5 \, \text{kg/cm}^2$
⑤ $23.6 \times 10^5 \, \text{kg/cm}^2$

60 다음 중 철근 콘크리트 포장에 대한 설명으로 옳지 않은 것은?

① 일정량의 종방향 철근을 사용한다.
② 종방향 철근에 의해 균열이 방지되므로 균열 발생을 어느정도 허용한다.
③ 무근 콘크리트 포장에 비해 줄눈의 수가 줄어든다.
④ 일반 도로포장과는 달리 큰 공항의 활주로 등의 작용하중이 큰 도로에 적용된다.
⑤ 포장수명이 다른 형태보다 길어 유지관리가 용이하다.

31 다음 중 응력집중현상을 완화할 수 있는 방안으로 옳지 않은 것은?

① 표면을 매끄럽게 다듬는다.

② 곡률 반지름을 줄인다.

③ 노치를 제거한다.

④ 단면의 형상 변화를 줄인다.

⑤ 단면 형상 변화부에 보강재를 결합한다.

32 7kg의 공기를 온도 10℃에서 일정 체적으로 가열하여 엔트로피가 4.82kJ/K증가하였다. 이때 온도는 약 몇 K인가?[단, 공기의 정적비열은 0.717kJ/(kg·K)이다]

① 540.9K

② 740.2K

③ 950.7K

④ 1120.3K

⑤ 1250.8K

33 다음 중 알루미늄 호일을 뭉치면 물에 가라앉지만 같은 양의 호일로 배 형상을 만들면 물에 뜨는 이유로 옳은 것은?

① 부력은 물체의 밀도와 관련이 있다.

② 부력은 유체에 잠기는 영역의 부피와 관련이 있다.

③ 부력은 중력과 관련이 있다.

④ 부력은 유체와 물체 간 마찰력과 관련이 있다.

⑤ 부력은 질량과 관련이 있다.

34 다음 중 유체의 흐름에 대한 저항이 작고 압력에도 강하여 발전소의 도입관 또는 상수도의 주관 등과 같이 지름이 큰 관이나 밸브를 자주 개폐할 필요가 없는 관에 주로 사용하는 밸브는?

① 스톱 밸브(Stop Valve)

② 체크 밸브(Check Valve)

③ 슬루스 밸브(Sluice Valve)

④ 스로틀 밸브(Throttle Valve)

⑤ 플러시 밸브(Flush Valve)

35 다음 중 잔류응력(Residual Stress)에 대한 설명으로 옳지 않은 것은?

① 변형 후 외력을 제거한 상태에서 소재에 남아 있는 응력을 말한다.

② 물체 내의 온도 구배에 의해서도 발생할 수 있다.

③ 잔류응력은 추가적인 소성변형에 의해서도 감소될 수 있다.

④ 표면의 인장잔류응력은 소재의 피로수명을 향상시킨다.

⑤ 변태로 인해 생기는 응력은 표면에는 인장력이 나타나고 내부에는 압축 잔류응력이 발생한다.

36 다음 중 와이어 방전가공에 대한 설명으로 옳지 않은 것은?

① 가공액은 일반적으로 수용성 절삭유를 물에 희석하여 사용한다.

② 와이어 전극은 동, 황동 등이 사용되고 재사용이 가능하다.

③ 와이어는 일정한 장력을 걸어주어야 하는데 보통 와이어 파단력의 1/2 정도로 한다.

④ 복잡하고 미세한 형상가공이 용이하다.

⑤ 와이어는 보통 $0.05 \sim 0.25$mm 정도의 동선 또는 황동선을 이용한다.

37 안지름이 d_1, 바깥지름이 d_2, 지름비가 $x = \dfrac{d_1}{d_2}$인 중공축이 정하중을 받아 굽힘 모멘트(Bending Moment) M이 발생하였다. 허용굽힘응력을 σ_a라 할 때, 바깥지름 d_2를 구하는 식으로 옳은 것은?

① $d_2 = \sqrt[3]{\dfrac{64M}{\pi(1-x^4)\sigma_a}}$

② $d_2 = \sqrt[3]{\dfrac{32M}{\pi(1-x^4)\sigma_a}}$

③ $d_2 = \sqrt[3]{\dfrac{64M}{\pi(1-x^3)\sigma_a}}$

④ $d_2 = \sqrt[3]{\dfrac{32M}{\pi(1-x^3)\sigma_a}}$

⑤ $d_2 = \sqrt[3]{\dfrac{64M}{\pi(1-x^2)\sigma_a}}$

38 지름이 50mm인 황동봉을 주축의 회전수가 2,000rpm인 조건으로 원통 선삭할 때 최소절삭동력은?(단, 주절삭분력은 60N이다)

① 0.1π

② 0.2π

③ π

④ 2π

⑤ 4π

39 천장에 고정된 강선에서 고정단의 응력이 $130MPa$이 될 수 있는 강선의 길이와 신장량은 얼마인가?(단, 강선의 비중량 $\gamma = 76,930N/m^3$이고, $E = 196GPa$이다)

① $l =$ 약 $1,120m$, $\lambda = 24.6cm$

② $l =$ 약 $1,270m$, $\lambda = 31.7cm$

③ $l =$ 약 $1,350m$, $\lambda = 35.8cm$

④ $l =$ 약 $1,480m$, $\lambda = 43.0cm$

⑤ $l =$ 약 $1,690m$, $\lambda = 56.1cm$

40 다음 중 방전가공에 대한 설명으로 옳지 않은 것을 〈보기〉에서 모두 고르면?

─────〈보기〉─────
ㄱ. 스파크 방전을 이용하여 금속을 녹이거나 증발시켜 재료를 제거하는 방법이다.
ㄴ. 방전가공에 사용되는 절연액(Dielectric Fluid)은 냉각제의 역할도 할 수 있다.
ㄷ. 전도체 공작물의 경도와 관계없이 가공이 가능하고 공구 전극의 마멸이 발생하지 않는다.
ㄹ. 공구 전극의 재료로 흑연, 황동 등이 사용된다.
ㅁ. 공구 전극으로 와이어(Wire) 형태를 사용할 수 없다.

① ㄱ, ㄷ
② ㄴ, ㄹ
③ ㄷ, ㅁ
④ ㄱ, ㄷ, ㄹ
⑤ ㄴ, ㄹ, ㅁ

41 다음 중 강의 표면 처리법에 대한 설명으로 옳은 것은?

① 아연(Zn)을 표면에 침투 확산시키는 방법을 칼로라이징(Calorizing)이라 한다.

② 고주파 경화법은 열처리 과정이 필요하지 않다.

③ 청화법(Cyaniding)은 침탄과 질화가 동시에 일어난다.

④ 강철입자를 고속으로 분사하는 숏 피닝(Shot Peening)은 소재의 피로수명을 감소시킨다.

⑤ 침탄법(Carbonizing)은 표면에 탄소를 침투시켜 고탄소강으로 만든 다음 급랭시킨다.

42 다음 중 내충격성에 대한 설명으로 옳은 것은?

① 반복적인 사용으로도 그 성능을 유지할 수 있는 성질을 지닌다.

② 어떤 외력이 작용하여도 외력의 변형 없이 유지되려는 성질을 지닌다.

③ 강재가 외부에서 발생하는 충격 에너지를 흡수할 수 있는 성질을 지닌다.

④ 고온, 장기간의 하중에도 변형이 크게 발생하지 않는 성질을 지닌다.

⑤ 어떤 재료를 실처럼 길게 늘일 수 있는 성질을 지닌다.

43 다음 중 알루미늄에 대한 설명으로 옳지 않은 것은?

① 비중이 작은 경금속이다.　　　　　② 내부식성이 우수하다.

③ 연성이 높아 성형성이 우수하다.　　④ 열전도도가 작다.

⑤ 담금질 효과는 시효경화로 얻는다.

44 수차의 유효낙차가 15m이고 유량이 6m³/min일 때, 수차의 최대 출력은 몇 마력인가?(단, 물의 비중량은 1,000kgf/m³ 이다)

① 20PS　　　　　　　　　　　　　② 50PS

③ 88PS　　　　　　　　　　　　　④ 100PS

⑤ 120PS

45 길이가 2m인 환봉에 인장하중을 가하였더니 길이 변화량이 0.14cm였을 때, 변형률은 얼마인가?

① 7%　　　　　　　　　　　　　　② 0.7%

③ 0.07%　　　　　　　　　　　　　④ 0.007%

⑤ 0.0007%

46 단면적 500mm^2와 길이 100mm의 봉에 50kN의 길이방향하중이 작용했을 때, 탄성 영역에서 늘어난 길이는 2mm이다. 이 재료의 탄성계수는?

① 5GPa

② 2GPa

③ 5MPa

④ 2MPa

⑤ 10MPa

47 압축 코일 스프링에서 스프링 전체의 평균 지름을 반으로 줄일 때, 축 방향 하중에 대한 스프링의 처짐과 스프링에 발생하는 최대 전단응력은 몇 배가 되는가?

① $\dfrac{1}{16}$ 배, $\dfrac{1}{4}$ 배

② $\dfrac{1}{8}$ 배, $\dfrac{1}{2}$ 배

③ 8배, 2배

④ 16배, 8배

⑤ 20배, 12배

48 선형 탄성재료로 된 균일 단면봉이 인장하중을 받고 있다. 선형 탄성범위 내에서 인장하중을 증가시켜 신장량을 2배로 늘리면 탄성변형에너지는 몇 배가 되는가?

① 2배

② 4배

③ 8배

④ 16배

⑤ 24배

49 다음 중 증기압축식 냉동기에서 냉매가 움직이는 경로를 순서대로 바르게 나열한 것은?

① 압축기 → 응축기 → 팽창밸브 → 증발기 → 압축기

② 압축기 → 팽창밸브 → 증발기 → 응축기 → 압축기

③ 압축기 → 증발기 → 팽창밸브 → 응축기 → 압축기

④ 압축기 → 응축기 → 증발기 → 팽창밸브 → 압축기

⑤ 압축기 → 증발기 → 응축기 → 팽창밸브 → 압축기

50 하중을 들어 올릴 때 효율이 30%이고 피치가 4mm인 1줄 나사를 40N·mm의 토크로 회전시킬 때, 나사에 작용하는 축방향의 하중은?(단, π는 3으로 계산한다)

① 18N
② 19N
③ 20N
④ 21N
⑤ 22N

51 길이가 L이고 스프링 상수가 k인 균일한 스프링이 있다. 이 스프링 길이의 $\dfrac{2}{3}$를 잘라내고 남은 길이가 $\dfrac{1}{3}$인 스프링의 스프링 상수는 얼마인가?(단, 스프링에는 길이 방향 하중만 작용한다)

① $\dfrac{k}{3}$
② $\dfrac{2k}{3}$
③ $\dfrac{3k}{2}$
④ $2k$
⑤ $3k$

52 지름이 600mm인 드럼 브레이크의 축에 4,500N·cm의 토크가 작용하고 있을 때, 이 축을 정지시키는 데 필요한 최소 제동력은?

① 15N
② 75N
③ 150N
④ 300N
⑤ 400N

53 성크키(묻힘키)에 의한 축이음에서 축의 외주에 작용하는 접선력이 1N일 때, 키(Key)에 작용하는 전단응력은?(단, 키의 치수는 10mm×8mm×100mm이다)

① $1,000\text{N/m}^2$
② $1,250\text{N/m}^2$
③ $2,000\text{N/m}^2$
④ $2,500\text{N/m}^2$
⑤ $3,000\text{N/m}^2$

54 다음 그림과 같이 비중이 0.9인 기름의 압력을 액주계로 잰 결과가 그림과 같을 때, A점의 계기 압력은 몇 kPa인가?(단, 표준 대기압이 작용한다)

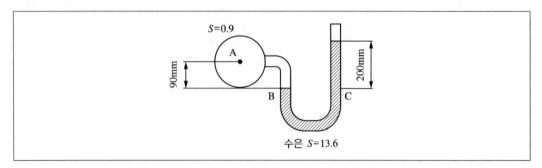

① 약 25.86kPa

② 약 32.45kPa

③ 약 41.15kPa

④ 약 62.48kPa

⑤ 약 75.36kPa

55 다음 중 유압회로에서 회로 내 압력이 설정치 이상이 되면 그 압력에 의하여 밸브를 전개하여 압력을 일정하게 유지시키는 역할을 하는 밸브는?

① 시퀀스 밸브

② 유량 제어 밸브

③ 릴리프 밸브

④ 감압 밸브

⑤ 체크 밸브

56 지름이 10cm인 매끈한 관에 동점성계수가 $1.37 \times 10^{-5} m^2/s$인 공기가 0.2m/s의 속도로 흐르고 있다. 관의 길이 50m에 대한 손실수두는 몇 m인가?

① 0.045m

② 0.133m

③ 1.167m

④ 1.359m

⑤ 2.338m

57 압력용기 내의 게이지 압력이 30kPa로 측정되었고 대기압력이 100kPa일 때, 압력용기 내의 절대압력은?

① 130kPa   ② 70kPa

③ 30kPa   ④ 15kPa

⑤ 10kPa

58 구동풀리의 직경이 250mm, 종동풀리의 직경이 600mm이고 구동풀리와 종동풀리의 축간 거리가 1,000mm일 때, 벨트로 두 풀리를 평행걸기로 연결한다면 벨트의 길이는?(단, $\pi = 3$이다)

① 약 2,555.6mm   ② 약 2,705.6mm

③ 약 3,305.6mm   ④ 약 3,455.7mm

⑤ 약 3,687.6mm

59 다음 중 백주철을 열처리한 것으로, 강도, 인성, 내식성 등이 우수하여 유니버설 조인트 등에 사용되는 주철은?

① 회주철   ② 가단주철

③ 칠드주철   ④ 구상흑연주철

⑤ 미하나이트주철

60 다음 중 인장강도에 해당하는 것은?

① 최대항복응력   ② 최대공칭응력

③ 최대진응력   ④ 최대전단응력

⑤ 최대비틀림응력

31 자극당 유효자속이 0.8Wb인 4극 중권 직류 전동기가 1,800rpm의 속도로 회전할 때, 전기자 도체 1개에 유도되는 기전력의 크기는 얼마인가?

① 24V

② 48V

③ 240V

④ 480V

④ 560V

32 다음 중 ABB의 소호원리로 옳은 것은?

① 고성능 절연특성을 가진 가스를 이용하여 차단한다.

② 수십기압의 압축공기를 이용하여 차단한다.

③ 진공상태에서 전류 개폐한다.

④ 절연유를 이용하여 차단한다.

⑤ 전자력에 의하여 차단한다.

33 다음 중 전력 퓨즈는 주로 어떤 전류의 차단을 목적으로 하는가?

① 충전전류

② 누설전류

③ 부하전류

④ 단락전류

⑤ 지락전류

34 직류 전동기의 회전수를 $\frac{1}{2}$로 하려면, 계자 자속을 몇 배로 해야 하는가?

① $\frac{1}{4}$

② $\frac{1}{2}$

③ 2

④ 4

⑤ 6

35 전원 100V에 $R_1 = 5\,\Omega$과 $R_2 = 15\,\Omega$의 두 전열선을 직렬로 접속한 경우, 옳은 것은?

① R_1에는 R_2보다 3배의 전류가 흐른다.

② R_2는 R_1보다 3배의 열을 발생시킨다.

③ R_1과 R_2에 걸리는 전압은 같다.

④ R_1은 R_2보다 3배의 전력을 소비한다.

④ R_2는 R_1보다 3배의 전력을 소비한다.

36 다음 회로에서 스위치 S를 닫을 때, 전류 $i(t)$는 몇 A인가?

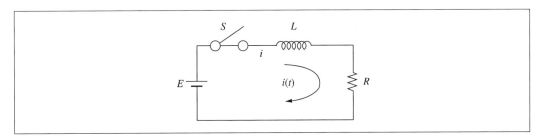

① $\dfrac{E}{R} e^{-\frac{R}{L}t}$

② $\dfrac{E}{R} e^{-\frac{L}{R}t}$

③ $\dfrac{E}{R}\left(1 - e^{-\frac{R}{L}t}\right)$

④ $\dfrac{E}{R}\left(1 - e^{-\frac{L}{R}t}\right)$

⑤ $\dfrac{E}{R}\left(1 - e^{-LRt}\right)$

37 다음 중 전선의 절연 저항은 전선의 길이가 길수록 어떻게 변화하는가?

① 작아지다가 커진다.

② 작아진다.

③ 커진다.

④ 길이의 제곱에 비례하여 커진다.

⑤ 아무 변화가 없다.

38 동일한 크기의 전류가 흐르고 있는 왕복 평행 도선에서 간격을 2배로 넓히면 작용하는 힘은 몇 배로 되는가?

① 반으로 줄게 된다.　　　　　　　　② 변함이 없다.

③ 2배로 증가한다.　　　　　　　　　④ 3배로 증가한다.

⑤ 4배로 증가한다.

39 다음 중 동기 발전기에서 전기자 전류가 무부하 유도기전력보다 $\frac{\pi}{2}$ rad 앞서 있는 경우에 나타나는 전기자 반작용은?

① 증자 작용　　　　　　　　　　② 감자 작용

③ 교차 자화 작용　　　　　　　　④ 횡축 반작용

⑤ 종축 반작용

40 다음 중 부흐홀츠 계전기의 설치 위치로 가장 적절한 곳은?

① 콘서베이터 내부　　　　　　　　② 변압기 고압측 부싱

③ 변압기 주 탱크 내부　　　　　　④ 변압기 주 탱크와 콘서베이터 사이

⑤ 변압기 저압측 부싱

41 다음 중 $\frac{1}{A}\sin\omega t$ 의 라플라스 변환은?

① $\dfrac{As}{s^2+\omega^2}$ 　　　　　　　　② $\dfrac{\omega}{A\left(s^2+\omega^2\right)}$

③ $\dfrac{A}{s^2+\omega^2}$ 　　　　　　　　④ $\dfrac{s}{A\left(s^2-\omega^2\right)}$

⑤ $\dfrac{A\,\omega}{s^2-\omega^2}$

42 다음 〈보기〉에서 도체의 전기저항 $R[\Omega]$과 고유저항 $\rho[\Omega \cdot m]$, 단면적 $A[m^2]$, 길이 $l[m]$의 관계에 대한 설명으로 옳은 것을 모두 고르면?

───〈보기〉───

ㄱ. 전기저항 R은 고유저항 ρ에 비례한다.
ㄴ. 전기저항 R은 단면적 A에 비례한다.
ㄷ. 전기저항 R은 길이 l에 비례한다.
ㄹ. 도체의 길이를 n배 늘리고 단면적을 $1/n$배만큼 감소시키는 경우, 전기저항 R은 n^2배로 증가한다.

① ㄱ, ㄴ ② ㄱ, ㄷ
③ ㄷ, ㄹ ④ ㄴ, ㄷ
⑤ ㄱ, ㄷ, ㄹ

43 다음 중 변압기 명판에 표시된 각변위 Yd11에 대한 설명으로 옳은 것은?

① 1차측은 △결선이다. ② 2차측이 1차보다 30° 늦다.
③ 2차측이 1차보다 30° 빠르다. ④ 2차측이 1차보다 60° 늦다.
⑤ 2차측이 1차보다 60° 빠르다.

44 평형 3상 전류를 측정하려고 변류비 60/5A의 변류기 두 대를 다음 그림과 같이 접속했더니 전류계에 2.5A가 흘렀다. 1차 전류는 몇 A인가?(단, 소수점 둘째 자리에서 반올림한다)

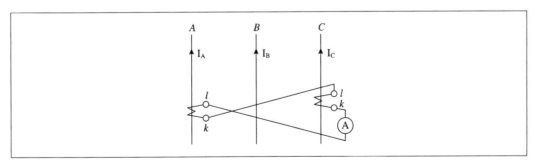

① 12.0A ② 17.3A
③ 30.0A ④ 51.9A
⑤ 53.8A

45 다음 중 비사인파 교류회로의 전력에 대한 설명으로 옳은 것은?

① 전압의 제3고조파와 전류의 제3고조파 성분 사이에서 소비전력이 발생한다.
② 전압의 제2고조파와 전류의 제3고조파 성분 사이에서 소비전력이 발생한다.
③ 전압의 제3고조파와 전류의 제5고조파 성분 사이에서 소비전력이 발생한다.
④ 전압의 제5고조파와 전류의 제7고조파 성분 사이에서 소비전력이 발생한다.
③ 전압의 제5고조파와 전류의 제3고조파 성분 사이에서 소비전력이 발생한다.

46 다음 중 $f(t) = 1 - e^{-at}$의 라플라스 변환은?(단, a는 상수이다)

① $U(s) - e^{-as}$

② $\dfrac{2s + a}{s(s + a)}$

③ $\dfrac{a}{s(s + a)}$

④ $\dfrac{a}{s(s - a)}$

⑤ $\dfrac{s}{s(s + a)}$

47 단상 50Hz, 전파 정류 회로에서 변압기의 2차 상전압 100V, 수은 정류기의 전호 강하 15V에서 회로 중의 인덕턴스는 무시한다. 외부 부하로서 기전력 60V, 내부 저항 $0.2\,\Omega$의 축전지를 연결할 때, 평균 출력을 구하면?

① 5,625kW

② 7,425kW

③ 8,385kW

④ 9,205kW

⑤ 9,635kW

48 연간 최대 수용 전력이 50, 65, 80, 105kW인 4 수용가를 합성한 연간 최대 수용 전력이 250kW이다. 이 수용가의 부등률은?

① 1.2

② 1.3

③ 1.4

④ 1.5

⑤ 1.8

49 10kW, 200V, 전기자 저항 $0.15\,\Omega$ 의 타 여자 발전기를 전동기로 사용하여 발전기의 경우와 같은 전류를 흘렸을 때 단자 전압은 몇 V로 하면 되는가?(단, 전기자 반작용은 무시하고 회전수는 같도록 한다)

① 200V ② 207.5V

③ 215V ④ 225.5V

⑤ 230V

50 다음 중 단자 전압이 220V, 부하 전류가 50A인 분권 전동기의 유기기전력 V는?(단, 전기자 저항은 $0.2\,\Omega$ 이며, 계자 전류 및 전기자 반작용은 무시한다)

① 210V ② 215V

③ 225V ④ 230V

⑤ 235V

51 다음 중 전력과 전력량에 대한 설명으로 옳지 않은 것은?

① 전력은 전력량과 다르다.

② 전력량은 와트로 환산된다.

③ 전력량은 칼로리 단위로 환산된다.

④ 전력은 칼로리 단위로 환산할 수 없다.

⑤ 전력량은 전력과 시간의 곱으로 계산할 수 있다.

52 다음 중 전력계통의 안정도(Stability)에 대한 설명으로 옳지 않은 것은?

① PSS 대신에 속응 여자 시스템을 채택한다.

② 디지털 AVR을 설치한다.

③ 여자 장치를 정지형 여자기로 설치한다.

④ FACTS 기기를 설치한다.

⑤ 최적 조류 계산에 의해 발전 및 송전한다.

53 길이 80km인 송전선 한 줄마다의 애자 수는 500련이다. 애자 1련의 누설 저항이 $10^2 \mathrm{M}\Omega$ 이라면, 이 선로의 누설 컨덕턴스는?

① $5 \times 10^{-6} \mho$

② $\dfrac{10^3}{500} \mho$

③ $5 \times 10^{-7} \mho$

④ $\dfrac{1}{5} \times 10^{-3} \mho$

⑤ $\dfrac{1}{5} \times 10^{-5} \mho$

54 다음 중 ESS(Energy Storage System)의 용량 산정 시 고려사항이 아닌 것은?

① 태양광 발전용량
② 그 지역의 일사량 및 일조시간
③ ESS의 특성(충·방전 특성, 배터리 열화율)
④ ESS의 운영조건(DOD)
⑤ 수용가의 역률

55 다음 설명 중 옳지 않은 것은?

① 코일은 직렬로 연결할수록 인덕턴스가 커진다.
② 리액턴스는 주파수의 함수이다.
③ 저항은 병렬로 연결할수록 저항치가 작아진다.
④ 콘덴서는 직렬로 연결할수록 용량이 커진다.
⑤ 리액턴스의 단위로는 저항과 마찬가지로 Ω (옴)을 쓴다.

56 3,000/200V, 30kVA인 단상 변압기의 2차를 단락하여 1차측에 150V를 가하니 1차측에 10A가 흘렀다. 이 변압기의 저압측 단락 전류는 몇 A인가?

① 866A

② 1,414A

③ 1,500A

④ 1,732A

⑤ 3,000A

57 다음 중 전기력선의 성질에 대한 설명으로 옳지 않은 것은?

① 전기력선은 서로 교차하지 않는다.

② 전기력선은 도체의 표면에 수직이다.

③ 전기력선의 밀도는 전기장의 크기를 나타낸다.

④ 같은 전기력선은 서로 끌어당긴다.

⑤ 전기력선은 전위가 높은 점에서 낮은 점으로 향한다.

58 다음 그림과 같은 회로에서 4단자 정수는 어떻게 되는가?

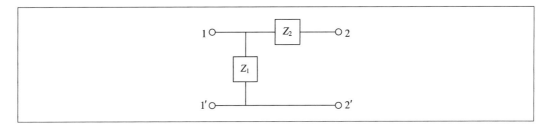

① $A=2$, $B=\dfrac{1}{Z_1}$, $C=Z_1$, $D=1+\dfrac{Z_2}{Z_1}$

② $A=1$, $B=Z_1$, $C=\dfrac{1}{Z_2}$, $D=1+\dfrac{Z_1}{Z_2}$

③ $A=1$, $B=Z_2$, $C=\dfrac{1}{Z_1}$, $D=1+\dfrac{Z_2}{Z_1}$

④ $A=2$, $B=Z_2$, $C=\dfrac{Z_1}{Z_1+Z_2}$, $D=Z_1+Z_2$

⑤ $A=2$, $B=Z_1$, $C=\dfrac{Z_1}{Z_1+Z_2}$, $D=Z_1+Z_2$

59 다음 글의 빈칸 ㉠ ~ ㉢에 들어갈 말을 순서대로 바르게 나열한 것은?

> 자기장 내에 놓여 있는 도체가 운동을 하면 유도기전력이 발생하는데, 이때 오른손의 엄지, 검지, 중지를 서로 직각이 되도록 벌려서 엄지를 ___㉠___ 의 방향에, 검지를 ___㉡___의 방향에 일치시키면 중지는 ___㉢___의 방향을 가리키게 된다.

	㉠	㉡	㉢
①	도체 운동	유도기전력	자기장
②	도체 운동	자기장	유도기전력
③	자기장	유도기전력	도체 운동
④	자기장	도체 운동	유도기전력
⑤	유도기전력	자기장	도체 운동

60 다음 중 60Hz인 3상 반파 정류 회로의 맥동주파수는?

① 60Hz

② 90Hz

③ 120Hz

④ 180Hz

⑤ 360Hz

| 04 | 전기이론

31 다음 중 아날로그 신호 전송에 사용되는 기본 신호는?

① 신호파   ② 변조파

③ 정현파   ④ 고조파

⑤ 반송파

32 다음 중 지상 마이크로파 통신에서 주로 사용되는 통신 주파수 대역은?

① $2 \sim 20$KHz   ② $2 \sim 40$GHz

③ $10 \sim 20$MHz   ④ $30 \sim 300$GHz

⑤ $10 \sim 100$MHz

33 그림과 같이 자기 인덕턴스 $L_1 = 8$H, $L_2 = 4$H, 상호 인덕턴스 $M = 4$H인 코일에 5A의 전류를 흘릴 때, 전체 코일에 축적되는 자기에너지는?(단, 두 코일은 차동접속이다)

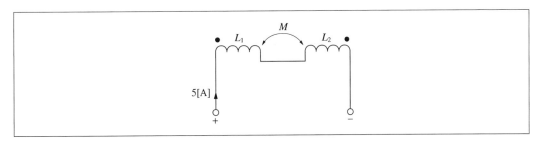

① 10J   ② 25J

③ 50J   ④ 75J

⑤ 100J

34 다음 중 자기 인덕턴스가 L_1, L_2인 두 코일의 상호 인덕턴스가 2일 때, 결합계수 K로 옳은 것은?

① $\dfrac{\sqrt{L_1 L_2}}{2}$

② $2L_1 L_2$

③ $\dfrac{4}{L_1 L_2}$

④ $\dfrac{L_1 L_2}{4}$

⑤ $\dfrac{2}{\sqrt{L_1 L_2}}$

35 다음 중 코일에 발생하는 유도기전력의 크기에 대한 설명으로 옳은 것은?

① 코일에 쇄교하는 자속수의 변화에 비례한다.

② 시간의 변화에 비례한다.

③ 시간의 변화에 반비례한다.

④ 코일에 쇄교하는 자속수에 비례한다.

⑤ 코일에 쇄교하는 자속수에 반비례한다.

36 어떤 콘덴서 내부에 유전율이 ϵ, 도전율이 K인 도전성 물질이 있다고 한다. 이 콘덴서의 정전용량 C와 컨덕턴스 G는 유전율과 도전율에 어떤 관계가 있는가?

① $\dfrac{C}{G} = \dfrac{K}{\epsilon}$

② $\dfrac{C}{G} = \dfrac{\epsilon}{K}$

③ $GC = \epsilon K$

④ $\dfrac{C}{G} = \epsilon K$

⑤ $CK = \dfrac{\epsilon}{G}$

37 심볼 A ~ D의 발생 빈도 확률은 각각 0.5, 0.25, 0.125, 0.125이다. 이때 평균 정보량은?

① 1.25bit

② 1.5bit

③ 1.75bit

④ 2.0bit

⑤ 2.5bit

38 다음 회로에 대한 설명으로 옳은 것을 〈보기〉에서 모두 고르면?

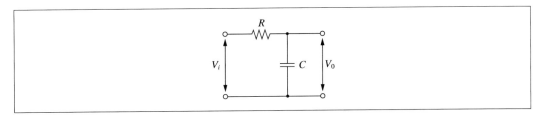

─── 〈보기〉 ───

ㄱ. 고역통과필터(HPF) 회로이다.
ㄴ. 저역통과필터(LPF) 회로이다.
ㄷ. 미분회로이다.
ㄹ. 적분회로이다.

① ㄱ, ㄷ   ② ㄱ, ㄹ
③ ㄴ, ㄷ   ④ ㄴ, ㄹ
⑤ ㄷ, ㄹ

39 다음 중 $f(t) = Kt^2$의 라플라스 변환으로 옳은 것은?

① $\dfrac{2K}{s}$ ② $\dfrac{2K}{s^2}$

③ $\dfrac{K}{s^3}$ ④ $\dfrac{K^2}{s^3}$

⑤ $\dfrac{2K}{s^3}$

40 다음 중 전기장에 대한 설명으로 옳지 않은 것은?

① 도체 표면의 전기장은 그 표면과 평행하다.
② 대전된 무한히 긴 원통의 내부 전기장은 0이다.
③ 대전된 구의 내부 전기장은 0이다.
④ 대전된 도체 내부의 전하 및 전기장은 모두 0이다.
⑤ 전기장의 방향은 양전하에서 나가서 음전하로 들어오는 방향이다.

41 다음 그림에서 저항 $10\,\Omega$ 에 흐르는 전류는 몇 A인가?

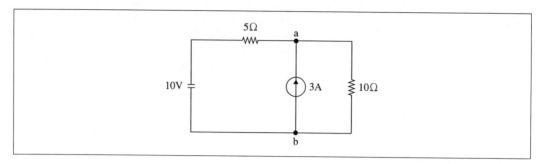

① $\dfrac{4}{3}$A

② $\dfrac{5}{3}$A

③ 2A

④ $\dfrac{7}{3}$A

⑤ 3A

42 250W의 PV 모듈을 사용하고 모듈의 온도에 따른 전압변동 범위가 30 ~ 50V이며, 모듈을 직렬연결할 때, 최대 연결 가능 장수는?[단, 인버터(PCS)의 동작전압이 400 ~ 720V이고, 설치간격과 기타 손실 및 조건은 무시한다]

① 13장

② 14장

③ 15장

④ 16장

⑤ 17장

43 Y결선 평형 3상 회로의 선간전압은 3,000V, 선전류는 20A, 역률은 0.8(지연)이다. 각 상의 임피던스 Z가 동일하다고 할 때, 임피던스 Z는?

① $50\,\Omega$

② $50\sqrt{3}\ \Omega$

③ $25\sqrt{3}\ \Omega$

④ $150\,\Omega$

⑤ $150\sqrt{3}\ \Omega$

44 다음 중 각 성분과 비정현파와의 관계식으로 옳은 것은?(단, 비정현파 교류는 기본파, 고조파, 직류분의 관계로 구성된다)

① (기본파)＝(비정현파)＋(고조파)÷(직류분)

② (비정현파)＝(기본파)＋(고조파)×(직류분)

③ (비정현파)＝(기본파)＋(고조파)＋(직류분)

④ (비정현파)＝(기본파)×(고조파)＋(직류분)

⑤ (비정현파)＝(기본파)÷[(고조파)＋(직류분)]

45 다음 중 연선 결정에 있어서 중심 소선을 뺀 층수가 3층일 때, 전체 소선수는?

① 37개   ② 45개

③ 61개   ④ 72개

⑤ 93개

46 RLC 직렬회로에서 $L=0.1\text{mH}$, $C=0.1\mu\text{F}$, $R=100\,\Omega$ 일 때, 이 회로의 상태는?

① 진동적이다.   ② 비진동적이다.

③ 정현파로 진동한다.   ④ 임계적이다.

⑤ 감쇠적이다.

47 다음 중 교류 송전 방식과 직류 송전 방식에 대한 설명으로 옳지 않은 것은?

① 교류 송전 방식은 충전용량으로 인한 지중화 한계거리 20~30km가 존재한다.

② 직류 송전 방식은 높은 제어성과 고장 시 계통 영향이 작으나 철탑 규모가 커지는 단점이 있다.

③ 교류 송전 방식은 장거리 전송 시 손실이 크다.

④ 직류 송전 방식은 절연 계급을 낮출 수 있다.

⑤ 직류 송전 방식은 비동기 연계가 가능하다.

48 다음 중 전력 계통의 안정도 향상 대책이 아닌 것은?

① 전달 리액턴스를 작게 한다.　　　② 고장 차단을 여유롭게 한다.

③ HVDC를 도입한다.　　　④ 속응 여자 방식을 채택한다.

⑤ 단락 전류를 줄인다.

49 발전기에서 생산된 전력은 송배전 선로를 통해서 수용가까지 전송되어 소비되고 있다. 이러한 전력의 흐름을 무엇이라 하는가?

① 전류조류　　　② 전류분배

③ 전력조류　　　④ 전력분배

⑤ 전력거래

50 다음 중 제5고조파가 직렬 공진을 일으키는 조건으로 옳은 것은?

① $C = 5\omega^2 L$　　　② $C = \dfrac{25}{\omega^2 L}$

③ $C = \dfrac{1}{25\omega^2 L}$　　　④ $C = \dfrac{\omega^2}{25L}$

⑤ $C = \dfrac{1}{5\omega^2 L}$

51 2개 코일의 자체 인덕턴스가 각각 100mH, 200mH일 때 상호 인덕턴스가 100mH라면 결합계수는 얼마인가?

① 0.214　　　② 0.323

③ 0.532　　　④ 0.625

⑤ 0.707

52 다음 중 페란티 현상(Ferranti Phenomena)에 대한 설명으로 옳지 않은 것은?

① 수전단 전압이 송전단 전압보다 높아진다.

② 선로의 정전 용량이 클수록 현저하게 나타난다.

③ 송전단에 분로 리액터를 설치하여 방지한다.

④ 무부하 또는 경부하 때 발생한다.

⑤ 동기조상기를 부족 여자로 운전하여 방지할 수 있다.

53 다음 중 전력계통에 사용하는 보호계전방식의 구비조건이 아닌 것은?

① 고장회선 내지 고장구간의 선택 차단을 신속하고 정확하게 할 수 있을 것

② 송전계통의 과도 안정도를 유지하는 데 필요한 한도 내의 동작 시한을 가질 것

③ 적절한 후비 보호 능력이 있을 것

④ 가공송전선로 사고 시 재폐로 동작을 하지 말 것

⑤ 계통구성 변화에 따른 고장전류의 변동에 대해서도 동작시간의 조정 등으로 소정의 계전기 동작이 수행되어야 할 것

54 유효 낙차가 100m, 최대 유량이 20m^3/sec인 수차에서 낙차가 81m로 감소할 때, 유량은 몇 m^3/sec가 되는가?

① 15m^3/sec

② 16m^3/sec

③ 18m^3/sec

④ 24m^3/sec

⑤ 30m^3/sec

55 다음 중 송전선을 복도체로 사용할 경우 송전용량이 증가하는 주된 이유는?

① 코로나가 발생하지 않기 때문이다.

② 전압강하가 발생하지 않기 때문이다.

③ 선로의 작용 인덕턴스가 감소하기 때문이다.

④ 발전기의 회전수가 증가하기 때문이다.

⑤ 선로의 고장 발생 횟수가 줄어들기 때문이다.

56 다음 중 부동 충전에 대한 설명으로 옳은 것은?

① 축전지의 충전 전류를 일정한 값으로 유지하고 충전하는 방법이다.

② 전지의 내부 손실을 보충하는 정도의 낮은 충전율로 전지의 완전한 충전 상태가 유지되도록 충전하는 것이다.

③ 새로운 축전지 또는 전해액을 제외하고 보관해 두었던 축전지를 사용할 때 실시하는 충전이다.

④ 정류기와 축전지를 부하에 병렬로 접속하고 축전지의 방전을 계속 보충하면서 부하에 전력을 공급하는 방식이다.

⑤ 축전지를 충전한 상태로 장기간 보전할 때의 자기 방전 때문에 용량이 점차 저하되면서 나타나는 황산화 현상을 방지하기 위한 충전이다.

57 다음 〈보기〉에서 전력 계통의 안정도 향상 대책으로 옳지 않은 것은 모두 몇 개인가?

─────────〈보기〉─────────

ㄱ. 방전 내량이 커야 한다.
ㄴ. 제한전압이 낮아야 한다.
ㄷ. 속류를 신속히 차단할 수 있어야 한다.
ㄹ. 상용주파 방전 개시 전압이 낮아야 한다.
ㅁ. 열화가 적어야 한다.

① 1개　　　　　　　　　　　　② 2개
③ 3개　　　　　　　　　　　　④ 4개
⑤ 5개

58 자기장의 세기가 100AT/m이고 자속 밀도가 $0.5Wb/m^2$인 재질의 투자율[H/m]은 얼마인가?

① 3×10^{-4}　　　　　　　　② 3×10^{-2}

③ 5×10^{-3}　　　　　　　　④ 5×10^{-5}

④ 5×10^{-7}

59 다음 중 데이터 전송 제어에서 수행되는 내용에 해당하지 않는 것은?

① 회선 제어 ② 흐름 제어

③ 에러 제어 ④ 동기 제어

⑤ 입출력 제어

60 다음 그림과 같은 회로에서 시상수 T는 얼마인가?

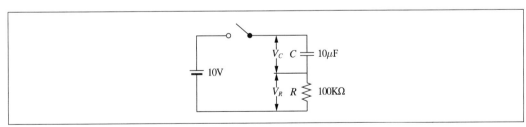

① 0.01sec ② 0.1sec

③ 1sec ④ 10sec

⑤ 20sec

61　다음은 철도사업법상 여객 운임 · 요금의 감면에 대한 설명이다. 빈칸에 들어갈 기간으로 옳은 것은?

> - 철도사업자는 재해복구를 위한 긴급지원, 여객 유치를 위한 기념행사, 그 밖에 철도사업의 경영상 필요하다 고 인정되는 경우에는 일정한 기간과 대상을 정하여 제9조 제1항에 따라 신고한 여객 운임 · 요금을 감면할 수 있다.
> - 철도사업자는 여객 운임 · 요금을 감면하는 경우에는 그 시행 _____ 이전에 감면 사항을 인터넷 홈페이지, 관계 역 · 영업소 및 사업소 등 일반인이 잘 볼 수 있는 곳에 게시하여야 한다. 다만, 긴급한 경우에는 미리 게시하지 아니할 수 있다.

① 1일　　　　　　　　　　　　　② 3일

③ 5일　　　　　　　　　　　　　④ 10일

⑤ 30일

62　다음 중 한국철도공사법상 한국철도공사의 등기에 대한 설명으로 옳은 것은?

① 주된 사무소의 소재지에서 설립등기를 함으로써 성립한다.

② 공사의 설립등기에 필요한 사항은 행정안전부장관이 정한다.

③ 공사는 등기가 필요한 사항에 관하여는 등기한 후에는 제3자에게 대항하지 못한다.

④ 공사의 변경 등기, 그 밖에 공사의 등기에 필요한 사항은 국토교통부장관이 정한다.

⑤ 공사의 하부조직의 설치 · 이전에 필요한 사항은 이사회에서 정한다.

63　다음 중 한국철도공사법령상 한국철도공사의 사채 발행에 대한 설명으로 옳지 않은 것은?

① 공사가 사채를 발행하고자 하는 때에는 모집 · 총액인수 또는 매출의 방법에 의한다.

② 공사는 사채의 응모가 완료된 때에는 지체 없이 응모자가 인수한 사채의 전액을 납입시켜야 한다.

③ 공사가 계약에 의하여 특정인에게 사채의 총액을 인수시키는 경우에는 사채 응모의 규정을 적용해야 한다.

④ 사채모집의 위탁을 받은 회사가 사채의 일부를 인수하는 경우에는 그 인수분에 대하여도 사채 응모의 규정 을 적용하지 않는다.

⑤ 공사가 매출의 방법으로 사채를 발행하는 경우에는 매출기간과 공사의 명칭 · 사채의 종류별 액면금액 내 지 사채의 발행가액 또는 그 최저가액을 미리 공고하여야 한다.

64 다음은 철도산업발전기본법상 철도의 적용범위에 대한 설명이다. 빈칸에 들어갈 수 있는 조직을 〈보기〉에서 모두 고르면?

_____이/가 소유·건설·운영 또는 관리하는 철도

〈보기〉
ㄱ. 국가철도공단   ㄴ. 한국고속철도건설공단
ㄷ. 지방자치단체   ㄹ. 한국철도공사

① ㄱ, ㄴ   ② ㄴ, ㄷ
③ ㄴ, ㄹ   ④ ㄱ, ㄴ, ㄹ
⑤ ㄴ, ㄷ, ㄹ

65 다음 중 철도산업발전기본법령상 철도시설관리자와 철도운영자가 특정노선 폐지 등의 승인신청서를 제출할 때의 첨부서류로 옳은 것은?

① 승인신청 사유
② 과거 10년 동안의 공익서비스비용의 전체 규모
③ 향후 3년 동안의 1일 평균 철도서비스 수요에 대한 전망
④ 과거 6월 이상의 기간 동안의 1달 평균 철도서비스 수요
⑤ 과거 5년 이상의 기간 동안의 수입·비용 및 영업손실액에 관한 회계보고서

66 다음은 철도산업발전기본법에 대한 설명이다. 빈칸에 들어갈 내용을 순서대로 바르게 나열한 것은?

• 국가는 철도시설 투자를 추진하는 경우 사회적·_____ 편익을 고려하여야 한다.
• 국가 및 지방자치단체는 철도산업의 육성·발전을 촉진하기 위하여 철도산업에 대한 재정·금융·세제·행정상의 _____을/를 할 수 있다.

① 경제적, 보조   ② 문화적, 연구
③ 기술적, 투자   ④ 자연적, 개발
⑤ 환경적, 지원

67 다음 중 철도사업법령상 철도사업자가 사업용철도를 도시철도와 연결하여 운행하려는 때에 여객 운임·요금 및 그 변경시기에 관하여 미리 협의해야 하는 사람은?

① 도시철도운영자
② 철도시설관리자
③ 국토교통부장관
④ 한국철도공사 사장
⑤ 고속철도건설공사 이사장

68 다음 중 한국철도공사법령상 한국철도공사의 사업 중 역시설 개발 및 운영사업에 속하지 않는 것은?

① 환승시설
② 종교시설
③ 운동시설
④ 창고시설
⑤ 관광휴게시설

69 다음 중 한국철도공사법상 한국철도공사의 사채 소멸시효 기간으로 옳은 것은?

	원금	이자
①	5년	2년
②	5년	3년
③	5년	5년
④	10년	5년
⑤	10년	7년

70 다음 〈보기〉 중 철도사업법상 사업용철도노선을 지정·고시하는 경우 운행지역과 운행거리에 따른 분류로 옳은 것을 모두 고르면?

─────────〈보기〉─────────
ㄱ. 간선(幹線)철도　　　　　　　　　ㄴ. 고속철도노선
ㄷ. 지선(支線)철도　　　　　　　　　ㄹ. 일반철도노선
ㅁ. 준고속철도노선
─────────────────────────

① ㄱ, ㄷ
② ㄱ, ㄹ
③ ㄴ, ㄷ
④ ㄷ, ㅁ
⑤ ㄹ, ㅁ

현재 나의 실력을 객관적으로 파악해 보자!

모바일 OMR
답안채점 / 성적분석 서비스

도서에 수록된 모의고사에 대한 객관적인 결과(정답률, 순위)를 종합적으로 분석하여 제공합니다.

OMR 입력

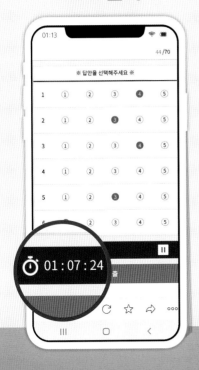

성적분석

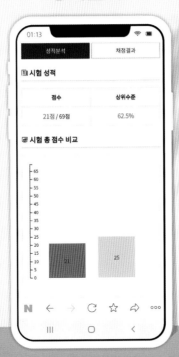

채점결과

※OMR 답안채점 / 성적분석 서비스는 등록 후 30일간 사용 가능합니다.

| 도서 내 모의고사 우측 상단에 위치한 QR코드 찍기 | → | 로그인 하기 | → | '시작하기' 클릭 | → | '응시하기' 클릭 | → | 나의 답안을 모바일 OMR 카드에 입력 | → | '성적분석 & 채점결과' 클릭 | → | 현재 내 실력 확인하기 |

2025
전면개정판

사이다 기출응용
모의고사 시리즈

사일 동안
이것만 풀면
다 합격!

사이다

코레일
한국철도공사
기술직
4회분 | 정답 및 해설

모바일 OMR
답안채점 / 성적분석
서비스
—
NCS
핵심이론 및
대표유형 PDF
—
[합격시대]
온라인 모의고사
무료쿠폰
—
무료
코레일
특강

SDC
SDC는 시대에듀 데이터 센터의 약자로 약 30만 개의 NCS · 적성 문제
데이터를 바탕으로 최신 출제경향을 반영하여 문제를 출제합니다.

편저 | SDC(Sidae Data Center)

시대에듀

기출응용 모의고사
정답 및 해설

2024년 코레일 NCS
기출복원 모의고사 정답 및 해설

01	02	03	04	05	06	07	08	09	10
④	③	⑤	③	③	⑤	④	③	②	③
11	12	13	14	15	16	17	18	19	20
③	③	④	④	③	①	③	⑤	④	②
21	22	23	24	25	26	27	28	29	30
③	④	③	⑤	②	①	②	②	①	⑤

01
정답 ④

쉼이란 대화 도중에 잠시 침묵하는 것으로, 논리성, 감정 제고, 동질감 등을 확보할 수 있다. 쉼을 사용하는 대표적인 경우는 다음과 같다.
• 이야기의 전이 시(흐름을 바꾸거나 다른 주제로 넘어갈 때)
• 양해, 동조, 반문의 경우
• 생략, 암시, 반성의 경우
• 여운을 남길 때
반면, 연단공포증은 면접이나 발표 등 청중 앞에서 이야기할 때 가슴이 두근거리고, 입술이 타고, 식은땀이 나고, 얼굴이 달아오르는 생리적인 현상으로, 쉼과는 관련이 없다. 연단공포증은 90% 이상의 사람들이 호소하는 불안이므로 이를 극복하기 위해서는 연단공포증에 대한 걱정을 떨쳐내고 이러한 심리현상을 잘 통제하여 의사 표현하는 것을 연습해야 한다.

02
정답 ③

미국의 심리학자인 도널드 키슬러는 대인관계 의사소통 방식을 체크리스트로 평가하여 8가지 유형으로 구분하였다. 이 중 친화형은 따뜻하고 배려심이 깊으며, 타인과의 관계를 중시하는 유형이다. 또한 친화형은 협동적이고 조화로운 성격으로, 자기희생적인 경향이 강하다.

키슬러의 대인관계 의사소통 유형
• 지배형 : 자신감이 있고 지도력이 있으나 논쟁적이고 독단이 강하여 대인 갈등을 겪을 수 있으므로 타인의 의견을 경청하고 수용하는 자세가 필요하다.
• 실리형 : 이해관계에 예민하고 성취 지향적으로 경쟁적인 데다 자기중심적이어서 타인의 입장을 배려하고 관심을 갖는 자세가 필요하다.
• 냉담형 : 이성적인 의지력이 강하고 타인의 감정에 무관심하며 피상적인 대인관계를 유지하므로 타인의 감정 상태에 관심을 가지고 긍정적인 감정을 표현하는 것이 필요하다.
• 고립형 : 혼자 있는 것을 선호하고 사회적 상황을 회피하며 지나치게 자신의 감정을 억제하므로 대인관계의 중요성을 인식하고 타인에 대한 비현실적인 두려움의 근원을 성찰하는 것이 필요하다.
• 복종형 : 수동적이고 의존적이며 자신감이 없으므로 적극적인 자기표현과 주장이 필요하다.
• 순박형 : 단순하고 솔직하며 자기주관이 부족하므로 자기주장을 하는 노력이 필요하다.
• 친화형 : 따뜻하고 인정이 많으며 자기희생적이나 타인의 요구를 거절하지 못하므로 타인과의 정서적인 거리를 유지하는 노력이 필요하다.
• 사교형 : 외향적이고 인정하는 욕구가 강하며, 타인에 대한 관심이 많아서 간섭하는 경향이 있고 흥분을 잘 하므로 심리적 안정과 지나친 인정욕구에 대한 성찰이 필요하다.

03
정답 ⑤

철도사고는 달리는 도중에도 발생할 수 있으므로 먼저 인터폰을 통해 승무원에게 사고를 신고하고, 열차가 멈춘 후에 안내방송에 따라 비상핸들이나 비상콕크를 돌려 문을 열고 탈출해야 한다. 만약 화재가 발생했을 경우에는 승무원에게 사고를 알리고 곧바로 119에도 신고를 해야 한다.

오답분석
① 침착함을 잃고 패닉에 빠지게 되면, 적절한 행동요령에 따라 대피하기 어렵다. 따라서 사고현장에서 대피할 때는 승무원의 안내에 따라 질서 있게 대피해야 한다.
② 화재사고 발생 시 승객들은 여유가 있을 경우 전동차 양 끝에 비치된 소화기로 초기 진화를 시도해야 한다.
③ 역이 아닌 곳에서 열차가 멈췄을 경우 감전의 위험이 있으므로 반드시 승무원의 안내에 따라 반대편 선로의 열차 진입에 유의하며 대피 유도등을 따라 침착하게 비상구로 대피해야 한다.
④ 전동차에서 대피할 때는 부상자, 노약자, 임산부 등 탈출이 어려운 사람부터 먼저 대피할 수 있도록 배려하고 도와주어야 한다.

04

하향식 읽기 모형은 독자의 배경지식을 바탕으로 글의 맥락을 먼저 파악하는 읽기 전략이다. ③의 경우 제품 설명서를 통해 세부 기능과 버튼별 용도를 파악하고 기계를 작동시켰으므로 상향식 읽기를 수행한 사례이다. 제품 설명서를 하향식으로 읽는다면 제품 설명서를 읽기 전 제품을 보고 배경지식을 바탕으로 어떤 기능이 있는지 예측하고, 해당 기능을 수행하는 세부 방법을 제품 설명서를 통해 찾아봐야 한다.

오답분석
① 헤드라인을 먼저 읽어 배경지식을 바탕으로 전체적인 내용을 파악하고 상세 내용을 읽었으므로 하향식 읽기 모형에 해당한다.
② 회의 주제에 대한 배경지식을 가지고 회의 안건을 예상한 후 회의 자료를 파악하였으므로 하향식 읽기 모형에 해당한다.
④ 요리에 대한 경험과 지식을 바탕으로 요리 과정을 파악하였으므로 하향식 읽기 모형에 해당한다.
⑤ 해당 분야에 대한 기본적인 지식을 바탕으로 서문이나 목차를 통해 책의 전체적인 흐름을 파악하였으므로 하향식 읽기 모형에 해당한다.

05

제시된 시는 신라시대 6두품 출신의 문인인 최치원이 지은 「촉규화」이다. 최치원은 자신을 향기 날리는 탐스런 꽃송이에 비유하여 뛰어난 학식과 재능을 뽐내고 있지만, 수레와 말 탄 사람에 비유한 높은 지위의 사람들이 자신을 외면하는 현실을 한탄하고 있다.

> **최치원**
> 신라시대 6두품 출신의 문인으로, 12세에 당나라로 유학을 간 후 6년 만에 당의 빈공과에 장원으로 급제할 정도로 학문적 성취가 높았다. 그러나 당나라에서 제대로 인정을 받지 못했으며, 신라에 돌아와서도 6두품이라는 출신의 한계로 원하는 만큼의 관직에 오르지는 못하였다. 「촉규화」는 최치원이 당나라 유학시절에 지은 시로 알려져 있으며, 자신을 알아주지 않는 시대에 대한 개탄을 담고 있다. 최치원은 인간 중심의 보편성과 그에 따른 다양성을 강조하였으며, 신라의 쇠퇴로 인해 이러한 그의 정치 이념과 사상은 신라 사회에서는 실현되지 못하였으나 이후 고려 국가의 체제 정비에 영향을 미쳤다.

06

'말로는 친한 듯 하나 속으로는 해칠 생각이 있음'을 뜻하는 한자성어는 '口蜜腹劍(구밀복검)'이다.
• 刻舟求劍(각주구검) : 융통성 없이 현실에 맞지 않는 낡은 생각을 고집하는 어리석음

오답분석
① 水魚之交(수어지교) : 아주 친밀하여 떨어질 수 없는 사이
② 結草報恩(결초보은) : 죽은 뒤에라도 은혜를 잊지 않고 갚음
③ 靑出於藍(청출어람) : 제자나 후배가 스승이나 선배보다 나음
④ 指鹿爲馬(지록위마) : 윗사람을 농락하여 권세를 마음대로 함

07

네 번째 문단에서 백성들이 적지 않고, 토산품이 구비되어 있지만 이로운 물건이 세상에 나오지 않고, 그렇게 하는 방법을 모르기 때문에 경제를 윤택하게 하는 것 자체를 모른다고 하였다. 따라서 조선의 경제가 윤택하지 못한 이유를 생산량의 부족이 아닌 유통의 부재로 보고 있다.

오답분석
① 세 번째 문단에서 쓸모없는 물건을 사용하여 유용한 물건을 유통하고 거래하지 않는다면 유용한 물건들이 대부분 한 곳에 묶여서 고갈될 것이라고 하며 유통이 원활하지 않은 현실을 비판하고 있다.
② 세 번째 문단에서 옛날의 성인과 제왕은 유통의 중요성을 알고 있었기 때문에 주옥과 화폐 등의 물건을 조성하여 재물이 원활하게 유통될 수 있도록 노력했다고 하며 재물 유통을 위한 성현들의 노력을 제시하고 있다.
③ 여섯 번째 문단에서 재물을 우물에 비유하여 설명하고 있다. 재물의 소비를 하지 않으면 물을 길어내지 않는 우물처럼 말라 버릴 것이며, 소비를 한다면 물을 퍼내는 우물처럼 물이 가득할 것이라며 재물에 대한 소비가 경제의 규모를 늘릴 것이라고 강조하고 있다.
⑤ 여섯 번째 문단에서 비단옷을 입지 않으면 비단을 짜는 사람과 베를 짜는 여인 등 관련 산업 자체가 황폐해질 것이라고 하고 있다. 따라서 산업의 발전을 위한 적당한 사치(소비)가 있어야 함을 제시하고 있다.

08

③에서 '뿐이다'는 체언(명사, 대명사, 수사)인 '셋'을 수식하므로 조사로 사용되었다. 따라서 앞말과 붙여 써야 한다.

오답분석
① 종결어미 '-는지'는 앞말과 붙여 써야 한다.
② '만큼'은 용언(동사, 형용사)인 '애쓴'을 수식하므로 의존 명사로 사용되었다. 따라서 앞말과 띄어 써야 한다.
④ '큰지'와 '작은지'는 모두 연결어미 '-ㄴ지'로 쓰였으므로 앞말과 붙여 써야 한다.
⑤ '-판'은 앞의 '씨름'과 합성어를 이루므로 붙여 써야 한다.

09 정답 ②

'채이다'는 '차이다'의 잘못된 표기이다. 따라서 '차였다'로 표기해야 한다.

• 차이다 : 주로 남녀 관계에서 일방적으로 관계가 끊기다.

오답분석

① 금세 : 지금 바로. '금시에'의 준말
③ 핼쑥하다 : 얼굴에 핏기가 없고 파리하다.
④ 낯설다 : 전에 본 기억이 없어 익숙하지 아니하다.
⑤ 곰곰이 : 여러모로 깊이 생각하는 모양

10 정답 ③

한자어에서 'ㄹ' 받침 뒤에 연결되는 'ㄷ, ㅅ, ㅈ'은 된소리로 발음되므로 [몰쌍식]으로 발음해야 한다.

오답분석

①・④ 받침 'ㄴ'은 'ㄹ'의 앞이나 뒤에서 [ㄹ]로 발음하지만, 결단력, 공권력, 상견례 등에서는 [ㄴ]으로 발음한다.
② 받침 'ㄱ(ㄲ, ㅋ, ㄳ, ㄺ), ㄷ(ㅅ, ㅆ, ㅈ, ㅊ, ㅌ, ㅎ), ㅂ(ㅍ, ㄼ, ㄿ, ㅄ)'은 'ㄴ, ㅁ' 앞에서 [ㅇ, ㄴ, ㅁ]으로 발음한다.
⑤ 받침 'ㄷ, ㅌ(ㄾ)'이 조사나 접미사의 모음 'ㅣ'와 결합되는 경우에는 [ㅈ, ㅊ]으로 바꾸어서 뒤 음절 첫소리로 옮겨 발음한다.

11 정답 ③

농도가 15%인 소금물 200g의 소금의 양은 $200 \times \frac{15}{100} = 30$g이고, 농도가 20%인 소금물 300g의 소금의 양은 $300 \times \frac{20}{100} = 60$g이다.

따라서 두 소금물을 섞었을 때의 농도는 $\frac{30+60}{200+300} \times 100 = \frac{90}{500} \times 100 = 18$%이다.

12 정답 ③

여직원끼리 인접하지 않는 경우는 남직원과 여직원이 번갈아 앉는 경우뿐이다. 이때 여직원 D의 자리를 기준으로 남직원 B가 옆에 앉는 경우를 다음과 같이 나눌 수 있다.

• 첫 번째, 여섯 번째 자리에 여직원 D가 앉는 경우
 남직원 B가 여직원 D 옆에 앉는 경우는 1가지뿐으로, 남은 자리에 남직원, 여직원이 번갈아 앉으므로 경우의 수는 $2 \times 1 \times 2! \times 2! = 8$가지이다.
• 두 번째, 세 번째, 네 번째, 다섯 번째 자리에 여직원 D가 앉는 경우
 각 경우에 대하여 남직원 B가 여직원 D 옆에 앉는 경우는 2가지이다. 남은 자리에 남직원, 여직원이 번갈아 앉으므로 경우의 수는 $4 \times 2 \times 2! \times 2! = 32$가지이다.

따라서 구하고자 하는 경우의 수는 $8+32=40$가지이다.

13 정답 ④

제시된 수열은 홀수 항일 때 $+12$, $+24$, $+48$, …인 수열이고, 짝수 항일 때 $+20$인 수열이다.
따라서 빈칸에 들어갈 수는 $13+48=61$이다.

14 정답 ④

2022년 중학교에서 고등학교로 진학한 학생의 비율은 99.7%이고, 2023년 중학교에서 고등학교로 진학한 학생의 비율은 99.6%이다. 따라서 진학한 비율이 감소하였으므로 중학교에서 고등학교로 진학하지 않은 학생의 비율은 증가하였음을 알 수 있다.

오답분석

① 중학교의 취학률이 가장 낮은 해는 97.1%인 2020년이다. 이는 97% 이상이므로 중학교의 취학률은 매년 97% 이상이다.
② 매년 초등학교의 취학률이 가장 높다.
③ 고등교육기관의 취학률은 2020년 이후로 계속해서 70% 이상을 기록하였다.
⑤ 고등교육기관의 취학률이 가장 낮은 해는 2016년이고, 고등학교의 상급학교 진학률이 가장 낮은 해 또한 2016년이다.

15 정답 ③

오답분석

① B기업의 매출액이 가장 많은 때는 2024년 3월이지만, 그래프에서는 2024년 4월의 매출액이 가장 많은 것으로 나타났다.
② 2024년 2월에는 A기업의 매출이 더 많지만, 그래프에서는 B기업이 더 많은 것으로 나타났다.
④ A기업의 매출액이 가장 적은 때는 2024년 4월이지만, 그래프에서는 2024년 3월의 매출액이 가장 적은 것으로 나타났다.
⑤ A기업과 B기업의 매출액의 차이가 가장 큰 때는 2024년 1월이지만, 그래프에서는 2024년 5월과 6월의 매출액 차이가 더 큰 것으로 나타났다.

16 정답 ①

$865 \times 865 + 865 \times 270 + 135 \times 138 - 405$
$= 865 \times 865 + 865 \times 270 + 135 \times 138 - 135 \times 3$
$= 865 \times (865 + 270) + 135 \times (138 - 3)$
$= 865 \times 1,135 + 135 \times 135$
$= 865 \times (1,000 + 135) + 135 \times 135$
$= 865 \times 1,000 + (865 + 135) \times 135$
$= 865,000 + 135,000$
$= 1,000,000$

따라서 식을 계산하여 나온 수의 백의 자리는 0, 십의 자리는 0, 일의 자리는 0이다.

17
정답 ③

터널의 길이를 xm라 하면 다음과 같은 식이 성립한다.

$$\frac{x+200}{60} : \frac{x+300}{90} = 10 : 7$$

$$\frac{x+300}{90} \times 10 = \frac{x+200}{60} \times 7$$

→ $600(x+300) = 630(x+200)$

→ $30x = 54,000$

∴ $x = 1,800$

따라서 터널의 길이는 1,800m이다.

18
정답 ⑤

제시된 수열은 $+3$, $+5$, $+7$, $+9$, …인 수열이다.
따라서 빈칸에 들어갈 수는 $97+21=118$이다.

19
정답 ④

3월의 경우 K톨게이트를 통과한 영업용 승합차 수는 229천 대이고, 영업용 대형차 수는 139천 대이다.
$139 \times 2 = 278 > 229$이므로 3월의 영업용 승합차 수는 영업용 대형차 수의 2배 미만이다.
따라서 모든 달에서 영업용 승합차 수가 영업용 대형차 수의 2배 이상인 것은 아니므로 옳지 않은 설명이다.

오답분석

① 각 달의 전체 승용차 수와 전체 승합차 수의 합은 다음과 같다.
- 1월 : $3,807+3,125=6,932$천 대
- 2월 : $3,555+2,708=6,263$천 대
- 3월 : $4,063+2,973=7,036$천 대
- 4월 : $4,017+3,308=7,325$천 대
- 5월 : $4,228+2,670=6,898$천 대
- 6월 : $4,053+2,893=6,946$천 대
- 7월 : $3,908+2,958=6,866$천 대
- 8월 : $4,193+3,123=7,316$천 대
- 9월 : $4,245+3,170=7,415$천 대
- 10월 : $3,977+3,073=7,050$천 대
- 11월 : $3,953+2,993=6,946$천 대
- 12월 : $3,877+3,040=6,917$천 대

따라서 전체 승용차 수와 승합차 수의 합이 가장 많은 달은 9월이고, 가장 적은 달은 2월이다.

② 4월을 제외하고 K톨게이트를 통과한 비영업용 승합차 수는 월별 3,000천 대(=300만 대)를 넘지 않는다.

③ 모든 달에서 (영업용 대형차 수)×10 ≥ (전체 대형차 수)이므로 영업용 대형차 수의 비율은 모든 달에서 전체 대형차 수의 10% 이상이다.

⑤ 승용차가 가장 많이 통과한 달은 9월이고, 이때 영업용 승용차 수의 비율은 9월 전체 승용차 수의 $\frac{140}{4,245} \times 100 ≒ 3.3\%$로 3% 이상이다.

20
정답 ②

A반과 B반이 모두 2번의 경기를 거쳐 결승에 만나는 경우는 다음과 같다.

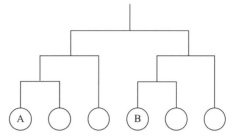

이때 남은 네 반을 배치할 때마다 모두 다른 경기가 진행되므로 구하고자 하는 경우의 수는 $4!=24$가지이다.

21
정답 ③

첫 번째 조건에 따라 ①, ②는 70대 이상에서 도시의 여가생활 만족도(1.7점)가 같은 연령대의 농촌(ㄹ) 만족도(3.5점)보다 낮으므로 제외되고, 두 번째 조건에 따라 도시에서 10대의 여가생활 만족도는 농촌에서 10대(1.8점)의 2배보다 높으므로 $1.8 \times 2 = 3.6$점을 초과해야 하나 ④는 도시에서 10대(ㄱ)의 여가생활 만족도가 3.5점이므로 제외된다. 또한, 세 번째 조건에 따라 ⑤는 도시에서 여가생활 만족도가 가장 높은 연령인 40대(3.9점)보다 30대(ㄴ)가 4.0점으로 높으므로 제외된다. 따라서 마지막 조건까지 모두 만족하는 것은 ③이다.

22
정답 ④

A ~ E열차의 운행시간 단위를 시간 단위로, 평균 속력의 단위를 시간당 운행거리로 통일하여 정리하면 다음과 같다.

구분	운행시간	평균 속력	운행거리
A 열차	900분 =15시간	50m/s =(50×60×60)m/h =180km/h	15×180 =2,700km
B 열차	10시간 30분 =10.5시간	150km/h	10.5×150 =1,575km
C 열차	8시간	55m/s =(55×60×60)m/h =198km/h	8×198 =1,584km
D 열차	720분 =12시간	2.5km/min =(2.5×60)km/h =150km/h	12×150 =1,800km
E 열차	10시간	2.7km/min =(2.7×60)km/h =162km/h	10×162 =1,620km

따라서 C열차의 운행거리는 네 번째로 길다.

23

A ~ F 모두 문맥을 무시하고 일부 문구에만 집착하여 뜻을 해석하고 있으므로 '과대해석의 오류'를 범하고 있다. 과대해석의 오류는 전체적인 상황이나 맥락을 고려하지 않고 특정 단어나 문장에만 집착하여 의미를 해석하는 오류로, 글의 의미를 지나치게 확대하거나 축소하여 생각하고, 문자 그대로의 의미에만 너무 집착하여 다른 가능성이나 해석을 배제하게 되는 논리적 오류이다.

오답분석

① 무지의 오류 : '신은 존재하지 않는다가 증명되지 않았으므로 신은 존재한다.'처럼 증명되지 않았다고 해서 그 반대의 주장이 참이라고 생각하는 오류이다.
② 연역법의 오류 : '조류는 날 수 있다. 펭귄은 조류이다. 따라서 펭귄은 날 수 있다.'처럼 잘못된 삼단논법에 의해 발생하는 논리적 오류이다.
④ 허수아비 공격의 오류 : '저 사람은 과거에 거짓말을 한 적이 있으니 이번에 일어난 사기 사건의 범인이다.'처럼 개별적인 인과관계를 입증하지 않고 전혀 상관없는 별개의 논리를 만들어 공격하는 논리적 오류이다.
⑤ 권위나 인신공격에 의존한 논증 : '제정신을 가진 사람이면 그런 주장을 할 수가 없다.'처럼 상대방의 주장 대신 인격을 공격하거나, '최고 권위자인 A교수도 이런 말을 했습니다.'처럼 자신의 논리적인 약점을 권위자를 통해 덮으려는 논리적 오류이다.

24

스마트팜 관련 정부 사업 참여 경험은 K사의 강점 요인이다. 또한 정부의 적극적인 지원은 스마트팜 시장 성장에 따른 기회 요인이다. 따라서 스마트팜 관련 정부 사업 참여 경험을 바탕으로 정부의 적극적인 지원을 확보하는 것은 내부의 강점을 통해 외부의 기회 요인을 극대화하는 SO전략에 해당한다.

오답분석

①·②·③·④ 외부의 기회를 이용하여 내부의 약점을 보완하는 WO전략에 해당한다.

> **SWOT 분석 전략**
> • SO전략 : 내부 강점과 외부 기회를 극대화하는 전략
> • WO전략 : 외부 기회를 이용하여 내부 약점을 강점으로 전환하는 전략
> • ST전략 : 외부 위협을 최소화하기 위해 내부 강점을 극대화하는 전략
> • WT전략 : 내부 약점과 외부 위협을 최소화하는 전략

25

K대학교 기숙사 운영위원회는 단순히 '기숙사에 문제가 있다.'라는 큰 문제에서 벗어나 식사, 시설, 통신환경이라는 세 가지 주요 문제를 파악하고 문제별로 다시 세분화하여 더욱 구체적으로 인과관계 및 구조를 파악하여 분석하고 있다. 따라서 제시문에서 나타난 문제해결 절차는 '문제 도출'이다.

> **문제해결 절차 5단계**
> 1. 문제 인식 : 해결해야 할 전체 문제를 파악하여 우선순위를 정하고 선정 문제에 대한 목표를 명확히 하는 단계
> 2. 문제 도출 : 선정된 문제를 분석하여 해결해야 할 것이 무엇인지를 명확히 하는 단계로, 현상에 대한 문제를 분해하여 인과관계 및 구조를 파악하는 단계
> 3. 원인 분석 : 파악된 핵심 문제에 대한 분석을 통해 근본 원인을 도출해 내는 단계
> 4. 해결안 개발 : 문제로부터 도출된 근본 원인을 효과적으로 해결할 수 있는 최적의 해결 방안을 수립하는 단계
> 5. 실행 및 평가 : 해결안 개발을 통해 만들어진 실행 계획을 실제 상황에 적용하는 단계로, 해결안을 통해 문제의 원인들을 제거해 나가는 단계

26

마지막 조건에 따라 C는 항상 두 번째에 도착하게 되고, 첫 번째 조건에 따라 A – B가 순서대로 도착했으므로 A, B는 첫 번째로 도착할 수 없다. 또한 두 번째 조건에 따라 D는 E보다 늦게 도착하므로 가능한 경우를 정리하면 다음과 같다.

구분	첫 번째	두 번째	세 번째	네 번째	다섯 번째
경우 1	E	C	A	B	D
경우 2	E	C	D	A	B

따라서 E는 항상 가장 먼저 도착한다.

27

전제 1의 전건(P)인 'TV를 오래 보면'은 후건(Q)인 '눈이 나빠진다.'가 성립하는 충분조건이며, 후건은 전건의 필요조건이 된다(P → Q). 그러나 삼단논법에서 단순히 전건을 부정한다고 해서 후건 또한 부정되지는 않는다(~ P → ~ Q, 역의 오류). 철수가 TV를 오래 보지 않아도 눈이 나빠질 수 있는 가능성은 얼마든지 있기 때문이다. 이러한 형식적 오류를 '전건 부정의 오류'라고 한다.

오답분석

① 사개명사의 오류 : 삼단논법에서 개념이 4개일 때 성립하는 오류이다(A는 B이고, A와 C는 모두 D이다. 따라서 B는 C이다).
③ 후건 긍정의 오류 : 후건을 긍정한다고 전건 또한 긍정이라고 하는 오류이다(P → Q이므로 Q → P이다. 이의 오류).
④ 선언지 긍정의 오류 : 어느 한 명제를 긍정하는 것이 필연적으로 다른 명제의 부정을 도출한다고 여기는 오류이다(A는 B와 C이므로 A가 B라면 반드시 C는 아니다. ∵ B와 C 둘 다 해당할 가능성이 있음).
⑤ 매개념 부주연의 오류 : 매개념(A)이 외연 전부(B)에 대하여 성립되지 않을 때 발생하는 오류이다(A는 B이고 C는 B이므로 A는 C이다).

28

제시된 열차의 부산역 도착시간을 계산하면 다음과 같다.

- KTX
  8:00(서울역 출발) → 10:30(부산역 도착)
- ITX-청춘
  7:20(서울역 출발) → 8:00(대전역 도착) → 8:15(대전역 출발) → 11:05(부산역 도착)
- ITX-마음
  6:40(서울역 출발) → 7:20(대전역 도착) → 7:35(대전역 출발) → 8:15(울산역 도착) → 8:30(울산역 출발) → 11:00(부산역 도착)
- 새마을호
  6:30(서울역 출발) → 7:30(대전역 도착) → 7:40(ITX-마음 출발 대기) → 7:55(대전역 출발) → 8:55(울산역 도착) → 9:10(울산역 출발) → 10:10(동대구역 도착) → 10:25(동대구역 출발) → 11:55(부산역 도착)
- 무궁화호
  5:30(서울역 출발) → 6:50(대전역 도착) → 7:05(대전역 출발) → 8:25(울산역 도착) → 8:35(ITX-마음 출발 대기) → 8:50(울산역 출발) → 10:10(동대구역 도착) → 10:30(새마을호 출발 대기) → 10:45(동대구역 출발) → 12:25(부산역 도착)

따라서 가장 늦게 도착하는 열차는 무궁화호로, 12시 25분에 부산역에 도착한다.

오답분석

① ITX-청춘은 11시 5분에 부산역에 도착하고, ITX-마음은 11시에 부산역에 도착한다.
③ ITX-마음은 정차역인 대전역과 울산역에서 다른 열차와 시간이 겹치지 않는다.
④ 부산역에 가장 빨리 도착하는 열차는 KTX로, 10시 30분에 도착한다.
⑤ 무궁화호는 울산역에서 8시 15분에 도착한 ITX-마음으로 인해 8시 35분까지 대기하며, 동대구역에서 10시 10분에 도착한 새마을호로 인해 10시 30분까지 대기한다.

29

A과장과 팀원 1명은 7시 30분까지 K공사에서 사전 회의를 가져야 하므로 8시에 출발하는 KTX만 이용할 수 있다. 남은 팀원 3명은 11시 30분까지 부산역에 도착해야 하므로 10시 30분에 도착하는 KTX, 11시 5분에 도착하는 ITX-청춘, 11시에 도착하는 ITX-마음이 이용 가능한데, 이 중 가장 저렴한 열차를 이용해야 하므로 ITX-마음을 이용한다. 따라서 KTX 2인, ITX-마음 3인의 요금을 계산하면 $(59,800×2)+(42,600×3)=119,600+127,800=247,400$원이다.

30

A는 B의 부정적인 의견들을 구조화하여 B가 그러한 논리를 가지게 된 궁극적 원인인 경쟁력 부족을 찾아내었고, 이러한 원인을 해소할 수 있는 방법을 찾아 자신의 계획을 재구축하여 B에게 설명하였다. 따라서 제시문에서 나타난 논리적 사고의 구성요소는 '상대 논리의 구조화'이다.

오답분석

① 설득 : 논증을 통해 나의 생각을 다른 사람에게 이해·공감시키고, 타인이 내가 원하는 행동을 하도록 하는 것이다.
② 구체적인 생각 : 상대가 말하는 것을 잘 알 수 없을 때, 이미지를 떠올리거나 숫자를 활용하는 등 구체적인 방법을 활용하여 생각하는 것이다.
③ 생각하는 습관 : 논리적 사고를 개발하기 위해 일상적인 모든 것에서 의문점을 가지고 원인을 생각해 보는 습관이다.
④ 타인에 대한 이해 : 나와 상대의 주장이 서로 반대될 때, 상대의 주장 전부를 부정하지 않고 상대의 인격을 존중하는 것이다.

|01| 토목일반

01	02	03	04	05	06	07	08	09	10
④	②	③	②	⑤	①	①	④	③	④
11	12	13	14	15	16	17	18	19	20
③	①	⑤	⑤	②	④	④	②	①	②

01　　　　　　　　　　　　　　　　정답 ④

$\sigma = \dfrac{P}{\dfrac{\pi d^2}{4}} = \dfrac{4P}{\pi d^2}$ 이고, $\sigma = E\varepsilon = E\dfrac{\triangle d}{L}$ 이므로

$\dfrac{4P}{\pi d^2} = E\dfrac{\triangle d}{L}$ 에서 $L = \dfrac{\pi d^2 E \triangle d}{4P}$ 이다.

따라서 강봉의 처음 길이는

$L = \dfrac{\pi \times (5\times 10^{-2})^2 \times (170\times 10^6) \times 75\times 10^{-3}}{4\times(10\times 10^3)}$

$\fallingdotseq 2.5\text{m}$ 이다.

02　　　　　　　　　　　　　　　　정답 ②

집중하중 P에 의한 B지점에서의 작용 모멘트는

$M_{\text{B},1} = \dfrac{P\times a^2 \times b}{L^2}$ 이다.

등분포하중 w에 의한 B지점에서의 작용 모멘트는

$M_{\text{B},2} = \dfrac{wL^2}{12}$ 이다.

따라서 중첩의 원리에 의해 B지점에서 작용하는 전체 모멘트는

$M_{\text{B},1} + M_{\text{B},2} = \dfrac{P\times a^2 \times b}{L^2} + \dfrac{wL^2}{12} = \dfrac{12Pa^2 b + wL^4}{12L^2}$ 이다.

03　　　　　　　　　　　　　　　　정답 ③

카스틸리아노의 정리는 변형에너지와 하중(모멘트), 처짐량(처짐각)의 관계에 대한 법칙이다. 변형에너지가 변위만의 함수일 때, 하중은 변형에너지를 변위에 대해 편미분한 값이다. 또한 변형에너지가 하중(휨모멘트)만의 함수일 때, 처짐량(처짐각)은 변형에너지를 하중(휨모멘트)에 대해 편미분한 값이다.

04　　　　　　　　　　　　　　　　정답 ②

A, B지점의 반력을 R_A, R_B라고 할 때 다음 식이 성립한다.

$R_\text{A} + R_\text{B} - (5\times 6) - 20 = 0 \cdots \bigcirc$

$M_\text{A} = (5\times 6\times 3) + (20\times 7) - R_\text{B}\times(7+3) = 0 \cdots \bigcirc$

$\bigcirc$에서 $R_\text{B} = \dfrac{90+140}{10} = 23\text{kN}$이므로,

$R_\text{A} = 50 - 23 = 27\text{kN}$이다.

이에 대한 전단력선도는 다음과 같다.

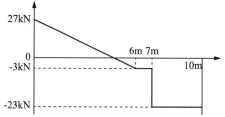

A지점이 원점이고 오른쪽으로 x만큼 떨어져 있다고 할 때, $0 \leq x \leq 6$ 구간에서 전단력은 $V(x) = 27 - 5x$이다.

따라서 $V(x) = 27 - 5x = 0$에서 $x = \dfrac{27}{5}$ 이므로 전단력이 0인 지점은 A지점으로부터 $\dfrac{27}{5} = 5.4\text{m}$ 떨어져 있다.

05　　　　　　　　　　　　　　　　정답 ⑤

오답분석

① 삼각측량 : 삼각형의 한 변의 길이와 두 각을 측정하여 다른 두 변의 길이를 산정하는 측량이다.
② 수준측량 : 레벨과 표적 등을 이용하여 지표 위에 있는 점의 표고를 측정하는 측량이다.
③ 측지측량 : 지구의 형상, 크기, 곡률을 고려하여 반경 11km를 초과하는 구간을 측정하는 측량으로, 1등 삼각측량이 이에 속한다.
④ 평면측량 : 지구의 형상, 크기, 곡률을 고려하지 않고 반경 11km 이내인 구간을 평면으로 가정하여 실시하는 측량이다.

06
정답 ①

표고가 1,000m, 해발이 3,000m이므로 촬영고도는 $3,000-1,000=2,000$m이다. 이때, 초점거리가 200mm인 사진기를 이용하므로 사진축척은 $m=\dfrac{H}{f}=\dfrac{2,000}{0.2}=10,000$이고, 유효면적은 $A=[(10,000\times0.2)\times(1-0.5)]\times[(10,000\times0.2)\times(1-0.4)]=1,200,000$m^{2}이다.

따라서 안전율이 0.2이고 사진 매수가 180매이므로

$180=\dfrac{F}{1,200,000}\times(1+0.2)$에서 실제 면적은

$F=180\times\dfrac{1,200,000}{1.2}=180,000,000m^2=180$km^{2}이다.

07
정답 ①

FCM 공법은 교량 하부에 동바리를 설치하지 않고 특수한 장비를 이용하여 좌우 평형을 맞춰가며 경간을 구성하는 방식으로, 홍수의 위험이 크거나 공사 현장이 거리, 철도 등을 통과하는 등 동바리 사용이 불가능한 곳에 적용할 수 있다. 단면변화 적응성이 양호하고 공정관리 또한 양호하지만, 가설 시 추가단면이 필요하고 모멘트의 불균형에 대한 대책을 세워야 한다.

오답분석

② FSM 공법 : 콘크리트를 타설하는 경간 전체에 콘크리트의 강도가 적당히 확보될 때까지 동바리를 가설하여 지지하는 방식으로, 교량 높이가 높지 않고 지반이 양호한 곳에 적합하지만, 동바리의 조립 및 해체로 인해 시공속도가 늦고 콘크리트 타설 중 편심하중의 우려가 있다.

③ ILM 공법 : 교량의 상부구조를 포스트텐션을 적용하여 생산한 후 교축 방향으로 밀어내어 점진적으로 교량을 가설하는 방식으로, 계곡, 해상 등에서도 시공이 가능하고 외부의 기후조건에 의한 영향을 덜 받으나, 균일한 구조물의 높이가 보장되어야 한다.

④ MSS 공법 : 거푸집이 부착된 특수 비계를 이용하여 경간을 하나씩 시공하는 방식으로, 하천 등 연약지반에 제약을 크게 받지 않으나, 비계의 중량이 커 제작비가 비싸고 부재의 이음부 설계에 주의를 기울여야 한다.

⑤ PSM 공법 : 장대고량의 공사기간을 단축하기 위해 별도의 공장에서 몰드를 이용하여 경간을 제작한 후 공사 현장으로 운반하여 시공하는 방식으로, 경간의 균일한 품질이 보장되고, 하중구조 특성에 대한 대응이 확실하다.

08
정답 ④

지중연속벽 또는 지하연속벽은 굴착작업 시 굴착면의 붕괴를 방지하고 지하수의 유입을 차단하기 위해 벤토나이트를 공급하여 지하에 구조체를 형성하는 공법이다. 지하실, 지하주차장 등의 구조물부터 지하철, 지하변전소, 댐의 차수벽까지 구조물의 일부 또는 그 자체를 이용한다. 작업 시 발생하는 소음은 적은 편이지만, 설치를 위한 대규모 부지가 필요해 공사비가 비싸며, 선단부는 최소 암반층 1m를 굴착하여 시공해야 안전한 효과를 기대할 수 있다.

09
정답 ③

모래다짐말뚝 공법(Sand Compaction Pile)의 장단점

장점	단점
• 지반이 균질화된다. • 압밀시간 및 압밀침하량이 적다. • 지반의 전단강도가 증가한다. • 지반의 액상화를 방지할 수 있다.	• 공사 비용이 비교적 고가이다. • 진동이 매우 크게 발생한다.

10
정답 ④

세장비는 압축재의 좌굴길이를 회전반경으로 나눈 값으로, 값이 클수록 기둥은 잘 구부러진다. 이때, 세장비가 30 이하인 기둥을 단주, 100 이상인 기둥을 장주라고 한다.

11
정답 ③

일반 콘크리트 표준 시방서에 따르면 고강도 콘크리트의 설계기준 압축강도는 보통 콘크리트에서 40MPa 이상, 경량콘크리트에서 27MPa 이상인 콘크리트를 말한다.

12
정답 ①

설계기준압축강도(f_{ck})가 40MPa 이하인 콘크리트의 극한변형률은 0.0033으로 하며, 설계기준압축강도가 40MPa 이상일 때에는 10MPa 증가할 때마다 0.0001씩 감소시킨다(KDS 14 20 20). 따라서 $0.0033-[0.0001\times(60-40)\div10]=0.0031$이다.

13
정답 ⑤

포장 아스팔트의 파손 원인
- 과적 차량의 통행으로 인한 피로 파괴
- 혼합물의 다짐온도 불량
- 혼합물의 입도 불량
- 아스팔트 배합설계 불량
- 눈, 비 등의 강수 시 배수 불량
- 노상, 보조기층 다짐 불량
- 포장 두께 부족
- 포장 재료의 불량
- 포장 자체의 노후화

14

정답 ⑤

- [건조단위중량(γ_d)] $= \dfrac{\gamma}{1+\dfrac{w}{100}} = \dfrac{2}{1+\dfrac{20}{100}} \fallingdotseq 1.67 \text{t/m}^3$

- [간극비(e)] $= \dfrac{G_s \times \gamma_w}{\gamma_d} - 1 = \dfrac{2.6 \times 1}{1.667} - 1 \fallingdotseq 0.56$

- [포화도(S)] $= \dfrac{w}{e} \times G_s = \dfrac{20}{0.56} \times 2.6 \fallingdotseq 92.85\%$

15

정답 ②

$f_{ck} = 23\text{MPa} \leq 40\text{Mpa}$이므로

$\varepsilon_{cu} = 0.0033$, $\eta = 1$, $\beta_1 = 0.8$이다.

또한 $f_y = 350\text{MPa}$이므로

$\varepsilon_{t,min} = 0.004$, $\varepsilon_c = \dfrac{400}{200,000} = 0.0020$이다.

따라서 균형철근비는 $\rho_b = \beta_1 \dfrac{\eta(0.85f_{ck})}{f_y} \times \dfrac{\varepsilon_{cu}}{\varepsilon_{cu}+\varepsilon_c}$

$= 0.8 \times \dfrac{1 \times 0.85 \times 23}{350} \times \dfrac{0.0033}{0.0033+0.002} \fallingdotseq 0.023$이다.

16

정답 ④

틸트 도저는 토공판을 상하로 기울여 블레이드 한쪽 끝 부분에 힘을 집중시킬 수 있는 도저로, 딱딱한 흙의 굴착과 얕은 홈의 굴착에 적합하다.

오답분석

① 레이크 도저 : 블레이드가 포크 형식으로 구성되어 있어 작업 시 나무뿌리 등 불순물들을 골라낼 수 있는 도저이다.
② 스트레이트 도저 : 블레이드가 지표면과 수평으로 되어 있는 도저이다.
③ 앵글 도저 : 블레이드의 좌우를 20 ~ 30도 기울일 수 있어 토사를 한쪽으로 밀어낼 수 있는 도저이다.
⑤ 습지 도저 : 지반이 약한 지역에서 작업할 수 있는 도저이다.

17

정답 ④

오답분석

① 콘크리트의 건조수축 발생 시 표면에는 인장응력이 발생하고 내부에는 압축응력이 발생한다.
② 건조수축의 진행속도는 외부 환경의 상대습도와 밀접한 관련이 있다.
③ 물과 시멘트의 비율이 높을수록 크리프는 크게 발생한다.
⑤ 흡수율이 낮은 골재를 사용해야 건조수축을 억제할 수 있다.

18

정답 ②

삼변측량은 삼각형의 세 변의 길이를 직접 측정하는 편리한 방법이지만 관측값의 수에 비하여 조건식이 적어 정확도가 낮은 단점이 있다.

19

정답 ①

$\tau_{max} = \dfrac{T}{Z_P}$ 이고 $Z_P = \dfrac{I_P}{e}$ 이다.

[정삼각형의 도심에 대한 최외각거리(e)]

$= \dfrac{2}{3}h = \dfrac{2}{3} \times \dfrac{\sqrt{3}}{2}b = \dfrac{\sqrt{3}}{3}b$이고

[정삼각형의 도심에 대한 단면 2차 모멘트(I_P)]

$= \dfrac{bh}{36}(b^2+h^2) = \dfrac{\sqrt{3}\,b^2}{72}\left(b^2+\dfrac{3}{4}b^2\right) = \dfrac{7\sqrt{3}\,b^4}{288}$ 이므로,

$Z_P = \dfrac{21b^3}{288}$ 이다.

따라서 전단응력의 크기는 $\tau = \dfrac{288T}{21b^3}$ 이다.

20

정답 ②

10m 길이의 자를 36번 사용해야 360m를 측정할 수 있으므로, 누적오차는 $36 \times 0.01 = 0.36$m이고, 우연오차는 $0.075 \times \sqrt{36} = 0.45$m이다.

따라서 측정한 도로의 정확한 길이의 범위는 $360 + 0.36 \pm 0.45 = 360.36 \pm 0.45$m이다.

|02| 기계일반

01	02	03	04	05	06	07	08	09	10
④	②	⑤	③	⑤	③	③	②	①	③
11	12	13	14	15	16	17	18	19	20
③	③	④	②	①	⑤	②	③	①	④

01
정답 ④

흑연의 기본형상은 조직이 구 형태인 구상흑연, 조직의 끝이 뾰족하고 긴 형태인 편상흑연, 조직이 불규칙한 괴상흑연으로 구분할 수 있다. 국화상흑연은 조직이 국화꽃 형태이고, 장미상흑연은 조직이 장미꽃 모양을 가지고 있지만 기본형상으로 구분하지는 않는다.

02
정답 ②

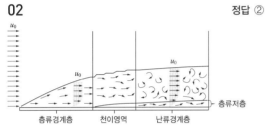

층류경계층에서는 유체의 와동 없이 안정적으로 흐르지만, 천이영역을 거쳐 난류경계층으로 갈수록 유체 입자의 박리가 훨씬 뒤에서 발생하여 유체의 와동이 심해져 난류가 발생한다. 한편, 천이영역 이후로 관 표면에 흐르는 유체는 마찰에 의해 층류로 흐르게 되는데, 이 영역을 층류저층이라 한다.

03
정답 ⑤

고용체는 액체 상태의 용매금속에 용질금속의 원자 또는 분자가 섞인 금속을 의미한다. 용질금속의 양에 따라 본래 성질이 변하기도 하고 금속에 따라 섞일 수 있는 양이 다르다. 이때 섞일 수 있는 양 이상의 금속은 더 이상 섞이지 못하고 본래 금속으로 석출된다.

오답분석

① 공석 : 고체 상태에서 고용체가 특정 온도에서 동시에 2개가 석출되는 반응이다.
② 공정 : 서로 다른 두 금속이 액체 상태일 때에는 균일한 액체로 섞여 있으나, 응고 후에는 분리되어 기계적으로 결합된 상태로 조직을 형성하는 반응이다.
③ 포정 : 하나의 금속에 다른 액체 상태의 금속이 작용하여 성질이 다른 금속을 생성하는 반응이다.
④ 편정 : 하나의 액체 상태의 혼합물에서 서로 다른 금속과 액체를 동시에 생성하는 반응이다.

04
정답 ③

윤활유 공급방법의 종류

비순환 급유방식	순환 급유방식
• 손 급유법	• 오일 순환식 급유법
• 적하 급유법	• 비말 급유법
• 패드 급유법	• 제트 급유법
• 심지 급유법	• 유욕 급유법
• 기계식 강제 급유법	
• 분무식 급유법	

05
정답 ⑤

하중의 종류

정하중	동하중
• 인장하중	• 반복하중
• 압축하중	• 충격하중
• 전단하중	• 교번하중
• 비틀림하중	• 이동하중
• 굽힘하중	• 임의진동하중

06
정답 ③

합금은 결정구조의 변화 등에 의해 전기전도도가 떨어질 수 있다.

07
정답 ③

$Q = W + \triangle U_1$에서 열량이 20kJ 증가하고 일의 양 또한 20kJ 증가하므로 $(Q+20)=(W+20)+\triangle U_2$이다.
따라서 $\triangle U_1 = \triangle U_2$이므로 내부에너지는 변하지 않는다.

08
정답 ②

제시된 그림과 같이 양단고정보의 중앙에 집중하중이 작용할 때의 처짐량은 $\delta = \dfrac{PL^3}{192EI}$이다.

09
정답 ①

질량 1kg의 물을 1℃ 가열하는 데 필요한 열량은 1kcal이다. 따라서 질량 10kg의 물을 10℃에서 60℃로 가열하는 데 필요한 열량을 구하면 다음과 같다.

$Q = cm\triangle t = 1 \times 10 \times (60-10) = 500\text{kcal}$
$\qquad = 500 \times \dfrac{4.2\text{kJ}}{1\text{kcal}} = 2,100\text{kJ}$

10
정답 ③

카르노 사이클은 외부로부터 열을 받아 등온 팽창한다. 팽창한 기체는 외부와의 열 교환 없이 단열 팽창하고, 팽창한 기체는 열을 버리면서 등온 수축하게 된다. 이후 수축한 기체는 외부와의 열 교환 없이 단열 수축하여 처음 상태로 돌아온다. 이때 카르노 사이클은 흡열한 열량과 버린 열량의 차이만큼 일을 한다.

11
정답 ③

ㄴ. n몰의 단원자 분자인 이상기체의 내부에너지는 $U=\dfrac{3}{2}nRT$ 이다.

ㄷ. n몰의 단원자 분자인 이상기체의 엔탈피는 $H=U+W=\dfrac{5}{2}nRT$이다.

오답분석

ㄱ. n몰의 단원자 분자인 이상기체의 내부에너지는 $U=\dfrac{3}{2}nRT$ 이고, 이원자 분자인 이상기체의 내부에너지는 $U=\dfrac{5}{2}nRT$, 삼원자 이상의 분자인 이상기체의 내부에너지는 $U=\dfrac{6}{2}nRT$ 이다.

ㄹ. 이상기체의 무질서도를 표현한 함수는 엔트로피이다.

12
정답 ③

자동차가 안정적으로 선회하기 위해서는 양 바퀴의 회전수가 달라야 한다. 이를 조절하기 위해 사용하는 기어는 유성기어와 태양기어이다. 먼저, 외부로부터 전달받은 동력을 베벨기어를 통해 링기어에 전달하여 회전시킨다. 이때 회전하는 링기어는 유성기어와 태양기어를 회전시킨다. 정상적인 직선 주행 중에는 양 바퀴의 회전수가 같으므로 유성기어와 태양기어가 같은 속력으로 회전하지만, 선회 시에는 양 바퀴에 작용하는 마찰저항이 서로 다르게 작용한다. 이를 유성기어, 태양기어에 전달하면 안쪽 바퀴의 회전저항은 증가하고 바깥쪽 바퀴의 회전수는 안쪽 바퀴의 감소한 회전수만큼 증가한다.

13
정답 ④

사바테 사이클은 복합 사이클 또는 정적 – 정압 사이클이라고도 하며, 정적 가열과 정압 가열로 열을 받아 일을 한 후 정적 방열을 하는 열 사이클이다. 고속디젤기관에서는 짧은 시간 내에 연료를 연소시켜야 하므로 압축행정이 끝나기 전에 연료를 분사하여 행정 말기에 착화되도록 하면 공급된 연료는 정적 아래에서 연소하고 후에 분사된 연료는 대부분 정압 아래에서 연소하게 된다.

오답분석

① 오토 사이클 : 2개의 단열과정과 2개의 정적과정으로 이루어진 사이클로, 가솔린 기관 및 가스터빈의 기본 사이클이다.
② 랭킨 사이클 : 2개의 단열과정과 2개의 가열 및 팽창과정으로 이루어진 증기터빈의 기본 사이클이다.
③ 브레이턴 사이클 : 2개의 단열과정과 2개의 정압과정으로 이루어진 사이클로, 가스터빈의 기본 사이클이다.
⑤ 카르노 사이클 : 2개의 단열과정과 2개의 등온과정으로 이루어진 사이클로, 모든 과정이 가역적인 가장 이상적인 사이클이다.

열기관 사이클의 P−V 선도, T−S 선도

구분	P−V 선도	T−S 선도
오토 사이클		
브레이턴 사이클		
랭킨 사이클		
디젤 사이클		
사바테 사이클		
카르노 사이클		

14
정답 ②

세레이션은 축과 보스를 결합하기 위해 축에 삼각형 모양의 톱니를 새긴 가늘고 긴 키 홈이다.

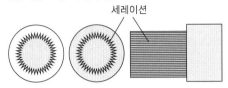

세레이션

① 묻힘키 : 보스와 축 모두 키 홈을 파낸 후 그 구멍에 키를 끼워 넣어 보스와 축을 고정한 것이다.

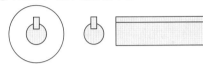

③ 둥근키 : 키 홈을 원모양으로 만든 묻힘키의 하나이다.

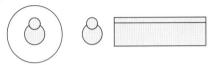

④ 테이퍼 : 경사도가 1/50 이하인 핀이다.

평행 핀   테이퍼

⑤ 스플라인 : 축과 보스를 결합하기 위해 다각형 또는 곡선 형태의 톱니를 새긴 가늘고 긴 홈이다.

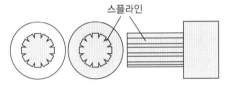

스플라인

15
정답 ①

페라이트는 탄소 함량이 매우 적어 무르므로 담금질 효과가 거의 없다.

16
정답 ⑤

파텐팅은 오스템퍼링 온도의 상한에서 미세한 소르바이트 조직을 얻기 위하여 오스테나이트 가열온도부터 항온 유지 후 공랭시키는 열처리법이다.

① 청화법 : 사이안화산칼륨 또는 사이안화나트륨을 이용하여 강 표면에 질소를 침투시켜 경화시키는 표면 처리법이다.

② 침탄법 : 재료의 표면을 단단하게 강화하기 위해 저탄소강을 침탄제 속에 묻고 가열하여 강 표면에 탄소를 침입시키는 표면 열처리법이다.

③ 마켄칭 : 오스테나이트 구역에서 강 내부의 온도와 외부의 온도가 동일하도록 항온 유지 후 공랭하는 항온 열처리법이다.

④ 질화법 : 강 표면에 질소를 침투시켜 매우 단단한 질소화합물층을 형성하는 표면 열처리법이다.

17
정답 ②

① 정하중 : 하중의 크기, 방향, 작용점이 일정하게 작용하는 하중이다.

③ 반복하중 : 일정한 크기로 일정한 작용점에서 주기적으로 반복하여 작용하는 하중이다.

④ 충격하중 : 한 작용점에서 매우 짧은 시간 동안 강하게 작용하는 하중이다.

⑤ 임의진동하중 : 하중의 크기, 방향, 작용점이 불규칙적으로 변하는 하중이다.

18
정답 ③

디퓨저는 유체의 운동에너지를 압력에너지로 변환시키기 위해 관로의 단면적을 서서히 넓게 한 유로이다.

① 노즐 : 유체의 압력에너지를 운동에너지로 변환시키기 위해 관로의 단면적을 서서히 좁게 한 유로이다.

② 액추에이터 : 유압장치 등으로부터 에너지를 받아 시스템을 제어하는 기계장치이다.

④ 어큐뮬레이터 : 유압유의 압력에너지를 저장하는 유압기기이다.

⑤ 피스톤 로드 : 피스톤에 의해 변환된 힘을 외부로 전달하는 기기이다.

19
정답 ①

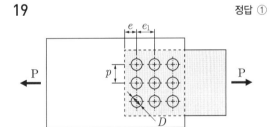

p : 피치
e : 마진
e_1 : 뒷피치
D : 리벳 지름

② 피치 : 같은 줄에 있는 리벳의 중심 사이의 거리이다.

③ 뒷피치 : 여러 줄의 리벳 이음에서 리벳의 열과 이웃한 열 사이의 거리이다.

④ 리드 : 나사가 1바퀴 회전할 때 축 방향으로 이동한 거리이다.

⑤ 유효지름 : 나사의 골지름과 바깥지름의 평균인 지름이다.

20
정답 ④

피로시험(ㄴ), 충격시험(ㄹ), 마멸시험(ㅁ)은 기계재료의 동적시험 방법에 속한다.

|03| 전기일반

01	02	03	04	05	06	07	08	09	10
③	④	①	②	④	④	⑤	②	③	⑤
11	12	13	14	15	16	17	18	19	20
④	①	②	④	②	④	①	③	③	②

01
정답 ③

두 점전하 사이에 작용하는 힘의 크기는

$$F_1 = \frac{1}{4\pi\epsilon_0} \frac{Q_1 Q_2}{r^2} = 9 \times 10^9 \times \frac{Q_1 Q_2}{r^2} \text{이다.}$$

$Q_1 = Q_2 = 10^{-4}$ C이고 $r = 3$m이므로

$$F_1 = 9 \times 10^9 \times \frac{10^{-4} \times 10^{-4}}{3^2} = 10\text{N이다.}$$

따라서 정삼각형의 꼭짓점에 있는 한 점전하가 다른 두 점전하로부터 받는 힘의 크기는

$$F = \sqrt{F_1^2 + F_2^2 + 2F_1 F_2}$$
$$= \sqrt{10^2 + 10^2 + 2 \times 10 \times 10 \times \cos 60°} ≒ 17.32\text{N이다.}$$

02
정답 ④

- 콘덴서의 직렬연결 : $\dfrac{1}{C_T} = \dfrac{1}{C_1} + \dfrac{1}{C_2} + \dfrac{1}{C_3} + \cdots$
- 콘덴서의 병렬연결 : $C_T = C_1 + C_2 + C_3 + \cdots$

03
정답 ①

$F = \dfrac{\mu_0 I_1 I_2}{2\pi r} = \dfrac{(4\pi \times 10^{-7}) \times 1 \times 1}{2\pi \times 2} = 10^{-7}$ N이고, 서로 같은 방향이므로 흡인력이 작용한다.

04
정답 ②

변압기의 무부하시험으로 구할 수 있는 것은 단락비, 여자전류, 여자어드미턴스, 철손, 자화전류, 자화리액턴스 등이다.

변압기의 시험

구분	측정항목
단락시험	임피던스 전압, %임피던스, 동손, 전압변동률 등
무부하시험	단락비, 여자전류, 여자어드미턴스, 철손, 철손저항, 자화리액턴스, 자화전류 등
기타	권선저항측정, 유도내선압, 설연내력시험 등

05 정답 ④

배전선로의 작용정전용량

- 단상 2선식 : $C_s + 2C_m$
- 3상 3선식 : $C_s + 3C_m$

06 정답 ④

히스테리시스 곡선의 면적은 단위 체적당 에너지 손실을 나타낸다.

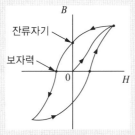

히스테리시스 곡선

횡축은 자계(H), 종축은 자속밀도(B)를 나타낸다. 자계와 자속밀도와의 관계를 나타내는 그래프를 히스테리시스 곡선이라고 한다. 이 곡선이 횡축과 만나는 점은 보자력이고, 종축과 만나는 점은 잔류자기이다. 히스테리시스 곡선의 기울기는 투자율이며, 곡선으로 둘러싸인 면적은 단위 체적당 에너지 손실로, 히스테리시스손(히스테리시스 손실)이라고 한다.

07 정답 ⑤

중성점 직접접지 방식은 1선 지락 시 건전상의 전위상승이 가장 작다.

중성점 직접접지 방식
- 지락전류가 커서 보호계전기의 동작이 확실하다.
- 지락전류는 지상 및 대전류이므로 과도안정도가 나쁘다.
- 지락전류가 크므로 인접통신선에 대한 전자유도장해가 크다.
- 1선 지락 시 건전상의 전위상승이 가장 작다.
- 전선로, 기기의 절연레벨을 낮출 수 있으므로 단절연이 가능하다.

08 정답 ②

PID(Proportional Integral Differential) 제어

- 최상의 최적제어로 속응성을 개선하여 안정된 제어를 목적으로 한다.
- 잔류편차를 제거한다.
- 사이클링 및 오프셋을 제거하고 안정성을 보장한다.
- 정정시간을 적게 한다.
- 진상 및 지상 보상요소로 쓰인다.

09 정답 ③

오답분석

① 발전제동 : 1차 권선을 교류전원에서 분리한 후 직류여자전류를 통해 발전기로 동작시켜 발생하는 기전력을 통해 제동하는 방법이다.
② 역전제동 : 전동기를 전원에 접속한 채로 전기자의 접속을 반대로 바꾸어 토크를 역으로 발생시켜 전동기를 정지 또는 역회전시키는 제동방법이다.
④ 단상제동 : 1차 측을 단상 접속하고 2차 측 회전자 회로에 큰 저항을 연결할 때 발생하는 토크로 제동하는 방법이다.
⑤ 기계적 제동 : 직접 접촉하여 마찰력을 발생시켜 제동하는 방법이다.

10 정답 ⑤

전기철도의 전기적 부식 방지 대책

전철 측 시설	매설관 측 시설
• 레일에 본드를 시설한다. • 레일을 따라 보조 귀선을 설치한다. • 변전소 사이의 간격을 짧게 한다. • 대지에 대한 레일의 절연저항을 크게 한다. • 귀선의 극성을 주기적으로 바꾼다. • 3선식 배전법을 사용한다.	• 선택 배류법 또는 강제 배류법을 사용한다. • 매설관의 표면 또는 접속부를 절연한다. • 도전체로 차폐한다.

11 정답 ④

SCADA(Supervisory Control And Data Acquisition) 시스템은 다양하고 복잡한 설비를 간소화 및 자동화하여 원거리에서 효과적으로 감시, 제어, 측정하고 분석 및 처리한다. 즉, 관련 계통 설비들의 합리적이고 효과적인 에너지 관리를 가능하게 하는 시스템이다. 하지만 시스템 오류가 발생할 수 있고 정보보안에 취약한 단점이 있다.

12 정답 ①

직류식 전기철도는 송전문제로 교류식 전기철도에 비해 변전소가 상대적으로 많이 필요하다.

직류식 전기철도와 교류식 전기철도의 비교

직류식 전기철도	교류식 전기철도
• 고속 운전 시 효율이 나쁘다.	• 고속 운전 시 효율이 좋다.
• 변전소 중간 급전구분소가 필요하다.	• 변전소 설치 간격을 길게 할 수 있다.
• 사고전류의 선택적 차단이 어렵다.	• 사고전류의 선택적 차단이 용이하다.
• 전차선 설비에서의 전선이 굵다.	• 전차선 설비에서의 전선이 얇다.
• 차량가격이 저렴하다.	• 차량가격이 고가이다.
• 통신유도장해가 작다.	• 통신유도장해가 크다.

13 정답 ②

VVVF(Variable Voltage Variable Frequency) 제어는 가변 전압 가변 주파수 제어로, 전력 변환 장치에 출력한 교류 전력을 두어 출력된 교류 전력의 실효전압과 주파수를 제어하는 기술이다. VVVF 제어는 전압, 전류, 주파수의 변동이 유동적이므로 전력 손실이 적다. 이에 따라 압연기기 등의 생산용 기기와 팬, 펌프설비뿐만 아니라 철도, 전기자동차 등의 모터, 가전제품 등 다양한 분야에 적용되고 있다.

14 정답 ④

궤도와 선로 구조물의 구성요소

구분	궤도	선로 구조물	
구성 요소	• 레일 • 침목 • 도상	• 측구 • 철주 • 전차선 • 조가선 • 급전선 • 고압선 • 특별고압선 • 부급전선	• 통신선 • 신호기 • ATS지상자 • 임피던스본드 • 구배표 • km정표 • 방음벽

15 정답 ②

궤간은 두 철로 사이의 간격으로, 궤간의 길이는 1,435mm를 국제 표준 규격으로 하며 이보다 넓으면 광궤, 좁으면 협궤로 본다.

16 정답 ④

① 고도 : 레일의 곡선부에서 운전의 안정성을 확보하기 위해 바깥쪽 레일을 안쪽 레일보다 더 높이는데, 그 높이의 차이를 말한다.
② 구배 : 선로의 기울기이며, 대한민국은 수평거리 1,000에 대한 고저차로 표시한 천분율로 표기한다.
③ 침목 : 차량의 하중을 분산하며 충격을 흡수하는 궤도재료이다.
⑤ 확도 : 곡선 궤도를 운행할 때 안쪽 궤도의 궤간을 넓히는 정도를 말한다.

17 정답 ①

② 평균속도 : 열차의 운전거리를 정차시간을 제외한 실제 운전시간으로 나눈 속도이다.
③ 설계속도 : 이상적인 조건에서 차량이 주행할 수 있는 최고속도이다.
④ 균형속도 : 열차의 견인력과 열차가 받는 저항력이 같아 속력이 일정할 때의 속도이다.
⑤ 최고속도 : 허용조건에서 열차가 5초 이상 낼 수 있는 속력의 최댓값이다.

18 정답 ③

PP급전방식은 역간이 길고 고속 운행구간에 적합한 급전방식이다.

PP급전방식의 특징
• 선로 임피던스가 작다.
• 전압강하가 작다.
• 상대적으로 고조파의 공진주파수가 낮고 확대율이 작다.
• 회생전력 이용률이 높다.
• 급전구분소의 단권변압기 수를 줄일 수 있다.
• 역간이 길고 고속 운행구간에 적합하다.
• 급전구분소의 GIS설비가 다량 요구된다.
• Tie 차단 설비가 필요하다.

19 정답 ③

강체가선방식은 T-bar, R-bar로 구분하며, 대한민국에서는 전류용량이 큰 DC 1,500V 구간에서는 T-bar 방식, 전류용량이 작은 AC 25k 구간에서는 R-bar 방식을 사용한다. T-bar의 경우 표준길이는 10m이며, 2,100mm^{2}의 알루미늄 합금으로 bar의 아랫면에 볼트로 지지하는 방식이다. 반면, R-bar의 경우 표준길이는 12m이며, 2,214mm^{2}의 가선 도르래를 이용하여 가선한다.

20
정답 ②

제시된 커터너리 조가방식에서 A는 드로퍼에 해당한다.

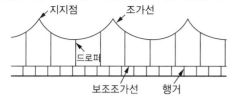

| 04 | 전기이론

01	02	03	04	05	06	07	08	09	10
②	④	⑤	⑤	③	①	④	④	②	①
11	12	13	14	15	16	17	18	19	20
③	⑤	③	⑤	①	②	①	④	④	①

01
정답 ②

$$N_s = \frac{120f}{P} = \frac{120 \times 60}{6} = 1,200$$

$$s = \frac{N_s - N}{N_s}$$

$$N = (1-s)N_s = (1-0.04) \times 1,200 = 1,152 \text{rpm}$$

02
정답 ④

$$E = \frac{pZ\phi N}{60a} = \frac{8 \times 600 \times 0.0138 \times 900}{60 \times 8} = 124.2 \text{V}$$ (∵ 전기자 권선이 중권이므로 $a = p = 8$)

03
정답 ⑤

$$P = V \times \overline{I} = (15+j4) \times (40-j20) = (600+80) + j(160-300) = 680 - j140 \text{[W]}$$

따라서 유효전력은 680W이다.

04
정답 ⑤

[공진주파수(f)] $= \frac{1}{2\pi\sqrt{LC}}$, [선택도($Q$)] $= \frac{1}{R}\sqrt{\frac{L}{C}}$ 에서 L, C는 변하지 않고 R은 증가하므로 공진주파수(f)는 변하지 않고, 선택도(Q)는 감소한다.

05
정답 ③

직렬공진상태일 때 역률은 항상 1이다.

직렬공진

- $X_L = X_C$, $\omega L = \frac{1}{\omega C}$, $\omega^2 LC$일 때 직렬공진상태이다.
- 직렬공진상태의 특징
  - 임피던스의 허수부는 0이다.
  - 전압, 전류의 위상이 같다.
  - 역률은 1이다.
  - 임피던스의 크기가 최소이다.
  - 전류의 세기가 최대이다.

06
정답 ①

단위길이당 감은 코일의 수가 n인 무한장 솔레노이드에 전류 I가 흐를 때, 외부 자계의 세기는 0이고, 내부 자계의 세기는 $H = nI$ 이며, 그 크기와 방향은 같다.

07
정답 ④

$$V_{rms} = \frac{V_{\max}}{\sqrt{2}} = \frac{250\sqrt{2}}{\sqrt{2}} = 250$$ 이므로

$$I_{rms} = \frac{V_{rms}}{Z} = \frac{250}{\sqrt{8^2 + 6^2}} = \frac{250}{10} = 25\text{A}$$ 이다.

08
정답 ④

$C = \frac{\epsilon S}{d}$ 에서 $d \to \frac{d}{2}$ 이므로 $C' = \frac{\epsilon S}{\frac{d}{2}} = 2\frac{\epsilon S}{d} = 2C$ 로

처음의 2배가 된다.

09
정답 ②

- $a - b$점을 연결했을 때의 합성저항 : $2 + \frac{2 \times 2}{2 + 2} = 3\Omega$

- $c - d$점을 연결했을 때의 합성저항 : $0.5 + \frac{3 \times 3}{3 + 3} = 2\Omega$

따라서 합성저항의 합은 $3 + 2 = 5\Omega$ 이다.

10
정답 ①

$$M = \frac{\mu_s S N_1 N_2}{l}$$

$$= \frac{4\pi \times 10^{-7} \times 10,000 \times 200 \times 10^{-4} \times 10 \times 10}{2}$$

$$= 4\pi \times 10^{-3}\,\text{H}$$

11
정답 ③

$g_{FM}(t) = A_c \cos[\{2\pi f_c t + \theta(t)\}]$

$s(t) = 20\cos(800\pi t + 10\pi \cos 7t)$

$\phi(t) = 2\pi f_c t + \theta(t) = 800\pi t + 10\pi \cos 7t$

순시 주파수 $f_i(t) = \frac{1}{2\pi} \times \frac{d\phi(t)}{dt} = f_c + \frac{1}{2\pi} \times \frac{d\theta(t)}{dt}$

$$= \frac{1}{2\pi} \times \frac{d\theta(t)}{dt} = 400 - \frac{70\pi}{2\pi} \sin 7t$$

$$= 400 - 35\sin 7t$$

12
정답 ⑤

$$f(s) = \frac{2s + 3}{s^2 + 3s + 2} = \frac{2s + 3}{(s + 2)(s + 1)} = \frac{A}{s + 1} + \frac{B}{s + 2}$$

$$A = f(s)(s + 1) \mid_{s = -1} = \frac{2s + 3}{s + 2} \mid_{s = -1} = 1$$

$$B = f(s)(s + 2) \mid_{s = -2} = \frac{2s + 3}{s + 1} \mid_{s = -2} = 1$$

$$\therefore \ f(t) = e^{-t} + e^{-2t}$$

13
정답 ③

전력용 콘덴서의 용량

$$Q_C = P(\tan\theta_1 - \tan\theta_2)$$

$$= P_a \cos\theta_1 \left(\frac{\sqrt{1 - \cos\theta LSUP2}}{\cos\theta_1} - \frac{\sqrt{1 - \cos\theta LSUP2_2}}{\cos\theta_2} \right)$$

$$= 200 \times 0.8 \left(\frac{\sqrt{1 - 0.8^2}}{0.8} - \frac{\sqrt{1 - 0.95^2}}{0.95} \right) \fallingdotseq 67.41\text{KVA}$$

14
정답 ⑤

전송 부호는 직류 성분이 포함되지 않아야 한다.

> **기저대역 전송의 조건**
> - 전송에 필요로 하는 전송 대역폭이 적어야 한다.
> - 타이밍 정보가 충분히 포함되어야 한다.
> - 저주파 및 고주파 성분이 제한되어야 한다.
> - 전송로상에서 발생한 에러 검출 및 정정이 가능해야 한다.
> - 전송 부호는 직류 성분이 포함되지 않아야 한다.

15
정답 ①

전속은 물질(매질)의 종류와 관계없이 전하량만큼만 발생한다.

> **전속 및 전속밀도**
> 전기력선의 묶음을 말하며 전하의 존재를 흐르는 선속으로 표시한 가상적인 선으로, $Q[\text{C}]$에서는 Q개의 전속선이 발생하고 1C에서는 1개의 전속선이 발생하며, 항상 전하와 같은 양의 전속이 발생한다.
> $$\Psi = \int D ds = Q$$

16 정답 ②

역률이 개선되면 변압기 및 배전선의 여유분이 증가한다.

역률 개선의 효과
- 선로 및 변압기의 부하손실을 줄일 수 있다.
- 전압강하를 개선한다.
- 전력요금 경감으로 전기요금이 인하된다.
- 계통 고조파 흡수 효과가 높다.
- 피상전류 감소로 변압기 및 선로의 여유분이 증가한다.
- 설비용량에 여유가 생겨 투자비를 낮출 수 있다.
- 전압이 안정되므로 생산성이 증가한다.

17 정답 ①

AWGN(Additive White Gaussian Noise)은 평균값이 0인 비주기 신호이다.

AWGN(Additive White Gaussian Noise)의 특징
- 평균값이 0인 비주기 신호이다.
- 전 주파수 대역에 걸쳐 전력 스펙트럼 밀도가 일정하다.
- 통계적 성질이 시간에 따라 변하지 않는다.
- 가우시안 분포를 형성한다.
- 백색잡음에 가장 근접한 잡음으로 열잡음이 있다.

18 정답 ④

이상적인 상호 인덕턴스는 결합계수 k가 1일 때이며, 손실이 0일 경우의 변압기를 이상변압기라 한다.
- 상호 인덕턴스 $M = k\sqrt{L_1 L_2}$
- 결합계수 $k = \dfrac{M}{\sqrt{L_1 L_2}}$

19 정답 ④

이상적인 연산증폭기는 두 입력 전압이 같을 때, 출력 전압이 0이다.

이상적인 연산증폭기의 특징
- 전압이득은 무한대이다.
- 개방상태에서 입력 임피던스가 무한대이다.
- 출력 임피던스가 0이다.
- 두 입력 전압이 같을 때, 출력 전압이 0이다.
- 대역폭이 무한대이다.

20 정답 ①

CPFSK는 주파수 변환점에서 불연속한 변조된 신호의 위상을 연속하게 한 변조 방식이며, 변조지수 $h = 0.5$일 때를 MSK라 한다.

반송대역 전송 방식
- PSK : 정현파의 위상에 정보를 싣는 방식으로, 2, 4, 8위상 편이 방식이 있다.
- FSKCF : 정현파의 주파수에 정보를 싣는 방식으로, 2가지(고, 저주파) 주파수를 이용한다.
- QAM : APK이라고도 하며, 반송파의 진폭과 위상을 동시에 변조하는 방식이다.
- ASK : 정현파의 진폭에 정보를 싣는 방식으로, 반송파의 유 / 무로 표현된다.

1일 차 기출응용 모의고사 정답 및 해설

제1영역 직업기초능력평가

01	02	03	04	05	06	07	08	09	10
②	②	①	①	②	④	④	①	⑤	③
11	12	13	14	15	16	17	18	19	20
①	④	④	②	⑤	⑤	③	③	①	②
21	22	23	24	25	26	27	28	29	30
⑤	①	③	④	③	②	④	④	⑤	②

01　　　　　　　　　　　　　　　　　　　　정답 ②

제시문은 신앙 미술에 나타난 동물의 상징적 의미와 사례, 변화와 그 원인, 그리고 동물의 상징적 의미가 지닌 문화적 가치에 대하여 설명하고 있다. 따라서 (나) 신앙 미술에 나타난 동물의 상징적 의미와 그 사례 → (다) 동물의 상징적 의미의 변화 → (라) 동물의 상징적 의미가 변화하는 원인 → (가) 동물의 상징적 의미가 지닌 문화적 가치의 순서로 나열해야 한다.

02　　　　　　　　　　　　　　　　　　　　정답 ②

첩보 위성은 임무를 위해 낮은 궤도를 비행해야 한다. 따라서 높은 궤도로 비행시키면 수명은 길어질 수 있으나 임무의 수행 자체가 어려워질 수 있다.

03　　　　　　　　　　　　　　　　　　　　정답 ①

조직은 다양한 사회적 경험과 지위를 토대로 한 개인의 집단이므로 동일한 내용을 제시하더라도 각 구성원은 서로 다르게 받아들이고 반응한다. 제시된 상황에서는 이로 인해 갈등이 발생하였다.

오답분석

②・③・④・⑤ 제시된 갈등 상황에서는 메시지 이해 방식, 표현 및 전달 방식, 서로 간의 선입견 등의 문제보다는 서로 다른 의견이 문제가 되고 있으므로 적절하지 않다.

04　　　　　　　　　　　　　　　　　　　　정답 ①

제시문은 유전자 치료를 위하여 프로브와 겔 전기영동법을 통해 비정상적인 유전자를 찾아내는 방법을 설명하고 있다. 따라서 ① 이 제시문의 주제로 가장 적절하다.

05　　　　　　　　　　　　　　　　　　　　정답 ②

㉠은 동물이 인간과 달리 영혼이 없어 쾌락이나 고통을 경험할 수 없다고 하였지만, ㉢은 동물도 고통을 겪는다는 입장이므로 적절한 내용이다.

오답분석

① ㉡은 인간이 이성 능력과 도덕적 실천 능력을 가졌다고 하였으나 이것으로 인해 그가 인간의 이익을 우선시하여 동물실험에 찬성했는지는 알 수 없다. 반대로 ㉠은 동물은 인간과 달리 영혼이 없어 쾌락이나 고통을 경험할 수 없기 때문에 동물실험에 찬성하는 입장이다.
③ ㉡은 인간이 이성 능력과 도덕적 실천 능력을 가지고 있다는 점이 동물과 다르기에 인간과 동물을 다르게 대우해야 한다고 보았다. 하지만 ㉣은 포유류의 예를 들면서 각 동물 개체가 삶의 주체로서 갖는 가치가 있다고 주장하여 인간과 동물을 다르게 대우하는 것이 반대하고 있다.
④ ㉢은 이성이나 언어 능력에서 인간과 동물이 차이가 있다고 하였으므로 적절하지 않은 내용이다.
⑤ ㉣은 각 동물 개체가 삶의 주체로서 갖는 가치가 있다고는 하였지만 그것이 동물이 고통을 느끼기 때문인지 제시문을 통해서는 알 수 없다.

06　　　　　　　　　　　　　　　　　　　　정답 ④

패널 토의는 3 ~ 6인의 전문가가 토의 문제에 대한 정보나 지식, 의견이나 견해를 자유롭게 주고받고 토의가 끝난 후 청중의 질문을 받는 순서로 진행된다. 찬반으로 명백하게 나눠 토의를 진행하기보다는 서로 다른 의견을 수렴 및 조정하는 방법이기 때문에 ④는 적절하지 않다.

07
정답 ④

보기의 '묘사'는 '어떤 대상이나 현상 따위를 있는 그대로 언어로 서술하거나 그림으로 그려서 나타내는 것'이다. 따라서 보기의 앞에는 어떤 모습이나 장면이 나와야 하므로 (다) 다음의 '분주하고 정신없는 장면'이 와야 한다. 또한, 보기에서 묘사는 '본 사람이 무엇을 중요하게 판단하고, 무엇에 흥미를 가졌느냐에 따라 크게 다르다.'고 했으므로 보기 뒤에는 (다) 다음의 장면 중 '어느 부분에 주목하고, 또 어떻게 그것을 해석했는지에 따라 즐겁기도 하고 무섭기도 하다.'는 구체적 내용인 (라) 다음 부분이 이어져야 한다. 그러므로 보기의 문장은 (라)에 들어가는 것이 가장 적절하다.

08
정답 ①

제시문에서는 냉전의 기원을 서로 다른 관점에서 바라보고 있는 전통주의, 수정주의, 탈수정주의에 대해 각각 설명하고 있다.

오답분석

② 여러 가지 의견을 제시할 뿐, 어느 의견에 대한 우월성을 논하고 있지는 않다.

09
정답 ⑤

제시문은 우리말과 영어의 어순 차이에 대해 설명하면서 우리말에서 주어 다음에 목적어가 오는 것은 '나의 의사보다 상대방에 대한 관심을 먼저 보이는 우리의 문화'에서 기인한 것이라고 언급하고 있다. 또한 '나의 의사를 밝히는 것이 먼저인 영어를 사용하는 사람들의 문화'라는 내용으로 볼 때, 상대방에 대한 관심보다 나의 생각을 우선시하는 것은 영어의 문장 표현이다.

10
정답 ③

선택지의 논증을 정리하면 다음과 같다.
ⅰ) ㉢ '행동주의가 옳다.' → '인간은 철학적 좀비와 동일한 존재'
ⅱ) ㉣ '철학적 좀비는 인간과 동일한 행동 성향을 보인다.' → '행동 성향으로는 인간과 철학적 좀비는 동일한 존재이다.'
ⅲ) ㉤ '마음은 자극에 따라 행동하려는 성향이다.' → 행동주의에 대한 부연 설명이므로 '행동주의가 옳다.'
즉, 선택지의 논증은 'A이면 B이다.', 'B이므로 A이다.'로 단순화할 수 있지만, 이는 후건긍정의 오류이므로 논리적으로 반드시 참이 되지는 않는다.

오답분석

① ㉠은 고통을 인식하는지에 대한 논의인 반면 ㉡은 외부로 드러나는 행동에 대한 논의이다. 제시문에서는 의식과 행동을 별개의 개념으로 보고 있으므로 ㉠과 ㉡은 동시에 참이 될 수 있다.
② 선택지의 논증을 정리하면 다음과 같다.
    ⅰ) ㉣ '인간은 철학적 좀비와 동일한 존재' → '인간은 고통을 느끼지 못하는 존재'
    ⅱ) ㉣의 대우 '인간은 고통을 느끼는 존재' → '인간은 철학적 좀비와 동일한 존재가 아님'
    ⅲ) ㉠ '인간은 고통을 느끼는 존재'

iv) ㉢ '인간은 철학적 좀비는 동일한 존재가 아님'
㉣과 ㉣의 대우는 논리적으로 동치이므로 ㉣과 ㉠이 참이라면 삼단논법에 의해 ㉢은 반드시 참이 된다.
④ 선택지의 논증을 정리하면 다음과 같다.
    ⅰ) ㉤ '행동주의가 옳다.' → '인간은 철학적 좀비와 동일한 존재'
    ⅱ) ㉤의 대우 '인간은 철학적 좀비와 동일한 존재가 아님' → '행동주의는 옳지 않다.'
    ⅲ) ㉢ '인간은 철학적 좀비와 동일한 존재가 아님'
    iv) ㉤ '행동주의는 옳지 않다.'
㉤과 ㉤의 대우는 논리적으로 동치이므로 ㉤과 ㉢이 참이라면 삼단논법에 의해 ㉤은 반드시 참이 된다.
⑤ ㉤은 행동주의에 대한 부연설명인데 ㉤이 거짓이라는 것은 행동주의가 거짓이라는 것과 같은 의미가 된다. 그런데 동시에 ㉤이 거짓이라면 행동주의가 참이라는 의미가 되어 ㉤과 ㉤이 서로 모순되는 결과가 발생한다. 따라서 둘은 동시에 거짓일 수 없다.

11
정답 ①

처음 퍼낸 소금물의 양을 xg이라고 하자.
200g의 소금물에서 xg을 퍼낸 후의 소금의 양은
$\frac{8}{100}(200-x)$g이므로 다음 식이 성립한다.

$\frac{8}{100}(200-x)+50=\frac{24}{100}\times250$

→ $8(200-x)+5,000=6,000$

→ $200-x=125$

∴ $x=75$

12
정답 ④

• (공주거리)=(속도)×(공주시간)

  $72\text{km/h}=\frac{72,000}{3,600}\text{m/s}=20\text{m/s}$

• 시속 72km로 달리는 자동차의 공주거리
  : $20\times1=20$m

• (자동차의 정지거리)=(공주거리)+(제동거리)
∴ $20+36=56$m

13
정답 ④

차장급 이하 직원들은 전체 인원 270명 중에 50%이므로 135명이고, 차장급 이하 직원들을 뺀 나머지 135명 중 20%가 임원진이므로 임원진은 27명이다. 주주들과 협력업체 사람들은 차장급 이하 직원 135명과 임원진 27명을 제외한 108명이며, 이 중 절반이 협력업체 사람들이므로 협력업체 사람들은 54명이다.

14
정답 ②

- 전라도 지역에서 광주가 차지하는 비중
  13,379(광주)+13,091(전남)+13,208(전북)=39,678명

  → $\dfrac{13,379}{39,678} \times 100 ≒ 33.72\%$

- 충청도 지역에서 대전이 차지하는 비중 11,863(대전)+10,785
  (충남)+8,437(충북)+575(세종)=31,660명

  → $\dfrac{11,863}{31,660} \times 100 ≒ 37.47\%$

따라서 전라도 지역에서 광주가 차지하는 비중이 충청도 지역에서 대전이 차지하는 비중보다 작다.

오답분석

① 의료인력이 수도권 특히 서울, 경기에 편중되어 있으므로 불균형상태를 보이고 있다.
③ 의료인력수는 세종이 가장 적으며 두 번째로 적은 곳은 제주 (도서지역)이다.
④ 제시된 자료에 의료인력별 수치가 나와 있지 않으므로 의료인력수가 많을수록 의료인력 비중이 고르다고 말할 수는 없다.
⑤ 서울과 경기를 제외한 나머지 지역 중 의료인력수가 가장 많은 지역은 부산(28,871명)이고 가장 적은 지역은 세종(575명)이다. 따라서 부산과 세종의 의료인력의 차는 28,296명으로 이는 경남(21,212명)보다 크다.

15
정답 ③

처음 판매된 면도기 가격을 x원이라고 하자. 상점 A의 최종 판매가격은 처음 판매된 가격에서 15%를 더 할인하여 15+15=30%가 할인된 가격인 $0.7x$원이다. 상점 B의 처음 할인가인 $0.8x$원에서 추가로 $y\%$를 더 할인했을 때의 가격이 $0.7x$원과 같거나 더 저렴해야 하기 때문에 이를 식으로 나타내면 다음과 같다.

$$0.7x \geq 0.8x \times (1-y) \rightarrow y \geq \frac{1}{8}$$

따라서 최소 12.5%를 더 할인해야 한다.

16
정답 ⑤

쇼핑몰별 중복할인 여부에 따라 배송비를 포함한 실제 구매가격을 정리하면 다음과 같다.

구분	할인쿠폰 적용	회원혜택 적용
A 쇼핑몰	$129,000 \times \left(1-\dfrac{5}{100}\right)$ $+2,000=124,550$원	$129,000-7,000+2,000$ $=124,000$원
B 쇼핑몰	$131,000 \times \left(1-\dfrac{3}{100}\right)-3,500=123,570$원	
C 쇼핑몰	$130,000-5,000+2,500$ $=127,500$원	$130,000 \times \left(1-\dfrac{7}{100}\right)$ $+2,500=123,400$원

따라서 배송비를 포함한 실제 구매가격을 비교하면 C<B<A이다.

17
정답 ③

실제 구매가격이 가장 비싼 A쇼핑몰은 124,000원, 가장 저렴한 C쇼핑몰은 123,400원으로 가격 차이는 124,000-123,400=600원이다.

18
정답 ③

대치동의 증권자산은 23.0조-17.7조-3.1조=2.2조 원이고, 서초동의 증권자산은 22.6조-16.8조-4.3조=1.5조 원이므로 옳은 설명이다.

오답분석

① 압구정동의 가구 수는 $\dfrac{14.4}{12.8} ≒ 1.13$가구, 여의도동의 가구 수는 $\dfrac{24.9}{26.7} ≒ 0.93$가구이므로 옳지 않은 설명이다.

② 이촌동의 가구 수가 2만 가구 이상이라면, 총자산이 7.4억× 20,000=14.8조 원 이상이어야 한다. 그러나 이촌동은 총자산이 14.4조 원인 압구정동보다 순위가 낮으므로 이촌동의 가구 수는 2만 가구 미만인 것을 추론할 수 있다.

④ 여의도동의 부동산자산은 12.3조 원 미만이다. 여의도동의 부동산자산을 12.2조 원이라고 가정하면, 여의도동의 증권자산은 최대 24.9조-12.2조-9.6조=3.1조 원이므로 옳지 않은 설명이다.

⑤ 도곡동의 총자산 대비 부동산자산의 비율은 $\dfrac{12.3}{15.0} \times 100=82\%$ 이고, 목동의 총자산 대비 부동산자산의 비율은 $\dfrac{13.7}{15.5} \times 100 ≒ 88.4\%$이므로 옳지 않은 설명이다.

19
정답 ①

제시된 수열은 홀수 항은 +10, 짝수 항은 ÷6의 규칙을 가지는 수열이다. 따라서 빈칸에 들어갈 수는 36÷6=6이다.

20
정답 ②

남녀 국회의원의 여야별 SNS 이용자 구성비 중 여자의 경우 여당은 (22÷38)×100≒57.9%이고, 야당은 (16÷38)×100≒42.1% 이므로 옳지 않은 그래프이다.

오답분석

① 국회의원의 여야별 SNS 이용자 수는 각각 145명, 85명이다.
③ 야당 국회의원의 당선 횟수별 SNS 이용자 구성비는 85명 중 초선 36명, 2선 28명, 3선 14명, 4선 이상 7명이므로 각각 계산해 보면 42.4%, 32.9%, 16.5%, 8.2%이다.
④ 2선 이상 국회의원의 정당별 SNS 이용자 수는 A당 29+22+ 12=63명, B당 25+13+6=44명, C당 3+1+1=5명이다.
⑤ 여당 국회의원의 당선 유형별 SNS 이용자 구성비는 145명 중 지역구가 126명이고, 비례대표가 19명이므로 각각 86.9%와 13.1%이다.

21 정답 ⑤

A ~ E가 주문한 음료는 아메리카노 3잔과 카페라테 한 잔 그리고 생과일주스 한 잔이다. 아메리카노 1잔의 가격을 a원, 카페라테 1잔의 가격을 b원이라고 할 때, 이를 식으로 나타내면 다음과 같다.
$(a \times 3) + b + 5,300 = 21,300$원 → $3a + b = 16,000$원 … ㉠
A의 아메리카노와 B의 카페라테의 금액은 총 8,400원이므로
$a + b = 8,400$원 … ㉡
㉠과 ㉡을 연립하여 풀면 $a = 3,800$, $b = 4,600$이다.
따라서 아메리카노 가격은 3,800원이며, 카페라테 가격은 4,600원이다.

22 정답 ①

주어진 자료를 표로 정리하면 다음과 같다.

구분	태어난 때	간격 1	들어간 때	간격 2	해동된 때	간격 3
A	2086년	19년	2105년	8년	2113년	7년
B	2075년	26년	2101년	18년 4개월	2119년 4월	1년 5개월
C	2083년 5월 17일	20년 10개월	2104년 3월 17일	16년 5개월	2120년 8월 31일	1주일

ㄱ. 위의 표에서 냉동되어 있던 기간은 간격 2에 해당하며 이에 따르면 세 사람이 냉동되어 있던 기간은 모두 다르다.

오답분석

ㄴ. 조건에서 냉동되어 있던 기간은 나이에 산입되지 않는다고 하였으므로 대화시점의 나이는 간격 1과 간격 3을 더한 것이 된다. 따라서 A는 26살임에 반해, C는 21살이 되지 않은 상태이므로 A가 C보다 나이가 많다.

ㄷ. 위의 표에 따르면 가장 먼저 냉동캡슐에 들어간 사람은 B(2101년)이다.

23 정답 ③

안내문의 두 번째 항목에 의하여 식사 횟수는 6회이다(첫째 날 중식·석식, 둘째 날 조식·중식·석식, 셋째 날 조식). 첫째 날 출발하는 선발대 인원은 $50 - 15 = 35$명이고, 둘째 날 도착하는 후발대 인원 15명은 둘째 날 조식부터 가능하므로 첫째 날은 35명에 대한 예산을, 둘째 날부터 마지막 날까지는 50명에 대한 예산을 측정해야 한다.

- 첫째 날 중식(정식) 비용 : $9,000 \times 35 = 315,000$원
- 셋째 날 조식(일품) 비용 : $8,000 \times 50 = 400,000$원

이때, 나머지 4번의 식사는 자유롭게 선택할 수 있으나 예산을 최대로 편성해야 하므로 정식과 일품을 제외한 나머지 중 가장 비싼 스파게티의 가격을 기준해 계산한다.

- 나머지 식사 비용 : $7,000 \times (35 + 50 + 50 + 50) = 1,295,000$원

따라서 식사비 예산으로 측정할 금액은 $315,000 + 400,000 + 1,295,000 = 2,010,000$원이다.

24 정답 ④

비품을 주문하고 남은 돈으로 구매할 수 있는 볼펜은 $[(25,000 - (500 \times 5) - 5,700 - (600 \times 3)] \div 250 \div 12 = 5$타이다.

25 정답 ③

$5,500 + 5,500 + 5,500 + 6,000 + 7,500 = 30,000$원

오답분석

① $5,500 + 5,500 + 6,000 + 6,800 + 7,000 = 30,800$원
② $6,000 + 6,000 + 6,300 + 6,800 + 7,500 = 32,600$원
④ $6,000 + 6,500 + 6,300 + 7,000 + 7,500 = 33,300$원
⑤ $6,000 + 6,500 + 5,500 + 7,000 + 7,500 = 32,500$원

26 정답 ②

경쟁자의 시장 철수로 인한 새로운 시장 진입 가능성은 K공사가 가지고 있는 내부환경의 약점이 아닌 외부환경에서 비롯되는 기회에 해당한다.

27 정답 ④

- A고객의 상품값
  [전복(1kg)] + [블루베리(600g)] + [고구마(200g)] + [사과(10개)] + [오렌지(8개)] + [우유(1L)]
  $= 50,000 + (6 \times 1,200) + (2 \times 5,000) + (2 \times 10,000) + 12,000 + 3,000 = 102,200$원
- B고객의 상품값
  [블루베리(200g)] + [오렌지(8개)] + [S우유(1L)] + [소갈비(600g)] + [생닭(1마리)]
  $= (2 \times 1,200) + 12,000 + (3,000 - 200) + 20,000 + 9,000 = 46,200$원
- A고객의 총액
  (상품값) + (배송비) + (신선포장비)
  $= 102,200 + 3,000 + 1,500 = 106,700$원(∵ 봉투는 배송 시 무료 제공)
- B고객의 총액
  (상품값) + (생닭 손질비) + (봉투 2개)
  $= 0.95 \times [46,200 + 1,000 + (2 \times 100)] = 45,030$원(∵ S카드 결제 시 5% 할인 적용)

28
정답 ④

세 번째 조건에 따라 빨간색 모자를 쓴 사람은 5명, 파란색 모자를 쓴 사람은 7명이다.

첫 번째 조건에 따라 파란색 하의를 입은 사람은 5명, 빨간색 하의를 입은 사람은 7명이다.

두 번째 조건에 따라 파란색 상의와 하의를 입은 사람의 수를 x명이라 하면, 빨간색 상의와 하의를 입은 사람의 수는 $(6-x)$명이다. 또한, 파란색 상의와 빨간색 하의를 입은 사람의 수는 $7-(6-x)=(x+1)$명이고, 빨간색 상의와 파란색 하의를 입은 사람의 수는 $(5-x)$명이다.

마지막으로 네 번째 조건에 따라 $x+(x+1)=7$이고 $x=3$이다.

따라서 하의만 빨간색인 사람은 4명이다.

29
정답 ⑤

실행계획 수립은 무엇을, 어떤 목적으로, 언제, 어디서, 누가, 어떤 방법으로의 물음에 대한 답을 가지고 계획하는 단계이다. 자원을 고려하여 수립해야 하며, 세부 실행내용의 난이도를 고려하여 가급적 구체적으로 세우는 것이 좋으며, 해결안별 구체적인 실행계획서를 작성함으로써 실행의 목적과 과정별 진행내용을 일목요연하게 파악하도록 하는 것이 필요하다.

30
정답 ②

(가) 고객 분석 : ㉠·㉤과 같은 고객에 대한 질문을 통해 고객에 대한 정보를 분석한다.

(나) 자사 분석 : ㉡과 같은 질문을 통해 자사의 수준에 대해 분석한다.

(다) 경쟁사 분석 : ㉢·㉣과 같은 질문을 통해 경쟁사를 분석함으로써 경쟁사와 자사에 대한 비교가 가능하다.

제**2**영역 **직무수행능력평가**

| 01 | 토목일반

31	32	33	34	35	36	37	38	39	40
①	①	②	②	②	④	①	⑤	④	④
41	42	43	44	45	46	47	48	49	50
①	②	⑤	②	③	④	②	⑤	②	②
51	52	53	54	55	56	57	58	59	60
②	④	③	②	③	④	③	②	③	②

31
정답 ①

보의 강도가 증가하면 탄성계수가 증가하고, 탄성계수가 증가하면 처짐은 감소한다. 따라서 보의 강도는 처짐에 영향을 준다.

32
정답 ①

$f=\dfrac{My}{I}$ 이므로 중립축에서 거리에 정비례한다.

33
정답 ②

측량의 정확도는 삼각측량이 가장 높고, 다음으로 다각측량, 세부측량의 순서이다.

34
정답 ②

$$\triangle B=\frac{1}{2}\times x\times Px\times\frac{2}{3}x=4\delta=4\times\frac{Pl^3}{3EI}$$

$$\therefore x=\sqrt[3]{4l}\fallingdotseq1.6l$$

35
정답 ②

$$E=\frac{1}{2}ab\times\sin\alpha=\frac{1}{2}\times30\times20\times\sin80°=395.44\text{km}^2$$

$$\therefore \text{구과량 } \epsilon=\frac{F}{r^2}\rho''=\frac{295.44}{6,400^2}\times206265''=1.49''$$

36
정답 ④

계수 모멘트 $M_u=1.2M_D+1.6M_L=(1.2\times10)+(1.6\times20)$

$\qquad\qquad\qquad =44\text{kN}\cdot\text{m}$

37
정답 ①

$0.3 : 20 = 1.8 : x \rightarrow x = \dfrac{1.8 \times 20}{0.3} = 120\text{t/m}^2$

(∵ 모래질의 지지력은 재하판의 폭에 비례함)

따라서 극한하중 $Q_u = q_t \times A = 120 \times 1.8 \times 1.8 = 388.8\text{t}$이다.

$\therefore \ Q_a = \dfrac{Q_u}{F_s} = \dfrac{388.8}{3} = 129.6t$

38
정답 ⑤

$\sum F_y = 0, \ (F_A + F_y)\cos 60° = P$

$2F_B \cos 60° = 1$

$F_B = 1\text{t}$

$\sum F_x = 0, \ F_A \sin 60° = F_B \sin 60°$

$F_A = F_B$

(A)는 $\dfrac{P}{2}$만큼의 하중을 한 끈이 지탱한다.

(B)는 $0.707P$만큼의 하중을 한 끈이 지탱한다.

(C)는 P만큼의 하중을 한 끈이 지탱한다.

따라서 힘의 크기는 (C)>(B)>(A)와 같이 나열할 수 있다.

39
정답 ④

원형단면 핵의 지름 $e = \dfrac{d}{4} = \dfrac{40}{4} = 10\text{cm}$이다.

40
정답 ④

볼트의 전단강도 $\rho = v_a(2A) = 100 \times \dfrac{\pi \times 20^2}{4} \times 2 = 62,832\text{N}$

$\fallingdotseq 62.8\text{kN}$(∵ 복적단 고장력 볼트는 2)

$n = \dfrac{P}{\rho} = \dfrac{400}{62.8} \fallingdotseq 6.4$이므로 필요한 볼트는 모두 7개이다.

41
정답 ①

일라이트(Illite)는 2개의 실리카판과 1개의 알루미나판으로 이루어진 구조이며, 3층 구조로 구조결합 사이에 불치환성 양이온(K^+)이 있다.

42
정답 ②

$V_x = 0$인 점에 최대 휨모멘트가 생긴다.

$\dfrac{wl}{6} - \dfrac{1}{2} x \times \dfrac{x}{l} w = 0$

$\rightarrow x^2 = \dfrac{l^2}{3}$

$\therefore \ x = \dfrac{1}{\sqrt{3}} l$

43
정답 ⑤

교량은 통과 차량에 의해 반복 하중을 계속 받기 때문에 피로 강도가 커야 한다.

44
정답 ②

표준길이보다 길면 면적은 커지고, 짧으면 면적은 작아진다. 따라서

$A_0 = A \left(1 \pm \dfrac{e}{s}\right)^2 = 62,500 \left(1 + \dfrac{0.003}{30}\right)^2 \fallingdotseq 62,512.5\text{m}^2$이다.

45
정답 ③

면적 계산법

경계선이 직선일 때	경계선이 곡선일 때
• 삼사법	• 방안지법
• 이변법	• 띠선법
• 삼변법	• 지거법
• 좌표법	• 구적기(플래니미터)
• 배횡거법	• 분할법

46
정답 ④

설계기준항복강도 f_y는 450MPa이 아닌 600MPa을 초과하여 적용할 수 없다.

47
정답 ②

뒷부벽을 T형 보로, 앞부벽을 직사각 형보로 보고, 전면벽과 저판을 연속 슬래브로 보아 설계한다.

48
정답 ⑤

우연 오차 $M = \pm e \sqrt{n}$ 에서

거리 관측의 오차 $e = \dfrac{M}{\sqrt{n}} = \dfrac{\pm 0.14}{\sqrt{40}} = \pm 0.022\text{m}$이다.

49
정답 ②

$\tau_{\max} = \dfrac{4}{3} \times \dfrac{V}{A} = \dfrac{4}{3} \times \dfrac{\frac{1}{2} \times 200 \times 10}{\pi \times 1^2} \fallingdotseq 425\text{kg/cm}^2$

• 직사각형 단면 : $\tau_{\max} = 1.5 \dfrac{V}{A}$

• I형 단면 : $\tau_{\max} = \dfrac{V}{A_w}$

50   정답 ②

Terzaghi와 Peck의 경험식에 의해 다음과 같이 구할 수 있다.

$C_c = 0.009 \times (w_L - 10) = 0.009 \times (40 - 10) = 0.27$

51   정답 ②

전단력이 0인 곳에 최대 휨모멘트가 일어난다. 제시된 그림에 의하면 $R_A = 4.5\text{t}$, $R_B = 13.5\text{t}$이다. B점에서 $x\text{m}$인 곳이 전단력 0이라면 $\sum V = 0$이다.

$4.5 - 3(6 - x) = 0$

$\therefore\ x = 4.5$

52   정답 ④

현장치기 콘크리트로써 흙에 접하거나 옥외의 공기에 직접 노출되는 콘크리트의 최소 피복 두께는 D16 이하의 철근의 경우 20mm가 아니라 40mm이다.

53   정답 ③

$P_L = \dfrac{S^3}{L^3 + S^3} P = \dfrac{4^3}{5^3 + 4^3} \times 150 = 50.8\text{kN}$

54   정답 ②

연속한 기둥 중심선을 기준으로 기둥의 어긋남은 그 방향 경간의 15%가 아닌 10% 이하여야 한다.

55   정답 ③

전도에 대한 저항 모멘트는 횡토압에 의한 전도 모멘트의 2.0배 이상이어야 한다.

56   정답 ④

$\sigma_{CD} = \dfrac{P}{A}\left(1 - \dfrac{6e}{B}\right) = \dfrac{6,000}{10 \times 12} \times \left(1 - \dfrac{6 \times 4}{10}\right) = -70\text{kg/cm}^2$

따라서 CD면은 인장응력이 생긴다.

57   정답 ③

전단철근의 전단강도 검토

$$\dfrac{1}{3}\lambda\sqrt{f_{ck}}\,b_w d = \dfrac{1}{3}(1.0)\sqrt{21}\,(300)(500) \fallingdotseq 229,128.78\text{N}$$
$$\fallingdotseq 229.13\text{KN}$$

$V_s = 400\text{KN}$일 때, $V_s \leq \dfrac{1}{3}\lambda\sqrt{f_{ck}}\,b_w d$

전단철근의 간격 : (1), (2), (3) 중 작은 값

(1) $\dfrac{d}{2} = \dfrac{500}{2} = 250\text{mm}$

(2) 600mm

(3) $s = \dfrac{f_{yt} \times A_v \times d}{V_s} = \dfrac{(400)(750)(500)}{(400 \times 10^3)} = 375\text{mm}$

따라서 전단철근의 간격은 250mm이다.

58   정답 ②

사진측량의 특수 3점은 주점, 연직점, 등각점이며, 사진의 경사각이 0°인 경우 특수 3점이 일치한다.

59   정답 ③

AB부재에서

$M_{B1} = \dfrac{\omega(2L)^2}{8} = \dfrac{\omega L^2}{2} = 2M(+)$

BC부재에서

$M_{B2} = \dfrac{2\omega L^2}{8} = \dfrac{\omega L^2}{4} = M(-)$

두 부재의 분배비는 1 : 2이므로 다음과 같다.

$M_B = 2M - (2M - M) \times \dfrac{1}{3} = \dfrac{\omega L^2}{2} - \dfrac{\omega L^2}{12} = \dfrac{5\omega L^2}{12}$

60   정답 ②

물체의 중심선으로 회전시켜 모멘트의 값이 클 때의 짧은 폭은 S이고, 긴 폭은 L이다.

$w_{ab} = \dfrac{L^4}{S^4 + L^4} \times w = \dfrac{L^4}{(0.5L)^4 + L^4} \times w = 0.941w$

따라서 AB방향에 분배되는 하중은 $0.941w$이다.

| 02 | 기계일반

31	32	33	34	35	36	37	38	39	40
①	④	①	②	②	②	③	③	④	②
41	42	43	44	45	46	47	48	49	50
⑤	③	④	③	③	②	①	①	④	④
51	52	53	54	55	56	57	58	59	60
④	⑤	④	③	④	①	①	①	⑤	⑤

31

정답 ①

가단주철은 백주철을 고온에서 장시간 열처리하여 시멘타이트조직을 분해하거나 소실시켜 조직의 인성과 연성을 개선한 주철이므로 제작공정이 복잡해서 시간과 비용이 상대적으로 많이 든다.

32

정답 ④

센터리스 연삭은 긴 홈이 있는 가공물이나 대형 또는 중량물의 연삭은 곤란하다.

33

정답 ①

수격현상이란 관내를 흐르는 유체의 유속이 급히 바뀌며 유체의 운동에너지가 압력에너지로 변하면서 관내압력이 비정상적으로 상승하는 현상이다. 반면, 송출량과 송출압력이 주기적으로 변하는 것은 맥동현상이다.

34

정답 ②

인성(Toughness)이란 재료가 파괴되기(파괴강도) 전까지 에너지를 흡수할 수 있는 능력이다.

35

정답 ②

4행정 사이클은 2회전할 때 1과정의 사이클(흡입 → 압축 → 폭발 → 배기)이 완성된다. 따라서 1사이클이 2회전이므로, 2사이클은 4회전이 된다.

36

정답 ②

유압장치는 구조가 간단하고 원격조작이 가능하며, 파스칼 원리를 이용하여 작은 힘으로 큰 힘을 얻는 것에 용이하다. 또한, 제어하기 쉽고 공압에 비해 출력의 응답속도가 빠르다.

37

정답 ③

유체가 층류일 때, $f = \dfrac{64}{Re}$ 이므로 $Re = \dfrac{64}{0.04} = 1{,}600$이다.

$Re = \dfrac{VD}{\nu}$ 이므로, $V = \dfrac{Re \times \nu}{D} = \dfrac{1{,}600 \times 5}{50} = 160\text{cm/s} = 1.6\text{m/s}$ 이다.

38

정답 ③

다이캐스팅(Die Casting)이란 용융금속을 금형(다이)에 고속으로 충진한 뒤 응고 시까지 고압을 계속 가하여 주물을 얻는 주조법이다.

오답분석

① 스퀴즈캐스팅(Squeeze Casting) : 단조가공과 주조를 혼합한 주조법으로, 먼저 용탕을 주형에 주입한 후 금형으로 압력을 가하여 제품에 기공을 없애고 기계적 성질을 좋게 한다.
② 원심 주조법(Centrifugal Casting) : 고속 회전하는 사형이나 금형주형에 용탕을 주입한 후 약 $300 \sim 3{,}000$rpm으로 회전시키면 원심력에 의해 주형의 내벽에 용탕이 압착된 상태에서 응고시켜 주물을 얻는 주조법이다.
④ 인베스트먼트 주조법(Investment Casting) : 제품과 동일한 형상의 모형을 왁스(양초)나 파라핀으로 만든 다음 그 주변을 슬러리 상태의 내화재료로 도포한다. 그리고 가열하면 주형은 경화되면서 왁스로 만들어진 내부 모형이 용융되어 밖으로 빠지고 주형이 완성되는 주조법이다.
⑤ 일렉트로 슬래그 주조법(Electro Slag Casting) : 일렉트로 슬래그 용접(ESW)의 용해 현상을 이용한 용융 금속 생성과 주조 현상을 이용한 국부적 금속 응고 현상을 차례로 연속하는 성형 방법이다.

> 다이캐스팅의 특징
> • 영구주형을 사용한다.
> • 비철금속의 주조에 적용한다.
> • 고온 체임버식과 저온 체임버식으로 나뉜다.
> • 냉각속도가 빨라서 생산속도가 빠르다.
> • 용융금속이 응고될 때까지 압력을 가한다.

39

정답 ④

탄성에너지 $U = \dfrac{1}{2} W\delta$, 하중 $W = \dfrac{T}{r}$, 처짐 $\delta = r\theta$ 를 대입하면

$U = \dfrac{1}{2} \dfrac{T}{r} r\theta = \dfrac{T\theta}{2}$

또한 비틀림각 $\theta = \dfrac{TL}{GI_P}$, $I_P = \dfrac{\pi d^4}{32}$ 을 위 식에 대입하면

$U = \dfrac{T\dfrac{TL}{GI_P}}{2} = \dfrac{T^2 L}{2GI_P} = \dfrac{T^2 L}{2G\dfrac{\pi d^4}{32}} = \dfrac{32T^2 L}{2G\pi d^4} = \dfrac{16T^2 L}{G\pi d^4}$

따라서 $\dfrac{U_1}{U_2} = \dfrac{\dfrac{16\,T^2 L_1}{G\pi d_1^{\,4}}}{\dfrac{16\,T^2 L_2}{G\pi d_2^{\,4}}} = \dfrac{\dfrac{L_1}{d_1^{\,4}}}{\dfrac{L_2}{d_2^{\,4}}} \rightarrow \dfrac{U_1}{U_2} = \dfrac{d_2^{\,4} L_1}{d_1^{\,4} L_2}$ 이다.

$\therefore \dfrac{U_1}{U_2} = \left(\dfrac{d_2}{d_1}\right)^4 \dfrac{L_1}{L_2}$

40
정답 ②

강화 플라스틱(Reinforced Plastic)은 일반 플라스틱에 유리섬유를 보강재로 사용해서 만든 고강도의 플라스틱 재료. 분산상의 섬유와 플라스틱모재로 구성되어 비강도와 비강성이 높고 이방성이 크다. 최대 강도는 섬유의 하중 방향과 상관없이 균일하게 배열될 때 얻을 수 있는데, 섬유와 플라스틱 간의 경계면에서 하중이 전달되므로 두 재료의 접착력은 매우 중요하다.

41
정답 ⑤

오답분석

ㄱ. 표면에 남아있는 인장잔류응력은 피로수명과 파괴강도를 저하시킨다.
ㄴ. 표면에 남아있는 압축잔류응력은 기계적인 성질이고, 응력부식 균열은 화학적 성질이므로 서로 관련이 없다.

42
정답 ③

이의 간섭에 대한 원인과 대책

원인	• 압력각이 작을 때 • 피니언의 잇수가 극히 적을 때 • 기어와 피니언의 잇수비가 매우 클 때
대책	• 압력각을 크게 한다. • 피니언의 잇수를 최소치수 이상으로 한다. • 기어의 잇수를 한계치수 이하로 한다. • 치형을 수정한다. • 기어의 이 높이를 줄인다.

43
정답 ④

플래시(Flash) 현상이 나타난 성형불량에 대한 대책이다.

오답분석

① 플로마크(Flow Mark) 현상 : 냉각 시 성형재료 표면에 물결 모양의 줄무늬가 생기는 현상이다.
② 싱크마크(Sink Mark) 현상 : 냉각속도가 큰 부분의 표면에 오목한 형상이 발생하는 불량이다. 이 결함을 제거하려면 성형품의 두께와 러너와 게이트를 크게 하여 금형 내의 압력을 균일하게 한다.

③ 웰드마크(Weld Mark) 현상 : 플라스틱 성형 시 흐르는 재료들의 합류점에서 재료의 융착이 불완전하여 나타나는 줄무늬 불량이다.
⑤ 스프링백(Spring Back) 현상 : 소성(塑性) 재료의 굽힘 가공에서 재료를 굽힌 다음 압력을 제거하면 원상으로 회복되려는 탄력 작용으로 굽힘량이 감소되는 현상을 말한다.

44
정답 ③

$$\varepsilon_r = \frac{(증발기)}{(응축기)-(증발기)} = \frac{250}{350-250} = 2.5$$

> **냉동 사이클의 성적계수(ε_r)**
>
> $$\varepsilon_r = \frac{(저온체에서\ 흡수한\ 열량)}{(공급열량)} = \frac{T_1}{T_1 - T_2}$$
> $$= \frac{(증발기)}{(응축기)-(증발기)}$$
>
> ※ 성적계수(성능계수) : 냉동 효과를 나타내는 기준이 되는 수치

45
정답 ③

CBN 공구라고도 불리는 입방정 질화붕소(Cubic Boron Nitride)는 미소분말을 고온이나 고압에서 소결하여 만든 것으로, 다이아몬드 다음으로 경한 재료이다. 내열성과 내마모성이 뛰어나서 철계금속이나 내열합금의 절삭, 난삭재, 고속도강의 절삭에 주로 사용한다.

오답분석

① 세라믹 : 무기질의 비금속 재료를 고온에서 소결한 것으로, 1,200℃의 절삭열에도 경도변화가 없다.
② 초경합금 : 고속, 고온절삭에서 높은 경도를 유지할 수 있는 공구 재료로, 진동이나 충격을 받으면 쉽게 깨지는 특성이 있다. 고속도강의 4배 정도로 절삭이 가능하며, 1,100℃의 절삭열에도 경도변화가 없다.
④ 고속도강 : W - 18%, Cr - 4%, V - 1%이 합금된 것으로, 600℃ 정도에서도 경도변화가 없다. 탄소강보다 2배의 절삭속도로 가공이 가능하기 때문에 강력 절삭바이트나 밀링커터에 사용된다.
⑤ 특수강 : 탄소량이 많은 특수 용도의 고탄소강과 탄소 이외의 합금원소를 첨가하여 강의 특성을 개량한 합금강을 합친 것이다.

46
정답 ②

SM35C는 기계구조용 탄소강재이고, 평균 탄소함유량이 0.35 (0.32 ~ 0.38)%임을 나타내는 KS기호이다.

47
정답 ①

절탄기는 폐열을 회수하고 보일러의 연도에 흐르는 연소가스의 열을 이용하여 급수를 예열하는 장치로, 보일러의 효율을 향상시킨다.

48
정답 ①

가솔린기관과 디젤기관의 비교

구분	가솔린기관	디젤기관
점화방식	전기불꽃점화	압축착화
최대압력	$30 \sim 35\mathrm{kg/cm}^2$	$65 \sim 70\mathrm{kg/cm}^2$
열효율	낮음	높음
압축비	$6 \sim 11 : 1$	$15 \sim 22 : 1$
연소실 형상	간단	복잡
연료공급	기화기 또는 인젝터	분사펌프, 분사노즐
진동 및 소음	적음	많음
출력당 중량	가벼움	무거움

49
정답 ④

$$W = P_1 V_1 \ln \frac{V_2}{V_1}$$

$$= (120 kPa) \times (0.5 m^3) \times \ln\left(\frac{0.1 m^3}{0.5 m^3}\right) = -95.6 \, kJ$$

이때 기체가 압축되었다는 것은 일을 받은 것이므로 음수(−)이다. 따라서 −95.6kJ이다.

50
정답 ④

재결정에서는 가공도가 클수록, 가열시간이 길수록, 냉간가공도가 커질수록 재결정온도는 낮아지고 강도는 약해지며, 연성은 증가한다. 일반적으로 약 1시간 안에 95% 이상 재결정이 이루어지는 온도로 정의되며, 금속의 용융온도를 절대온도 T_m 이라 할 때 재결정온도는 대략 $0.3 \sim 0.5 T_m$ 범위에 있다.

51
정답 ④

스트레이트에지(Straight Edge)는 평면도를 측정하는 기기이다.

오답분석
① 마이크로미터가 버니어캘리퍼스보다 측정 정밀도가 높다.
② 사인바(Sine Bar)는 삼각법을 이용하여 공작물의 각도를 측정한다.
③ 다이얼게이지(Dial Gage)는 변화 변위를 톱니바퀴로 정밀하게 측정하는 비교측정기이다.
⑤ 마이크로미터(Micrometer)는 0.01mm 단위까지 측정 가능하다.

52
정답 ⑤

오답분석
ㄱ. 마이크로미터는 직접측정기이다.
ㄴ. 다이얼게이지는 비교측정기이다.

53
정답 ④

가솔린기관의 노킹현상은 연소 후반부에 미연소 가스의 급격한 자기연소에 의한 충격파가 실린더 내부의 금속을 타격하는 현상이다. 노킹이 발생하면 실린더 내의 압력이 급상승함으로써 스파크플러그나 피스톤, 실린더헤드, 크랭크축의 손상을 가져오며 출력 저하를 가져오므로 옥탄가가 높은 연료를 사용해야 한다.

54
정답 ③

스테인리스강은 일반 강재료에 크롬(Cr)을 12% 이상 합금한 것으로, 부식이 잘 일어나지 않는다. 그러나 스테인리스강에 탄소량이 많아지면 부식이 잘 일어나게 되므로 내식성은 저하된다.

구분	종류	주요성분	자성
Cr계	페라이트계 스테인리스강	Fe+Cr (12% 이상)	자성체
	마텐자이트계 스테인리스강	Fe+Cr (13%)	자성체
Cr+Ni계	오스테나이트계 스테인리스강	Fe+Cr(18%) +Ni(8%)	비자성체
	석출경화계 스테인리스강	Fe+Cr+Ni	비자성체

55
정답 ④

• 샤르피식 충격시험법 : 가로 방향으로 양단의 끝부분을 단순 지지해 놓은 시편을 회전하는 해머로 노치부를 타격하여 연성 파괴인지 취성파괴인지 판정하는 시험법이다.
• 아이조드식 충격시험법 : 시험편을 세로 방향으로 고정시키는 방법이다. 한쪽 끝을 고정시킨 상태에서 노치부가 있는 면을 진자형의 무거운 추로 타격하여 시험편을 때려 파괴시켰을 때의 해머가 올라간 높이에 따른 충격값을 구하는 시험법이다.

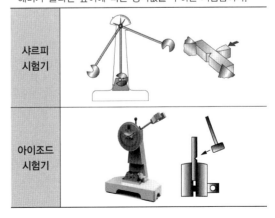

| 샤르피 시험기 | |
| 아이조드 시험기 | |

56

정답 ①

드레싱(Dressing)이란 눈메움이나 눈무딤 발생 시 절삭성 향상을 위해 연삭숫돌 표면의 숫돌입자를 제거하고, 새로운 절삭날을 숫돌표면에 생성시켜 절삭성을 회복시키는 작업의 명칭이다. 이때 사용하는 공구는 드레서라고 한다.

오답분석

② 폴리싱(Polishing) : 알루미나 등의 연마입자가 부착된 연마벨트로 제품 표면의 이물질을 제거하여 표면을 매끈하고 광택이 나도록 만드는 정밀입자가공법으로, 버핑가공의 전 단계에서 실시한다.

③ㆍ④ 눈메움이나 눈무딤의 발생을 방지하기 위한 작업이다.

57

정답 ①

$Q=\triangle U+W$에서 외부로부터 받은 일의 양이 68kJ/kg이고 방출한 열이 36kJ/kg이므로

$-36=\triangle U-68$

따라서 내부에너지의 변화량은 $\triangle U=-36-(-68)=32$kJ/kg이고 양수이므로 증가하였다.

58

정답 ①

마그네슘의 비중은 1.74로 비중이 2.7인 알루미늄보다 작고, 열전도성과 전기전도율도 더 낮다. 또한 조밀육방격자이며 고온에서 발화하기 쉽고, 대기 중에서 내식성이 양호하다. 산 및 바닷물에 침식이 잘 되지만 비강도가 우수하여 항공기나 자동차 부품에도 사용되고 있다.

59

정답 ⑤

외부에서 기체에 가한 열량을 Q, 내부에너지의 증가량을 $\triangle U$, 기체가 한 일을 W라고 하면, 기체가 단열 변화할 때 $Q=\triangle U+W$에서 $Q=0$이므로 항상 $\triangle U+W=0$이다.

오답분석

① 열역학 제1법칙은 에너지 보존의 법칙과 관련이 있는 법칙이다.

② 어떤 기체에 열을 가하여 정적 변화를 하면 $W=0$이므로 $Q=\triangle U$가 되어 기체에 가한 열은 모두 내부에너지의 증가에 쓰인다.

③ 어떤 기체에 열을 가하여 등온 변화를 하면 $\triangle U=0$이므로 $Q=W$가 되어 기체에 가한 열은 모두 기체가 하는 일로 변환된다.

④ 어떤 기체에 열을 가하여 정압 변화를 하면 $Q=\triangle U+W$이므로 가한 열은 기체 온도의 상승 및 기체가 하는 일로 변환된다.

60

정답 ⑤

$Q=\triangle U+W$에서 $\triangle U=180$kJ, $W=370$kJ이므로 $180+370=550$kJ이다.

| 03 | 전기일반

31	32	33	34	35	36	37	38	39	40
③	②	②	①	④	②	③	⑤	④	④
41	42	43	44	45	46	47	48	49	50
③	③	①	①	①	③	①	①	②	②
51	52	53	54	55	56	57	58	59	60
①	④	①	④	①	④	①	①	②	①

31

정답 ③

진전하가 없는 점에서 패러데이관은 연속이다.

패러데이관의 특징

• 패러데이관 내 전속수는 일정하다.
• 패러데이관 양단에는 단위정전하, 단위부전하가 있다.
• 진전하가 없는 점에서 패러데이관은 연속이다.
• 패러데이관 밀도는 전속밀도와 같다.
• 패러데이관에서 단위전위차 에너지는 0.5J이다.

32

정답 ②

전위차는 1C의 전하를 옮기는 데 필요한 일이므로 $V=\dfrac{W}{q}=\dfrac{1}{2}=0.5$V이다.

33

정답 ②

코로나 현상이 발생하면 오존 기체(O_3)가 발생하며, 이 기체에 의해 생성된 초산(NHO_3)이 전선을 부식시킨다.

코로나 현상에 의한 영향

• 코로나 손실로 인한 송전 용량 감소
• 오존 발생으로 인한 전선 부식
• 잡음으로 인한 전파 장해
• 고주파로 인한 통신선 유도 장해
• 소호리액터 접지 시 소호 능력 저하

34

정답 ①

전압 변동률은 $\epsilon=\dfrac{V_0-V_n}{V_n}\times100=\dfrac{242-220}{220}\times100=10\%$이다.

35

정답 ④

전자계 고유임피던스 $Z_0 = \dfrac{E}{H} = \sqrt{\dfrac{\mu}{\varepsilon}} = \sqrt{\dfrac{\mu_o \mu_r}{\epsilon_o \epsilon_r}}$ 이며,

$\sqrt{\dfrac{\mu_o}{\epsilon_o}} \fallingdotseq 377$ 을 고유임피던스에 대입하면

$Z_0 = \sqrt{\dfrac{\mu_o \mu_r}{\epsilon_o \epsilon_r}} = \dfrac{377}{\sqrt{\epsilon_r}} \fallingdotseq \dfrac{377}{\sqrt{80}} \fallingdotseq 42\,\Omega$ 이다.

36

정답 ②

옴의 법칙(Ohm's Law)에 따르면 전기 회로에 흐르는 전류의 세기는 전압(전위차)에 비례하고 도체의 저항(R)에 반비례한다.

$I = \dfrac{V}{R}$[A] (R : 회로에 따라 정해지는 상수)

37

정답 ③

동기 발전기의 부하각이 증가하는 원인은 계통의 부하가 증가했기 때문이다. 부하가 증가하면 공급 전력을 증가시켜야 하므로 부하각이 증가한다.

$P = \dfrac{V_s V_r}{x} \sin\delta$

38

정답 ⑤

• 무한평면 전하의 전계의 세기 $E = \dfrac{\rho_s}{\varepsilon_o}$[V/m]

• 무한평면도체의 전위 $V = -\displaystyle\int_{\infty}^{r} E\,dr = -\int_{\infty}^{r} \dfrac{\rho_s}{\epsilon_o}\,dr$

$= \dfrac{\rho_s}{\varepsilon_o}(-r)_{\infty}^{r} = \dfrac{\rho_s}{\varepsilon_o}(-r + \infty) = \infty$[V]

• 무한장 선전하의 전계의 세기 $E = \dfrac{\rho_L}{2\pi \varepsilon_o r}$[V/m]

• 무한직선도체의 전위

$V = -\displaystyle\int_{\infty}^{r} E\,dr = -\int_{\infty}^{r} \dfrac{\rho_L}{2\pi \epsilon_o r}\,dr = \dfrac{\rho_L}{2\pi \varepsilon_o}(-\ln r)_{\infty}^{r}$

$= \dfrac{\rho_L}{2\pi \varepsilon_o}(-\ln r + \ln\infty) = \dfrac{\rho_L}{2\pi \varepsilon_o} \ln\dfrac{\infty}{r} = \infty$[V]

39

정답 ④

오답분석

① 단상제동 : 유도 전동기의 고정자에 단상 전압을 걸어주어 회전자 회로에 큰 저항을 연결할 때 일어나는 제동이다.

② 회생제동 : 전동기가 갖는 운동에너지를 전기에너지로 변화시키고, 이것을 전원으로 반환하여 제동한다.

③ 발전제동 : 운전 중인 전동기를 전원에서 분리하여 발전기로 작용시키고, 회전체의 운동에너지를 전기에너지로 변환하여 저항에서 열에너지로 소비시켜 제동한다.

⑤ 저항제동 : 전동기가 갖는 운동에너지에 의해서 발생한 전기에너지가 가변 저항기에 의해서 제어되고, 소비되는 제동 방식이다.

40

정답 ④

전력계통 연계 시 병렬 회로 수가 증가하여 단락전류가 증가하고 통신선 전자 유도장해가 커진다.

전력계통 연계의 장단점

• 장점
 – 전력의 융통으로 설비용량이 절감된다.
 – 계통 전체로서의 신뢰도가 증가한다.
 – 부하 변동의 영향이 작아 안정된 주파수 유지가 가능하다.
 – 건설비 및 운전 경비 절감으로 경제 급전이 용이하다.

• 단점
 – 연계설비를 신설해야 한다.
 – 사고 시 타 계통으로 파급 확대가 우려된다.
 – 병렬회로수가 많아져 단락전류가 증대하고 통신선의 전자 유도장해가 커진다.

41

정답 ③

$i = \dfrac{V}{R}\left(1 - e^{-\frac{R}{L}t}\right) = \dfrac{100}{10}\left(1 - e^{-\frac{10}{0.1} \times 0.01}\right) = 10(1 - e^{-1})$

$\fallingdotseq 6.32\mathrm{A}(\because e \fallingdotseq 2.718)$

42

정답 ③

RL 직렬회로의 임피던스 $Z = \sqrt{R^2 + (\omega L)^2} = \dfrac{V_m}{I_m}\,\Omega$ 이므로

$Z = \dfrac{160}{4} = 40\,\Omega$ 이다.

또한, $\omega L = \sqrt{Z^2 - R^2}$ 이므로 $\omega L = \sqrt{40^2 - (10\sqrt{15})^2}$
$= \sqrt{1,600 - 1,500} = \sqrt{100} = 10\,\Omega$ 이다.

따라서 인덕턴스 $L = \dfrac{10}{\omega} = \dfrac{10}{10^4} = 10^{-3} = 1\mathrm{mH}$ 이다.

43

정답 ①

$f_s = s f_1$ 이고, $s = \dfrac{n_0 - n_2}{n_0} = \dfrac{100 - 95}{100} = 0.05$

$\therefore f_2 = 0.05 \times 100 = 5\mathrm{Hz}$

44
정답 ①

전속밀도 $D = \dfrac{Q}{A}$ 이다. 따라서 유전율 ε 과 전속밀도 D 는 아무런 관계가 없다.

45
정답 ①

전기회로에서 전류와 자기회로에서 자속의 흐름은 항상 폐회로를 형성한다.

46
정답 ③

정저항 회로는 두 단자의 임피던스가 주파수와 무관하게 일정한 저항과 같은 회로를 뜻한다. 이때 근사치는 $\dfrac{Z_1}{Y_2} = Z_1 Z_2 = R^2$ 으로 계산하며, 정밀치 계산은 허수부가 0일 때이다. $\dfrac{Z_1}{Y_2} = Z_1 Z_2 = j\omega L \times \dfrac{1}{j\omega C} = \dfrac{L}{C} = R^2$ 이므로 $C = \dfrac{L}{R^2}$ 이다. 따라서 $C = \dfrac{L}{R^2}$

$= \dfrac{500 \times 10^{-3}}{1,000^2} = 0.5 \times 10^{-6} = 0.5\mu\text{F}$ 가 된다.

47
정답 ①

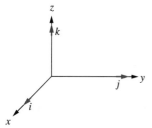

$E = -\nabla V = -\left(\dfrac{\partial}{\partial x}i + \dfrac{\partial}{\partial y}j + \dfrac{\partial}{\partial z}k \right)(3x + 2y^2)$

$\quad = -\left\{ \dfrac{\partial(3x+2y^2)}{\partial x}i + \dfrac{\partial(3x+2y^2)}{\partial y}j + \dfrac{\partial(3x+2y^2)}{\partial z}k \right\}$

$\quad = -(3i + 4yj + 0) \ (x=2, \ y=-1, \ z=3)$ 대입

$\quad = -(3i + 4 \times (-1)j) = -3i + 4j$

$\therefore |E| = \sqrt{(3)^2 + (4)^2} = 5\text{V/m}$

48
정답 ①

RLC 직렬회로
- 직렬공진이므로 L 또는 C 양단에 가장 큰 전압이 걸리게 된다.
- 전류가 최대가 되므로 임피던스는 최소가 된다.
- 직렬공진이므로 저항 R 만의 회로가 되어 동위상이다.
- L 에 걸리는 전압과 C 에 걸리는 전압의 위상은 $180°$ 이다.

49
정답 ②

일정한 운동 에너지를 가지고 등속 원운동을 한다.

50
정답 ②

중첩의 정리(Principle of Superposition)는 2개 이상의 기전력을 포함한 회로망의 정리 해석에 적용된다.

51
정답 ①

같은 종류의 전하는 척력이 작용하며, 다른 종류의 전하는 인력이 작용한다.

52
정답 ④

'$N = b$ 점' 기준 독립적인 전류방정식(키르히호프의 제1법칙)은 1개, '$B = $ 폐회로'인 독립적인 전압방정식(키르히호프 제2법칙)은 2개이다.

53
정답 ③

$R(s) = \mathcal{L}[r(t)] = \mathcal{L}[\delta(t)] = 1$

$C(s) = \mathcal{L}[c(t)] = \mathcal{L}[e^{-3t}] = \dfrac{1}{s+3}$

$\therefore G(s) = \dfrac{C(s)}{R(s)} = C(s) = \dfrac{1}{s+3}$

54
정답 ④

전자기파는 전기장과 자기장의 변화가 상호 작용하면서 진행한다.

55
정답 ①

3상 유도 전압 조정기의 2차측을 구속하고 1차측에 전압을 공급하면, 2차 권선에 기전력이 유기된다. 여기서 2차 권선의 각상 단자를 각각 1차측의 각상 단자에 접속하면 3상 전압을 조정할 수 있다.

56
정답 ④

유도 전동기의 고정자 권선은 2중으로 권선하여 중권을 주로 사용한다.

57
정답 ①

역률 $\cos\theta$ 가 1이면 $\sin\theta$ 는 0이다. 따라서 전압 변동률은 $\varepsilon = p\cos\theta + q\sin\theta = (1.8 \times 1) + (2 \times 0) = 1.8\%$ 이다.

58

Δ 결선의 $I=\dfrac{\sqrt{3}\,V}{Z}$, Y 결선의 $I=\dfrac{V}{\sqrt{3}\,Z}$

$\dfrac{Y\ 결선의\ I}{\Delta\ 결선의\ I}=\dfrac{\dfrac{V}{\sqrt{3}\,Z}}{\dfrac{\sqrt{3}\,V}{Z}}=\dfrac{1}{3}$

59
정답 ②

반파의 정현파	최대치	평균치	실효치
	I_m	$\dfrac{I_m}{\pi}=I_{av}$	$\dfrac{I_m}{2}=I$

반파 정현파의 최대치를 평균치에 대한 식으로 바꾸면 다음과 같다.

$\dfrac{I_m}{\pi}=I_{av} \rightarrow I_m=\pi I_{av} \cdots \bigcirc$

반파 정현파의 실효치에 ㉠을 대입하면 다음과 같다.

$I=\dfrac{I_m}{2}=\dfrac{1}{2}\times\pi I_{av} \rightarrow I=\dfrac{\pi}{2}\times I_{av}$

따라서 평균치와 실효치 사이의 관계식은 $I=\dfrac{\pi}{2}\times I_{av}$ 이다.

60
정답 ①

오답분석

ㄴ. 저항은 단면적의 넓이에 반비례한다.

ㄹ. 길이가 n배 증가하고 단면적의 넓이가 n배 증가하면, $R'=\rho\dfrac{nl}{nS}=\rho\dfrac{l}{S}$ 이므로 저항의 크기는 변하지 않는다.

저항의 크기

[전기저항(R)]$=\rho\dfrac{l}{S}$

(ρ : 고유저항, l : 저항의 길이, S : 저항의 단면적의 넓이)

---

04 | 전기이론

31	32	33	34	35	36	37	38	39	40
⑤	②	④	①	④	③	③	②	④	③
41	42	43	44	45	46	47	48	49	50
①	②	①	①	①	③	①	①	③	②
51	52	53	54	55	56	57	58	59	60
④	③	⑤	④	①	③	②	③	⑤	④

31
정답 ⑤

교류 파형에서 파고율은 최댓값을 실횻값으로 나눈 값이며, 파형률은 실횻값을 평균값으로 나눈 값이다. 이때 파고율과 파형률 모두 1인 파형은 구형파이다.

32
정답 ②

$\mathcal{L}\,[f(at)]=a\,\mathcal{L}\,[f(t)]$이고 $\mathcal{L}\,(t^n)=\dfrac{n!}{s^{n+1}}$이므로

$F(s)=\mathcal{L}\,(2t^4)=2\times\dfrac{4!}{s^{4+1}}=\dfrac{48}{s^5}$이다.

33
정답 ④

HDLC는 임의의 비트 스트림을 전송하기에 적합한 구조를 가지고 있으므로 데이터 통신의 여러 분야에서 폭넓게 이용된다.

34
정답 ①

진공(공기)의 유전율 $\epsilon_0=8.855\times10^{-12}$F/m이고 $C=\epsilon_0\dfrac{A}{d}$ 이므로, $C=8.855\times10^{-12}\times\dfrac{5\times10^{-4}}{1\times10^{-3}}=4.4275\times10^{-12}$F이다.

35
정답 ④

아날로그 전이중 통신 방식에서는 FDM을 사용하므로 2개의 송수신 채널의 주파수가 같으면 반이중 모드로 동작된다.

36
정답 ③

와전류가 발생하는 전계 E에 대한 식은 $rot\,E=-\dfrac{\partial B}{\partial t}$ 이다. 이 식은 도체 내부에서 자속이 변화하고 있는 곳에서는 전계의 회전이 발생한다는 것을 의미한다.

37
정답 ③

전자파 속도는 $v = \dfrac{\omega}{\beta} = \dfrac{\omega}{\omega\sqrt{LC}} = \dfrac{1}{\sqrt{\varepsilon_o \varepsilon_r \mu_o \mu_r}}$ 이며,

광속도 $c = \dfrac{1}{\sqrt{\epsilon_o \mu_o}}$ 이므로

$v = \dfrac{1}{\sqrt{\varepsilon_o \varepsilon_r \mu_o \mu_r}} = \dfrac{1}{\sqrt{\varepsilon_o \mu_o}} \times \dfrac{1}{\sqrt{\varepsilon_r}} = \dfrac{3 \times 10^8}{\sqrt{80}}$

$\fallingdotseq 3.35 \times 10^7$ m/s이다.

38
정답 ②

비등수형 원자로는 원자로 내부의 증기를 직접 이용하기 때문에 열교환기가 필요하지 않다.

39
정답 ④

금속 산화막 반도체 전계효과 트랜지스터를 게이트부에 넣은 접합형 트랜지스터는 IGBT이다.

40
정답 ③

플레밍의 오른손 법칙(직류발전기의 원리)에 따르면 도체의 양단에 유기되는 기전력 $e = Blv\sin\theta$이다.

따라서 기전력 $e = Blv\sin\theta = 0.4 \times 0.3 \times 30 \times \sin30° = 3.6 \times \dfrac{1}{2}$

$= 1.8$V이다.

41
정답 ①

$J = x_m H = \mu_0(\mu_s - 1)H = 4\pi \times 10^{-7} \times (1,001 - 1) \times \dfrac{1,000}{\pi}$

$= 0.4$Wb/m^2

42
정답 ②

$Q = CV = 10 \times 10^{-6} \times 100 = 10^{-3}$C

43
정답 ①

무한평면도체와 점전하 $+Q$[C] 사이에 작용하는 전기력은 영상전하 $-Q$[C]와의 작용력이다. 따라서 쿨롱의 힘 $F = k\dfrac{Q_1 Q_2}{r^2} =$

$\dfrac{-Q^2}{4\pi\epsilon(2a)^2} = \dfrac{-Q^2}{16\pi\epsilon a^2}$[N]이고, 힘의 방향은 음의 부호로 서로 끌어

당기는 흡인력이 작용한다. 또한, 힘의 크기는 $\dfrac{Q^2}{16\pi\epsilon a^2}$[H]이다.

44
정답 ①

코일 중심에서 자기장의 세기는 $H = \dfrac{NI}{2r}$ [AT/m]이므로

$\dfrac{10 \times 5}{2 \times 0.1} = 250$AT/m이다.

45
정답 ①

$F = NI = R_m \Phi = (2 \times 10^7) \times (5 \times 10^{-5}) = 10 \times 10^2$ AT $= 1,000$AT

46
정답 ③

[임피던스(Z)] $= \dfrac{E}{I} = \dfrac{100}{10} = 10\,\Omega$이다.

따라서 임피던스 $Z = R + jX_c$이므로 $X_c = \sqrt{10^2 - 8^2} = 6\,\Omega$이다.

47
정답 ①

교류는 직류와 달리 전압과 전류의 곱이 반드시 전력이 되지는 않는다. 따라서 위상차를 이용한 역률까지 곱해야 전력을 얻을 수 있다. 이때, 역률은 $\cos\theta$를 의미한다.

48
정답 ①

$I_R = \dfrac{120}{30} = 4$A, $I_L = \dfrac{120}{40} = 3$A

$\therefore$ [전체 전류(I)] $= \sqrt{I_R^2 + I_L^2} = \sqrt{4^2 + 3^2} = 5$A

49
정답 ③

유전율이 서로 다른 유전체의 경계면에서 전속밀도의 수직(법선)성분은 서로 같고 연속적이다($D_1 \cos\theta_1 = D_2 \cos\theta_2$).

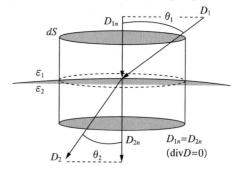

50
정답 ②

- 전압원 : 내부저항 0
- 전류원 : 내부저항 ∞

51
정답 ④

선전하 밀도가 $\lambda[C/m]$로 분포되어 있는 무한장 직선 도체에서 거리 r[m]인 점에서의 전계의 세기 $E = \dfrac{\lambda}{2\pi\epsilon_0 r}$ [V/m]이다.

52
정답 ③

포인트 투 포인트 방식은 전류형으로 교류 측에서 차단이 가능하므로 직류 차단기가 반드시 필요하지는 않다. 반면 전압형의 경우에는 직류 차단기가 필요하다.

53
정답 ⑤

정사각형 한 변에서 중심$\left(\dfrac{a}{2}\,[\text{m}]\text{ 떨어진 점}\right)$에 미치는 자계의 세기$(H_1)$는 $H_1 = \dfrac{I}{4\pi\dfrac{a}{2}}(\sin\beta_1 + \sin\beta_1)$이고 이때 $\beta_1 = \beta_2 = 45°$ 이다.

그러므로 $H_1 = \dfrac{I}{4\pi\dfrac{a}{2}}(\sin 45° + \sin 45°) = \dfrac{I}{4\pi\dfrac{a}{2}} \times 2 \times \dfrac{1}{\sqrt{2}}$

$= \dfrac{I}{\sqrt{2}\,\pi a}$ [AT/m]이다. 정사각형 단일 코일의 중심에서 자계의 세기는 4개의 변이 있으므로 $H = 4H_1$이다.

따라서 $H = 4 \times \dfrac{I}{\sqrt{2}\,\pi a} = \dfrac{2\sqrt{2}\,I}{\pi a}$ AT/m이다.

54
정답 ④

$N_S = \dfrac{120f}{P}\,[\text{rpm}] = \dfrac{120 \times 60}{8} = 900\text{rpm}$

55
정답 ①

$D = \epsilon_0\,\epsilon_s E = 8.855 \times 10^{-12} \times 4 \times 20 \times 10^3$
$= 0.708 \times 10^{-6}\,\text{C/m}^2 \fallingdotseq 0.708\mu\text{C/m}^2$

56
정답 ③

기자력 $F = NI = R\phi = Hl$[AT]이다.

따라서 자속 $\phi = \dfrac{NI}{R} = \dfrac{\ni}{\dfrac{l}{\mu S}} = \dfrac{\mu SNI}{l}$ [Wb]이다$\left(R = \dfrac{l}{\mu S}\right)$.

57
정답 ②

PCM 송신 과정
1. 음성 발생
2. LPF 통과 : 저역통과필터로 잡음 제거
3. 표본화 : 대푯값을 뽑아 PAM파로 변환
4. 압축 : 양자화 시 잡음을 줄이기 위해 압축
5. 양자화 : PAM파를 이산적인 신호로 변환
6. 부호화 : PCM파로 변환

58
정답 ③

전자분극이란 외부 전기장을 가했을 때 유전체 내부의 중성상태의 전자가 핵에 대하여 변위하면서 발생하는 것으로, 전자운이 전계의 (+)극으로 치우쳐져 전자운의 중심과 원자핵의 중심이 분리되는 현상을 말한다.

59
정답 ⑤

열량 $H = 0.24I^2 Rt$ [cal]
$\therefore\ H = 0.24 \times 1^2 \times 100 \times 1 \times 60 = 1440\text{cal} \fallingdotseq 1.44\text{kcal}$

60
정답 ④

중첩의 정리에 의해서
1) 전류원을 개방하는 경우

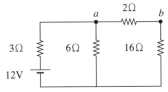

a, b에 흐르는 전류의 방향은 오른쪽이고 $\dfrac{12}{3+4.5} \times \dfrac{6}{6+18}$
$= 0.4$A의 세기로 흐르므로, 0.8V의 전위차가 생긴다.
2) 전압원을 단락하는 경우

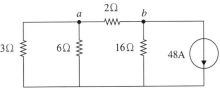

a, b에 흐르는 전류의 방향은 오른쪽이고 $48 \times \dfrac{16}{16+4} =$
38.4A의 세기로 흐르므로, 76.8V의 전위차가 생긴다.
따라서 a, b 두 점간의 전위차는 $0.8 + 76.8 = 77.6$V이다.

제3영역 철도법령

61	62	63	64	65	66	67	68	69	70
⑤	⑤	②	②	⑤	①	④	③	④	⑤

61
정답 ⑤

목적(한국철도공사법 제1조)

한국철도공사법은 한국철도공사를 설립하여 철도 운영의 전문성과 효율성을 높임으로써 <u>철도산업과 국민경제의 발전에 이바지함</u>을 목적으로 한다.

62
정답 ⑤

철도산업발전기본법 제34조의 규정을 위반하여 국토교통부장관의 승인을 얻지 아니하고 특정 노선 및 역을 폐지하거나 철도서비스를 제한 또는 중지한 자는 <u>3(㉠)</u>년 이하의 징역 또는 <u>5천(㉡)</u>만원 이하의 벌금에 처한다(철도산업발전기본법 제40조).

따라서 빈칸 ㉠, ㉡에 들어갈 숫자의 합은 3+5,000=5,003이다.

63
정답 ②

국토교통부장관은 대통령령으로 정하는 바에 의하여 철도산업의 구조개혁을 추진하기 위한 철도자산의 처리계획(이하 철도자산처리계획)을 위원회의 심의를 거쳐 수립하여야 한다(철도산업발전기본법 제23조 제1항).

오답분석

① 철도자산 중 기타자산은 운영자산과 시설자산을 제외한 자산이다(철도산업발전기본법 제22조 제1항 제3호).
③ 철도공사는 현물출자받은 운영자산과 관련된 권리와 의무를 포괄하여 승계한다(철도산업발전기본법 제23조 제3항).
④ 철도청이 건설 중인 시설자산은 철도자산이 완공된 때에 국가에 귀속된다(철도산업발전기본법 제23조 제5항 후단).
⑤ 국가는 철도자산처리계획에 의하여 철도공사에 운영자산을 현물출자한다(철도산업발전기본법 제23조 제2항).

64
정답 ②

• 한국철도공사의 자본금은 22조원으로 하고, 그 전부를 <u>정부가</u> 출자한다(한국철도공사법 제4조 제1항).
• 자본금의 납입 시기와 방법은 <u>기획재정부장관</u>이 정하는 바에 따른다(한국철도공사법 제4조 제2항).

65
정답 ⑤

타인에게 자기의 성명 또는 상호를 사용하여 철도사업을 경영하게 한 행위는 철도사업자의 명의 대여의 금지에 대한 내용이다(철도사업법 제23조).

> **철도운수종사자의 준수사항(철도사업법 제22조)**
> 철도사업에 종사하는 철도운수종사자는 다음 각 호의 어느 하나에 해당하는 행위를 하여서는 아니 된다.
> 1. 정당한 사유 없이 여객 또는 화물의 운송을 거부하거나 여객 또는 화물을 중도에서 내리게 하는 행위
> 2. 부당한 운임 또는 요금을 요구하거나 받는 행위
> 3. 그 밖에 안전운행과 여객 및 화주의 편의를 위하여 철도운수종사자가 준수하여야 할 사항으로서 국토교통부령으로 정하는 사항을 위반하는 행위

66
정답 ①

하부조직의 설치등기(한국철도공사법 시행령 제3조)

공사가 하부조직을 설치한 때에는 다음 각 호의 구분에 따라 각각 등기하여야 한다.
1. 주된 사무소의 소재지에 있어서는 2주일 이내에 새로이 설치된 하부조직의 명칭 및 소재지
2. 새로이 설치된 하부조직의 소재지에 있어서는 3주일 이내에 제2조의 설립등기사항
3. 이미 설치된 하부조직의 소재지에 있어서는 3주일 이내에 새로이 설치된 하부조직의 명칭 및 소재지

67
정답 ④

국토교통부장관은 과징금을 부과하고자 하는 때에는 그 위반행위의 종별과 해당 과징금의 금액 등을 명시하여 이를 납부할 것을 서면으로 통지하여야 하며, 과징금 통지를 받은 자는 과징금을 <u>20일 이내</u>에 국토교통부장관이 지정한 수납기관에 납부해야 한다(철도사업법 시행령 제10조 제1항·제2항).

68
정답 ③

철도의 관리청은 <u>국토교통부장관</u>으로 한다(철도산업발전기본법 제19조 제1항).

69 정답 ④

점용허가의 신청 및 점용허가기간(철도사업법 시행령 제13조 제2항)
국토교통부장관은 국가가 소유·관리하는 철도시설에 대한 점용허가를 하고자 하는 때에는 다음 각 호의 기간을 초과하여서는 아니된다. 다만, 건물 그 밖의 시설물을 설치하는 경우 그 공사에 소요되는 기간은 이를 산입하지 아니한다.

1. 철골조·철근콘크리트조·석조 또는 이와 유사한 견고한 건물의 축조를 목적으로 하는 경우에는 50년
2. 제1호 외의 건물의 축조를 목적으로 하는 경우에는 15년
3. 건물 외의 공작물의 축조를 목적으로 하는 경우에는 5년

70 정답 ⑤

선로배분지침에는 선로의 효율적 활용을 위하여 필요한 사항이 포함되어야 한다(철도산업발전기본법 시행령 제24조 제2항 제5호).

코레일 한국철도공사 기술직 NCS + 전공 + 법령

2일 차 기출응용 모의고사 정답 및 해설

제 1 영역   직업기초능력평가

01	02	03	04	05	06	07	08	09	10
④	②	②	⑤	④	⑤	⑤	①	①	④
11	12	13	14	15	16	17	18	19	20
②	④	③	③	③	④	②	①	⑤	②
21	22	23	24	25	26	27	28	29	30
④	①	④	③	③	④	②	②	①	①

01
정답 ④

키드, 피어슨 등은 인종이나 민족, 국가 등의 집단 단위로 '생존경쟁'과 '적자생존'을 적용하여 우월한 집단이 열등한 집단을 지배하는 것을 주장하였는데, 이는 사회 진화론의 개념을 집단 단위에 적용시킨 것이다.

오답분석
① 사회 진화론은 생물 진화론을 개인과 집단에 적용시킨 사회 이론이다.
② 사회 진화론의 중심 개념이 19세기에 등장한 것일 뿐, 그 자체가 19세기에 등장한 것인지는 알 수 없다.
③ '생존경쟁'과 '적자생존'의 개념이 민족과 같은 집단의 범위에 적용되면 민족주의와 결합한다.
⑤ 문명개화론자들은 사회 진화론을 수용하였다.

02
정답 ②

ⓒ을 포함한 문장의 주어는 '전문가들'이고 서술어는 '말한다'이다. 따라서 '들여야 한다고 말한다.'로 그대로 두는 것이 적절하다.

오답분석
① '그러므로'는 '앞의 내용이 뒤의 내용의 이유나 원인, 근거가 될 때 쓰는 접속 부사'이므로 적절하지 않다. 따라서 '상태, 모양, 성질 등이 앞에서 말한 것과 같다.'라는 뜻의 '그렇다면'으로 고치는 것이 적절하다.
③ ⓒ의 '-던'은 과거에 있었던 일을 표현할 때 사용하는 어미이므로 적절하지 않다. 따라서 선택의 의미를 나타내는 어미 '-든'으로 고치는 것이 적절하다.

④ ②의 '-되어지다'는 피동의 뜻을 더하고 동사를 만드는 접미사 '-되다'에 남의 힘에 의하여 앞말이 뜻하는 행동을 입음을 나타내는 '-(어)지다'가 더해진 것이다. 이는 피동형이 중복되어 쓰인 잘못된 표현이다. 따라서 중복되지 않도록 수정하는 것이 적절하다.
⑤ ⓜ은 '기억력 향상'이라는 제시문의 주제와는 상반되는 내용이므로 삭제해야 한다.

03
정답 ②

빈칸 앞의 문장은 앞의 진술에 대한 반론으로, 이를 통해 인간에게 한계가 있는 이상 인간에 의해 얻어진 과학적 지식 역시 완벽하다고는 할 수 없음을 추론할 수 있다.

04
정답 ⑤

ㄱ. 트랜스 지방이 심혈관계에 해롭다는 것이 밑줄 친 부분의 주장이다. 따라서 쥐의 먹이에 함유된 트랜스 지방 함량이 증가함에 따라 심장병 발병률이 높아졌다는 실험 결과는 이 주장을 강화하는 것이라고 볼 수 있다.
ㄴ. 마가린이나 쇼트닝은 트랜스 지방의 함량이 높은 식품이다. 따라서 마가린의 트랜스 지방 함량을 낮추자 심혈관계질환인 동맥경화의 발병률이 감소했다는 실험 결과가 있었다면 이는 밑줄 친 주장을 강화하는 것이라고 볼 수 있다.
ㄷ. 패스트푸드나 튀긴 음식에 많은 트랜스 지방은 혈관에 좋은 고밀도지방 단백질(HDL)의 혈중 농도를 감소시켜 심장병이나 동맥경화를 유발한다고 하였다. 따라서 ㄷ의 실험 결과가 있었다면 이는 밑줄 친 주장을 강화하는 것이라고 볼 수 있다.

05
정답 ④

먼저 (다)는 기억을 바탕으로 이루어지는 인지 활동을 언급하면서 지속적으로 상호 작용하는 세 가지 기억에 대해 설명한다. 또한 (마)는 세 가지 기억 중 하나인 장기기억을 기억의 의식 여부를 통해 두 종류로 나누고 있으며, (가)는 그중 같은 부류에 속하는 의미기억과 일화기억에 대해 사례를 들어 설명한다. 그리고 (라)와 (나)는 나머지 부류에 속하는 절차기억, 점화, 조건형성에 대해 설명한다. 따라서 글의 구조로는 ④가 가장 적절하다.

06

현존하는 가장 오래된 실록은 전주 사고에 보관되어 있던 『조선왕조실록』으로, 이는 강화도 마니산에 봉안되었다가 1936년 병자호란에 의해 훼손된 것을 현종 때 보수하여 숙종 때 강화도 정족산에 다시 봉안했다. 현재는 서울대학교에 보존되어 있다.

오답분석

① 원본을 포함해 모두 5벌의 실록을 갖추게 되었으므로 재인쇄하였던 실록은 모두 4벌이다.
② 강원도 태백산에 보관하였던 실록은 서울대학교에 있다.
③ 현재 한반도에 남아 있는 실록은 강원도 태백산, 강화도 정족산, 장서각의 것으로 모두 3벌이다.
④ 적상산에 보관하였던 실록은 구황국 장서각으로 옮겨졌으며 이는 6·25전쟁 때 북으로 이동해 현재 김일성종합대학에 소장되어 있다.

07

정답 ⑤

ㄷ. 보고서는 간결하고 핵심적 내용의 도출이 우선이므로, 내용의 중복은 지양하여야 한다.
ㄹ. 참고자료는 반드시 삽입하여야 하며, 정확한 정보를 표기하여야 한다.

보고서 작성법
• 보통 업무 진행 과정에서 쓰는 경우가 대부분이므로, 무엇을 도출하고자 했는지 핵심내용을 구체적으로 제시한다.
• 보고서는 간결하고 핵심적인 내용의 도출이 우선이므로, 내용의 중복은 피한다.
• 업무상 상사에게 제출하는 문서이므로, 문서 내용에 대하여 질문받을 것에 대비한다.
• 산뜻하고 간결하게 작성한다.
• 복잡한 내용일 때에는 도표나 그림을 활용한다.
• 보고서는 개인의 능력을 평가하는 기본요인이므로 제출하기 전에 최종점검을 한다.
• 참고자료는 정확하게 제시한다.

08

정답 ①

㉠은 바로 앞 문장의 내용을 환기하므로 '즉'이 적절하며, ㉡의 경우 앞뒤 문장이 서로 반대되므로 역접 관계인 '그러나'가 적절하다. ㉢에서는 바로 뒤 문장의 마지막에 있는 '~때문이다'라는 표현에 따라 '왜냐하면'이 적절하며, ㉣에는 부정하는 말 앞에서 '다만', '오직'의 뜻으로 쓰이는 말인 '비단'이 들어가는 것이 적절하다.

09

정답 ①

제시문에서는 물리적 태세와 목적론적 태세, 그리고 지향적 태세라는 추상적 개념을 구체적인 사례(소금, 〈F8〉 키, 쥐)를 통해 설명하고 있다.

10

정답 ④

첫 번째 자료는 의약품 부작용으로 인해 매년 증가하는 환자 수, 진료비, 사회경제적 비용에 대한 수치이므로, 의약품 부작용에 대한 우려의 메시지를 담고 있음을 유추할 수 있다. 또한 두 번째 자료는 B형 간염약을 장기 복용한 환자들이 간암 발생이 적고, 사망 또는 간이식 발생률이 감소하고 있음을 보여주므로, B형 간염약의 장기 복용에 대한 안전성을 입증하고 있다. 따라서 의약품의 부작용을 줄이자는 내용과 안전성이 입증된 약물은 오히려 건강에 도움이 된다는 내용의 메시지를 전달해야 하므로, 기사의 제목으로는 ④가 가장 적절하다.

11

정답 ②

상품A의 누적거래량은 매달 증가하는 추이를 보인다.

오답분석

㉠·㉢·㉣ 단위가 만 원이므로 5조 원, 6조 원, 1조 원이 옳다.

12

정답 ④

A제품의 생산 개수를 x개라 하면, B제품의 생산 개수는 $(40-x)$개이다.
$(3,600 \times x) + 1,200 \times (40-x) \leq 120,000 \rightarrow x \leq 30$
$(1,600 \times x) + 2,000 \times (40-x) \leq 70,000 \rightarrow x \geq 25$
∴ $25 \leq x \leq 30$
따라서 A제품은 최대 30개까지 생산할 수 있다.

13

정답 ③

지하철의 이동거리를 $x$km라 하면 이상이 생겼을 때 지하철의 속력은 $60 \times 0.4 = 24$km/h이다. 이때 평소보다 45분 늦게 도착하였으므로 다음 식이 성립한다.
$$\frac{x}{24} - \frac{x}{60} = \frac{45}{60}$$
$\rightarrow 5x - 2x = 90$
$\rightarrow 3x = 90$
∴ $x = 30$

14

정답 ③

제시된 수열은 앞의 항에 1^2, 2^2, 3^2, 4^2, 5^2, …을 더하는 규칙을 가지는 수열이다. 따라서 빈칸에 들어갈 수는 $54 + 6^2 = 90$이다.

15

정답 ③

ㄴ. 남성과 여성 모두 주 40시간 이하로 근무하는 비율이 가장 높다.
ㄷ. 응답자 중 무급가족종사자의 46.0%가 주 40시간 이하로 근무하므로 절반 미만이다.

ㄱ. 판매종사자 중 주 52시간 이하로 근무하는 비율은 주 40시간 이하로 근무하는 비율과 주 41 ~ 52시간 이하로 근무하는 비율의 합인 34.7+29.1=63.8%로 60%를 넘는다.

ㄹ. 농림어업 숙련종사자 중 주 40시간 이하로 근무하는 응답자의 수는 2,710×0.548=1,485.08명으로 1,000명이 넘는다.

16 정답 ④

고용원이 없는 자영업자 중 주 40시간 이하로 근무하는 응답자의 비율은 27.6%, 고용원이 있는 자영업자 / 사업주 중 주 40시간 이하로 근무하는 응답자의 비율은 28.3%로 두 비율의 합은 27.6+28.3=55.9%이다.

17 정답 ②

명훈이와 우진이가 같이 초콜릿을 만드는 시간을 x시간이라고 하면 명훈이와 우진이가 1시간 동안 만드는 초콜릿 양은 각각 $\frac{1}{30}$, $\frac{1}{20}$이므로 다음 식이 성립한다.

$$\left(\frac{1}{30}\times3\right)+\left(\frac{1}{20}\times5\right)+\left(\frac{1}{30}+\frac{1}{20}\right)x=1$$

$$\rightarrow \frac{1}{12}x=\frac{13}{20}$$

$$\therefore x=\frac{39}{5}$$

따라서 두 사람이 같이 초콜릿을 만드는 시간은 $\frac{39}{5}$시간이다.

18 정답 ①

주어진 자료의 수치는 비율을 나타내기 때문에 실업자의 수는 알 수 없다.

② 실업자의 비율은 27−25=2%p 증가하였다.

③ 2022년 경제활동인구의 비율은 100−20=80%이고, 2023년 경제활동인구의 비율은 100−30=70%이므로 경제활동인구의 비율은 10%p 감소하였다.

④ 취업자 비율은 43−55=−12%p 감소하였지만 실업자 비율은 2%p 증가하였기 때문에 취업자 비율의 증감폭이 더 큰 것을 확인할 수 있다.

⑤ 비경제활동인구의 비율은 30−20=10%p 증가하였다.

19 정답 ⑤

• 1990년 동부지역을 여행한 서부지역 출신 : 400,000명
• 1985년 서부지역을 여행한 남부지역 출신 : 510,000명

$$\therefore \frac{510,000}{400,000}\times100 \fallingdotseq 128\%$$

20 정답 ②

1985년에는 $\frac{300}{980}\fallingdotseq0.31$, 1990년에는 $\frac{400}{1,200}\fallingdotseq0.33$의 비중을 차지하고 있으므로 5년 사이에 증가했다.

① 전체 관광객은 증가하였으나, 동부지역과 북부지역의 관광객은 줄어들었다.

③ 1985년에는 $\frac{2,200}{4,970}\fallingdotseq0.44$, 1990년에는 $\frac{1,900}{5,200}\fallingdotseq0.37$의 비중을 차지하고 있으므로 1990년에 감소하였다.

④ 1990년에 자신의 출생지를 여행한 관광객의 수가 가장 많은 곳은 800,000명인 서부지역이다.

⑤ 여행지>출신지 → 흑자, 여행지<출신지 → 적자
1985년에는 남부·서부지역이 적자인 반면, 1990년에는 동부·남부지역이 적자이다.

21 정답 ④

주어진 일정 순서를 표로 정리하면 다음과 같다.

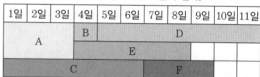

1일	2일	3일	4일	5일	6일	7일	8일	9일	10일	11일
A	A	A	B	D	D	D	D	D	D	D
			E	E	E	E	E			
C	C	C	C	C	C	F	F	F		

선결업무와 묶어서 생각해야 한다. D업무는 A업무와 B업무를 끝마친 후 실시해야 하므로 A(3일)+B(1일)+D(7일)=11일이 걸린다. E업무는 A업무 다음으로 실시해야 하므로 A(3일)+E(5일)=8일이 걸린다. F업무는 B, C업무를 끝낸 후 시작해야 하지만 B, C업무는 연결된 업무가 아니므로 두 업무 중 기간이 더 걸리는 C업무가 끝난 후 시작하면 C(6일)+F(3일)=9일이 걸린다. 가장 오래 걸리는 업무 기간이 모든 업무를 완료하는 최소 소요 기간이므로 최소 소요 기간은 11일이 된다.

22 정답 ①

㉠ B업무의 소요 기간이 4일로 연장된다면 3일이 늘어난 것이므로 D업무를 마칠 때까지 3+4+7=14일이 소요된다.

㉡ D업무의 선결업무가 없다면 가장 마지막에 마치는 업무는 F가 되고 모든 업무를 마치는 데 최소 9일이 소요된다.

㉢ E업무의 선결업무에 C업무가 추가된다면 최소 소요 기간은 6+5=11일이 된다(A, C는 동시에 진행할 수 있다).

㉣ C업무의 소요 기간이 2일 연장되면 C(8일)+F(3일)=11일로 최소 소요 기간은 변하지 않는다.

23

정답 ④

- 첫 번째 조건 : A가 받는 상여금은 75만 원이다.
- 두 번째, 네 번째 조건 : (B의 상여금)<(C의 상여금), (B의 상여금)<(D의 상여금)<(E의 상여금)이므로 B가 받는 상여금은 25만 원이다.
- 세 번째 조건 : C가 받는 상여금은 50만 원 또는 100만 원이다.

이를 정리하여 가능한 경우를 표로 나타내면 다음과 같다.

구분	A	B	C	D	E
경우 1	75만 원	25만 원	50만 원	100만 원	125만 원
경우 2	75만 원	25만 원	100만 원	50만 원	125만 원

따라서 C의 상여금이 A보다 많은 경우는 경우 2로, 이때 B의 상여금(25만 원)은 C의 상여금(100만 원)의 25%이다.

오답분석

① 모든 경우에서 A를 제외한 나머지 네 명의 상여금 평균은

$$\frac{25만+50만+100만+125만}{4}=75만 \text{ 원이므로 A의 상여금}$$

과 같다.

② 어떠한 경우에서도 A와 B의 상여금은 각각 75만 원, 25만 원이므로 A의 상여금이 반드시 B보다 많다.

③ C의 상여금은 경우 1에서 50만 원으로 두 번째로 적고, 경우 2에서 100만 원으로 두 번째로 많다.

⑤ C의 상여금이 D보다 적은 경우는 경우 1로, 이때 D의 상여금(100만 원)은 E의 상여금(125만 원)의 80%이다.

24

정답 ③

이윤은 '[(판매가격)−(생산단가)]×(월간 판매량)'으로 계산할 수 있다. 계산식을 토대로 A~E메뉴의 이윤을 구하면 다음과 같다.

메뉴	월간 판매량	생산 단가	판매 가격	이윤
A	500개	3,500원	4,000원	(4,000−3,500)×500 =250,000원
B	300개	5,500원	6,000원	(6,000−5,500)×300 =150,000원
C	400개	4,000원	5,000원	(5,000−4,000)×400 =400,000원
D	200개	6,000원	7,000원	(7,000−6,000)×200 =200,000원
E	150개	3,000원	5,000원	(5,000−3,000)×150 =300,000원

따라서 홍길동은 이윤이 가장 높은 C메뉴를 선택한다.

25

정답 ③

ㄴ. B작업장은 생물학적 요인(바이러스)에 해당하는 사례 수가 가장 많다.

ㄷ. 화학적 요인에 해당하는 분진은 집진 장치를 설치하여 예방할 수 있다.

오답분석

ㄱ. A작업장은 물리적 요인(소음, 진동)에 해당하는 사례 수가 가장 많다.

26

정답 ③

먼저 A사원의 진술이 거짓이라면 A사원과 D사원 두 명이 3층에서 근무하게 되고, 반대로 D사원의 진술이 거짓이라면 3층에는 아무도 근무하지 않게 되므로 조건에 어긋난다. 따라서 A사원과 D사원은 진실을 말하고 있음을 알 수 있다. 또한 C사원의 진술이 거짓이라면 아무도 홍보부에 속하지 않으므로 C사원도 진실을 말하고 있음을 알 수 있다. 결국 거짓말을 하고 있는 사람은 B사원이며, A~D사원의 소속 부서와 부서 위치를 정리하면 다음과 같다.

구분	소속 부서	부서 위치
A사원	영업부	4층
B사원	총무부	6층
C사원	홍보부	5층
D사원	기획부	3층

따라서 기획부는 3층에 위치한다.

27

정답 ②

주어진 상황에서 제시된 갑의 유언을 그림으로 나타내면 다음과 같다.

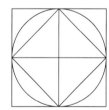

여기서 갑의 땅은 가장 바깥의 정사각형으로 나타낼 수 있는데 이 정사각형은 가로와 세로가 각각 100m이므로 갑 소유의 땅의 면적은 10,000m² 임을 알 수 있다. 그런데 이 정사각형은 밑변 50m, 높이 50m인 삼각형 8개로 나눌 수 있으며, 안쪽의 사각형은 이 삼각형 4개로 이루어졌다는 사실을 확인할 수 있다. 따라서 안쪽의 사각형의 면적은 전체 면적의 절반인 5,000m² 가 되며 이 부분을 첫째 딸에게 나누어준다고 하였으므로, 나머지 절반인 5,000m² 가 둘째 딸의 몫임을 알 수 있다.

28

정답 ②

3년 이상 근속한 직원에게는 최초 1년을 초과하는 근속 매 2년마다 가산휴가 1일이 발생하므로 2024년 1월 26일에는 16일의 연차휴가가 발생한다.

- 2020년 1월 1일 ~ 2020년 12월 31일
  → 2021년 15일 연차휴가 발생
- 2021년 1월 1일 ~ 2021년 12월 31일
  → 2022년 15일 연차휴가 발생
- 2022년 1월 1일 ~ 2022년 12월 31일
  → 2023년 15일 연차휴가 발생+1일 가산휴가
- 2023년 1월 1일 ~ 2023년 12월 31일
  → 2024년 16일 연차휴가 발생

29

정답 ①

제시된 자료는 K섬유회사의 SWOT 분석을 통해 강점(S), 약점(W), 기회(O), 위기(T) 요인을 분석한 것으로, ㄱ과 ㄷ은 각각 SO전략과 WO전략이며, 발전 방안으로서 적절하다.

오답분석

ㄴ. ST전략으로 경쟁업체에 특허 기술을 무상 이전하는 것은 경쟁이 더 심화될 수 있으므로 적절하지 않다.

ㄹ. WT전략에서는 기존 설비에 대한 재투자보다는 수요에 맞게 다양한 제품을 유연하게 생산할 수 있는 신규 설비에 대한 투자가 필요하다.

30

정답 ①

브레인스토밍은 자유연상법의 하나로, 주제를 정한 후 자유롭게 아이디어를 말하고 이를 결합하여 최적의 방안을 찾는 방법이다.

오답분석

② 자유연상법 : 생각나는 대로 자유롭게 발상하는 방법이다.

③ 비교발상법 : 힌트에 강제로 연결 지어서 발상하는 방법이다.

④ NM법 : 대상과 비슷한 것을 찾아내 그것을 힌트로 새로운 아이디어를 생각하는 방법이다.

⑤ 시네틱스(Synetics) : 서로 관련이 없어 보이는 것들을 조합하여 새로운 것을 도출하는 방법이다.

제2영역 직무수행능력평가

01 토목일반

31	32	33	34	35	36	37	38	39	40
③	②	③	②	②	③	③	⑤	②	①
41	42	43	44	45	46	47	48	49	50
②	④	④	①	③	③	③	②	③	②
51	52	53	54	55	56	57	58	59	60
⑤	①	②	③	③	③	④	①	①	③

31

정답 ③

$t = \dfrac{T_v d^2}{C}$ 에서 다른 조건들은 유지하고 두께만 2배 늘어났으므로 압밀시간은 그 제곱인 4배 늘어나게 된다. 따라서 50일의 4배인 200일이 걸린다.

32

정답 ②

- 양단 활절 기둥의 좌굴하중 : $P_{cr} = \dfrac{\pi^2 EI}{L^2}$
- 양단 고정 기둥의 좌굴하중 : $P_{cr} = \dfrac{\pi^2 EI}{\left(\dfrac{L}{2}\right)^2}$

따라서 $L^2 : \left(\dfrac{L}{2}\right)^2$ 이므로 1 : 4이다.

33

정답 ③

뉴턴의 점성법칙은 $\tau = \mu \dfrac{dV}{dy}$ 이다.

마찰응력은 점성계수(μ)와 속도경사$\left(\dfrac{dV}{dy}\right)$에 비례한다.

점성계수의 단위는 $\dfrac{g}{cm \times sec} = ML^{-1}T^{-1}$ 이므로 관계있는 것은 온도와 점성계수이다.

34

정답 ②

$\dfrac{dA}{A} = 2\left(\dfrac{dl}{l}\right)$ 이고, $dl = 0.2 \times 600 = 120mm = 0.12m$ 이다.

따라서 $\dfrac{dA}{A} = 2\left(\dfrac{0.12}{10}\right) \times 100 = 2.4\%$ 이다.

35 　　　　　　　　정답 ②

$$\triangle_B = \left(\frac{M}{EI}\right)_{AB} \times x_B$$

$$= \frac{1}{2} \times \frac{l}{2} \times \frac{Pl}{4EI} \times \left(\frac{l}{2} + \frac{1}{3} \times \frac{l}{2}\right) + \frac{1}{2} \times \frac{l}{2} \times \frac{P \times l}{2EI}$$

$$\times \left(\frac{l}{2} + \frac{2}{3} \times \frac{l}{2}\right) + \frac{1}{2} \times \frac{l}{2} \times \frac{Pl}{2EI} \left(\frac{2}{3} \times \frac{l}{2}\right)$$

$$= \frac{9Pl^3}{48EI} \left[\left(\frac{M}{EI}\right)_{AB} : \text{휨모멘트도의 면적}, \; x_B : \left(\frac{M}{EI}\right)\text{도의} \right.$$

도심과 처짐점과의 거리 $\Big]$

36 　　　　　　　　정답 ③

단주가 되느냐, 장주가 되느냐는 세장비에 의해 판단한다.

$$[\text{세장비}(\lambda)] = \frac{kl}{r}$$

37 　　　　　　　　정답 ③

세장비 $\lambda = \dfrac{l_k}{r_{\min}}$

$$r_{\min} = \sqrt{\frac{I_{\min}}{A}} = \sqrt{\frac{1,600}{100}} = 4\text{cm}$$

$$\therefore \; \lambda = \frac{400}{4} = 100$$

38 　　　　　　　　정답 ⑤

$S \cdot e = G_s \cdot W$ 에서

포화도 $S = \dfrac{G_s \cdot W}{e} = \dfrac{2.60 \times 0.3}{0.80} \times 100 = 97.5\%$

39 　　　　　　　　정답 ②

합력 $3P - P = 2P$

$2PX - PL = 0$

$$\therefore \; X = \frac{1}{2}L$$

40 　　　　　　　　정답 ①

다각측량의 순서는 '계획 – 답사 – 선점 – 조표 – 관측'이다.

41 　　　　　　　　정답 ②

$$\tau = 1.5 \frac{S}{A}$$

$$A = 1.5 \frac{S}{\tau} = 1.5 \frac{10 \times 10^3}{10} = 1,500\text{cm}^2$$

$$\therefore \; b = \frac{A}{h} = \frac{1,500}{30} = 50\text{cm}$$

42 　　　　　　　　정답 ④

$$\lambda = \frac{f_{sp}}{0.56\sqrt{f_{ck}}} = \frac{2.4}{0.56\sqrt{24}} = 0.87 \leq 1.0$$

43 　　　　　　　　정답 ④

$$\sigma = E \cdot \varepsilon = E \cdot \alpha t$$

$$= 2.1 \times 10^6 \times 0.00001 \times 30° = 630\text{kg/cm}^2$$

44 　　　　　　　　정답 ①

$$l_{hb} = \frac{0.24\beta d_b f_y}{\lambda\sqrt{f_{ck}}}$$

• 도막되지 않은 철근 $\beta = 1.0$
• 보통 중량 콘크리트 $\lambda = 1.0$

$$\therefore \; l_{hb} = \frac{0.24 \times 1 \times 34.9 \times 400}{1 \times \sqrt{28}} = 633.17\text{mm} \fallingdotseq 633\text{mm}$$

45 　　　　　　　　정답 ③

$$e = \frac{n}{1-n} = \frac{0.35}{1-0.35} = 0.54$$

$$\therefore \; i_{cr} = \frac{G_{s-1}}{1+e} = \frac{2.66-1}{1+0.54} = 1.08$$

46 　　　　　　　　정답 ③

절편법의 종류로는 Fellenius 방법, Bishop 간편법, Janbu 간편법, Spencer 방법 등이 있다.

47 　　　　　　　　정답 ③

전단력과 휨모멘트의 영향선을 이용하여 구한다.

(전단력) $= 8\text{t}$

(휨모멘트) $= \dfrac{Pl}{4} = \dfrac{8 \times 20}{4} = 40\text{t} \cdot \text{m}$

48
정답 ②

지형 공간 정보 체계의 자료 정리 과정
자료입력 – 부호화 – 자료정비 – 조작처리 – 출력

49
정답 ③

트래버스 측량에서 폐합 오차조정 방법 중 컴퍼스 법칙은 각 관측 정밀도와 거리 관측의 정밀도가 동일할 때 실시하며, 트랜싯 법칙은 각 관측 정밀도가 거리 관측의 정밀도보다 높을 때 실시한다.

50
정답 ②

- $\phi = 0.65 + 0.20 \left(\dfrac{1}{\dfrac{c}{d_t}} - \dfrac{5}{3} \right)$

- $c = 200\text{mm},\ d_t = 500\text{mm}$

$\therefore \phi = 0.65 + 0.20 \left(\dfrac{1}{\dfrac{200}{500}} - \dfrac{5}{3} \right) = 0.817$

51
정답 ⑤

[오일러 좌굴하중(P_{cr})] $= \dfrac{\pi^2 EI}{(kL)^2}$ 에서 양단힌지일 때 $k=1$이고, 양단고정일 때 $k=0.5$이다.
따라서 양단힌지로 된 장주의 좌굴하중이 10t이므로 양단고정인 장주의 좌굴하중은 $\dfrac{1}{0.5^2} \times 10 = 40\text{t}$이다.

52
정답 ①

$\sigma = \dfrac{\sigma_1 + \sigma_3}{2} + \dfrac{\sigma_1 - \sigma_3}{2} \cos 2\theta$

$= \dfrac{10+4}{2} + \dfrac{10-4}{2} \cos(2 \times 45°) = 7\text{t/m}^2$

53
정답 ②

전단중심(S)은 전단력의 합력이 작용하는 점으로, 하중이 이 점을 통과하면 단면에는 비틀림이 작용하지 않고 굽힘만이 작용하는 하중작용점을 말한다. 단면에 굽힘만을 작용하게 하는 점이라는 의미에서 굽힘 중심이라고도 하며, 반대로 하중이 이 점이 아닌 점에 작용하면 단면에는 순수굽힘 이외에 비틀림이 작용하게 되므로 설계 시 주의가 필요하다. 전단중심의 위치는 각 요소의 전단력으로 인해 발생하는 모멘트 합이 '0'이 되는 점을 찾음으로써 구할 수 있다.

54
정답 ③

말뚝의 부마찰력은 상대변위 속도가 빠를수록 크다.

55
정답 ③

오답분석

① 측량 구역이 상대적으로 협소하여 지구의 곡률을 고려하지 않아도 되는 측량은 평면측량이다.
② 측량 순서에 따라 평면기준점 측량과 고저기준점 측량으로 구분한다.
④ 측량법에서는 기본측량, 공공측량, 일반측량으로 분류한다.
⑤ 지상의 여러 점의 고·저의 차이나 표고를 측정하기 위한 측량은 수준측량이다.

56
정답 ③

우리나라의 경우는 UTM 좌표에서 51, 52 종대 및 ST 횡대에 속한다.

57
정답 ④

$P = 100\cos 45° + 100\cos 45° ≒ 141.4\text{kg}$

58
정답 ①

지성선이란 지표의 불규칙한 곡면을 몇 개의 평면의 집합으로 생각할 때 이들 평면이 서로 만나는 선으로, 지표면의 형상을 나타내는 능선, 계곡선, 경사변환선, 최대 경사선을 말한다.

59
정답 ①

카스틸리아노의 정리
- 변형에너지를 구해서 원하는 하중으로 미분하면, 그 하중점에서의 변위(처짐)를 구할 수 있다.
- 변형에너지를 구해서 모멘트로 미분하면, 그 지점에서의 처짐각을 구할 수 있다.

> **가상일의 원리**
> 탄성체에 외력이 작용하여 체내 응력이 발생하고 균형을 이루고 있을 때 즉, 탄성체가 평형상태에 있을 때 가상의 외력이나 미소 변형이 작용할 경우 외력이 하는 가상일과 가상변형과 응력에 의해 축적되는 가상 변형 에너지가 같다는 것을 의미한다.

60
정답 ③

$Z_c = \dfrac{2c}{\gamma_t} \tan\left(45° + \dfrac{\phi}{2}\right) = \dfrac{2 \times 1.5}{1.7} \tan\left(45° + \dfrac{30°}{2}\right) ≒ 3.1\text{m}$

| 02 | 기계일반

31	32	33	34	35	36	37	38	39	40
⑤	④	③	④	②	③	①	④	③	②
41	42	43	44	45	46	47	48	49	50
①	①	⑤	④	③	③	③	②	③	②
51	52	53	54	55	56	57	58	59	60
②	②	①	①	③	④	④	③	④	④

31 정답 ⑤

오답분석

① 레이놀즈(Re) 수로, 유체의 흐름 상태를 층류와 난류로 파악할 수 있다.
② 마하(Ma) 수로, 유체의 압축성을 파악할 수 있다.
③ 스토크(Stk) 수로, 유체 입자가 흐름을 따르는 정도를 파악할 수 있다.
④ 웨버(Wb) 수로, 액체 방울이 구형을 유지할 수 있는 정도를 파악할 수 있다.

32 정답 ④

탄소의 양과 탄소 연소 시 필요한 산소의 양의 비는 $1 : 1$이고 탄소의 원자량은 12, 산소의 원자량은 16이다.

따라서 $12 : 32 = 5 : x \rightarrow x = \dfrac{32 \times 6}{12} = 16$kg이다.

이때 공기 내 산소의 비가 20%이므로 전체 공기의 양은 $\dfrac{16}{0.2} = 80$kg이다.

33 정답 ③

③은 유압 작동유의 점도가 낮을 때 발생하는 현상이다.

34 정답 ④

절삭하는 과정에서 마찰열이 발생하여 열에 의해 온도가 증가하므로 가공물의 온도가 일정하게 유지될 때는 공구수명의 판정 기준과 거리가 멀다.

35 정답 ②

클러치 설계 시 유의사항은 균형상태가 양호해야 하고, 관성력이 작고 과열되지 않아야 하며, 마찰열에 대한 내열성도 좋아야 한다. 또한 단속을 원활히 할 수 있도록 한다.

36 정답 ③

동력 $H = T \times w$

$$H = 70 \text{kgf} \cdot \text{m} \times \frac{2 \times \pi \times 4,000 \text{rev}}{60 \text{s}}$$

$H = 29,321.5 \text{kgf} \cdot \text{m/s}$

• 1PS : 75kgf · m/s
• 1kW : 102kgf · m/s

이때, 1PS=75kgf · m/s이므로 $H = 390.95$PS이다.
따라서 가장 근접한 값은 ③이다.

37 정답 ①

가스터빈은 압축, 연소, 팽창의 과정으로 작동되는 내연기관이다. 압축기에서 압축된 공기가 연소실에서 연료와 혼합되어 연소하면서 고온·고압으로 팽창한 힘으로 터빈을 움직여 에너지를 얻는 열기관 사이클이며, 실제 개방 사이클로 이루어진다. 공기가 공급되며 냉각제 역할을 한다.

38 정답 ④

냉간가공은 열간가공보다 표면산화물이 발생하지 않아 정밀가공이 가능해서 가공면이 매우 깨끗하다.

> **냉간가공한 재료의 특징**
> • 수축에 의한 변형이 없다.
> • 인성, 연성, 연신율을 감소시킨다.
> • 가공온도와 상온과의 온도차가 적다.
> • 결정립의 변형으로 단류선이 형성된다.
> • 가공경화로 강도, 경도, 항복점을 증가시킨다.
> • 전위의 집적으로 인하여 가공경화가 발생한다.
> • 가공 시 불균일한 응력으로 인해 잔류응력이 발생한다.
> • 냉간가공이 많아질수록 결정핵의 생성이 많아져서 재결정 온도는 낮아진다.
> • 열간가공과는 달리 표면이 산화되지 않아서 치수정밀도가 높고 깨끗한 가공면을 얻는다.
> • 강을 200 ~ 300℃의 범위에서 냉간가공하면 결정격자에 변형이 생기고 청열취성이 발생한다.
>
> **열간가공한 재료의 특징**
> • 충격이나 피로에 강하다.
> • 가공도가 매우 큰 변형이 가능하다.
> • 설비와 가공할 수 있는 치수에 제한이 있다.
> • 불순물이나 편석이 없어지고 재질이 균일하게 된다.
> • 연화 및 재결정이 이루어져 가공성을 저하시키지 않는다.
> • 새로운 결정이 생기고 다시 변형, 재결정이 반복되어 결정 립을 미세화한다.
> • 가공이 거듭됨에 따라 기계적 성질은 향상되나 어느 정도 이상이 되면 큰 효과가 없다.
> • 고온에서 재료의 산화가 발생되므로 냉간가공 제품에 비해 균일성이 떨어진다.

39
정답 ③

① 채터링 : 감압밸브, 체크밸브 등에서 스프링의 장력이 약하거나 스프링의 진동에 의해 밸브가 진동하는 현상이다.
② 서징 : 펌프 압력이나 토출량이 주기적으로 변할 때 흡입관 및 토출관에서 진동과 소음이 발생하는 현상이다.
④ 수격 : 유체의 급격한 압력변화로 관 등 부품이 큰 충격을 받아 진동과 소음이 발생하는 현상이다.
⑤ 공동 : 유체의 고속 회전시 압력이 낮아져 기포가 발생하는 현상이다.

40
정답 ②

불림처리는 결정립을 조대화시키지 않는다.

불림(Normalizing : 노멀라이징)
주조나 소성가공에 의해 거칠고 불균일한 조직을 표준화 조직으로 만드는 열처리법으로, A_3 변태점보다 $30 \sim 50℃$ 높게 가열한 후 공랭시킴으로써 만들 수 있다.

41
정답 ①

블랭킹(Blanking)은 프레스 가공의 일종으로, 펀치와 다이를 이용해서 판금할 재료로부터 제품의 외형을 따내는 작업이다.

② 피어싱(Piercing) : 재료에 펀치로 구멍을 뚫거나 작은 구멍에 펀치를 이용하여 구멍을 넓히는 가공법이다.
③ 트리밍(Trimming) : 제품 치수보다 크게 만드는 드로잉 가공 후 기존의 제품 치수에 맞게 재료를 절단하는 작업으로, 트리밍용 별도의 다이가 필요하다.
④ 플랜징(Flanging) : 금속판재의 모서리를 굽혀 테두리를 만드는 가공법이다.
⑤ 스탬핑(Stamping) : 요철이 가공된 상형과 하형 사이에 판금을 넣고 충격적인 압력을 가하여 판금 표면에 요철의 형상을 찍어내는 가공법이다.

42
정답 ①

절대압력(P_{abs})은 완전 진공상태를 기점인 0으로 하여 측정한 압력을 말하며, 다음과 같이 구한다.
$$P_{abs} = P_{a(=\text{atm, 대기압력})} + P_{g(\text{게이지 압력})}$$
$$P_{abs} = P_{a(=\text{atm})} + P_g 120 + 50 = 170\text{kPa}$$

43
정답 ⑤

웜 기어(웜과 웜휠기어로 구성)는 회전운동하는 운동축을 90°로 회전시켜서 다시 회전운동을 시키는 기어장치로, 역회전을 방지할 수 있다.

웜과 웜휠기어의 특징
• 부하용량이 크다.
• 잇 면의 미끄럼이 크다.
• 역회전을 방지할 수 있다.
• 감속비를 크게 할 수 있다.
• 운전 중 진동과 소음이 거의 없다.
• 진입각이 작으면 효율이 떨어진다.
• 웜에 축방향의 하중이 발생한다.

44
정답 ④

전해 가공(ECM; Electro Chemical Machining)이란 공작물을 양극에, 공구를 음극에 연결하면 도체 성질의 가공액에 의한 전기화학적 작용으로 공작물이 전기 분해되어 원하는 부분을 제거하는 가공법이다. 이때 가공된 공작물에는 열 손상이 발생하지 않는다.

45
정답 ③

CIM(CIMS; Computer Integrated Manufacturing System)은 컴퓨터에 의한 통합 제조라는 의미로, 제조부문, 기술부문 등의 제조 시스템과 경영 시스템을 통합 운영하는 생산 시스템이다.

① CAM(Computer Aided Manufacturing) : 컴퓨터를 이용한 생산 시스템으로, 생산과 제조분야에서 사용되며, CAD에서 얻은 설계로부터 종합적인 생산순서와 규모를 계획해서 CNC 공작기계의 가공 프로그램을 자동으로 수행한다.
② FMS(Flexible Manufacturing System) : 유연생산시스템으로, 하나의 생산공정에서 다양한 제품을 동시에 제조할 수 있는 생산 자동화 시스템으로 다품종 소량생산을 가능하게 한다.
④ FA(Factory Automation) : 공장 자동화라고 하며 생산계획부터 부품가공, 조립, 제품출하 등을 파악할 수 있는 시스템을 갖춘 생산 공정 자동화 시스템이다.
⑤ TQM(Total Quality Management) : 전사적 품질경영으로, 제품 및 서비스의 품질을 향상시켜 장기적인 경쟁우위를 확보하기 위해 기존의 조직문화와 경영관행을 재구축하는 것이다.

46
정답 ③

주물사의 구비조건으로는 성형성과 통기성이 있으면서 열전도도가 낮아야 한다. 또한 열에 의한 화학적 변화가 일어나지 않아야 한다.

47 정답 ③

사각나사의 자립조건(Self Locking Condition)
나사를 죄는 힘을 제거해도 체결된 나사가 스스로 풀리지 않을 조건으로, 나사가 자립할 조건은 나사를 푸는 힘(P')을 기준으로 구할 수 있다.
나사를 푸는 힘 $P' = Q\tan(\rho - \lambda)$에서 다음과 같이 작용한다.

- P'가 0보다 크면, $\rho - \lambda > 0$이므로 나사를 풀 때 힘이 든다. 따라서 나사는 풀리지 않는다.
- P'가 0이면, $\rho - \lambda = 0$이므로 나사가 풀리다가 정지한다. 따라서 나사는 풀리지 않는다.
- P'가 0보다 작으면, $\rho - \lambda < 0$이므로 나사를 풀 때 힘이 안 든다. 따라서 나사는 스스로 풀린다.

즉, 리드각 λ가 α이므로 $P' = Q\tan(\rho - \alpha) < 0$이다.

48 정답 ②

단순지지보가 균일 분포하중을 받고 있을 때 최대 전단력은 양끝단 지지부의 반력으로 볼 수 있으며, 양쪽의 반력은 같으므로 한쪽 부분의 반력을 구하면 다음과 같다.

$$R_A = \frac{wl}{2} = \frac{10 \times 500}{2} = 2{,}500\text{N} = 2.5\text{kN}$$

49 정답 ③

나사리드의 이동거리(암나사의 이동거리)는 $L = np = 3 \times p$이므로 나사피치의 3배이다(n은 줄 수, p는 피치).

50 정답 ②

연강용 피복아크용접봉의 규격(E4301 : 일미나이트계 용접봉)

E	43	01
Electrode (전기용접봉)	용착금속의 최소 인장강도 (kgf/mm²)	피복제의 계통(종류) (일미나이트계)

51 정답 ②

상자의 속도(v)를 구하기 위하여 운동량 보존법칙을 이용한다.
$Ft = mv$에서 우선 상자를 실제 움직이게 한 힘(F)을 구하면 다음과 같다.

- $F = $ (잡아당긴 힘) $-$ [마찰력(f)] $= 400 - 150 = 250$N
  ※ [마찰력(f)] $= \mu N = 0.3 \times (50 \times 10) = 150$N
- $Ft = mv$

$$v = \frac{Ft}{m} = \frac{250\text{kg} \cdot \text{m/s}^2 \times 5\text{s}}{50\text{kg}} = 25\text{m/s}$$

※ $1\text{N} = 1\text{kg} \cdot \text{m/s}^2$

52 정답 ②

플래시 용접(플래시 버트 용접)은 철판에 전류를 통전한 후 외력을 가해 용접하는 방법 중 하나이다.

53 정답 ①

- 웨버 수(We) : 표면장력에 영향을 미치는 것과 관련된 무차원수
$$We = \frac{(\text{관성력})}{(\text{표면장력})}$$

- 표면장력(σ) : 유체입자 간 응집력으로 인해 액체의 자유표면이 어떤 장력에 의해 잡아당기는 것과 같은 얇은 탄성 막이 형성되는 성질
$$\sigma = \frac{\text{g}}{\text{cm}} = \frac{F}{A} = \frac{ma}{A} = \frac{\text{kg} \cdot \text{m/s}^2}{\text{m}} = \text{kg/s}^2 = [MT^{-2}]$$

54 정답 ①

- (단면적 변화율) $= \frac{\triangle A(\text{단면적 변화량})}{A(\text{처음 단면적})} = 2\nu\varepsilon$
$$\triangle A = 2 \times 0.5\varepsilon \times A = \varepsilon A$$

- 푸아송 비(Poisson's Ratio) : 봉 재료가 축 방향의 인장하중을 받으면 길이가 늘어나지만 직경은 줄어들게 된다. 따라서 축방향의 변형률에 대한 직경방향의 변형률을 나타낸다.
$$\nu = \frac{\varepsilon'}{\varepsilon} = \frac{(\text{횡 변형률})}{(\text{종 변형률})} = \frac{\frac{\delta}{d}}{\frac{\lambda}{l}} = \frac{\delta l}{d\lambda}$$

55
정답 ③

크리프(Creep) 현상이란 고온에서 재료에 일정 크기의 하중을 작용시키면 시간에 따라 변형이 증가하는 현상이다.

56
정답 ④

미끄럼 베어링의 유체윤활의 경우 회전속도와 점도가 증가하면 마찰계수도 증가하고, 베어링면의 평균 압력이 증가하면 마찰계수는 감소한다.

57
정답 ④

강(Steel)은 철과 탄소를 기반으로 하는 합금으로, 탄소함유량이 증가함에 따라 성질이 달라진다. 탄소함유량이 증가하면 경도, 항복점, 인장강도는 증가하고 충격치와 인성은 감소한다.

58
정답 ③

$$(H_2 - H_1) = m(u_2 - u_1) + (P_2 V_2 - P_1 V_1)$$
$$= m\,du + (P_2 V_2 - P_1 V_1)$$
$$= 5 \times 63 + (236 \times 1.5 - 80 \times 4)$$
$$= 374\text{kJ}$$

59
정답 ④

단면계수 구하는 공식

• 원형 중실축 : $Z = \dfrac{\pi d^3}{32}$

• 원형 중공축 : $Z = \dfrac{\pi d_2{}^3}{32}(1 - x^4)\left(\text{단, } x = \dfrac{d_1}{d_2}\right)$

• 삼각형 : $Z = \dfrac{bh^3}{36}$

• 사각형 : $Z = \dfrac{bh^2}{6}$

60
정답 ④

기체가 받은 일의 양은 $W = P \triangle V = 50 \times (0.36 \times 0.4) = 7.2\text{kJ}$ 이다.
내부 에너지의 변화량이 13.5kJ이고 등압변화를 하였으므로
$Q = W + \triangle U = 7.2 + 13.5 = 20.7\text{kJ}$이다.
따라서 실린더는 열량을 20.7kJ 얻었다.

| 03 | 전기일반

31	32	33	34	35	36	37	38	39	40
⑤	②	④	③	①	③	①	①	⑤	①
41	42	43	44	45	46	47	48	49	50
②	①	③	①	③	④	④	③	③	④
51	52	53	54	55	56	57	58	59	60
①	②	④	①	②	③	③	②	②	⑤

31
정답 ⑤

직류송전의 특징

• 서로 다른 주파수로 비동기 송전이 가능하다.
• 리액턴스가 없으므로 리액턴스 강하가 없으며, 안정도가 높고 송전 효율이 좋다.
• 유전체 손실과 연피 손실이 없다.
• 표피효과 또는 근접효과가 없어 실효저항의 증대가 없다.
• 절연 레벨을 낮출 수 있다.
• 직류·교류 변환 장치가 필요하며 설비비가 비싸다.
• 전류의 차단 및 전압의 변성이 어렵다.

32
정답 ②

$$I_c = 2\pi f(C_s + 3C_m)l\frac{V}{\sqrt{3}} = 2\pi \times 60\{0.008 + (3 \times 0.0018)\} \times$$
$$10^{-6} \times 300 \times \frac{154,000}{\sqrt{3}} \fallingdotseq 134.7\text{A}$$

33
정답 ④

병렬 운전 시 단자전압이 일치한다.
단자전압 $V = E_a - I_a R_a = E_b - I_b R_b$ 이므로
$110 - 0.04 I_a = 112 - 0.06 I_b \rightarrow -2I_a + 3I_b = 100 \cdots \text{㉠}$
$I_a + I_b = 100 \cdots \text{㉡}$
따라서 ㉠, ㉡을 연립하면 $I_a = 40\text{A}$, $I_b = 60\text{A}$이다.

34
정답 ③

다이오드는 전류를 한쪽 방향으로만 흐르게 하는 역할을 한다. 이를 이용하여 교류를 직류로 바꾸는 작용을 다이오드의 정류작용이라고 한다.

오답분석

① 증폭작용 : 전류 또는 전압의 진폭을 증가시키는 작용이다.
② 발진작용 : 직류에너지를 교류에너지로 변환시키는 작용이다.
④ 변조작용 : 주파수가 높은 일정 진폭의 반송파를 주파수가 낮은 신호파로 변화시키는 작용이다.
⑤ 승압작용 : 회로의 증폭 작용 없이 일정 비율로 전압을 높여주는 작용이다.

35 정답 ①

비오 – 사바르의 법칙이란 일정한 크기와 방향의 정상전류가 흐르는 도선 주위의 자기장 세기를 구할 수 있는 법칙을 말한다.

36 정답 ③

합성 저항 $R_T = 3 + \dfrac{3 \times 6}{3 + 6} = 5\,\Omega$

$\therefore I = \dfrac{V}{R_T} = \dfrac{20}{5} = 4A$

37 정답 ①

관 끝에 두어 전선의 인입출을 하는 경우 전선의 절연물을 다치지 않게 하기 위하여 '부싱'을 사용한다.

오답분석

② 엘보 : 물이나 기름 등 이동할 수 있는 통로인 관을 연결시켜 주는 관이음이다.
③ 커플링 : CD관과 관을 서로 연결할 때 사용한다.
④ 로크 너트 : 볼트에 장력을 주어 회전 풀림을 방지하는 너트이다.
⑤ 로크 와셔 : 너트가 풀리는 것을 방지하기 위하여 사용하는 와셔이다.

38 정답 ①

목푯값은 제어되는 상태량과 같은 단위를 가지며, 제어량의 희망값이다.

39 정답 ⑤

보상권선은 자극편에 슬롯을 만들어 여기에 전기자 권선과 같은 권선을 하고 전기자 전류와 반대 방향으로 전류를 통하여 전기자의 기자력을 없애도록 한 것이다.

40 정답 ①

충전된 대전체를 대지에 연결하면 대전체의 전하들은 대지로 이동하여 대전체는 방전된다.

41 정답 ②

Y결선은 중성점 접지가 가능하고, 선간전압은 상전압의 $\sqrt{3}$ 배가 되며, 선간전압에 제3고조파가 발생하지 않는다. 또한, 같은 선간전압의 결선에 비해 절연이 어렵지 않다.

42 정답 ①

주어진 그림과 같은 구형파에서는 최댓값, 실횻값, 평균값이 모두 같으므로 파형률은 1이다.

(파형률) $= \dfrac{\text{(실횻값)}}{\text{(평균값)}}$

43 정답 ③

2대의 동기 발전기의 병렬 운전 조건은 기전력의 크기, 위상, 주파수, 파형, 상회전 방향(3상)이 같아야 한다.

44 정답 ①

회전 변류기의 직류측 전압 조정 방법에는 리액턴스 조정, 동기 승압기 사용, 전압 조정 변압기 사용, 유도 전압 조정기 사용 등이 있다.

45 정답 ④

와이어 스트리퍼는 전선의 피복을 벗기기 위해 사용하는 공구이다.

오답분석

① 드라이버 : 나사를 조이거나 풀 때 사용하는 공구이다.
② 플라이어 : 금속관 공사 시 로크너트 등을 조일 때 사용하는 공구이다.
③ 압착펀치(프레서 툴) : 단자 및 커넥터를 압착하여 고정시킬 때 사용하는 공구이다.
⑤ 스패너 : 볼트나 너트를 죄거나 푸는 데 사용하는 공구이다.

46 정답 ③

[동기속도(N_s)] $= \dfrac{120f}{p} = \dfrac{120 \times 60}{6} = 1,200\text{rpm}$

[슬립(s)] $= \dfrac{N_s - N}{N_s} = \dfrac{1,200 - 960}{1,200} = 0.2$

$\therefore$ 회전자 전류의 주파수 $f_{2s} = sf_2 = 0.2 \times 60 = 12\text{Hz}$

47 정답 ④

$e(t) = Ri(t) + \dfrac{1}{C}\displaystyle\int i(t)dt$

초기값을 0으로 하고 라플라스 변환하면 다음과 같다.

$E(s) = \left(R + \dfrac{1}{Cs}\right)I(s)$

$\therefore Y(s) = \dfrac{I(s)}{E(s)} = \dfrac{1}{R + \dfrac{1}{Cs}} = \dfrac{Cs}{RCs + 1}$

48
정답 ③

망간 전지는 방전한 뒤 충전을 못하는 1차 전지로 주로 사용된다.

오답분석

① · ④ 충전 가능한 2차 전지이다.
② 연료 전지 : 산화환원 반응인 화학변화로 인한 에너지 변화를 전기에너지로 바꾸는 장치이다.
⑤ 볼타 전지 : 아연판과 구리판을 두 극으로 사용한 가장 간단한 전지로, 세계 최초의 전지이다.

49
정답 ③

정격 전류와 같은 크기의 전류를 흘리는 데 필요한 여자전류는 다음과 같다.

$$I_f'' = 200 \times \frac{480}{600} = 160\text{A}$$

$$\therefore K_s = \frac{I_f'}{I_f''} = \frac{200}{160} = 1.25$$

※ I_f' : 무부하시 정격 속도에서 정격 전압을 유기하는 데 필요한 여자전류

50
정답 ④

전력용 반도체로, 대전류, 고전압의 전기량을 제어할 수 있는 자기 소호형 소자는 절연 게이트 양극성 트랜지스터인 IGBT이다.

오답분석

① FET : 전계효과 트랜지스터로, 다른 트랜지스터와 구조가 다르고 동작원리도 달라 전류가 아닌 전압을 증폭시킨다.
② Diode : 전류를 한 방향으로 흐르게 하는 정류작용하는 반도체 소자이다.
③ Triac : 양방향성의 전류 제어가 행해지는 반도체 제어 부품이다.
⑤ LED : 발광 다이오드로, Ga(갈륨), P(인), As(비소)를 재료로 하여 만든 반도체이다.

51
정답 ①

$v' = \text{N} \dfrac{\Delta \Phi}{\Delta \text{t}}$ 에서 쇄교 자속수의 변화에 비례하고, 시간에 반비례 한다.

52
정답 ②

$P = 1.2 \times 2\sqrt{3} \fallingdotseq 4.16\text{kVA}$

53
정답 ④

비율 차동 계전기는 고장 시의 불평형 차전류가 평형 전류의 어떤 비율 이상이 되었을 때 동작하는 계전기이다.

오답분석

① 과전압 계전기 : 입력 전압이 규정치보다 클 때 동작하는 계전기이다.
② 과전류 계전기 : 허용된 전류가 초과되어 과전류가 흐르게 되면 주회로를 차단함으로써 화재를 예방하는 계전기이다.
③ 전압 차동 계전기 : 두 전압의 불평형으로 어떤 값에 이르렀을 때 동작하는 계전기이다.
⑤ 선택 차동 계전기 : 2회로 이상의 보호에 쓰이는 차동 계전기이다.

54
정답 ①

유도 전동기의 기동법 및 속도제어법

• 기동법 : 농형 유도 전동기(전전압 기동, Y − △ 기동, 기동보상기법, 리액터 기동법), 권선형 유도 전동기(2차 저항기동법, 게르게스법)
• 속도제어법 : 농형 유도 전동기(주파수 변환법, 극수 변환법, 전압제어법), 권선형 유도 전동기(2차 저항법, 2차 여자법, 종속 접속법)

55
정답 ②

$I = \dfrac{V}{R} = \dfrac{100}{20} = 5\text{A}$

56
정답 ③

직류 직권 전동기의 부하손은 전기자저항손(㉠), 계자저항손(㉢), 브러시손(㉻) 등이 있다.

오답분석

히스테리시스손, 와류손, 기계손은 무부하손이다.

57
정답 ③

동기 발전기에서 고정자 철심은 고정자 권선의 지지와 회전자계를 연계시키는 자속로(磁束路)를 제공한다.

58
정답 ②

리액션 토크가 발생하는 동기 발전기는 돌극기이다. 돌극기는 단락비가 1보다 크고, 직축 리액턴스와 횡축 리액턴스의 크기가 다르다. 또한 과부하 내량이 큰 반면, 내부 상차각은 작다.

59

정답 ②

각 변위와 상회전 방향이 같은 것은 3상 변압기의 경우이다.

60

정답 ⑤

ㄱ. 동태 안정도 : 자동장치인 자동전압조정기 등이 있을 경우의 안정도이다.

ㄴ. 과도 안정도 : 과도현상 발생 후 안정운전이 가능한 정도이다.

ㄹ. 정태 안정도 : 정상상태에서 동기기가 운전을 안정하게 할 수 있도록 유지하는 정도이다.

오답분석

ㄷ. 전압 안정도 : 전압을 일정하게 유지하는 정도이다.

| 04 | 전기이론

31	32	33	34	35	36	37	38	39	40
②	④	⑤	④	①	①	②	①	③	②
41	42	43	44	45	46	47	48	49	50
④	②	③	④	①	⑤	②	③	⑤	②
51	52	53	54	55	56	57	58	59	60
⑤	⑤	②	①	③	②	⑤	⑤	②	④

31

정답 ②

$W = \dfrac{1}{2}CV^2$ 이므로 $W = \dfrac{1}{2} \times (2,500 \times 10^{-6}) \times 100^2 = 12.5\text{J}$ 이다.

32

정답 ④

$$F = \frac{\mu_0 I_1 I_2}{2\pi r} = \frac{2 I_1 I_2}{r} \times 10^{-7} \text{N/m} = \frac{2 \times 3 \times 3}{2} \times 10^{-7}$$
$$= 9 \times 10^{-7} \text{N/m}$$

33

정답 ⑤

전지의 기전력는 $E = V + rI = RI + rI$ 이므로 다음과 같은 식이 성립한다.

$(5 \times 8) + (r \times 8) = (15 \times 4) + (r \times 4)$

$\rightarrow 4r = 20$

$\therefore r = 5\,\Omega$

따라서 $E = (5 \times 8) + 8r = (5 \times 8) + (8 \times 5) = 80\text{V}$이다.

34

정답 ④

$F = k\dfrac{Q_1 Q_2}{r^2}$ 이므로 두 전하 사이에 작용하는 힘의 크기는 두 전하 사이의 거리의 제곱에 반비례한다.

35

정답 ①

RLC 직렬회로의 임피던스 $Z = R + j\left(wL - \dfrac{1}{wC}\right)$에서

$wL = \dfrac{1}{wC}$이면 RLC 직렬회로는 공진한다.

즉, 코일 L의 리액턴스 wL과 콘덴서 C의 리액턴스 $\dfrac{1}{wC}$의 값이 같은 것이 공진 조건이다.

이때 $wL = \dfrac{1}{wC}$이면 $Z = R$이 되기 때문에 R 양단의 전압은 인가 전압은 같다.

36
정답 ①

$$A[dB]=10\log\left(\frac{P_2}{P_1}\right)=10\log\left(\frac{2P_1}{P_1}\right)=10\times0.3010\fallingdotseq3dB$$

37
정답 ②

기본 주파수가 60Hz이고, 고조파는 기본 주파수의 n배가 되어야
하므로 150Hz는 고조파가 될 수 없다.

38
정답 ①

정전 유도에 의해 작용되는 힘은 흡인력이다.

39
정답 ③

전류가 2A이므로 합성 저항은 12Ω이고, r_1, r_2의 비는 1 : 2가

되므로 $2+\dfrac{r_1r_2}{r_1+r_2}=12$, $r_2=2r_1$, $2+\dfrac{2r_1^2}{3r_1}=12$

$2+\dfrac{2}{3}r_1=12 \rightarrow r_1=15$

$\therefore r_1=15\,\Omega$, $r_2=30\,\Omega$

40
정답 ②

$$m=1+\frac{R_m}{r} \rightarrow \frac{R_m}{r}=m-1=21-1=20$$

41
정답 ④

$$V_{rms}=\frac{1}{\sqrt{2}}V_m\,(V_m\ : \ \text{최댓값})$$

$$V_{av}=\frac{2}{\pi}V_m,\ \ V_m=\sqrt{2}\,V_{rms},\ \ V_m=\frac{\pi}{2}V_{av}$$

$$\sqrt{2}\,V_{rms}=\frac{\pi}{2}V_{av}$$

$$\therefore V_{rms}=\frac{\pi}{2\sqrt{2}}V_{av}$$

42
정답 ②

$$\%Z=\frac{ZI}{E}\times100=\frac{10}{250}\times100=4\%$$

43
정답 ③

$$i_1(t)=\sqrt{2}\,\sin\left(wt+\frac{\pi}{4}\right)$$

$$=\sqrt{2}\left(\sin wt\cdot\cos\frac{\pi}{4}+\cos wt\cdot\sin\frac{\pi}{4}\right)$$

$$=\frac{\sqrt{2}}{\sqrt{2}}(\sin wt+\cos wt)$$

$$=\sin wt+\cos wt$$

$$i_2(t)=-\frac{2}{\sqrt{3}}\cos\left(wt-\frac{\pi}{6}\right)$$

$$=-\frac{2}{\sqrt{3}}\left(\cos wt\cdot\cos\frac{\pi}{6}+\sin wt\cdot\sin\frac{\pi}{6}\right)$$

$$=-\frac{2}{\sqrt{3}}\times\frac{\sqrt{3}}{2}\left(\cos wt+\frac{1}{\sqrt{3}}\sin wt\right)$$

$$=-\cos wt-\frac{1}{\sqrt{3}}\sin wt$$

$$\therefore\ i_1(t)+i_2(t)=\sin wt+\cos wt-\cos wt-\frac{1}{\sqrt{3}}\sin wt$$

$$=\sin wt-\frac{1}{\sqrt{3}}\sin wt$$

$$=\left(1-\frac{1}{\sqrt{3}}\right)\sin wt$$

44
정답 ④

$$(\text{실횻값})=\frac{(\text{최댓값})}{\sqrt{2}}$$

따라서 실횻값은 실제 효력을 나타내는 값(rms)으로, 교류전압이
생성하는 전력 또는 에너지의 효능을 가지는 값이다.

45
정답 ①

합성 인덕턴스 $L_T=L_1+L_2\pm2M$이고 $M=k\sqrt{L_1L_2}$이므로
$k=0.9$만 고려하면 된다.
$L_T=L_1+L_2\pm2k\sqrt{L_1L_2}=6+6\pm(2\times0.9\times6)$
$=12\pm10.8\text{mH}$
$\therefore$ (최댓값)$=22.8\text{mH}$, (최솟값)$=1.2\text{mH}$

46
정답 ⑤

$$\omega L=\frac{1}{3\omega C}=\frac{1}{6\pi fC}=\frac{1}{6\pi\times60\times0.05\times10^{-6}}=\frac{1}{18\pi}\times10^6\,\Omega$$

47
정답 ②

$1+a+a^2=0$에서 $a+a^2=-1$이 된다.

48
정답 ③

$$C=W\log_2(1+S/N)=10\times10^6\log_2(1+15)=40\text{Mbps}$$

49

정답 ⑤

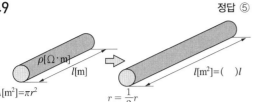

- 도체의 저항

$R = \rho \dfrac{l}{A} [\Omega]$, $A = \pi r^2$ 에서 $r = \dfrac{1}{2}$ 로 한다.

$\therefore\ R = \rho \dfrac{l}{\pi r^2}$, $r = \dfrac{1}{2}r$ 대입

$= \rho \dfrac{l}{\pi \left(\dfrac{1}{2}r\right)^2} = \rho \dfrac{l}{\pi \left(\dfrac{1}{4}r^2\right)}$

- 체적이 고정되어 있는 상태에서 단면적 $A = \dfrac{1}{4}$ 이 되면, 길이

l은 비례해서 4배가 된다.

$R = \rho \dfrac{4l}{\dfrac{\pi r^2}{4}} = \rho \dfrac{16l}{\pi r^2}$

따라서 도체의 저항은 16배 커진다.

50

정답 ②

$m[\mathrm{kg}]$의 물의 $h[\mathrm{m}]$ 높이에서의 위치 에너지 mgh와 이 물이 운동함으로써 갖는 운동 에너지 $\dfrac{1}{2}mv^2$은 에너지 보존 법칙에 따라 서로 같으므로 $mgh = \dfrac{1}{2}mv^2$ 이다.

$\therefore\ h = \dfrac{v^2}{2g}$

51

정답 ⑤

$Z_0 = \sqrt{\dfrac{0 + j\omega L}{0 + j\omega C}} = \sqrt{\dfrac{96 \times 10^{-3}}{0.6 \times 10^{-6}}} = 400\,\Omega$

52

정답 ⑤

전기력선은 도체 표면에 수직으로 출입하므로 등전위면과 직각으로 교차한다.

53

정답 ②

Y_L에 흐르는 전류를 I_L이라 하면 다음과 같이 나타낼 수 있다.

$Y_T = \dfrac{5 \times 5}{5 + 5} = 2.5\mho$

$P = I_L^2 \times \dfrac{1}{Y_L} = \left(I \times \dfrac{3}{2+3}\right)^2 \times \dfrac{1}{Y_L}$

$= \left(V \times Y_T \times \dfrac{3}{5}\right)^2 \times \dfrac{1}{3} = \left(100 \times 2.5 \times \dfrac{3}{5}\right)^2 \times \dfrac{1}{3}$

$= 7,500\mathrm{W} = 7.5\mathrm{kW}$

54

정답 ①

$e = L\dfrac{di}{dt} = 20 \times 10^{-3} \times \dfrac{6}{0.2} = 0.6\mathrm{V}$

55

정답 ③

9비트는 데이터를 모두 표현할 수 없고, 최소 10비트의 비트수가 필요하다.

56

정답 ②

전체 장치의 수에서 2개를 선택하는 조합과 동일하므로

${}_n C_2 = \dfrac{n(n-1)}{2} = \dfrac{21 \times (21-1)}{2} = 210$이다.

57

정답 ⑤

$F = BIl\sin\theta = 1 \times 3 \times 2 \times \sin 90° = 6\mathrm{N}$

58

정답 ⑤

$Q = CV$이고 Q는 변하지 않는다. 따라서 $C \to C + 3C = 4C$이므로 $V = \dfrac{Q}{C} \to \dfrac{Q}{4C} = \dfrac{1}{4}\,V$이다.

59

정답 ②

일반적으로 유전율이 서로 다른 두 유전체가 접하였을 때, 경계면에서 전계와 전속밀도는 다르다.

60

정답 ④

다중화 장비의 입력측의 전송 속도의 합은 전송 선로측의 전송 속도와 같다.

제3영역 철도법령

61	62	63	64	65	66	67	68	69	70
①	①	③	④	②	④	④	③	④	⑤

61
정답 ①

과태료(한국철도공사법 제20조)
한국철도공사법 제8조의2를 위반하여 공사가 아닌 자가 한국철도공사 또는 이와 유사한 명칭을 사용한 경우 이를 위반한 자에게는 500만 원 이하의 과태료를 부과한다.

62
정답 ①

민자철도사업자에 대한 과징금 부과의 일반기준(철도사업법 시행령 제10조의2 별표 1의2)
부과권자는 다음에 해당하는 경우에는 개별기준에 따른 과징금의 2분의 1 범위에서 그 금액을 줄여 부과할 수 있다. 다만, 과징금을 체납하고 있는 위반행위자에 대해서는 그렇지 않다.
• 위반행위가 사소한 부주의나 오류로 인한 것으로 인정되는 경우
• 위반행위자가 위반행위를 바로 정정하거나 시정하여 법 위반상태를 해소한 경우
• 그 밖에 위반행위의 내용·정도, 위반행위 동기와 그 결과 등을 고려하여 과징금 금액을 줄일 필요가 있다고 인정되는 경우

63
정답 ③

민간위탁계약에는 위탁업무의 재위탁에 관한 사항이 포함된다(철도산업발전기본법 시행령 제31조 제2항 제6호).

민간위탁계약의 포함사항(철도산업발전기본법 시행령 제31조 제2항)
제1항의 규정에 의한 위탁계약에는 다음 각 호의 사항이 포함되어야 한다.
1. 위탁대상 철도자산
2. 위탁대상 철도자산의 관리에 관한 사항
3. 위탁계약기간(계약기간의 수정·갱신 및 위탁계약의 해지에 관한 사항을 포함한다)
4. 위탁대가의 지급에 관한 사항
5. 위탁업무에 대한 관리 및 감독에 관한 사항
6. 위탁업무의 재위탁에 관한 사항
7. 그 밖에 국토교통부장관이 필요하다고 인정하는 사항

64
정답 ④

국토교통부장관은 여객에 대한 운임의 상한을 지정하는 때에는 물가상승률, 원가수준, 다른 교통수단과의 형평성, 사업용철도노선의 분류와 철도차량의 유형 등을 고려하여야 하며, 여객 운임의 상한을 지정한 경우에는 이를 관보에 고시하여야 한다(철도사업법 시행령 제4조 제1항).

65
정답 ②

국가가 한국철도공사에 출자를 할 때에는 국유재산의 현물출자에 관한 법률에 따른다(한국철도공사법 제4조 제4항).

66
정답 ④

철도운영자가 국가의 특수목적사업을 수행함으로써 발생하는 비용은 원인제공자가 부담하는 공익서비스비용 범위이다(철도산업발전기본법 제32조 제2항 제3호).

공익서비스 제공에 따른 보상계약의 체결(철도산업발전기본법 제33조 제2항)
제1항에 따른 보상계약에는 다음 각 호의 사항이 포함되어야 한다.
1. 철도운영자가 제공하는 철도서비스의 기준과 내용에 관한 사항
2. 공익서비스 제공과 관련하여 원인제공자가 부담하여야 하는 보상내용 및 보상방법 등에 관한 사항
3. 계약기간 및 계약기간의 수정·갱신과 계약의 해지에 관한 사항
4. 그 밖에 원인제공자와 철도운영자가 필요하다고 합의하는 사항

67
정답 ④

한국철도공사가 하부조직을 설치한 때에는 이미 설치된 하부조직의 소재지에 있어서는 3주일 이내에 새로이 설치된 하부조직의 명칭 및 소재지에 따라 각각 등기하여야 한다(한국철도공사법 시행령 제3조 제3호).

오답분석
① 공사가 주된 사무소 또는 하부조직을 다른 등기소의 관할구역으로 이전한 때에는 구소재지에 있어서는 2주일 이내에 그 이전한 뜻을, 신소재지에 있어서는 3주일 이내에 제2조(설립등기) 각 호의 사항을 각각 등기하여야 한다(한국철도공사법 시행령 제4조 제1항).
② 동일한 등기소의 관할구역 안에서 주된 사무소 또는 하부조직을 이전한 때에는 2주일 이내에 그 이전의 뜻만을 등기하여야 한다(한국철도공사법 시행령 제4조 제2항).

③·⑤ 공사는 제2조 각 호의 사항에 변경이 있는 때에는 주된 사무소의 소재지에서는 2주일 이내에, 하부조직의 소재지에서는 3주일 이내에 그 변경된 사항을 등기하여야 한다(한국철도공사법 시행령 제5조).

68
정답 ③

면허취소 등(철도사업법 제16조 제1항)

국토교통부장관은 철도사업자가 다음 각 호의 어느 하나에 해당하는 경우에는 면허를 취소하거나, 6개월 이내의 기간을 정하여 사업의 전부 또는 일부의 정지를 명하거나, 노선 운행중지·운행제한·감차 등을 수반하는 사업계획의 변경을 명할 수 있다. 다만, 제4호와 제7호의 경우에는 면허를 취소하여야 한다.

1. 면허받은 사항을 정당한 사유 없이 시행하지 아니한 경우
2. 사업 경영의 불확실 또는 자산상태의 현저한 불량이나 그 밖의 사유로 사업을 계속하는 것이 적합하지 아니할 경우
3. 고의 또는 중대한 과실에 의한 철도사고로 대통령령으로 정하는 다수의 사상자(死傷者)가 발생한 경우
4. 거짓이나 그 밖의 부정한 방법으로 제5조에 따른 철도사업의 면허를 받은 경우
5. 제5조 제1항 후단에 따라 면허에 붙인 부담을 위반한 경우
6. 제6조에 따른 철도사업의 면허기준에 미달하게 된 경우. 다만, 3개월 이내에 그 기준을 충족시킨 경우에는 예외로 한다.
7. 철도사업자의 임원 중 제7조 제1호 각 목의 어느 하나의 결격사유에 해당하게 된 사람이 있는 경우. 다만, 3개월 이내에 그 임원을 바꾸어 임명한 경우에는 예외로 한다.
8. 제8조를 위반하여 국토교통부장관이 지정한 날 또는 기간에 운송을 시작하지 아니한 경우
9. 제15조에 따른 휴업 또는 폐업의 허가를 받지 아니하거나 신고를 하지 아니하고 영업을 하지 아니한 경우
10. 제20조 제1항에 따른 철도사업자 준수사항을 1년 이내에 3회 이상 위반한 경우
11. 제21조에 따른 사업의 개선명령을 위반한 경우
12. 제23조에 따른 명의 대여 금지를 위반한 경우

69
정답 ④

지도·감독(한국철도공사법 제16조)

국토교통부장관은 한국철도공사의 업무 중 다음 각 호의 사항과 그와 관련되는 업무에 대하여 지도·감독한다.

1. 연도별 사업계획 및 예산에 관한 사항
2. 철도서비스 품질 개선에 관한 사항
3. 철도사업계획의 이행에 관한 사항
4. 철도시설·철도차량·열차운행 등 철도의 안전을 확보하기 위한 사항
5. 그 밖에 다른 법령에서 정하는 사항

70
정답 ⑤

사업계획의 변경을 제한할 수 있는 철도사고의 기준(철도사업법 시행령 제6조)

사업계획의 변경을 신청한 날이 포함된 연도의 직전 연도의 열차 운행거리 100만 km당 철도사고(철도사업자 또는 그 소속 종사자의 고의 또는 과실에 의한 철도사고를 말한다)로 인한 사망자 수 또는 철도사고의 발생횟수가 최근(직전연도를 제외한다) 5년간 평균보다 10분의 2 이상 증가한 경우를 말한다.

3일 차 기출응용 모의고사 정답 및 해설

제 1영역 직업기초능력평가

01	02	03	04	05	06	07	08	09	10
②	①	②	②	③	①	②	①	④	④
11	12	13	14	15	16	17	18	19	20
②	④	①	④	④	⑤	③	①	②	④
21	22	23	24	25	26	27	28	29	30
④	③	①	③	③	②	④	②	②	④

01 정답 ②
제시문에 따르면 청색기술의 대상이 되는 동식물은 오랫동안 진화를 거듭하여 자연에 적응한 동식물이다.

02 정답 ①
제시문에서는 품질에 대한 고객의 세 가지 욕구를 고객이 식당에 가는 상황이라는 구체적 사례를 들어 독자의 이해를 돕고 있다.

03 정답 ②
제시문은 기계화 · 정보화의 부정적인 측면을 부각시키고 있으므로 기계화 · 정보화가 인간의 삶의 질 개선에 기여하고 있음을 경시한다고 비판할 수 있다.

04 정답 ②
빈칸 뒷 문장의 '후속열차에 의한 충돌이 발생할 수도 있기 때문이다.'라는 내용에서 열차가 갑작스러운 고장이나 앞차와의 간격유지를 위한 서행운전과 같은 돌발상황에 대비해서 어떤 상황에서도 안전거리를 유지한다는 것을 유추할 수 있으므로 ②가 적절하다.

05 정답 ③
보기의 문장이 '~ 때문이다.'로 끝나므로 앞 내용의 근거를 의미한다는 것을 알 수 있다. 따라서 보기가 들어갈 위치로 ③이 가장 적절하다.

06 정답 ①
제시문의 마지막 문장을 통해 글의 주장으로 가장 적절한 것은 ①임을 알 수 있다.

오답분석

②·③·④ 제시문의 주장을 드러내기 위해 현재의 상황을 서술한 내용이다.

⑤ 제시문의 내용과 일치하지 않는 내용이다.

07 정답 ②
18세기 이후 영국에서 타르를 함유한 그을음 속에서 일하는 굴뚝 청소부들이 피부암에 더 잘 걸린다는 것이 정설이라고 하였으므로 19세기에는 이와 같은 내용이 이미 보고된 상태였다고 할 수 있다.

오답분석

ㄱ. 담배 두 갑에 들어 있는 니코틴을 화학적으로 정제하여 혈류 속으로 주입한다면 치사량이 된다고는 하였지만, 그것과 폐암의 관계에 대해서는 언급하고 있지 않다.

ㄷ. 제시문을 통해 니코틴과 타르가 암을 유발한다는 것까지는 알 수 있으나, 이 둘이 동시에 작용할 경우 폐암의 발생률이 높아지는지에 대해서는 알 수 없다.

08 정답 ①
제시문은 CCTV가 인공지능(AI)과 융합되면 기대할 수 있는 효과들(범인 추적, 자연재해 예측)에 대해 말하고 있다. 따라서 제시문의 제목으로는 'AI와 융합한 CCTV의 진화'가 적절하다.

09 정답 ④

오답분석

① '왜?'라는 질문은 보통 진술을 가장한 부정적 · 추궁적 · 강압적인 표현이므로 사용하지 않는 것이 적절하다.

② 요약하는 기술은 상대방에 대한 자신의 이해의 정확성을 확인하는 데 도움이 된다.

③ 상대방이 하는 말의 어조와 억양, 소리의 크기까지도 귀를 기울이는 방법이다.

⑤ 다른 사람의 메시지를 인정하는 것은 당신이 그와 함께하며, 그가 인도하는 방향으로 따라가고 있다는 것을 언어적 · 비언어적인 표현을 통하여 상대방에게 알려주는 방법이다.

10

제시문은 '무지에 대한 앎'을 설명하면서 과거와 현재의 사례를 통해 이에 대한 중요성을 주장하고 있다. 제시된 첫 번째 문단은 대부분의 사람들이 자신의 무지에 대해 무관심하다는 상황에 대한 내용이므로, 다음으로는 역접 기능의 접속어 '그러나'로 시작하는 문단이 오는 것이 적절하다. 따라서 (라) 무지의 영역에 대한 지식 확장이 필요한 경우 → (가) '무지에 대한 앎'의 중요성과 이와 관련된 성인들의 주장 → (다) '무지에 대한 앎'을 배제하는 방향으로 흘러간 경우의 예시 → (마) 현대 사회에서 나타나는 '무지에 대한 앎'이 배제되는 경우의 예시 → (나) '무지에 대한 앎'의 중요성의 순서로 나열해야 한다.

11
정답 ②

철수가 A에서 C까지 가는 데 걸리는 시간은 $\frac{200}{80}=2$시간 30분이다. 만수는 철수보다 2시간 30분 늦게 도착했으므로 걸리는 시간은 5시간이다. 따라서 만수의 속력은 $\frac{300}{5}=60$km/h이다.

12
정답 ④

일본의 R&D 투자 총액은 1,508억 달러이며, 이는 GDP의 3.44%이므로 $3.44=\frac{1,508}{(\text{GDP 총액})}\times100$이다.

따라서 일본의 GDP 총액은 $\frac{1,508}{0.0344}≒43,837$억 달러이다.

13
정답 ①

ㄱ. • 1시간 미만 운동하는 3학년 남학생 수 : 87명
  • 4시간 이상 운동하는 1학년 여학생 수 : 46명
  따라서 옳은 설명이다.
ㄴ. 제시된 자료에서 남학생 중 1시간 미만 운동하는 남학생의 비율이 여학생 중 1시간 미만 운동하는 여학생의 비율보다 모든 학년에서 낮음을 확인할 수 있다.

오답분석

ㄷ. 남학생과 여학생 모두 학년이 높아질수록 3시간 이상 4시간 미만 운동하는 학생의 비율은 낮아진다. 그러나 남학생과 여학생 모두 학년이 높아질수록 4시간 이상 운동하는 학생의 비율은 높아지므로 옳지 않은 설명이다.
ㄹ. 3학년 남학생의 경우 3시간 이상 4시간 미만 운동하는 학생의 비율은 4시간 이상 운동하는 학생의 비율보다 낮다.

14
정답 ④

제시된 수열은 홀수 항은 1을 뺀 후 2를 곱하는 수열이고, 짝수 항은 3씩 나누는 수열이다. 따라서 빈칸에 들어갈 수는 $(238-1)\times2=474$이다.

15
정답 ④

H사의 초기 투자 비용을 x만 원, K사의 초기 투자 비용을 y만 원이라고 하면 $x:y=5:2$이므로 $2x=5y$를 만족한다. K사가 연구자금을 받은 뒤에 투자금은 H사와 K사 각각 $(x-1,500)$만 원, $(y+1,500)$만 원이며, 이 비율은 $4:3$이므로 식을 세우면 다음과 같다.

$(x-1,500):(y+1,500)=4:3$
$\rightarrow 3x-4,500=4y+6,000$
$\rightarrow 3x-4y=10,500$
$\rightarrow 15y-8y=21,000(\because 2x=5y)$
$\therefore y=3,000$

따라서 K사의 초기 투자 비용은 3,000만 원이다.

16
정답 ⑤

B업체 견인차의 속력을 $x$km/h(단, $x\neq0$)라 하자. A업체 견인차의 속력이 63km/h일 때, 40분만에 사고지점에 도착하므로 A업체부터 사고지점까지의 거리는 $63\times\frac{40}{60}=42$km이다. 사고지점은 B업체보다 A업체에 40km 더 가까우므로 B업체에서 사고지점까지의 거리는 $42+40=82$km이다. B업체의 견인차가 A업체의 견인차보다 늦게 도착하지 않으려면 사고지점에 도착하는 데 걸리는 시간이 40분보다 짧거나 같아야 한다.

$\frac{82}{x}\leq\frac{2}{3} \rightarrow 2x\geq246$
$\therefore x\geq123$km/h

따라서 B업체의 견인차는 최소 123km/h로 운전해야 한다.

17
정답 ③

동남아 국제선의 도착 운항 1편당 도착 화물량은 $\frac{36,265.7}{16,713}≒$ 2.17톤이므로 옳은 설명이다.

오답분석

① 중국 국제선의 출발 여객 1명당 출발 화물량은 $\frac{31,315.8}{1,834,699}≒$ 0.017톤이며, 도착 여객 1명당 도착 화물량은 $\frac{25,217.6}{1,884,697}≒$ 0.013톤이므로 옳지 않은 설명이다.
② 미주 국제선의 전체 화물 중 도착 화물이 차지하는 비중은 $\frac{106.7}{125.1}\times100≒85.3\%$로 90%보다 작다.
④ 중국 국제선의 도착 운항편수(12,427편)는 일본 국제선의 도착 운항편수의 70%인 $21,425\times0.7≒14,997.5$편 미만이다.
⑤ 각 국제선의 전체 화물 중 도착 화물이 차지하는 비중은 일본 국제선이 $\frac{49,302.6}{99,114.9}\times100≒49.7\%$이고, 동남아 국제선은 $\frac{36,265.7}{76,769.2}\times100≒47.2\%$이다. 따라서 동남아 국제선이 일본 국제선보다 비중이 낮다.

3일 차 정답 및 해설 **57**

18 정답 ①

② 2023년 성비가 자료와 다르다.
③ 남성과 여성의 자료가 전체적으로 바뀌었다.
④ 자료에 따르면 남성의 경우 진료인원이 계속 증가하는데 그래프는 계속 감소하고 있다.
⑤ 2020 ~ 2021년 남성 진료인원과 여성 진료인원의 수가 바뀌었다.

19 정답 ②

폐기물을 통한 신재생에너지 공급량은 2017년에 감소하였으므로 옳지 않은 설명이다.

① 2018년 수력 공급량은 792.3천TOE로, 같은 해 바이오와 태양열의 공급량 합인 754.6+29.3=783.9천TOE보다 크다.
③ 2018년부터 수소·연료전지를 통한 공급량이 지열을 통한 공급량을 추월한 것을 확인할 수 있다.
④ 2018년부터 꾸준히 공급량이 증가한 신재생에너지는 '태양광, 폐기물, 지열, 수소·연료전지, 해양' 5가지이다.
⑤ 2015년에 비해 2023년에 공급량이 감소한 신재생에너지는 '태양열, 수력' 2가지이다.

20 정답 ④

전년 대비 신재생에너지 총공급량의 증가율은 다음과 같다.

- 2017년 : $\frac{6,086.2-5,858.4}{5,858.4}\times100 ≒ 3.9\%$
- 2018년 : $\frac{6,856.2-6,086.2}{6,086.2}\times100 ≒ 12.7\%$
- 2019년 : $\frac{7,582.7-6,856.2}{6,856.2}\times100 ≒ 10.6\%$
- 2020년 : $\frac{8,850.7-7,582.7}{7,582.7}\times100 ≒ 16.7\%$
- 2021년 : $\frac{9,879.3-8,850.7}{8,850.7}\times100 ≒ 11.6\%$

따라서 전년 대비 신재생에너지 총공급량의 증가율이 가장 큰 해는 2020년이다.

21 정답 ④

직급에 따른 업무항목별 계산식에 따르면 B차장의 업무평점은 $(80\times0.3)+(85\times0.2)+(90\times0.5)=86$점이다.

22 정답 ③

직급에 따른 업무항목별 계산식에 따르면 A사원의 업무평점은 $(86\times0.5)+(70\times0.3)+(80\times0.2)=80$점이다. 승진심사 평점은 업

무(80%)+능력(10%)+태도(10%)이므로 $(80\times0.8)+(80\times0.1)+(60\times0.1)=78$점이다.

23 정답 ①

제시문에서는 논증의 결론 자체를 전제의 일부로 받아들이는 순환논증의 오류를 범하고 있다.

② 무지의 오류 : 증명할 수 없거나 알 수 없음을 이유로 하여 거짓이라고 추론하는 오류이다.
③ 논점 일탈의 오류 : 논점과 관계없는 것을 제시하여 무관한 결론에 이르게 되는 오류이다.
④ 대중에 호소하는 오류 : 군중심리를 자극하여 논지를 받아들이게 하는 오류이다.
⑤ 애매성의 오류 : 여러 가지 의미로 해석될 수 있는 용어를 사용하여 혼란을 일으키는 오류이다.

24 정답 ③

조건을 바탕으로 할 때 가능한 경우는 다음과 같다.

구분	1교시	2교시	3교시	4교시
경우 1	사회	국어	영어	수학
경우 2	사회	수학	영어	국어
경우 3	수학	사회	영어	국어

따라서 2교시가 수학일 때 1교시는 사회이며, 3교시는 항상 영어임을 알 수 있다.

25 정답 ②

두 번째 조건, 다섯 번째 조건과 여덟 번째 조건에 따라 회계직인 D는 미국 서부의 해외사업본부로 배치된다.

26 정답 ②

조건에 따르면 가능한 경우는 총 2가지로 다음과 같다.

구분	인도네시아	미국서부	미국남부	칠레	노르웨이
경우 1	B	D	A	C	E
경우 2	C	D	B	A	E

㉠ 경우 2로, B는 미국 남부에 배치된다.
㉣ 경우 1, 2 모두 노르웨이에는 항상 회계직인 E가 배치된다.

㉡ 경우 1로, C는 칠레에 배치된다.
㉢ 경우 1일 때, A는 미국 남부에 배치된다.

27

ㄴ. 민간의 자율주행기술 R&D를 지원하여 기술적 안정성을 높이는 전략은 위협을 최소화하는 내용은 포함하지 않고 약점만 보완하는 전략이므로 ST전략이라 볼 수 없다.

ㄹ. 국내기업의 자율주행기술 투자가 부족한 약점을 국가기관의 주도로 극복하려는 내용은 약점을 최소화하고 위협을 회피하려는 WT전략의 내용으로 적합하지 않다.

오답분석

ㄱ. 높은 수준의 자율주행기술을 가진 외국 기업과의 기술이전협약 기회를 통해 국내외에서 우수한 평가를 받는 국내 자동차 기업이 국내 자율주행자동차 산업의 강점을 강화하는 전략은 SO전략에 해당한다.

ㄷ. 국가가 지속적으로 자율주행차 R&D를 지원하는 법안이 본회의를 통과한 기회를 토대로 기술개발을 지원하여 국내 자율주행자동차 산업의 약점인 기술적 안전성을 확보하려는 전략은 WO전략에 해당한다.

28
정답 ②

각 직원이 속한 부서의 평가 등급에 따른 배율을 조직기여도 점수에 곱한 후 총점수를 구하면 다음과 같다.

구분	리더십 점수	조직기여도 점수	성과 점수	교육 점수	직급 점수	합계
L과장	88점	86×1.5 =129점	83점	0점	100점	400점
M차장	92점	90×1.5 =135점	88점	20점	100점	435점
N주임	90점	82×1.0 =82점	85점	0점	50점	307점
O사원	90점	90×0.8 =72점	85점	0점	50점	297점
P대리	83점	90×1.5 =135점	88점	20점	80점	406점

따라서 400점 이상 410점 이하인 직원은 L과장(400점), P대리(406점) 2명이다.

29
정답 ②

가장 높은 점수를 받은 사람은 435점을 받은 M차장이다.

30
정답 ④

C·D·F지점의 사례만 고려하면 F지점에서 마카롱과 쿠키를 함께 먹었을 때, 알레르기가 발생하지 않았으므로 마카롱은 알레르기 발생 원인이 될 수 없으며, 빵 또는 케이크가 알레르기 발생 원인이 될 수 있다. 따라서 ④는 반드시 거짓이 된다.

오답분석

① A·B·D지점의 사례만 고려한 경우 : 빵과 마카롱을 함께 먹은 경우에는 알레르기가 발생하지 않았으므로, 케이크가 알레르기 발생 원인이 된다.

② A·C·E지점의 사례만 고려한 경우 : 케이크와 쿠키를 함께 먹은 경우에는 알레르기가 발생하지 않았으므로, 빵이 알레르기 발생 원인이 된다.

③ B·D·F지점의 사례만 고려한 경우 : 빵과 마카롱 또는 마카롱과 쿠키를 함께 먹은 경우에 알레르기가 발생하지 않았으므로, 케이크가 알레르기 발생 원인이 된다.

⑤ D·E·F지점의 사례만 고려한 경우 : 케이크와 마카롱을 함께 먹은 경우에 알레르기가 발생하였으므로, 쿠키는 알레르기 발생 원인이 될 수 없다.

제**2**영역 직무수행능력평가

| 01 | 토목일반

31	32	33	34	35	36	37	38	39	40
②	④	③	②	③	①	②	③	②	①
41	42	43	44	45	46	47	48	49	50
③	③	②	③	①	③	③	③	③	①
51	52	53	54	55	56	57	58	59	60
②	④	④	③	③	③	②	②	③	①

31 정답 ②

(정사각형의 면적)$=h^2$, (원의 면적)$=\dfrac{\pi D^2}{4}$

정사각형과 원의 단면적이 같으므로

$$h^2=\frac{\pi D^2}{4} \;\rightarrow\; h=\frac{\sqrt{\pi}\,D}{2}$$

$$Z_1=\frac{bh^2}{6}=\frac{h^3}{6}=\frac{\left(\dfrac{\sqrt{\pi}\,D}{2}\right)^3}{6}=\frac{\pi\sqrt{\pi}\,D^3}{48}, \quad Z_2=\frac{\pi D^3}{32}$$

$$\therefore\; Z_1:Z_2=\frac{\pi\sqrt{\pi}\,D^3}{48}:\frac{\pi D^3}{32}=\frac{\sqrt{\pi}}{48}:\frac{1}{32}$$

$$\fallingdotseq 1:0.85$$

32 정답 ④

DAD(Depth – Area – Duration) 해석에는 강우깊이, 유역면적, 지속기간이 관련되어 있다.

33 정답 ③

엘리데이드를 이용한 간접 수준측량은 엘리데이드의 구조에 따라 $100:n=D:h$의 비례식에 의해 높이차를 구한 후 기계고와 타깃의 높이를 고려한다.

$$\therefore\; H=i+\frac{n\cdot D}{100}-z=1.2+\frac{8.4\times34}{100}-2=2.056\text{m}$$

34 정답 ②

곡선장($C.L$)은 다음과 같이 구할 수 있다.

$C.L=R\cdot I°rad$

$$=600\times32°15'\times\frac{\pi}{180°}$$

$$=337.72\text{m}$$

35 정답 ③

$$[\text{현장의 건조단위중량}(\gamma_d)]=\frac{(\text{다짐도})}{100}\times\gamma_{dmax}$$

$$=\frac{95}{100}\times1.76\fallingdotseq1.67\text{t/m}^3$$

$$[\text{상대밀도}(D_r)]=\frac{\gamma_{dmax}}{\gamma_d}\cdot\frac{\gamma_d-\gamma_{dmin}}{\gamma_{dmax}-\gamma_{dmin}}\times100$$

$$=\frac{1.76}{1.67}\cdot\frac{1.67-1.5}{1.76-1.5}\times100\fallingdotseq69\%$$

상대밀도(D_r) 구하는 식
- 간극비 이용

$$D_r=\frac{e_{max}-e}{e_{max}-e_{min}}\times100$$

- 건조단위중량 이용

$$D_r=\frac{\gamma_{dmax}}{\gamma_d}\cdot\frac{\gamma_d-\gamma_{dmin}}{\gamma_{dmax}-\gamma_{dmin}}\times100$$

36 정답 ①

$6t_f+b_w=(6\times100)+300=900\text{mm}$

인접보와의 내측거리의 $\dfrac{1}{2}+b_w=\dfrac{1,600}{2}+300=1,100\text{mm}$

보의 경간의 $\dfrac{1}{12}+b_w=\dfrac{6,000}{12}+300=800\text{mm}$

따라서 유효폭의 최소값은 800mm로 한다.

37 정답 ②

소요두께 $t=\dfrac{p\cdot d}{2\sigma_{ta}}=\dfrac{10\times200}{2\times1,000}=1\text{cm}$

38 정답 ③

장주는 기둥의 길이가 길어서 좌굴에 의해 파괴되는 기둥이다.

39 정답 ②

홍수 시의 유속 관측에 사용하는 방법은 표면부자이다. 반면, 이중부자는 표면부자와 수중부자를 연결한 것으로, 수심의 $\dfrac{3}{5}$ 되는 곳에 가라앉혀서 직접 평균 유속을 구한다.

40 정답 ①

X축과 Y축은 서로 대칭이므로 0이다.

41
정답 ③

$A^2 = RL$에서 $A = \sqrt{RL} = \sqrt{2,000 \times 245} = 700\text{m}$

42
정답 ④

$$\frac{dP}{b} = \frac{h}{H}$$

$$dP = b \cdot \frac{h}{H} = 23 \times \left(1 - \frac{60}{100}\right) \times \frac{20}{800} = 0.23\text{cm} \fallingdotseq 2.3\text{mm}$$

43
정답 ②

흙의 투수계수에 영향을 미치지 않는 것은 활성도, 흙의 비중이다.

투수계수는 $K = D_s^2 \cdot \dfrac{\gamma_w}{\eta} \cdot \dfrac{e^3}{1+e} \cdot C$와 같이 나타낼 수 있으며, 계산식에서 각 요소는 다음을 나타낸다.

D_s : 흙입자의 입경(보통 D_{10})

γ_w : 물의 단위중량(g/cm^3)

η : 물의 점성계수($\text{g/cm} \cdot \text{sec}$)

e : 공극비

C : 합성형상계수(Composite Shape Factor)

K : 투수계수(cm/sec)

흙의 투수계수에서 나타나는 특징
- 흙입자의 크기가 클수록 투수계수가 증가한다.
- 물의 밀도와 농도가 클수록 투수계수가 증가한다.
- 물의 점성계수가 클수록 투수계수가 감소한다.
- 온도가 높을수록 물의 점성계수가 감소하여 투수계수는 증가한다.
- 간극비가 클수록 투수계수가 증가한다.
- 지반의 포화도가 클수록 투수계수가 증가한다.
- 점토의 구조에 있어서 면모구조가 이산구조(분산구조)보다 투수계수가 크다.
- 점토는 입자에 붙어 있는 이온농도와 흡착수 층의 두께에 영향을 받는다.
- 흙입자의 비중은 투수계수와 관계가 없다.

44
정답 ③

현행 구조기준에서는 벽체 및 슬래브에서의 휨 주철근의 간격은 중심간격을 규정하며, 두께의 3배 이하, 450mm 이하로 규정하고 있다.

45
정답 ①

수준측량의 야장 기입법
- 고차식 : 단지 두 점 사이의 높이를 구할 때 사용하며, 전시와 후시만 있다.
- 기고식 : 기계의 높이를 기준으로 지반고를 구하는 방식으로, 중간점이 많을 때 편리하다.
- 승강식 : 가장 정밀한 야장 기입법이다.

46
정답 ③

최소일의 원리란 외력을 받고 있는 부정정 구조물의 각 부재에 의하여 발생한 내적인 일(Work)은 평형을 유지하기 위하여 필요한 최소의 일이라는 것이다. 최소일의 원리를 일반식으로 나타내면 다음과 같다.

$$\delta_i = \frac{\partial U}{\partial P_i} = \int \frac{M}{EI}\left(\frac{\partial M}{\partial P_i}\right)dx = 0$$

47
정답 ②

3점법에 의해 계산하면 평균유속은 다음과 같다.

$$V_m = \frac{1}{4}\left(V_{0.2} + 2V_{0.6} + V_{0.8}\right)$$
$$= \frac{1}{4}[0.622 + (2 \times 0.442) + 0.332]$$
$$= 0.4695\text{m/s}$$

48
정답 ③

표면장력 $T = \dfrac{p \cdot d}{4}$에서 $p = \dfrac{4T}{d} = \dfrac{4 \times 75}{0.3} = 1,000\text{dyne/cm}^2$ 이다.

49
정답 ③

$$K = 2.3\frac{a \cdot l}{A \cdot t}\log\frac{H_1}{H_2} = 2.3 \times \frac{\dfrac{\pi \times 0.45^2}{4} \times 2}{\dfrac{\pi \times 5^2}{4} \times 70}\log\frac{40}{20}$$

$$= 1.60 \times 10^{-4}\text{cm/s}$$

50
정답 ①

구배 $i = \dfrac{h}{D} \times 100$에서 축척 $\dfrac{1}{50,000}$ 지형도상의 인접한 두 주곡선 간격 $h = 20\text{m}$이다. 실제거리 D는 $50,000 \times 1 = 50,000\text{cm}$ → 500m이다. 따라서 $i = \dfrac{h}{D} = \dfrac{20}{500} \times 100 = 4\%$이다.

51
정답 ②

$\tau = c + \sigma \tan\phi$에서 $1.73 = 3\tan\phi$

$\therefore \ \phi = \tan^{-1}\dfrac{\tau}{\sigma} = \tan^{-1}\dfrac{1.73}{3} \fallingdotseq 30°$

52
정답 ④

토적곡선은 굴착 공사 현장에서 흙 쌓기와 땅깎기의 양을 조절하기 위하여 기록하는 곡선이며, 곡토량을 누적한 것으로, 주로 경제적인 노선을 만들기 위해 작성한다. 토적곡선을 작성하는 목적으로는 토량의 배분, 토량의 운반거리 산출, 토공기계의 선정, 토량과 건축물의 중량 산정이 있다.

53
정답 ④

$M_u = 1.2M_D + 1.6M_L$와 $M_u = 1.4M_D$ 두 값 중 큰 값이 해당한다.

- $M_u = (1.2 \times 30) + (1.6 \times 3) = 40.8\text{kN} \cdot \text{m}$
- $M_u = 1.4 \times 30 = 42\text{kN} \cdot \text{m}$

따라서 $M_u = 42\text{kN} \cdot \text{m}$이다.

54
정답 ③

$Q_x = A\bar{y} = (40 \times 30 \times 15) - (20 \times 10 \times 15) = 15,000\text{cm}^3$

55
정답 ③

횡방향 비틀림 철근의 간격은 $P_h/8$ 이하, 300mm 이하여야 한다.

56
정답 ③

$T.L = R \cdot \tan\dfrac{I^°}{2} = 200\text{m}$이므로

$B.C = \sim I.P - T.L = 400 - 200 = 200\text{m}$이다.

따라서 $\dfrac{200}{20} = 10$으로 $B.C = No.10$이다.

57
정답 ②

- $\gamma_d = \dfrac{\gamma_t}{1 + \dfrac{w}{100}} = \dfrac{2.0}{1 + \dfrac{20}{100}} = 1.67\text{t/m}^3$

- 공극비 $e = \dfrac{G_s \gamma_w}{\gamma_d} - 1 = \dfrac{2.7 \times 1}{1.67} - 1 = 0.62 \left(\because \gamma_d = \dfrac{G_s}{1 + e}\gamma_w \right)$

$\therefore$ 포화도 $S = \dfrac{G_s \cdot w}{e} = \dfrac{2.7 \times 20}{0.62} = 87.1\% (\because S \cdot e = G_s \cdot w)$

58
정답 ②

계수 모멘트 $M_u = \dfrac{w_u l^2}{8}$ 이다. 이때, $w_u = 1.2w_D + 1.6w_L = (1.2 \times 50) + (1.6 \times 100) = 220\text{kN/m}$이다. 따라서 $M_u = \dfrac{220 \times 8^2}{8} = 1,760\text{kN} \cdot \text{m}$이다.

59
정답 ③

표면장력의 단위는 단위 길이당 힘인 dyne/cm 또는 g/cm이다. 단위중량의 단위는 단위체적당 중량인 dyne/cm^3 또는 N/m^{3}이다.

60
정답 ①

하천 측량 과정

도상조사 → 자료조사 → 현지조사(답사) → 평면측량 → 수준측량 → 유량관측 → 기타측량

| 02 | 기계일반

31	32	33	34	35	36	37	38	39	40
②	②	②	②	④	①	④	③	③	③
41	42	43	44	45	46	47	48	49	50
③	③	③	②	①	③	②	③	③	④
51	52	53	54	55	56	57	58	59	60
③	②	①	④	④	④	③	⑤	④	③

31   정답 ②

$\delta = \dfrac{PL}{AE} = \dfrac{4PL}{\pi d^2 E}$ 이므로

$1.5 \times 10^{-3} = \dfrac{4 \times 100 \times 10^3 \times 3}{\pi \times d^2 \times 250 \times 10^9}$

$\therefore d = \sqrt{\dfrac{4 \times 100 \times 10^3 \times 3}{\pi \times 250 \times 10^9 \times 1.5 \times 10^{-3}}} \fallingdotseq 0.032\text{m} \fallingdotseq 3.2\text{cm}$

32   정답 ②

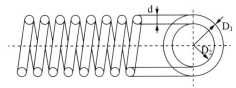

$\delta = \dfrac{8N_a D^3 P}{Gd^4}$ 이고 $c = \dfrac{D}{d}$ 이므로 $\delta = \dfrac{8N_a c^3 P}{Gd}$ 이다.

$300 = \dfrac{8 \times 100 \times 10^3 \times 300}{80 \times 10^3 \times d}$

$\rightarrow d = \dfrac{8 \times 100 \times 10^3 \times 300}{80 \times 10^3 \times 300} = 10\text{mm}$

$10 = \dfrac{D}{10} \rightarrow D = 100\text{mm}$ 이므로 외경은 100mm이고

내경은 $100 - (10 \times 2) = 80\text{mm}$ 이다.

따라서 스프링의 평균 반지름의 길이는 $\dfrac{100 + 80}{2} = 90\text{mm}$ 이다.

33   정답 ②

전해가공은 공작물을 양극에, 공구를 음극에 연결하면 도체 성질의 가공액에 의한 전기화학적 작용으로 공작물이 전기 분해되어 원하는 부분을 제거하는 가공법으로, 공구의 소모량이 많지 않다.

34   정답 ②

$\varepsilon = \dfrac{\Delta l}{l} \times 100\%$

$\rightarrow 0.2 = \dfrac{l' - l}{l}$

$\rightarrow 0.2 = \dfrac{24 - x}{x}$

$\rightarrow 0.2x = 24 - x$

$\rightarrow 1.2x = 24$

$\therefore x = 20$

따라서 초기 길이는 20cm이다.

35   정답 ④

유체란 전단응력 또는 외부 힘이 작용하면 정지 상태로 있을 수 없는 물질을 말한다.

36   정답 ①

연료 소모량 공식에 적용할 효율을 구하기 위해 먼저 카르노사이클 열효율 공식에 대입한다.

• 카르노사이클의 열효율

$\eta_C = 1 - \dfrac{Q_L}{Q_H} = 1 - \dfrac{T_L}{T_H} = 1 - \dfrac{273 + 27}{273 + 527} = 0.625$

• 연료 소모량

$F = \dfrac{(\text{보일러 용량})}{(\text{저위발열량}) \times (\text{효율})} = \dfrac{100 \times 10^6 \text{J/s}}{20 \times 10^6 \text{J/kg} \times 0.625} = 8\text{kg/s}$

37   정답 ④

4행정 사이클 기관이 2행정 사이클 기관보다 행정길이가 더 길기 때문에 체적효율이 더 높다. 반면, 2행정 사이클 기관은 매회전마다 폭발하여 동일 배기량일 경우 출력이 크고, 회전력이 균일하다. 또한 마력당 기관중량이 가벼우며 밸브기구가 필요 없어 구조가 간단하다.

38   정답 ③

알루미늄의 비중은 2.7이며 탄소강(7.85)보다 가볍고, 열과 전기 전도성, 전연성이 좋다. 또한 내식성 및 가공성이 양호하다. 따라서 내식성이 좋아 공기 중에서 산화가 잘 일어나지 않는다.

39   정답 ③

$\dfrac{\tau_2}{\tau_1} = \dfrac{\dfrac{8PD}{\pi \left(\dfrac{d}{2} \right)^3}}{\dfrac{8PD}{\pi d^3}} = \dfrac{8PD \pi d^3}{8PD \pi \left(\dfrac{d}{2} \right)^3} = \dfrac{d^3}{\left(\dfrac{d}{2} \right)^3} = \dfrac{d^3}{\dfrac{d^3}{8}} = \dfrac{8d^3}{d^3} = 8$

스프링의 최대 전단응력(τ)

$T=P\times\dfrac{D}{2}$, $T=\tau\times Z_p$를 대입하면

$\tau\times Z_p=\dfrac{PD}{2}$, $Z_p=\dfrac{\pi d^3}{16}$을 대입하면

$\tau\times\dfrac{\pi d^3}{16}=\dfrac{PD}{2}$

$\tau=\dfrac{PD}{2}\times\dfrac{16}{\pi d^3}$ (D : 평균직경, d : 소선의 직경)

$\tau=\dfrac{8PD}{\pi d^3}$

40
정답 ③

나사를 1회전 시켰을 때 축방향으로 이동한 거리는 리드(L)이다. $L=n\times p$이므로 이 식에 대입하면 이동한 거리가 6mm인 ③이 가장 크다.

2줄 M20×3, L=2줄×3=6mm

오답분석

① 1줄 M48×5, L=1줄×5=5mm
② 2줄 M30×2, L=2줄×2=4mm
④ 3줄 M8×1, L=3줄×1=3mm
⑤ 4줄 M12×1, L=4줄×1=4mm

41
정답 ③

반지름과 길이가 모두 2배로 증가했을 때 비틀림각(θ)을 구하려면 비틀림각(θ) 구하는 식에서 비틀림각(θ)과 지름 d와 길이(L)와의 관계를 살펴보면 된다.

비틀림각 $\theta=\dfrac{T\cdot L}{G\cdot I_P}=\dfrac{T\cdot L}{G\cdot\dfrac{\pi d^4}{32}}=\dfrac{32T\cdot L}{G\cdot\pi d^4}$ $\theta=\dfrac{L}{d^4}$

이때 지름과 길이를 모두 2배로 증가시키면 다음과 같다. 반지름이 2배면 지름도 2배이다.

$\theta=\dfrac{L}{d^4}$, $x\theta=\dfrac{2L}{(2d)^4}$

이를 비례식으로 풀면 다음과 같다.

$1:x=\dfrac{L}{d^4}:\dfrac{2L}{(2d)^4}$

$\dfrac{2L}{16d^4}=x\dfrac{L}{d^4}$

$\to x=\dfrac{2L}{16d^4}\times\dfrac{d^4}{L}$

$\therefore x=\dfrac{1}{8}$

42
정답 ③

$M_{\max}=\dfrac{1}{8}wl^2=\dfrac{1}{8}\times450\times1^2=56.25\text{N}\cdot\text{m}$

$Z=\dfrac{1}{6}bh^2=\dfrac{1}{6}\times0.05\times0.06^2=30\times10^{-6}\,\text{m}^3$

(최대 굽힘응력 $\sigma_{\max}$)$=\dfrac{M_{\max}}{Z}=\dfrac{56.25}{30\times10^{-6}}=1.88\text{MPa}$

43
정답 ③

• 압력용기(Pressure Vessel)

가스용 봄베나 보일러 탱크 등으로 사용되는 고압 용기이다. 내압과 외압이 항상 동시에 작용하며 절단 시에는 응력의 작용 방향에 따라 원주 방향 절단과 축 방향 절단으로 나뉜다.

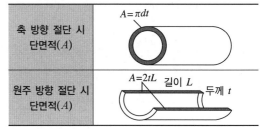

축 방향 절단 시 단면적(A)	$A=\pi dt$
원주 방향 절단 시 단면적(A)	$A=2tL$ 길이 L 두께 t

• 원주 방향의 인장응력

$\sigma_t=\dfrac{PD}{2t}=\dfrac{14\text{kgf/cm}^2\times18\text{cm}}{2\times0.6\text{cm}}=210\text{kgf/cm}^2$

• 축 방향의 인장응력

$\sigma_t=\dfrac{PD}{4t}=\dfrac{14\text{kgf/cm}^2\times18\text{cm}}{4\times0.6\text{cm}}=105\text{kgf/cm}^2$

44
정답 ②

절삭속도(v)를 구하는 식은 $v=\dfrac{\pi dn}{1,000}$ 이다(v[m/min] : 절삭속도, d[mm] : 공작물의 지름, n[rpm] : 주축 회전수).

$v=\dfrac{\pi dn}{1,000}\to n=\dfrac{1,000v}{\pi d}=\dfrac{1,000\times196}{3.14\times50}\to n\fallingdotseq1,250\text{rpm}$

따라서 회전수는 1,250rpm이다.

45
정답 ①

오답분석

② 교축 밸브 : 통로의 단면적을 변화시켜 유량을 조절하고자 할 때 사용하는 밸브이다.
③ 카운터 밸런스 밸브 : 중력에 의한 낙하방지 및 배압을 유지하는 압력제어 밸브이다.
④ 시퀀스 밸브 : 정해진 순서에 따라 순차적으로 작동시키는 밸브로, 주회로에서 두 개 이상의 분기회로를 가질 때 기계의 조작순서를 조정할 수 있다.

⑤ 릴리프 밸브 : 유압회로에서 회로 내 압력이 소정입력 이상이
되면 그 압력에 의해 밸브가 열려 가스를 외부로 내보내 압력
을 일정하게 유지시키는 역할을 하는 밸브이다.

46 정답 ③

카르노 사이클에서 손실일은 열효율과 비교하여 방출한 열량(Q_L)
을 구하면 된다.

$$\frac{Q_L}{Q_H} = \frac{T_L}{T_H}$$

$$\frac{Q_L}{50\text{kJ}} = \frac{300\text{K}}{1,000\text{K}}$$

$$\therefore \ Q_L = 50\text{kJ} \times \frac{300\text{K}}{1,000\text{K}} = 15\text{kJ}$$

47 정답 ②

$$T(\text{절삭시간}) = \frac{(\text{가공할 길이})}{(\text{회전수}) \times (\text{이송속도})}$$

$$= \frac{120\text{mm}}{400rev/\text{min} \times 2\text{mm}/rev}$$

$$= 0.15\text{min} = 0.15 \times 60\text{s} = 9\text{s}$$

따라서 절삭시간은 9초이다.

48 정답 ③

4행정 사이클 기관의 작동과정은 크랭크축이 2회전할 때 흡입 →
압축 → 폭발 → 배기가 이루어지므로 크랭크축 2회전당 흡기밸브
는 1번 열린다. 따라서 크랭크축이 12회 회전하면 흡기밸브는 6회
열리게 된다.

4행정 사이클 기관
크랭크축 2회전 시 피스톤이 상·하·상·하로 4번(행정)
움직이며 사이클을 완성하는 기관이다. 이 과정 동안 흡입,
압축, 폭발, 배기가 모두 완료됨으로써 동력을 전달하는 내
연기관으로서 자동차용 엔진에 사용된다.

49 정답 ③

$$\epsilon_r = \frac{(\text{저온체에서 흡수한 열량})}{(\text{공급열량})} = \frac{Q_2}{Q_1 - Q_2}$$

$$2 = \frac{5\text{kJ/s}}{Q_1 - 5\text{kJ/s}}$$

$$\rightarrow 2(Q_1 - 5\text{kJ/s}) = 5\text{kJ/s}$$

$$\rightarrow 2Q_1 - 10\text{kJ/s} = 5\text{kJ/s}$$

$$\rightarrow 2Q_1 = 15\text{kJ/s}$$

$$\therefore \ Q_1 = 7.5\text{kJ/s} = 7.5\text{kW}$$

50 정답 ④

구성인선(Built Up Edge)은 재질이 연하고 공구재료와 친화력이
큰 재료를 절삭가공할 때, 칩과 공구의 윗면 사이의 경사면에 발생
되는 높은 압력과 마찰열로 인해 칩의 일부가 공구의 날 끝에 달라
붙어 마치 절삭날과 같이 공작물을 절삭하는 현상이다.
이러한 구성인선을 방지하기 위해서 절삭깊이를 작게 하고, 절삭
속도는 빠르게 하며, 윤활성이 높은 절삭유를 사용하고, 마찰계수
가 작고 피가공물과 친화력도 작은 절삭공구를 사용한다.

51 정답 ③

㉠ 스토크스 법칙을 이용한 점도계 : 낙구식 점도계(다)
㉡ 하겐 – 푸아죄유 법칙을 이용한 점도계 : 오스트발트 점도계,
세이볼트 점도계(가)
㉢ 뉴턴의 점성 법칙을 이용한 점도계 : 맥미첼 점도계, 스토머
점도계(나)

52 정답 ②

자유표면(수면)이 존재할 경우 프루드 수나 레이놀즈 수가 같아야
역학적 상사성이 존재하지만, 자동차의 풍동 시험의 경우 수면이
존재하지 않는 유체의 흐름이므로 자유표면이 없으면 레이놀즈 수
의 모형과 원형의 값이 같아야 한다. 따라서 선체와 자동차 풍동
시험은 공통적으로 레이놀즈 수가 같은지의 여부를 역학적 상사를
이루기 위해 고려해야 한다.

오답분석
① 마하 수 : 유체의 유동속도와 음속의 비를 나타내는 용어로,
무차원수이다.
③ 오일러 수 : 유체의 압력 변화와 밀도와 유체의 속도 간 관계를
나타낸 무차원수이다.
④ 프루드 수(Froude Number) : 유체 유동을 관성과 중력의 비
로 나타내는 무차원수로, 유동의 역학적 상사성을 판단하기 위
해 사용한다. 자유표면 유동 해석에 중요한 영향을 미친다.
⑤ 웨버 수 : 표면장력과 비교하여 유체의 상대적 관성을 나타내
는 무차원수이다.

53 정답 ①

철과 탄소의 밀도 및 원자량을 표로 정리하면 다음과 같다.

구분	밀도(p)	원자량
Fe(철)	7.87g/cm^3	55.8g/mol
C(탄소)	$1.8 \sim 3.5\text{g/cm}^3$	12g/mol

철의 밀도가 탄소의 밀도보다 $2 \sim 3$배 더 크기 때문에 동일 체적
인 경우 철이 탄소보다 무거운 것을 알 수 있다. 따라서 순수한
철에 탄소의 함유량이 높아질수록 합금되는 탄소강의 비중은 낮아
진다.

54

정답 ④

질화법은 제품을 질화처리한 후 열처리가 필요 없으나, 침탄법은 침탄 후에도 추가 열처리가 필요하다.

침탄법과 질화법의 비교

특성	침탄법	질화법
경도	질화법보다 낮다.	침탄법보다 높다.
수정여부	침탄 후 수정 가능하다.	불가능하다.
처리시간	짧다.	길다.
열처리	침탄 후 열처리가 필요하다.	질화 후 열처리가 불필요하다.
변형	변형이 크다.	변형이 작다.
취성	질화층보다 여리지 않다.	질화층이 여리다.
경화층	질화법에 비해 깊다.	침탄법에 비해 얇다.
가열온도	질화법보다 높다.	낮다.

55

정답 ④

펠턴 수차는 낙차가 크고 유량(수량)이 적은 곳에 사용한다.

56

정답 ④

성크키(Sunk Key : 묻힘키)는 가장 널리 쓰이는 키(Key)로, 축과 보스 양쪽에 모두 키 홈을 파서 동력을 전달하는 키이다. $\frac{1}{100}$ 기울기를 가진 경사키와 평행키가 있다.

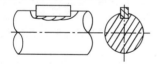

오답분석

① 평키 : 축에 키의 폭만큼 편평하게 가공한 키로, 안장키보다는 큰 힘을 전달한다. 축의 강도를 저하시키지 않으며 $\frac{1}{100}$ 기울기를 붙이기도 한다.

② 안장키 : 축에는 키 홈을 가공하지 않고 보스에만 키 홈을 파서 끼운 뒤, 축과 키 사이의 마찰에 의해 회전력을 전달하는 키로, 작은 동력의 전달에 적당하다.

③ 접선키 : 전달토크가 큰 축에 주로 사용되며 회전 방향이 양쪽 방향일 때 일반적으로 중심각이 120°가 되도록 한 쌍을 설치하여 사용하는 키이다. 90°로 배치한 것은 케네디키라고 불린다.

⑤ 새들키 : 보스에만 홈을 파고 축에는 홈을 파지 않고 끼울 수 있는 단면의 키를 말한다.

57

정답 ③

$$[\text{응력}(\sigma)] = \frac{F}{A} = \frac{500 + (80 \times 6)}{4 \times (10^4 \times 10^{-6})}$$

$$= \frac{980}{0.04}$$

$$= 24,500 \text{kg}_f/\text{m}^2$$

58

정답 ⑤

나사의 풀림방지법
- 철사를 사용하는 방법
- 와셔를 사용하는 방법(스프링 와셔, 고정 와셔, 톱니붙이 와셔 등)
- 분할 핀을 사용하는 방법
- 로크 너트를 사용하는 방법
- 멈춤나사를 이용하는 방법
- 자동 죔 너트를 사용하는 방법
- 플라스틱 플러그를 사용하는 방법

59

정답 ④

원통 코일스프링의 스프링상수(k)는 스프링의 평균지름(D)의 세제곱에 반비례하고, 소선의 직경(d)의 네제곱에 비례한다.

원통 코일스프링의 스프링상수(k)

$$k = \frac{P}{\delta} = \frac{P}{\dfrac{8nPD^3}{Gd^4}} = \frac{Gd^4 p}{8nPD^3} = \frac{Gd^4}{8nD^3}$$

60

정답 ③

니들 롤러베어링은 리테이너 없이 니들 롤러만으로 전동하기 때문에 축의 직각 방향의 하중을 지지하는 데 적합하다. 길이에 비해 지름이 매우 작은 롤러를 사용하는 베어링으로, 좁은 장소에서 비교적 큰 충격 하중을 받는 내연기관의 피스톤 핀에 사용된다. 리테이너가 없이 니들 롤러만으로 전동하므로 단위 면적당 부하량이 크다.

| 03 | 전기일반

31	32	33	34	35	36	37	38	39	40
③	③	⑤	①	②	①	③	③	③	③
41	42	43	44	45	46	47	48	49	50
④	④	②	④	③	③	④	③	②	②
51	52	53	54	55	56	57	58	59	60
②	②	⑤	①	②	④	④	③	④	⑤

31 정답 ③

$\%Z = \dfrac{V_s}{V_n}$ 에서 $V_s = \%Z \times V_n = \sqrt{0.048^2 + 0.036^2} \times 7,000 = 420V$이다.

32 정답 ③

$P = 9.8QH\eta_t\,\eta_G = 9.8 \times 25 \times 80 \times 0.87 \times 0.97 \fallingdotseq 16,540kW$

33 정답 ⑤

$(와류손) = P_e \times \left(\dfrac{V'}{V}\right)^2 = 720 \times \left(\dfrac{2,750}{3,300}\right)^2 = 500W$

34 정답 ①

동기기의 과도 안정도를 증가시키는 방법 중 하나는 회전자의 플라이휠 효과를 크게 하는 것이다.

> **안정도 증가 방법**
> • 동기화 리액턴스를 작게 한다.
> • 회전자의 플라이휠 효과를 크게 한다.
> • 속응 여자 방식을 채택한다.
> • 동기 탈조 계전기를 사용한다.
> • 발전기의 조속기 동작을 신속히 한다.
> • FACTS(유연 송전 시스템) 기기를 설치한다.

35 정답 ②

수지식(가지식) 방식은 전압 변동이 크고 정전 범위가 넓다.

오답분석
① 환상식(루프) 방식은 전류 통로에 대한 융통성이 있어 전압 강하 및 전력 손실이 수지식보다 적다.
③ 뱅킹 방식은 전압 강하 및 전력 손실, 플리커 현상 등을 감소시킨다.
④·⑤ 망상식(네트워크) 방식은 무정전 공급이 가능하나, 네트워크 변압기나 네트워크 프로텍터 설치에 따른 설비비가 비싸다.

36 정답 ①

여자 돌입전류에는 제2고조파가 30 ~ 50% 함유되어 있다.

37 정답 ③

$E_d = \dfrac{2\sqrt{2}\,E}{\pi} - e_a$ 에서

$E = \dfrac{\pi}{2\sqrt{2}}\,(E_d + e_a) = \dfrac{\pi}{2\sqrt{2}}\,(100 + 10) \fallingdotseq 122V$

38 정답 ③

전압 변동률 $\epsilon = p\cos\phi + q\sin\phi$
(p : %저항 강하, q : %리액턴스 강하)
$\cos\phi = 0.8$이므로 $\sin\phi = \sqrt{1 - \cos^2\phi} = 0.6$
$\epsilon = p\cos\phi + q\sin\phi = (0.9 \times 0.8) + (5.4 \times 0.6) = 3.96\%$

39 정답 ③

침투 깊이는 주파수, 도전율, 투자율에 반비례하고, 침투 깊이가 작을수록 전류가 도선 표피에 많이 흐르고, 표피효과가 커진다.

40 정답 ③

기동보상기법과 리액터 기동을 혼합한 방식은 콘도르퍼 기동이다.

41 정답 ④

플레밍(Fleming)의 오른손 법칙은 발전기의 원리이며, 자계 내에 놓인 도체가 운동하면서 자속을 끊어 기전력을 발생시키는 원리이다.

오답분석
① 렌츠의 법칙(Lenz's Law) : 코일에서 발생하는 기전력의 방향은 자속 ϕ의 증감을 방해하는 방향으로 발생한다는 법칙이다.
③ 앙페르(Ampere)의 오른나사 법칙 : 도선에 전류가 흐를 때 발생하는 자계의 방향을 알 수 있는 법칙으로, 전류가 들어가는 방향일 때의 자력선의 방향을 알 수 있다.
⑤ 플레밍(Fleming)의 왼손 법칙 : 자기장 속에 있는 도선에 전류가 흐를 때 자기장의 방향과 도선에 흐르는 전류의 방향으로 도선이 받는 힘의 방향을 결정하는 규칙이다.

42 정답 ④

동기 발전기의 병렬 운전 조건에서 기전력의 크기, 위상, 주파수, 파형, 상회전 방향(3상)은 같아야 하지만 전류는 관계없다.

43

정답 ②

전기 저항은 전류가 흐르는 통로의 단면적에 반비례하고, 도체의 길이에 비례한다.

$R = \rho \dfrac{l}{A} [\Omega]$ [ρ : 고유저항, A : 도체의 단면적(πr^2)]

44

정답 ④

자체 인덕턴스에 축적되는 에너지 공식은 $W = \dfrac{1}{2} LI^2$[J]이다. 따라서 자체 인덕턴스(L)에 비례하고, 전류(I)의 제곱에 비례한다.

45

정답 ③

• $R_1 = 1 + \dfrac{2 \times 2}{2+2} = 2\,\Omega$

• $R_2 = 1 + \dfrac{2 \times 2}{2+2} = 2\,\Omega$

• $R_3 = \dfrac{2 \times 2}{2+2} = 1\,\Omega$

46

정답 ③

무부하 시험에서는 고압측을 개방하여 저압 측에 정격 전압을 걸어 여자어드미턴스, 무부하 전류, 철손을 측정할 수 있으며, 단락 시험에는 임피던스 전압, 임피던스 와트(동손), 전압 변동률을 측정할 수 있다.

반면, 절연 내력은 충격 전압 시험, 유도 시험, 가압 시험 등으로 구할 수 있다.

47

정답 ③

$D = \epsilon E = \epsilon_0 \epsilon_s E$[C/m^2]이므로

$E = \dfrac{D}{\epsilon_0 \epsilon_s} = \dfrac{2 \times 10^{-6}}{8.855 \times 10^{-12} \times 6} \fallingdotseq 3.764 \times 10^4 \text{V/m}$

48

정답 ③

$N_s = \dfrac{120f}{P} = \dfrac{120 \times 50}{4} = 1,500\text{rpm}$

$\therefore \text{N} = (1-s)N_s = (1-0.042) \times 1500 = 1,437\text{rpm}$

49

정답 ②

인덕턴스(Inductance)는 회로에 흐르는 전류의 변화로 인해 전자기유도가 발생할 때, 이로 인해 생기는 역기전력의 비율을 말한다. 인덕턴스가 증가할수록 굵기는 감소하고, 간격은 증가하게 된다.

50

정답 ②

변압기 병렬 운전이 가능한 조합과 불가능한 조합

병렬 운전이 가능한 조합		병렬 운전이 불가능한 조합	
A변압기	B변압기	A변압기	B변압기
△−△	△−△	△−△	△−Y
Y−Y	Y−Y	Y−Y	Y−△
△−△	Y−Y	△−△	Y−△
△−Y	△−Y	Y−Y	△−Y
△−Y	Y−△	−	−
Y−△	Y−△	−	−

51

정답 ②

$I_{1s} = I_{1n} \dfrac{100}{[\text{임피던스 강하(\%)}]} = I_{1n} \dfrac{100}{5} = 20I_{1n}$

52

정답 ②

음극에서는 Cu^{2+} 이온이 전자를 받아 구리 금속이 되어 음극 구리판에 붙으므로 구리판이 두꺼워진다. 또한, 양극에서는 SO_4^{2-} 이온과 반응하여 황산구리가 되어 구리판은 얇아진다.

53

정답 ⑤

회생제동은 전동기가 발전기로 동작되어 제동용 전원으로 사용하는 제동 방식이다.

54

정답 ①

동기 발전기의 매극 매상당 슬롯수는

$q = \dfrac{(\text{전체 슬롯수})}{(\text{상수}) \times (\text{극수})} = \dfrac{s}{m \times p} = \dfrac{36}{3 \times 6} = 2$슬롯이다.

55

정답 ②

정격 1차 전압의 식은 $V_1 = \dfrac{N_1}{N_2} V^2$ 이므로 (정격 2차 전압)×(권수비)임을 알 수 있다.

56

정답 ④

여자 전류는 자속을 발생시키기 위해 무부하일 때 흐르는 1차측의 전류이다.

57

농형은 유도전동기의 종류에 해당한다.

58

정답 ③

$$V_1(s) = \left(Ls + \frac{1}{Cs} \right) I(s), \quad V_2(s) = \frac{1}{Cs} I(s)$$

$$\therefore \ G(s) = \frac{V_2(s)}{V_1(s)} = \frac{\frac{1}{Cs}}{Ls + \frac{1}{Cs}} = \frac{1}{LCs^2 + 1} = \frac{\frac{1}{LC}}{s^2 + \frac{1}{LC}}$$

59

정답 ④

회전자 주변 속도 $v = \pi D \dfrac{N_s}{60}$ [m/s], $\pi D = \dfrac{(\text{극수})}{(\text{극간격})}$

$$N_S = \frac{120f}{P} = \frac{120 \times 60}{18} = 400\text{rpm}$$

극 간격이 1m이므로 회전자 둘레는 18m가 된다.

$$\therefore \ v = 18 \times \frac{400}{60} = 120\text{m/s}$$

60

정답 ⑤

$$N_S = \frac{120f}{p} = \frac{120 \times 60}{4} = 1,800\text{rpm}$$

$$s = \frac{N_S - N}{N_S}$$

$$\therefore \ N = (1-s)N_S = 0.95 \times 1800 = 1,710\text{rpm}$$

| 04 | 전기이론

31	32	33	34	35	36	37	38	39	40
②	③	①	①	④	①	⑤	④	④	③
41	42	43	44	45	46	47	48	49	50
③	⑤	②	④	③	①	②	②	②	③
51	52	53	54	55	56	57	58	59	60
④	③	④	②	④	④	④	⑤	②	②

31

정답 ②

$$F = BIL\sin\theta = 2\text{Wb/m}^2 \times 8\text{A} \times 0.5\text{m} \times \cos 30° = 4\text{N}$$

32

정답 ③

전송 계층(Transport Layer)에 대한 설명이다.

33

정답 ①

각주파수 $\omega = 2\pi f$

주파수 $f = \dfrac{\omega}{2\pi} = \dfrac{100\pi}{2\pi} = 50\text{Hz}$

34

정답 ①

렌츠의 법칙이란 유도 전류의 자속은 자속의 증가 또는 감속을 방해하는 방향으로 나타난다는 법칙이다.

35

정답 ④

$$D.C. = \frac{\tau}{T} \times 100\% = \frac{0.2 \times 10^{-3}}{(0.6 + 0.2) \times 10^{-3}} \times 100 = 25\%$$

36

정답 ①

정현파 교류의 평균값은 반주기를 취하여 $\dfrac{2I_m}{\pi}$ 으로 한다. 따라서 한 주기의 평균값은 +와 −의 평균을 모두 고려할 경우 0이 된다.

37

정답 ⑤

표피효과는 도체에 주파수가 큰 교류를 송전하면 내부에 전류가 표피로 집중하여 흐르는 현상이다. 이는 도전율(σ), 투자율(μ), 주파수(f)가 클수록 커진다.

3일 차 정답 및 해설   **69**

38 정답 ④

석탄 화력 발전소의 설비 중 손실이 가장 많이 발생하는 부분은 복수기로, 약 $43 \sim 48\%$의 손실이 발생한다.

39 정답 ④

$F_1 + F_2 + F_3 = 0$

$\therefore F_3 = -(F_1 + F_2) = -[(-i + 2j + 5k) + (4i + 2j - 2k)]$
$\qquad = -(3i + 4j + 3k) = -3i - 4j - 3k$

40 정답 ③

전압과 전류의 순시값을 정지 벡터로 표시하면 다음과 같다.

$\dot{V}_m = 100 \angle 0, \ \dot{I}_m = 10 \angle -\dfrac{\pi}{6}$

$\therefore Z = \dfrac{\dot{V}_m}{\dot{I}_m} = \dfrac{100 \angle 0}{10 \angle -\dfrac{\pi}{6}} = 10 \angle \dfrac{\pi}{6} = 10(\cos 30° + j\sin 30°)$
$\qquad = 5\sqrt{3} + j5\,\Omega$

41 정답 ③

$V = \dfrac{Q}{C} = \dfrac{500 \times 10^{-6}}{5 \times 10^{-6}} = 100\text{V}$

$\therefore E = \dfrac{V}{d} = \dfrac{100}{2} = 50\text{V/mm}$

42 정답 ⑤

공기 중 두 점전하 사이에 작용하는 힘 $F_1 = \dfrac{Q_1 Q_2}{4\pi\epsilon_0 r^2}$ [N]이고, 유전체를 두 전하 사이에 넣었을 때 힘 $F_2 = \dfrac{Q_1 Q_2}{4\pi\epsilon_0 \epsilon_s r^2}$ [N]이다.

$\dfrac{F_1}{F_2} = \dfrac{\dfrac{Q_1 Q_2}{4\pi\epsilon_0 r^2}}{\dfrac{Q_1 Q_2}{4\pi\epsilon_0 \epsilon_s r^2}} = \epsilon_s$

$\therefore \epsilon_s = \dfrac{F_1}{F_2} = \dfrac{10}{5} = 2$

43 정답 ②

전압과 전류가 동위상일 경우는 부하가 순저항일 경우이며, 위상차 $\theta = 0°$가 된다. 따라서 역률 $\cos\theta = \cos 0° = 1$이 된다.

44 정답 ④

반원 부분에 의하여 생기는 자계 $H = \dfrac{I}{4a} = \dfrac{8}{4 \times 1} = 2\text{AT/m}$이다.

45 정답 ③

경계면에 작용하는 힘은 유전율이 큰 쪽에서 유전율이 작은 쪽으로 작용한다. 따라서 ϵ_1에서 ϵ_2를 향한다.

46 정답 ①

RZ와 Manchester 방식은 신호의 중간 지점을 체크하면 동기 정보를 획득할 수 있다.
- RZ : 신호의 중간에서 0 복귀
- Manchester : 신호의 중간에서 반대극으로 전이

47 정답 ②

반지름이 $\dfrac{a}{2}$ [m]인 구의 전하를 Q'라 하면 다음과 같다.

$Q' = \dfrac{\dfrac{4}{3}\pi\left(\dfrac{a}{2}\right)^3}{\dfrac{4}{3}\pi a^3} Q = \dfrac{1}{8}Q$, 가우스 정리에 의하여

$4\pi\left(\dfrac{a}{2}\right)^2 \times E = \dfrac{Q'}{\epsilon_0} = \dfrac{Q}{8\epsilon_0}$

$\therefore E = \dfrac{Q}{8\pi\epsilon_0 a^2}$ [V/m]

48 정답 ②

면전하 밀도가 ρ_s [C/m^2]인 무한히 넓은 도체판에서 R[m]만큼 떨어져 있는 곳의 전속밀도 $D = \dfrac{\rho_s}{2}$이므로 전속밀도 $D = \epsilon_o E$에서 전계의 세기 $E = \dfrac{D}{\epsilon_0} = \dfrac{\rho_s}{2\epsilon_o}$이다.

49 정답 ②

어드미턴스 Y는 임피던스 Z의 역수이며, $Y = G + jB$에서 실수부인 G를 컨덕턴스, 허수부인 B를 서셉턴스라 한다.

50 정답 ③

펠티어 효과는 어떤 물체의 양쪽에 전위차를 걸어 주면 전류와 함께 열이 흘러 양쪽 끝에 온도 차가 생기는 현상으로, 한쪽은 고온이 되고 다른 쪽은 저온이 되어 저온부를 이용하여 냉동을 한다.

① 제벡 효과 : 두 종류 금속 접속면에 온도차를 주면 기전력이
   발생하는 현상이다.
② 톰슨 효과 : 두 개의 서로 다른 금속도선의 양끝을 연결하여
   폐회로를 구성하고 양단에 온도차를 주면 두 접점 사이에 전위
   차가 발생하여 도체선상의 온도차에 의해 기전력이 발생하는
   현상이다.
④ 줄의 효과 : 도체에 전류를 흘렸을 때 전기 저항 때문에 일어나
   는 열에너지의 증가 현상이다.
⑤ 제이만 효과 : 자기장 속에서 원자의 선 스펙트럼이 갈라지는
   현상이다.

51
정답 ④

비유전율이 1보다 큰 절연체 내에서는 분극 현상이 발생한다.

비유전율의 특징
• 비유전율이 1보다 큰 절연체 내에서는 분극 현상이 발생한다.
• 진공이나 공기 중의 비유전율은 1이다.
• 유전율은 재질에 따라 다르다.
• 비유전율이 1보다 큰 절연체는 도체 간 절연은 물론 정전
  용량의 값을 증가시킨다.
• 비유전율은 단위가 없는 무차원수이다.

52
정답 ③

$$V = \frac{W}{Q} = \frac{144}{24} = 6V$$

53
정답 ④

$L = \dfrac{N\Phi}{I}$ 에서 권선수를 절반으로 줄이면 $L' = \dfrac{\frac{N}{2}\Phi}{I}$ 이다.

이때, 전류의 세기를 $\dfrac{1}{2}$ 배로 하면 $\dfrac{\frac{N}{2}\Phi}{\frac{I}{2}} = L$ 이다.

또는 $L = \dfrac{\mu S N^2}{l}$ 에서 권선수를 절반으로 줄이면

$L' = \dfrac{\mu S \left(\frac{N}{2}\right)^2}{l} = \dfrac{\mu S N^2}{4l}$ 이다. 이때, 단면적을 4배로 늘리면

$\dfrac{\mu (4S) N^2}{4l} = L$ 이고, 길이를 $\dfrac{1}{4}$ 배로 하면 $\dfrac{\mu S N^2}{4 \times \frac{l}{4}} = L$ 이다.

따라서 길이와 단면적을 유지하고 전류의 세기를 $\dfrac{1}{2}$ 배로 하거나,

길이와 전류의 세기를 유지하고 단면적을 4배로 늘리거나, 단면적

과 전류의 세기를 유지하고 길이를 $\dfrac{1}{4}$ 배로 줄일 때, 인덕턴스가
같아진다.

54
정답 ②

인덕턴스에 축적되는 에너지는 $E = \dfrac{1}{2} L I^2$ 이다. 따라서 $E = \dfrac{1}{2}$
$\times 0.1 \times 5^2 = 1.25$J이다.

55
정답 ④

파형의 각주파수는 $\omega = 2\pi f$ 이므로 주파수는 $f = \dfrac{\omega}{2\pi}$ 이다. $e =$
$141 \sin \left(120\pi t - \dfrac{\pi}{3}\right)$ 에서 $\omega = 120\pi$ 이므로, 주파수 $f = \dfrac{120\pi}{2\pi}$
$= 60$Hz이다.

56
정답 ④

$$(파형률) = \frac{(실효값)}{(평균값)} = \frac{\frac{I_m}{\sqrt{2}}}{\frac{2}{\pi} I_m} = \frac{\pi}{2\sqrt{2}} ≒ 1.11$$

57
정답 ④

$$V = \frac{Q}{4\pi \varepsilon_0 r}$$

$$\frac{1}{4} V = \frac{Q}{4\pi \varepsilon_0 r'} = \frac{Q}{4\pi \varepsilon_0 (4r)}$$

$$\therefore \ r' = 4r$$

58
정답 ⑤

직렬공진회로에서 공진 상태가 되면 임피던스는 R으로 최솟값을
가지며 순수저항과 같은 특성을 가지게 된다. 그리고 전압 확대율
(선택도) Q는 공진 시 리액턴스와 저항의 비로 정의하고 원하는
신호를 구별해서 다룰 수 있는 정도를 나타낸다.

확대율 : $Q = \dfrac{1}{R} \sqrt{\dfrac{L}{C}} = \dfrac{1}{2} \times \sqrt{\dfrac{10 \times 10^{-3}}{4 \times 10^{-6}}} = 25$

59

정답 ②

$L_a + L_b + 2M = 10, \ L_a + L_b - 2M = 6$

여기서 $L_a = 5$이므로,

$5 + L_b + 2M = 10 \cdots \bigcirc$

$5 + L_b - 2M = 6 \cdots \bigcirc\!\!\bigcirc$

따라서 ㉠, ㉡을 연립하여 L_b을 구하면, $L_b = 3\mathrm{mH}$이다.

60

정답 ②

샘플링 이론에 의하면 최고 주파수의 2배 이상의 주기로 표본을 취하면 원신호에 가까운 신호를 재생할 수 있다.

제3영역 철도법령

61	62	63	64	65	66	67	68	69	70
②	③	⑤	④	③	①	③	①	④	④

61

정답 ②

국토교통부장관은 철도사업법 제15조 제1항 단서 및 제3항에 따른 신고를 받은 날부터 60일 이내에 신고수리 여부를 신고인에게 통지하여야 한다(철도사업법 제15조 제4항).

62

정답 ③

대리 · 대행(한국철도공사법 제7조)

정관으로 정하는 바에 따라 사장이 지정한 한국철도공사의 직원은 사장을 대신하여 공사의 업무에 관한 재판상 또는 재판 외의 모든 행위를 할 수 있다.

63

정답 ⑤

철도이용자의 권익보호 등(철도산업발전기본법 제16조)

국가는 철도이용자의 권익보호를 위하여 다음 각 호의 시책을 강구하여야 한다.

1. 철도이용자의 권익보호를 위한 홍보 · 교육 및 연구
2. 철도이용자의 생명 · 신체 및 재산상의 위해 방지
3. 철도이용자의 불만 및 피해에 대한 신속 · 공정한 구제조치
4. 그 밖에 철도이용자 보호와 관련된 사항

64

정답 ④

정의(철도사업법 제2조)

• 철도 : 여객 또는 화물을 운송하는 데 필요한 철도시설과 철도차량 및 이와 관련된 운영 · 지원체계가 유기적으로 구성된 운송체계에 따른 철도를 말한다.

• 철도시설 : 선로, 역시설, 철도운영을 위한 시설, 보수 · 정비 기지 등 철도산업발전 기본법에 따른 철도시설을 말한다.

• 철도차량 : 선로를 운행할 목적으로 제작된 동력차 · 객차 · 화차 및 특수차에 따른 철도차량을 말한다.

• 사업용철도 : 철도사업을 목적으로 설치하거나 운영하는 철도를 말한다.

• 전용철도 : 다른 사람의 수요에 따른 영업을 목적으로 하지 아니하고 자신의 수요에 따라 특수 목적을 수행하기 위하여 설치하거나 운영하는 철도를 말한다.

• 철도사업 : 다른 사람의 수요에 응하여 철도차량을 사용하여 유상(有償)으로 여객이나 화물을 운송하는 사업을 말한다.

• 철도운수종사자 : 철도운송과 관련하여 승무 및 역무서비스를 제공하는 직원을 말한다.

• 철도사업자 : 철도공사 및 국토교통부장관으로부터 철도사업 면허를 받은 자를 말한다.

65
정답 ③

철도산업발전기본계획의 경미한 변경(철도산업발전기본법 시행령 제4조)
철도산업발전기본법 제5조 제4항 후단에서 대통령령이 정하는 경미한 변경이라 함은 다음 각 호의 변경을 말한다.
1. 철도시설투자사업 규모의 100분의 1의 범위 안에서의 변경
2. 철도시설투자사업 총투자비용의 100분의 1의 범위 안에서의 변경
3. 철도시설투자사업 기간의 2년의 기간 내에서의 변경

66
정답 ①

한국철도공사의 손익금 처리 규정에 의하여 이익준비금 또는 사업확장적립금을 자본금으로 전입하고자 하는 때에는 이사회의 <u>의결</u>을 거쳐 기획재정부장관의 승인을 얻어야 한다(한국철도공사법 시행령 제8조 제1항).

67
정답 ③

면허취소 또는 사업정지 등의 처분대상이 되는 사상자 수(철도사업법 시행령 제8조)
고의 또는 중대한 과실에 의한 철도사고로 대통령령으로 정하는 다수의 사상자가 발생하여 철도사업자의 면허취소 또는 사업정지 등의 처분대상이 되는 사상자가 발생한 경우는 <u>1회 철도사고로 사망자 5명 이상</u>이 발생하게 된 경우를 말한다.

68
정답 ①

손익금 처리(한국철도공사법 제10조 제1항)
한국철도공사는 매 사업연도 결산 결과 이익금이 생기면 다음 각 호의 순서로 처리하여야 한다.
1. 이월결손금의 보전(補塡)
2. 자본금의 2분의 1이 될 때까지 이익금의 10분의 2 이상을 이익준비금으로 적립
3. 자본금과 같은 액수가 될 때까지 이익금의 10분의 2 이상을 사업확장적립금으로 적립
4. 국고에 납입

69
정답 ④

설립등기(한국철도공사법 시행령 제2조)
한국철도공사의 설립등기사항은 다음 각 호와 같다.
1. 설립목적
2. 명칭
3. 주된 사무소 및 하부조직의 소재지
4. 자본금
5. 임원의 성명 및 주소
6. 공고의 방법

70
정답 ④

공정거래위원회부위원장이 철도산업위원회의 위원이 될 수 있다.

철도산업위원회의 위원(철도산업발전기본법 시행령 제6조 제2항)
철도산업위원회의 위원은 다음 각 호의 자가 된다.
1. 기획재정부차관·교육부차관·과학기술정보통신부차관·행정안전부차관·산업통상자원부차관·고용노동부차관·국토교통부차관·해양수산부차관 및 공정거래위원회부위원장
2. 국가철도공단의 이사장
3. 한국철도공사의 사장
4. 철도산업에 관한 전문성과 경험이 풍부한 자 중에서 위원회의 위원장이 위촉하는 자

4일 차 기출응용 모의고사 정답 및 해설

제1영역 직업기초능력평가

01	02	03	04	05	06	07	08	09	10
④	②	①	③	⑤	②	⑤	④	①	②
11	12	13	14	15	16	17	18	19	20
③	②	⑤	②	④	④	④	③	②	③
21	22	23	24	25	26	27	28	29	30
④	①	⑤	③	④	②	③	④	④	④

01
정답 ④

제시문에 따르면 조성은 체계성을, 무조 음악은 자유로움을 추구한다.

오답분석

① 조성은 음악에서 화성이나 멜로디가 하나의 음 또는 하나의 화음을 중심으로 일정한 체계를 유지하는 것이다.
② 무조 음악은 조성에서 벗어나 자유롭게 표현하고자 한 것이므로, 발전한 형태라고 할 수 없다.
③ 무조 음악은 한 옥타브 안의 음 각각에 동등한 가치를 두었다.
⑤ 쇤베르크의 12음 기법은 무조 음악이 지닌 자유로움에 조성의 체계성을 더하고자 한 기법이다.

02
정답 ②

제시문에서는 OECD 회원국 가운데 꼴찌를 차지한 한국인의 부족한 수면 시간에 대해 언급하며, 이로 인해 수면장애 환자가 늘어나고 있음을 설명하고 있다. 또한, 불면증, 수면무호흡증, 렘수면 행동장애 등 다양한 수면장애를 설명하며, 이러한 수면장애들이 심혈관계질환, 치매, 우울증 등의 원인이 될 수 있다는 점을 통해 심각성을 이야기한다. 마지막으로 이러한 수면장애를 방치해서는 안 되며, 전문적인 치료가 필요하다고 제시하고 있다. 따라서 제시문을 바탕으로 '한국인의 수면 시간'과 관련된 글을 쓴다고 할 때, 글의 주제로 적절하지 않은 것은 수면 마취제와 관련된 내용인 ②이다.

03
정답 ①

암이 발생하는 과정은 개시 단계와 촉진 단계로 나누어지는데, A팀의 연구결과는 콩 속에 들어 있는 제니스틴이 촉진 단계에서 억제 효과가 있는 것을 보여주고 있으므로 적절한 내용이다.

오답분석

ㄴ. C팀의 실험은 콩기름에서 추출된 화합물이 원형탈모증을 완치하는 데 도움을 준다는 것을 뒷받침하고 있는 것이지 원형탈모증이 발생하는 데 영향을 준다는 것을 보여주는 것이 아니다.
ㄷ. B팀의 실험은 흰 콩의 효과를 다룬 것이고, A팀과 C팀의 연구는 검은 콩에 특정된 것이 아닌 콩의 효능을 다룬 것이다.

04
정답 ③

도덕 실재론에 대한 설명인 (나)와 정서주의에 대한 설명인 (다) 중 전환 기능의 접속어 '한편'이 (다)에 포함되어 있으므로 (나)의 도덕 실재론에 대한 설명이 더 앞에 위치해야 한다. 다음으로 환언 기능의 접속어 '즉'으로 시작하며 도덕적 진리를 과학적 명제처럼 판단하는 도덕 실재론에 대한 부연설명을 하고 있는 (라)가 오고, (다)에서 앞의 도덕 실재론과 다른 정서주의의 특징을 설명하고, (다)에 대한 부연설명인 (가)가 이어진다. 따라서 (나) – (라) – (다) – (가)의 순서로 나열해야 한다.

05
정답 ⑤

김과장은 직원들에 대한 높은 관심으로 간섭하려는 경향이 있고, 남에게 자신의 업적을 이야기하며 인정받으려 하는 욕구가 강하다. 따라서 김과장은 타인에 대한 높은 관심과 간섭을 자제하고, 지나친 인정욕구에 대한 태도를 성찰할 필요성이 있다.

오답분석

① 김과장이 독단적으로 결정했다는 내용은 언급되어 있지 않다.
② 직원들이 김과장의 지나친 관심으로 힘들어하고 있는 상황이므로 적절하지 않은 조언이다.
③ 직원들에게 지나친 관심을 보이는 김과장에게는 적절하지 않은 조언이다.
④ 인정이 많다거나 직원들의 요구를 거절하지 못한다는 내용은 제시문에서 찾을 수 없다.

06

제시된 문장에서 '본디보다 더 길어지게 하다.'라는 의미로 쓰였으므로 '늘이다'로 쓰는 것이 옳다.

오답분석
① 바램 → 바람
③ 알맞는 → 알맞은
④ 담구니 → 담그니
⑤ 지리한 → 지루한

07
정답 ⑤

노화로 인한 신체 장애는 어쩔 수 없는 현상으로, 이를 해결하기 위해서는 헛된 자존심을 부추기는 것이 아닌 노인들에 대한 사회적 배려와 같은 인식이 필요하다는 문맥으로 이어져야 한다. 따라서 빈칸에 들어갈 말로 가장 적절한 것은 ⑤이다.

08
정답 ④

시대착오란 '시대의 추세(趨勢)를 따르지 아니하는 착오'를 의미한다. ④는 상황에 따른 적절한 대응으로 볼 수 있으며, 시대착오와는 거리가 멀다.

오답분석
① 출신 고교를 확인하는 학연에 얽매이는 시대착오의 모습을 보여주고 있다.
② 승진을 통해 지위가 높아지면 고급차를 타야 한다는 시대착오의 모습을 보여주고 있다.
③ 두발 규제를 학생들의 효율적인 생활지도의 방법으로 보는 시대착오의 모습을 보여주고 있다.
⑤ 창의적 업무 수행을 위해 직원들의 복장을 획일적으로 통일해야 한다는 시대착오의 모습을 보여주고 있다.

09
정답 ①

제시문에서는 'K-POP'을 사례로 제시하여 오늘날의 문화 현상의 원인을 설명하고 있으며, 첫 번째 문단에서 기존의 문화 확산론의 한계를 이야기한 후 두 번째 문단에서 체험코드 이론을 제시하고 있다.

10
정답 ②

제시문의 첫 번째 문단의 '제로섬(Zero-Sum)적인 요소를 지니는 경제 문제'와 두 번째 문단의 '우리 자신의 수입을 보호하기 위해 경제적 변화가 일어나는 것을 막거나 혹은 사회가 우리에게 손해를 입히는 공공정책을 강제로 시행하는 것을 막기 위해 싸울 것'에 대한 내용이 핵심 주장이다. 따라서 제시문은 사회경제적인 총합이 많아지는 정책, 즉 '사회의 총생산량이 많아지게 하는 정책이 좋은 정책이다.'라는 주장에 대한 비판이라고 할 수 있다.

11
정답 ③

피겨 경기 대진표의 경우의 수는 $_4\mathrm{C}_2 \times _2\mathrm{C}_2 \times \dfrac{1}{2!} = 3$가지이다.

쇼트트랙 경기 대진표의 경우의 수는 $_8\mathrm{C}_2 \times _6\mathrm{C}_2 \times _4\mathrm{C}_2 \times _2\mathrm{C}_2 \times \dfrac{1}{4!} = 105$가지이다.

따라서 두 경기 대진표의 경우의 수의 합은 $3+105=108$가지이다.

12
정답 ②

평균 만족도 점수를 구하면 다음과 같다.

$$\dfrac{(1\times 10)+(2\times 36)+(3\times 30)+(4\times 72)+(5\times 12)}{160} = 3.25점$$

이를 100점 만점으로 환산한 점수를 A점이라고 하면

$3.25 : 5 = A : 100$

$\therefore A = 65$

13
정답 ⑤

조건에서 a, b, c의 나이를 식으로 표현하면 다음과 같다.

$a \times b \times c = 2,450$, $a+b+c=46$

세 명의 나이의 곱을 소인수분해하면 다음과 같다.

$a \times b \times c = 2,450 = 2 \times 5^2 \times 7^2$

2,450의 약수 중에서 19 ~ 34세에 해당하는 나이를 구하면 25세이므로 甲의 동생 a는 25세이다.

그러므로 아들과 딸 나이의 합은 $b+c=21$이다.

따라서 甲과 乙 나이의 합은 $21 \times 4 = 84$이며, 甲은 乙과 동갑이거나 乙보다 연상이라고 했으므로 乙의 나이는 42세 이하이다.

14
정답 ②

A지점과 B지점 사이의 거리를 xm라고 하자.

· 10m 간격으로 심을 때 필요한 나무의 수 : $\left(\dfrac{x}{10}+1\right)$그루

· 5m 간격으로 심을 때 필요한 나무의 수 : $\left(\dfrac{x}{5}+1\right)$그루

10m 간격으로 심으면 10그루가 남고 5m 간격으로 심으면 5그루가 모자란다고 했으므로 다음 식이 성립한다.

$\dfrac{x}{10}+1+10 = \dfrac{x}{5}+1-5 \rightarrow \dfrac{x}{10}=15$

$\therefore x = 150$

15
정답 ④

삶의 만족도가 한국보다 낮은 국가는 에스토니아, 포르투갈, 헝가리이다. 세 국가의 장시간 근로자 비율 산술평균은 $\dfrac{3.6+9.3+2.7}{3} = 5.2\%$이다. 이때, 이탈리아의 장시간 근로자 비율은 5.4%이므로 옳지 않은 설명이다.

① 삶의 만족도가 가장 높은 국가는 덴마크이며, 덴마크의 장시간 근로자 비율이 가장 낮음을 자료에서 확인할 수 있다.
② 삶의 만족도가 가장 낮은 국가는 헝가리이며, 헝가리의 장시간 근로자 비율은 2.7%이다. $2.7 \times 10 = 27 < 28.1$이므로 한국의 장시간 근로자 비율은 헝가리의 장시간 근로자 비율의 10배 이상이다.
③ • 여가·개인 돌봄시간이 가장 긴 국가 : 덴마크
• 여가·개인 돌봄시간이 가장 짧은 국가 : 멕시코
∴ 두 국가의 삶의 만족도 차이 : $7.6 - 7.4 = 0.2$점
⑤ 장시간 근로자 비율이 미국보다 낮은 국가는 덴마크, 프랑스, 이탈리아, 에스토니아, 포르투갈, 헝가리이며, 이들 국가의 여가·개인 돌봄시간은 미국의 여가·개인 돌봄시간보다 길다.

16 정답 ④
1일 평균임금을 x원이라 놓고 퇴직금 산정공식을 이용하여 계산하면 다음과 같다.
1,900만 원$= [30x \times (5 \times 365)] \div 365$
$\rightarrow$ 1,900만$= 150x$
∴ $x \fallingdotseq$ 13만(∵ 천의 자리에서 올림)
따라서 1일 평균임금이 13만 원이므로 甲의 평균 연봉을 계산하면 13만$\times 365 = 4,745$만 원이다.

17 정답 ④
진수, 민영, 지율, 보라 네 명의 최고점을 a, b, c, d점이라고 하자.
• $a + 2b = 10 \cdots$ ㉠
• $c + 2d = 35 \cdots$ ㉡
• $2a + 4b + 5c = 85 \cdots$ ㉢
㉢과 ㉠을 연립하면
$(2 \times 10) + 5c = 85 \rightarrow 5c = 65 \rightarrow c = 13$
c의 값을 ㉡에 대입하여 d를 구하면
$13 + 2d = 35 \rightarrow 2d = 22 \rightarrow d = 11$
따라서 보라의 최고점은 11점이다.

18 정답 ③
가중평균은 원값에 해당되는 가중치를 곱한 총합을 가중치의 합으로 나눈 것을 말한다. A의 가격을 a만 원이라고 가정하여 가중평균에 대한 식을 구하면 다음과 같다.
$$\frac{(a \times 30) + (70 \times 20) + (60 \times 30) + (65 \times 20)}{30 + 20 + 30 + 20} = 66$$
$$\rightarrow \frac{30a + 4,500}{100} = 66$$
$$\rightarrow 30a = 6,600 - 4,500$$
$$\rightarrow a = \frac{2,100}{30}$$
∴ $a = 70$
따라서 A의 가격은 70만 원이다.

19 정답 ②
ㄱ. $\frac{10,023 + 200 \times 4}{4} = \frac{10,823}{4} = 2,705.75$만 개
ㄷ. • 평균 주화 공급량 : $\frac{10,023}{4} = 2,505.75$만 개
• 주화 공급량 증가량 : $3,469 \times 0.1 + 2,140 \times 0.2 + 2,589 \times 0.2 + 1,825 \times 0.1 = 1,475.2$만 개
• 증가한 평균 주화 공급량 : $\frac{10,023 + 1,475.2}{4} = 2,874.55$ 만 개
따라서 $2,505.75 \times 1.15 > 2,874.55$이므로, 증가율은 15% 이하이다.

ㄴ. • 10원 주화의 공급기관당 공급량 : $\frac{3,469}{1,519} = 2.3$만 개
• 500원 주화의 공급기관당 공급량 : $\frac{1,825}{953} = 1.9$만 개
ㄹ. 총 주화 공급액이 변하면 주화 종류별 공급량 비율도 변화한다.

20 정답 ③
제시된 자료의 빈칸을 채우면 다음과 같다.

응시자 / 면접관	A	B	C	D	범위
V	7	8	8	6	2
W	4	6	8	10	(6)
X	5	9	8	8	(4)
Y	6	10	9	7	4
Z	9	7	6	5	4
중앙값	(6)	(8)	8	(7)	—
교정점수	(6)	8	(8)	7	—

ㄱ. 표에 의하면 면접관 중 범위가 가장 큰 면접관은 W(6)이므로 옳은 내용이다.
ㄷ. C의 교정점수는 8점이고 A는 6점이므로 옳은 내용이다.

ㄴ. 응시자 중 중앙값이 가장 작은 응시자는 A(6)이므로 옳지 않은 내용이다.

21 정답 ④
먼저 이슈 분석은 현재 수행하고 있는 업무에 가장 큰 영향을 미치는 핵심이슈 설정, 이슈에 대한 일시적인 결론을 예측해 보는 가설 설정, 가설검증계획에 의거하여 분석결과를 이미지화하는 Output 이미지 결정의 절차를 거쳐 수행된다. 다음으로 데이터 분석은 목적에 따라 데이터 수집 범위를 정하는 데이터 수집계획 수립, 정량적이고 객관적인 사실을 수집하는 데이터 수집, 수집된 정보를 항목별로 분류·정리한 후 의미를 해석하는 데이터 분석의 절차를 거쳐 수행된다. 마지막으로 원인 파악 단계에서는 이슈와 데이터

분석을 통해서 얻은 결과를 바탕으로 최종 원인을 확인한다. 따라서 원인 분석 단계는 ⓒ – ⑩ – ⑦ – ⓛ – ⑪ – ⓔ의 순서로 진행된다.

22
정답 ①

각 기업의 점수와 지원액을 정리하면 다음과 같다.

구분		A기업	B기업	C기업	D기업
평가지표	경상이익률	4점	2점	1점	3점
	영업이익률	4점	1점	3점	2점
	부채비율	1점	3점	2점	4점
	매출액증가율	1점	3점	2점	4점
	총점 (순위)	10점 (2위)	9점 (3위)	8점 (4위)	13점 (1위)
순자산(억 원)		2,100	600	900	3,000
지원한도(억 원)		1,400	400	450	2,000
지원요구금액(억 원)		2,000	500	1,000	1,800
지원금액(억 원)		1,400	400	450	1,800

따라서 A기업은 1,400억 원, B기업은 400억 원, C기업은 450억 원, D기업은 1,800억 원을 지원받을 수 있다.

23
정답 ⑤

경로별 이동비용을 계산하면 다음과 같다.
① 41,000+32,000+7,500+22,000+39,000=141,500원
② 41,000+35,500+22,000+10,500+38,000=147,000원
③ 38,000+7,500+22,000+37,500+41,000=146,000원
④ 39,000+22,000+7,500+32,000+41,000=141,500원
⑤ 39,000+10,500+7,500+35,500+41,000=133,500원
따라서 가장 비용이 적게 드는 경로는 ⑤이다.

24
정답 ③

경로별 이동 소요시간을 분으로 환산하여 계산하면 다음과 같다.
① 3시간 10분+1시간 40분+2시간 35분+2시간 5분
　=9시간 30분=570분
② 3시간 10분+2시간 15분+2시간 35분+1시간 5분
　=9시간 5분=545분
③ 2시간 40분+2시간 35분+1시간 40분+40분
　=7시간 35분=455분
④ 2시간 40분+2시간 15분+1시간 40분+1시간 5분
　=7시간 40분=460분
⑤ 2시간 45분+2시간 35분+2시간 15분+40분
　=8시간 15분=495분
따라서 이동시간이 가장 적게 소요되는 경로는 ③이다.

25
정답 ④

게임 규칙과 결과를 토대로 경우의 수를 따져보면 다음과 같다.

라운드	벌칙 제외	총 퀴즈 개수
3	A	15
4	B	19
5	C	21
	D	
	C	22
	E	
	D	22
	E	

ㄴ. 총 22개의 퀴즈가 출제되었다면, E가 정답을 맞혀 벌칙에서 제외된 것이다.
ㄷ. 게임이 종료될 때까지 총 21개의 퀴즈가 출제되었다면 C, D가 벌칙에서 제외된 경우로 5라운드에서 E에게는 정답을 맞힐 기회가 주어지지 않았다. 따라서 퀴즈를 푸는 순서가 벌칙을 받을 사람 선정에 영향을 미친다.

오답분석
ㄱ. 5라운드까지 4명의 참가자가 벌칙에서 제외되었으므로 정답을 맞힌 퀴즈는 8개, 벌칙을 받을 사람은 5라운드까지 정답을 맞힌 퀴즈는 0개나 1개이므로 총 정답을 맞힌 퀴즈는 8개나 9개이다.

26
정답 ④

먼저 가장 많은 소득을 얻을 수 있는 A와 B를 재배할 경우 총 1,800만 원을 얻을 수 있다는 것을 알 수 있다. 다른 조합을 통해 1,800만 원 이상의 소득을 얻을 수 있는지의 여부를 확인해 보자. 먼저 A, B, C를 재배하는 것은 전체 재배기간이 12개월이어서 불가능하다. 재배 가능 시기가 2월부터이므로 실제 가능한 재배기간이 11개월이기 때문이다. 이와 같은 논리로 A, B, D를 재배하는 것도 불가능하며, A, C, D의 경우는 전체 소득이 1,650만 원이므로 A, B를 재배하는 것보다 못한 결과를 가져온다. 마지막으로 B, C, D의 경우 2~6월에 B를 재배하고, 7~9월에 C를, 10~12월에 D를 재배하는 것이 가능하며 이때의 전체 소득은 1,850만 원으로 A와 B를 재배하는 경우의 소득인 1,800만 원을 넘어선다. 따라서 최대로 얻을 수 있는 소득은 1,850만 원이 된다.

27
정답 ③

네 번째와 다섯 번째 조건에 의해 A와 C는 각각 다른 2종류의 동물을 키운다. 또한 첫 번째, 두 번째, 세 번째 조건에 의해 A는 토끼를 키우지 않는다. 따라서 A는 개와 닭, C는 고양이와 토끼를 키운다. 첫 번째 조건에 의해 D는 닭을 키우므로 C는 키우지 않지만 D가 키우는 동물은 닭이다.

오답분석
① 세 번째 조건에 의해 B는 개를 키운다.

② B는 토끼는 키우지 않지만, 고양이는 키울 수도 있다. 하지만 주어진 조건만으로 확신할 수 없다.
④ A, B, D 또는 B, C, D는 같은 종류의 동물을 키울 수 있다.
⑤ B 또는 D는 3가지 종류의 동물을 키울 수 있다.

28
정답 ④

신입사원의 수를 x명이라고 하면 1인당 지급하는 국문 명함은 150장이므로 1인 기준 국문 명함 제작비용은 10,000(100장)+3,000(추가 50장)=13,000원이다.
$13,000x=195,000 \rightarrow x=15$
따라서 신입사원은 15명이다.

29
정답 ④

1인당 지급하는 영문 명함은 200장이므로 1인 기준 영문 명함 제작비용(일반 종이 기준)은 15,000(100장)+10,000(추가 100장)=25,000원이다. 이때, 고급 종이로 영문 명함을 제작하므로 해외영업부 사원들의 1인 기준 영문 명함 제작비용을 계산하면 $25,000\left(1+\frac{1}{10}\right)=27,500$원이다. 따라서 8명의 영문 명함 제작비용은 $27,500 \times 8=220,000$원이다.

30
정답 ④

파일 이름에 주어진 규칙을 적용하여 암호를 구하면 다음과 같다.
1. 비밀번호 중 첫 번째 자리에는 파일 이름의 첫 문자가 한글일 경우 @, 영어일 경우 #, 숫자일 경우 *로 특수문자를 입력한다.
   • 2022매운전골Cset3인기준recipe8 → *
2. 두 번째 자리에는 파일 이름의 총 자리 개수를 입력한다.
   • 2022매운전골Cset3인기준recipe8 → *23
3. 세 번째 자리부터는 파일 이름 내에 숫자를 순서대로 입력한다. 숫자가 없을 경우 0을 두 번 입력한다.
   • 2022매운전골Cset3인기준recipe8 → *23202238
4. 그 다음 자리에는 파일 이름 중 한글이 있을 경우 초성만 순서대로 입력한다. 없다면 입력하지 않는다.
   • 2022매운전골Cset3인기준recipe8 → *23202238ㅁㅇㅈ ㄱㅇㄱㅈ
5. 그 다음 자리에는 파일 이름 중 영어가 있다면 뒤에 덧붙여 순서대로 입력하되, a, e, i, o, u만 'a=1, e=2, i=3, o=4, u=5'로 변형하여 입력한다(대문자·소문자 구분 없이 모두 소문자로 입력한다).
   • 2022매운전골Cset3인기준recipe8 → *23202238ㅁㅇㅈ ㄱㅇㄱㅈcs2tr2c3p2
따라서 주어진 파일 이름의 암호는 '*23202238ㅁㅇㅈㄱㅇㄱㅈ cs2tr2c3p2'이다.

| 01 | 토목일반

31	32	33	34	35	36	37	38	39	40
②	④	③	①	①	③	③	③	⑤	③
41	42	43	44	45	46	47	48	49	50
②	④	⑤	④	⑤	④	⑤	④	③	②
51	52	53	54	55	56	57	58	59	60
③	①	②	④	②	②	①	③	①	④

31
정답 ②

압성토 공법은 성토에 의한 기초의 활동 파괴를 막기 위하여 성토 비탈면 옆에 소단 모양의 압성토를 만들어 활동에 대한 저항모멘트를 증가시키는 공법이다.

32
정답 ④

$U_{age}=1-(1-U_v)\cdot(1-U_h)$이므로
$U_{age}=1-(1-0.2)\cdot(1-U_h)=0.9$에서
$U_h=0.875=87.5\%$임을 알 수 있다.

33
정답 ③

구형단면의 최대전단응력 $V_{\max}=\dfrac{3S}{2A}$
$4.5=\dfrac{3\times1,800}{2(20\times h)}$
$\therefore h=30\text{cm}$

34
정답 ①

공극비 $e=\dfrac{n}{100-n}=\dfrac{50}{100-50}=1$이고,
비중 $G_s=\dfrac{S\cdot e}{w}=\dfrac{100\times1}{40}=2.5$이다.
또한, 한계동수경사 $i_c=\dfrac{G_s-1}{1+e}=\dfrac{2.5-1}{1+1}=0.75$이다.
따라서 동수경사(i)는 $F_s=\dfrac{i_c}{i}$에서 $i=\dfrac{i_c}{F_s}=\dfrac{0.75}{3.5}\fallingdotseq0.21$이다.

35
정답 ①

서로 다른 크기의 철근을 압축부에서 겹침이음하는 경우의 이음길이는 크기가 큰 철근의 정착길이와 크기가 작은 철근의 겹침이음길이 중 큰 값 이상이다.

36
정답 ③

$$c = \frac{600}{600 + f_y} d = \frac{600}{600 + 400} \times 700 = 420\text{mm}$$

37
정답 ③

$\dfrac{l_n}{h} \le 4$이므로, 4이하인 경우에 해당한다.

38
정답 ③

마찰에 의한 손실은 통상 포스트텐션(Post Tension)에서 고려하는 프리스트레스 감소 원인 중 하나이다.

39
정답 ⑤

방위각법은 이후의 측량에 오차가 계속 누적되는 단점이 있다.

방위각법
각 측선이 일정한 기준선(진북, 자오선) 방향과 이루는 각을 우회로 관측하는 다각측량에서의 각 관측의 한 방법으로, 반전법과 고정법의 2가지 방법이 있다. 각 관측값의 계산과 제도에 편리하며 신속히 관측할 수 있어 노선측량 또는 지형측량에 널리 쓰인다.

40
정답 ③

(실제거리)＝(관측거리)＋(정오차)±(우연오차)

• 정오차 : $+5n = +4 \times \dfrac{80}{20} = +16\text{mm} = +0.016\text{m}$

• 우연오차 : $\pm 3\sqrt{n} = \pm 3\sqrt{\dfrac{80}{20}} = \pm 6\text{mm} = \pm 0.006\text{m}$

따라서 구하는 측선의 실제거리는 80m＋0.016m±0.006m＝80.016±0.006m이다.

41
정답 ②

필지정보는 지적측량의 결과인 지적도에서 얻을 수 있다.

42
정답 ④

구심오차 $e = \dfrac{qM}{2}$ 에서 $M = \dfrac{2e}{q} = \dfrac{2 \times 60}{0.2} = 600$이다.

따라서 $\dfrac{1}{M} = \dfrac{1}{600}$ 이다.

43
정답 ⑤

인장력을 받는 이형철근 및 이형철선의 겹침이음 중에서 A급 이음은 배치된 철근량이 이음부 전체 구간에서 해석 결과 요구되는 소요 철근량의 2배 이상이고, 소요 겹침이음길이 내 겹침이음된 철근량이 전체 철근량의 1/2 이하인 경우를 말한다. 반면, B급 이음은 A급 이음에 해당되지 않는 경우를 말한다.

44
정답 ①

$$C = \frac{DV^2}{gR} \ \rightarrow \ C' = \frac{DV^2}{2gR}$$

따라서 반경이 2배로 증가하면 캔트(C)는 0.5배로 줄어든다.

45
정답 ④

철근 콘크리트 구조물은 내구성과 내화성이 좋다.

46
정답 ④

클로소이드 요소는 길이의 단위를 갖는 것과 단위를 갖지 않는 것이 있다.

47
정답 ⑤

위험단면은 받침부 내면에서 d만큼 떨어진 단면으로 본다.

48
정답 ④

• A : $1 \times 1 = 1$
• B : $(0.5 \times 1) + (0.5 \times 1) = 1$
• C : $1 \times 1 = 1$
• D : $(1 \times 2) - (1 \times 1) = 1$

따라서 A, B, C, D 모든 점의 모멘트는 같다.

49
정답 ③

$C_c = 0.009(W_L - 10) = 0.009 \times (50 - 10) = 0.36$

$\therefore \triangle H = \dfrac{C_c H}{1 + e} \log \dfrac{P_2}{P_1} = \dfrac{0.36 \times 5}{1 + 1.4} \times \log \dfrac{14}{10} = 0.11\text{m}$

$\rightarrow 11\text{cm}$

50
정답 ②

$\tau = c + (\sigma - u)\tan\phi = 0.5 + (30 - 8)\tan30° = 13.2\text{kg/cm}^2$

51
정답 ③

오답분석
① 렌즈의 초점거리가 긴 사진이 짧은 사진보다 더 낮게 보인다.
② 2매의 사진 축척은 거의 같아야 하며 최대 15%의 축척차까지 입체시된다.
④ 기선고도비 $\left(\dfrac{B}{H} \right)$가 적당한 값(0.25 정도)이어야 한다.
⑤ 사진 축척이 거의 같아야 한다.

52
정답 ①

갈고리는 인장을 받는 구역에서 철근 정착에 유효하다.

53
정답 ②

- A급 이음 : 배근된 철근량이 이음부 전체 구간에서 해석결과 요구되는 소요 철근량의 2배 이상이고, 소요 겹침이음길이 내 겹침이음된 철근량이 전체 철근량의 $\dfrac{1}{2}$ 이하인 경우 : $1.0l_d$ 이상
- B급 이음 : A급 이음에 해당되지 않은 경우 : $1.3l_d$ 이상

따라서 $\left(\dfrac{\text{배근 } A_s}{\text{소요 } A_s} \right) < 2.0$ 이하이면 B급 이음이므로 겹침이음 길이는 $1.3l_d$ 이상이다.

54
정답 ④

단면 상승 모멘트는 좌표축에 따라 (+), (−)의 부호를 갖는다. 또한 단면이 하나의 축만이라도 대칭일 경우 0이다.

55
정답 ②

오답분석
① 상대측위란 두 대 이상의 수신기를 사용하여 동시에 측량을 한 후 데이터를 처리하여 측량정도를 높이는 GNSS 측량법이다.
③ 위상차의 계산은 단일차분, 이중차분, 삼중차분 기법으로 한다.
④ 절대측위보다 정밀도가 높다.
⑤ 고전적인 삼각측량에 해당된다.

56
정답 ②

강성기초의 접지압 분포를 볼 때, 최대 접지압은 점토지반의 경우 기초의 모서리에서 발생하며, 모래지반의 경우 기초의 중앙부에서 발생한다.

57
정답 ①

하천측량에서 평면측량의 범위는 제외지의 경우 전 지역이며, 제내지의 경우 300m 내외이다. 그리고 하천측량 시 무제부에서의 평면측량 범위는 홍수 시의 물가선보다 약간 넓게(약 100m 정도) 가진다.

58
정답 ③

처짐 검사는 사용 하중에서 실시하도록 규정되어 있다.

59
정답 ①

탄성계수 $E = 2.1 \times 10^6 = 2G(1 + 0.25)$이므로
전단탄성계수 $G = 8.4 \times 10^5 \text{kg/cm}^2$이다.

60
정답 ④

공항의 활주로 등 작용하중이 큰 도로는 프리스트레스트 포장 시공이 적절하다.

31	32	33	34	35	36	37	38	39	40
②	②	②	③	④	②	②	①	⑤	③
41	42	43	44	45	46	47	48	49	50
③	③	④	①	③	①	②	②	①	①
51	52	53	54	55	56	57	58	59	60
⑤	③	①	①	③	①	①	③	②	②

31
정답 ②

응력집중현상을 완화할 수 있는 방안
• 단면 형상 변화를 최소한으로 줄인다.
• 표면 거칠기를 매끄럽게 한다.
• 노치가 발생하지 않도록 작업한다.
• 단면 형상 변화부에 보강재를 결합한다.
• 곡률 반지름을 크게 한다.

32
정답 ②

(1kg당 엔트로피)$=4.82 \div 7 = 0.689\text{kJ}/(\text{kg} \cdot \text{K})$

$$\triangle s = C_v \times \ln\frac{T_2}{T_1}$$

$$T_2 = T_1 e^{\frac{\triangle s}{C_v}} = (10 + 273.15)e^{\frac{0.689}{0.717}} = 740.2\text{K}$$

33
정답 ②

물체의 밀도를 ρ, 물체의 부피를 V, 유체의 밀도를 ρ', 유체에 물체를 둘 때 잠기는 영역의 부피를 V'라고 할 때, $\rho g V = \rho' g V'$일 때 물체가 물에 뜨게 된다. 이때 $\rho' g V'$가 부력이며, 부력은 유체의 밀도와 유체에 잠기는 영역의 부피와 관련이 있다. 제시된 실험은 재질과 유체가 동일하고 형상이 다르므로 잠기는 영역의 부피가 변화한 것이다.

34
정답 ③

게이트 밸브로도 불리는 슬루스 밸브는 유체 차단 막인 게이트로 흐름을 차단시키는 가장 일반적인 밸브이다. 유체의 흐름에 대한 저항이 적고 압력에 강해서 발전소의 도입관이나 상수도 주관과 같이 지름이 큰 관이나 자주 개폐할 필요가 없는 관의 밸브로 사용된다.

35
정답 ④

재료의 내부나 표면에 어떤 잔류응력이 남았다면 그 재료의 피로 수명은 감소한다.

> **잔류응력(Residual Stress)**
> 변형 후 외력을 제거한 상태에서 소재에 남아 있는 응력을 뜻한다. 물체 내의 온도 구배에 의해 발생가능하고, 추가적인 소성변형에 의해 감소될 수도 있다.

36
정답 ②

와이어 컷 방전가공용 전극재료는 열전도가 좋은 구리, 황동, 흑연을 사용하여 성형성이 쉽지만, 스파크 방전에 의해 전극이 소모되므로 재사용은 불가능하다.

37
정답 ②

가운데가 빈 중공축이 정하중으로 굽힘 모멘트(σ_a)만 받는 경우

$$M = \sigma_a \times Z$$

$$M = \sigma_a \times \frac{\pi d_2^3(1 - x^4)}{32}$$

이 식을 바깥지름(d_2)으로 정리하면 다음과 같다.

$$d_2^3 = \frac{32M}{\pi(1 - x^4)\sigma_a}$$

$$d_2 = \sqrt[3]{\frac{32M}{\pi(1 - x^4)\sigma_a}}$$

단면계수(Z)

중실축 단면계수	중공축 단면계수
$\dfrac{\pi d_2^3}{32}$	$\dfrac{\pi d_2^3(1 - x^4)}{32}$ $x(\text{내외경비}) = \dfrac{d_1}{d_2}$

38
정답 ①

먼저 회전수(v)를 구하면 다음과 같다.

$$v = \frac{\pi dn}{1,000}\,[\text{m/min}] = \frac{\pi \times 50 \times 2,000}{1,000 \times 60[s]} = 1.66\pi[\text{m/s}]$$

이를 동력(H) 구하는 식에 효율(η)을 달리해서 대입하면 다음과 같다.

• $\eta = 100\%$임을 가정

$$H = \frac{F \times v}{102 \times 9.8 \times \eta}\,[\text{W}] = \frac{60 \times 1.66\pi}{102 \times 9.8 \times 1} = \frac{99.6\pi}{999.6}$$

$$\fallingdotseq 0.09\pi \fallingdotseq 0.1\pi$$

- $\eta=1\%$임을 가정

$$H=\frac{F\times v}{102\times 9.8\times \eta}[\text{W}]=\frac{60\times 1.66\pi}{102\times 9.8\times 0.01}=\frac{99.6\pi}{9.996}$$

$$\fallingdotseq 9.96\pi \fallingdotseq 10\pi$$

따라서 최소절삭동력은 0.1π가 된다.

동력 구하는 공식

$$H=\frac{F\times v}{102\times 9.8\times \eta}[\text{W}]$$

39
정답 ⑤

[강선의 자중(W)]$=\gamma Al$

[강선의 자중에 의한 응력(σ)]$=\dfrac{W}{A}=\dfrac{\gamma Al}{A}=\gamma l[Pa]$

$\therefore$ [강선의 길이(l)]$=\dfrac{\sigma}{\gamma}=\dfrac{130\times 10^6}{76930}=1,689.8m\fallingdotseq 1,690m$

[강선의 자중에 의한 신장량(λ)]$=\dfrac{\gamma l^2}{2E}=\dfrac{76,930\times 1,690^2}{2\times(196\times 10^9)}$

$$=0.561m=56.1cm$$

40
정답 ③

방전가공에서는 와이어 형태의 전극재료가 사용되며 공구 전극은 소모된다.

방전가공(EDM)

절연성의 가공액 내에서 전극과 공작물 사이에서 일어나는 불꽃 방전에 의하여 재료를 조금씩 용융시켜 원하는 형상의 제품을 얻는 가공법으로, 가공속도가 느린 것이 특징이다. 주로 높은 경도의 금형가공에 사용하는데 콘덴서의 용량을 크게 하면 가공시간은 빨라지나 가공면과 치수 정밀도가 좋지 않다.

방전가공의 특징
- 전극이 소모된다.
- 가공속도가 느리다.
- 열 변형이 적어서 가공 정밀도가 우수하다.
- 강한 재료와 담금질 재료의 가공도 용이하다.
- 간단한 전극만으로도 복잡한 가공을 할 수 있다.
- 전극으로 구리, 황동, 흑연을 사용하므로 성형성이 용이하다.
- 아크릴과 같이 전기가 잘 통하지 않는 재료는 가공할 수 없다.
- 미세한 구멍, 얇은 두께의 재질을 가공해도 변형이 생기지 않는다.

41
정답 ③

청화법은 침탄법보다도 더 얇은 경화층을 얻고자 할 때 사용하는 방법으로, 청화칼리나 청산소다와 같은 화학물질이 사용된다. 처리방법에는 간편뿌리기법과 침적법이 있는데 침탄과 질화가 동시에 발생한다는 특징이 있다.

42
정답 ③

오답분석

① 내마모성에 대한 설명이다.
② 강성에 대한 설명이다.
④ 내크리프성에 대한 설명이다.
⑤ 연성에 대한 설명이다.

43
정답 ④

알루미늄은 열전도도가 크고, 비중이 2.7로 실용금속 중 마그네슘(1.7) 다음으로 작으며, 내식성과 성형성이 우수한 비금속 재료이다.

알루미늄의 성질
- 비중은 2.7이다.
- 용융점은 660℃이다.
- 면심입방격자이다.
- 비강도가 우수하다.
- 주조성이 우수하다.
- 열과 전기전도성이 좋다.
- 가볍고 전연성이 우수하다.
- 내식성 및 가공성이 양호하다.
- 담금질 효과는 시효경화로 얻는다.
- 염산이나 황산 등의 무기산에 잘 부식된다.

44
정답 ①

- 수차의 이론 출력 $L_{th}=\dfrac{\gamma Qv}{75}[\text{PS}]$

$$L_{th}=\frac{1,000\times(6/60)\times 15}{75}=20\text{PS}$$

45
정답 ③

- 변형률 : $\epsilon=\dfrac{(\text{길이 변화량})}{(\text{처음 길이})}\times 100$

따라서 변형률은 $\epsilon=\dfrac{(\text{길이 변화량})}{(\text{처음 길이})}=\dfrac{0.14}{200}\times 100=0.07\%$이다.

46
정답 ①

$$\delta = \frac{PL}{AE}$$

$$2 = \frac{50 \times 10^3 \times 100}{500 \times E}$$

$$E = \frac{50 \times 10^3 \times 100}{500 \times 2} = 5,000 \text{N/mm}^2 = 5,000 \times 10^{-6} \text{N/m}^2$$

$$= 5 \times 10^{-9} \text{N/m}^2 = 5\text{GPa}$$

변형량(δ) 구하기

$$\delta = \frac{PL}{AE}$$

P : 작용한 하중[N]

L : 재료의 길이[mm]

A : 단면적[mm^2]

E : 세로탄성계수[N/mm^2]

47
정답 ②

• 지름을 $\frac{1}{2}$로 줄였을 때 스프링처짐(δ)

$$\delta = \frac{8nPD^3}{Gd^4} \text{에서}$$

$$\delta : D^3 = \delta_{\frac{1}{2}} : D_{\frac{1}{2}}^3$$

$$\delta \left(D_{\frac{1}{2}}\right)^3 = D^3 \delta_{\frac{1}{2}}$$

이때 D에 1, $D_{\frac{1}{2}}$에 $\frac{1}{2}$을 대입하면 다음과 같다.

$$\delta \left(\frac{1}{2}\right)^3 = 1 \times \delta_{\frac{1}{2}}$$

$$\frac{1}{8}\delta = \delta_{\frac{1}{2}}$$

따라서 지름을 반으로 줄이면 $\frac{1}{8}$배가 된다.

• 스프링의 최대 전단응력

$$T = P \times \frac{D}{2}, \ T = \tau \times Z_p \text{를 대입하면}$$

$$\tau \times Z_p = \frac{PD}{2}, \ Z_p = \frac{\pi d^3}{16} \text{을 대입하면}$$

$$\tau \times \frac{\pi d^3}{16} = \frac{PD}{2}$$

$$\tau = \frac{PD}{2} \times \frac{16}{\pi d^3}$$

(D : 평균직경, d : 소선의 직경)

$$\tau = \frac{8PD}{\pi d^3}$$

이때 D에 1, $D_{\frac{1}{2}}$에 $\frac{1}{2}$을 대입하면 다음과 같다.

$$\tau : D = \tau_{\frac{1}{2}} : D_{\frac{1}{2}}$$

$$\tau D_{\frac{1}{2}} = \tau_{\frac{1}{2}} D$$

$$\frac{1}{2}\tau = \tau_{\frac{1}{2}}$$

따라서 최대 전단응력은 $\frac{1}{2}$배이다.

48
정답 ②

탄성에너지 $U = \frac{1}{2}P\delta$을 응용하면

$$U = \frac{1}{2}P\delta = \frac{P}{2} \times \frac{PL}{AE} = \frac{P^2L}{2AE} = \frac{\sigma^2 AL}{2E} \text{가 된다.}$$

$U = \frac{\sigma^2 AL}{2E}$에서 신장량($L$)을 2배로 늘리면, $2L$을 다시 인장 응력값의 제곱(σ^2)과 곱하게 된다. $A \times \sigma^2 \times 2L$이 되므로 결국 σ^2의 2배라고 볼 수 있으므로 탄성변형에너지(U)는 4배가 된다.

탄성에너지(U) 구하는 식

$$U = \frac{1}{2}P\delta = \frac{P}{2} \times \frac{PL}{AE} = \frac{P^2L}{2AE} = \frac{\sigma^2 AL}{2E}$$

49
정답 ①

냉동 사이클에서 냉매는 압축기 → 응축기 → 팽창밸브 → 증발기 → 압축기로 순환하는 경로를 갖는다.

냉동기의 4대 구성요소

• 압축기 : 냉매기체의 압력과 온도를 높여 고온, 고압으로 만들면서 냉매에 압력을 가해 순환시킨다.

• 응축기 : 복수기라고도 불리며, 냉매기체를 액체로 상변화시키면서 고온, 고압의 액체를 만든다.

• 팽창밸브 : 교축과정 상태로 줄어든 입구를 지나면서 냉매액체가 무화되어 저온, 저압의 액체를 만든다.

• 증발기 : 냉매액체가 대기와 만나 증발되면서 기체가 된다. 실내는 냉매의 증발잠열로 인하여 온도가 낮아진다. 저열원에서 열을 흡수하는 장치이다.

50
정답 ①

나사의 효율(η)

$$\eta = \frac{pQ}{2\pi T}(Q \text{ : 축방향하중, } p \text{ : 나사의 피치, } T \text{ : 토크})$$

$$Q = \frac{2\pi T\eta}{p} = \frac{2\pi \times 40 \times 0.3}{4} = 18\text{N}$$

따라서 축방향하중(Q)은 18N이다.

51
정답 ⑤

- δ(변형량)$=1$일 때 스프링 상수 $k=\dfrac{P}{\delta}$ (P : 응력)

- $\delta=\dfrac{1}{3}$일 때 스프링 상수 $k=\dfrac{P}{\frac{1}{3}\delta}=\dfrac{3P}{\delta}=3k$

52
정답 ③

$$T=P\times\dfrac{D}{2}$$

$$4,500\text{N}\cdot\text{cm}=P\times\dfrac{60\text{cm}}{2}$$

$$P=4,500\text{N}\cdot\text{cm}\times\dfrac{1}{30\text{cm}}=150\text{N}$$

드럼 브레이크의 제동력 구하는 식

$$T=P\times\dfrac{D}{2}=\mu Q\times\dfrac{D}{2}$$

T : 토크
P : 제동력 ($P=\mu Q$)
D : 드럼의 지름
Q : 드럼 브레이크와 블록 사이의 수직력
μ : 마찰계수

53
정답 ①

키에 작용하는 전단응력을 구하는 식은 다음과 같다.

$$\tau=\dfrac{F}{A}=\dfrac{W}{A}=\dfrac{(\text{작용 힘})}{(\text{전단단면적})}=\dfrac{F}{[\text{키의 폭}(b)]\times[\text{키의 길이}(l)]}$$

$$\rightarrow\ \tau=\dfrac{F}{[\text{키의 폭}(b)]\times[\text{키의 길이}(l)]}=\dfrac{1\text{N}}{0.01\text{m}\times0.1\text{m}}$$

$$\rightarrow\ \tau=\dfrac{1\text{N}}{0.001\text{m}^2}=1,000\text{N/m}^2$$

따라서 키에 작용하는 전단응력은 $1,000\text{N/m}^2$이다.

54
정답 ①

$$P_B=P_c$$

$$P_A+\gamma_\text{물}\times S_\text{기름}\times h=\gamma_\text{물}\times S_\text{수은}\times H$$

$$P_A+9,800\times0.9\times0.09=9,800\times13.6\times0.2$$

$$\therefore\ P_A=25,862.2\text{Pa}\fallingdotseq25.86\text{kPa}$$

55
정답 ③

릴리프 밸브는 유압회로에서 회로 내 압력이 설정치 이상이 되면 그 압력에 의해 밸브가 열려 압력을 일정하게 유지시키는 역할을 하는 밸브로, 안전 밸브의 역할을 한다.

① 시퀀스 밸브(Sequence Valve) : 정해진 순서에 따라 작동시키는 밸브로, 기계의 정해진 순서를 조정하는 밸브이다.
② 유량 제어 밸브(Flow Control Valve) : 유압회로 내에서 단면적의 변화를 통해서 유체가 흐르는 양을 제어하는 밸브이다.
④ 감압 밸브(Pressure Reducing Valve) : 액체의 압력이 사용목적보다 높으면 사용하는 밸브로, 압력을 낮춘 후 일정하게 유지시켜주는 밸브이다.
⑤ 체크 밸브(Check Valve) : 액체의 역류를 방지하기 위해 한쪽 방향으로만 흐르게 하는 밸브이다.

56
정답 ①

$$Re=\dfrac{Vd}{\nu}=\dfrac{0.2\times0.1}{1.37\times10^{-5}}=1,460<2,100(\text{층류})$$

$$f=\dfrac{64}{Re}=\dfrac{64}{1460}=0.0438$$

$$h_L=f\dfrac{L}{d}\times\dfrac{V^2}{2g}=0.0438\times\dfrac{50}{0.1}\times\dfrac{(0.2)^2}{2\times9.8}=0.045\text{m}$$

57
정답 ①

- 절대압력(P_{abs}) : 완전 진공상태를 기점인 0으로 하여 측정한 압력

$$P_{abs}=P_{a(=atm,\ \text{대기압력})}+Pg_{(\text{게이지 압력})}$$

$$\therefore\ P_{abs}=P_{a(=atm)}+P_g=100\text{kPa}+30\text{kPa}=130\text{kPa}$$

58
정답 ③

$$L=2\times1,000+\dfrac{3\times(250+600)}{2}+\dfrac{(600-250)^2}{4\times1,000}$$

$$=3,305.625\text{mm}\fallingdotseq3,305.6\text{mm}$$

59
정답 ②

① 회주철 : 가장 일반적인 주철이다.
③ 칠드주철 : 표면을 급랭시켜 경도를 증가시킨 주철이다.
④ 구상흑연주철 : Ni, Cr, Mo, Cu 등을 첨가하여 흑연을 구상화시켜 가공성, 내마모성, 연성 등을 향상시킨 주철이다.
⑤ 미하나이트주철 : 보통주철에 Si 등을 첨가 후 흑연을 미세화시켜 강도를 높인 펄라이트 주철이다.

60

인장강도는 최초의 단면적을 기준으로 하기 때문에 최대공칭응력
으로 나타낼 수 있다.

- 응력 : 재료나 구조물에 외력이 작용했을 때 그 외력에 대한 재
  료 내부의 저항력으로, 일반적으로 응력이라고 하면 공칭응력을
  말한다.

- (공칭응력) $= \dfrac{(외력)}{(최초의\ 단면적)} = \dfrac{F}{A}$

| 03 | 전기일반

31	32	33	34	35	36	37	38	39	40
①	②	④	③	②	③	②	①	①	④
41	42	43	44	45	46	47	48	49	50
②	⑤	③	②	①	③	①	①	③	①
51	52	53	54	55	56	57	58	59	60
②	①	①	⑤	④	⑤	④	③	②	④

31
정답 ①

직류 전동기의 유도 기전력은 $E = \dfrac{PZ}{60a}\phi N$이다.

(P : 자극 수, Z : 전기자 총 도체 수, ϕ : 극당 자속. N : 분당
회전 수, a : 병렬 회로 수)

따라서 전기자 도체 1개에 유도되는 기전력의 크기는

$\dfrac{E}{Z} = \dfrac{P\phi N}{60a}$이다. 이때 중권이므로 $a = P$이고

$\dfrac{0.8 \times 1,800}{60} = 24$V이다.

32
정답 ②

ABB(공기차단기)는 $15 \sim 30\mathrm{kg}_f/\mathrm{cm}^2$의 압축공기를 이용하여
차단하는 원리이다.

33
정답 ④

전력 퓨즈(PF)는 단락전류, 과부하전류를 차단할 수 있으며, 주로
단락전류를 차단한다.

34
정답 ③

$N = K(기계정수) \times \dfrac{E}{\Phi}, \ E = V - I_a R_a$

$\therefore N = K \times \dfrac{V - R_a I_a}{\Phi}$

따라서 N을 $\dfrac{1}{2}$로 하기 위해서 Φ는 2가 되어야 한다.

35
정답 ②

줄의 법칙에 따라 도체에 발생하는 열에너지 $H = 0.24 I^2 Rt\,[\mathrm{cal}]$
이다. H는 저항에 비례하므로 R_2는 R_1보다 3배의 열을 발생시
킨다.

36
정답 ③

$L\dfrac{d}{dt}i(t)+Ri(t)=E$, 초기값을 0으로 하고 라플라스 변환하면

$LsI(s)+RI(s)=\dfrac{E}{s}$

$I(s)=\dfrac{E}{s(R+Ls)}=\dfrac{\frac{E}{L}}{s\left(s+\frac{R}{L}\right)}=\dfrac{\frac{E}{R}}{s}-\dfrac{\frac{E}{R}}{s+\frac{R}{L}}$

$\quad=\dfrac{E}{R}\left(\dfrac{1}{s}-\dfrac{1}{s+\frac{R}{L}}\right)$

$\therefore\ i(t)=\mathcal{L}^{-1}[I(s)]=\dfrac{E}{R}\left(1-e^{-\frac{R}{L}t}\right)$

37
정답 ②

전선의 절연 저항은 전선의 길이가 길수록 작아진다.

38
정답 ①

두 도선 사이의 간격이 $r[\text{m}]$인 경우

$f=2\times10^{-7}\times\dfrac{I^2}{r}\,[\text{N/m}]$이고, 간격이 $2r$로 되었으므로

$f=2\times10^{-7}\times\dfrac{I^2}{2r}=\dfrac{1}{2}f$ 가 된다.

따라서 원래 작용하던 힘의 반으로 줄게 된다.

39
정답 ①

전류가 전압보다 90° 앞선 경우는 진상 전류 상태로 증자 작용이 일어난다.

40
정답 ④

부흐홀츠 계전기는 변압기의 주 탱크와 콘서베이터를 연결하는 배관에 설치하여 변압기 내부에서 발생하는 일정량 이상의 가스량과 기준 속도 이상의 유속에 의해 작동되는 계기이다.

41
정답 ②

$f(t)=\dfrac{1}{A}\sin\omega t$에 대한 라플라스 변환은

$\mathcal{L}[f(t)]=\mathcal{L}[\sin\omega t]=\dfrac{1}{A}\displaystyle\int_0^{\infty}\sin\omega t e^{-st}dt$이고,

$\sin\omega t$의 지수형을 적용하면 간단히 된다.

$\sin\omega t=\dfrac{1}{2j}(e^{j\omega t}-e^{-j\omega t})$이므로

$F(s)=\mathcal{L}\left[\dfrac{1}{A}\sin\omega t\right]=\dfrac{1}{A}\displaystyle\int_0^{\infty}\dfrac{1}{2j}(e^{j\omega t}-e^{-j\omega t})e^{-st}dt$

$\quad=\dfrac{1}{A2j}\displaystyle\int_0^{\infty}[e^{-(s-j\omega)t}-e^{-(s+j\omega)t}]dt$

$\quad=\dfrac{1}{A2j}\left(\dfrac{1}{s-j\omega}-\dfrac{1}{s+j\omega}\right)=\dfrac{\omega}{A(s^2+\omega^2)}$

42
정답 ⑤

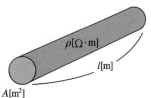

전선의 고유저항 $R=\rho\dfrac{l}{A}\,[\Omega]$일 때

ㄱ. 전기저항 $R[\Omega]\propto$ 고유저항 $\rho[\Omega\cdot\text{m}]$
ㄷ. 전기저항 $R[\Omega]\propto$ 길이 $l[\text{m}]$
ㄹ. 도체의 길이를 n배 늘리고, 단면적을 $\dfrac{1}{n}$ 배 감소시키면, 전기
　 저항 $R[\Omega]$은 n^2배로 증가한다.

오답분석

ㄴ. 전기저항 $R[\Omega]\propto$ 단면적 $\dfrac{1}{A[\text{m}^2]}$이다.

43
정답 ③

1차 Y결선, 2차 △결선이고, 2차가 1차보다 30° 빠르다.

44
정답 ②

$I_A-I_C=I_A\times\dfrac{5}{60}-I_C\times\dfrac{5}{60}=\dfrac{\sqrt{3}\,I_B}{12}$, $\dfrac{\sqrt{3}\,I_B}{12}=2.5$

$\therefore\ I_B=\dfrac{2.5\times12}{\sqrt{3}}\fallingdotseq17.3\text{A}$

45
정답 ①

비사인파 교류회로의 전력은 주파수가 같은 전압과 전류에서 발생하므로 전압의 제3고조파와 전류의 제3고조파 성분 사이에서 소비전력이 발생함을 알 수 있다.

46
정답 ③

$F(s)=\mathcal{L}[f(t)]=\mathcal{L}[1-e^{-at}]=\dfrac{1}{s}-\dfrac{1}{s+a}=\dfrac{a}{s(s+a)}$

47 　　　　　　　　　　　정답 ①

$P_0 = E_d I_d$ 에서

$$E_d = \frac{2\sqrt{2}}{\pi}E - e_a = 75V$$

$$I_d = \frac{E_d - 60}{0.2} = 75A$$

$$\therefore P_0 = 75 \times 75 = 5{,}625W$$

48 　　　　　　　　　　　정답 ①

$$(부등률) = \frac{(최대\ 수용\ 전력의\ 합)}{(합성\ 최대\ 수용\ 전력)} = \frac{50 + 65 + 80 + 105}{250} = 1.2$$

49 　　　　　　　　　　　정답 ③

$P = VI$ 에서 $I = \frac{P}{V} = 50A$ 이므로

발전기에서는 $E = V + R_a I_a = 207.5V$ 이고,

전동기에서는 $V = E + R_a I_a = 215V$ (회전수가 같으므로 E 도 같다)이다.

50 　　　　　　　　　　　정답 ①

$V = E + I_a R_a$ 에서 $E = V - I_a R_a = 220 - (50 \times 0.2) = 210V$

51 　　　　　　　　　　　정답 ②

전력량은 줄[J]로 환산되며, 전력은 와트[W]로 환산된다.

오답분석

전력은 단위시간당 소비하는 전기에너지이며, 전력량은 정해진 시간 동안 소비한 총 전기에너지를 말한다.

52 　　　　　　　　　　　정답 ①

전력안정화장치(PSS; Power System Stabilizer)는 속응 여자 시스템으로 인한 미소 변동을 안정화시켜 전력계통의 안정도를 향상시킨다.

53 　　　　　　　　　　　정답 ①

선로의 누설 컨덕턴스는 누설 저항이 $10^2[M\Omega]$인 애자련 500련이 병렬로 연결되어 있으므로 다음과 같다.

$$R = \frac{r}{n} = \frac{10^2}{500}[M\Omega] = \frac{10^8}{500}\ \Omega$$

$$\therefore G = \frac{1}{R} = \frac{500}{10^8} = 500 \times 10^{-8} = 5 \times 10^{-6}\ \mho$$

54 　　　　　　　　　　　정답 ⑤

ESS의 용량 산정과 수용가의 역률은 무관하다.

55 　　　　　　　　　　　정답 ④

콘덴서는 직렬이 아닌 병렬로 연결할수록 합성 정전용량이 커진다.

- 직렬 합성 정전용량 : $C_T = \dfrac{1}{\dfrac{1}{C_1} + \dfrac{1}{C_2}} = \dfrac{C_1 \times C_2}{C_1 + C_2}$

- 병렬 합성 정전용량 : $C_T = C_1 + C_2$

56 　　　　　　　　　　　정답 ⑤

$\%Z = \dfrac{150}{3{,}000} \times 100 = 5\%$이며,

단락 전류 $Is = \dfrac{100}{\%Z} \times I_n = \dfrac{100}{5} \times \dfrac{30{,}000}{200} = 3{,}000A$이다.

57 　　　　　　　　　　　정답 ④

전기력선끼리는 서로 끌어당기지 않고 반발한다.

58 　　　　　　　　　　　정답 ③

$$\begin{bmatrix} A & B \\ C & D \end{bmatrix} = \begin{bmatrix} 1 & 0 \\ \dfrac{1}{Z_1} & 1 \end{bmatrix} \begin{bmatrix} 1 & Z_2 \\ 0 & 1 \end{bmatrix} = \begin{bmatrix} 1 & Z_2 \\ \dfrac{1}{Z_1} & 1 + \dfrac{Z_2}{Z_1} \end{bmatrix}$$

59 　　　　　　　　　　　정답 ②

플레밍의 오른손 법칙

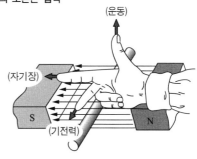

㉠ 엄지 : 도체 운동

㉡ 검지 : 자기장

㉢ 중지 : 유도기전력

60

맥동주파수는 $f_0 = $(기본주파수)$\times$(상수)$\times$(정류상수)로, 3상 반파 정류 회로에서는 상수는 3을, 정류상수는 1(반파)을 대입하여 구한다. 따라서 맥동주파수는 $f_0 = 60\text{Hz} \times 3 \times 1 = 180\text{Hz}$이다.

| 04 | 전기이론

31	32	33	34	35	36	37	38	39	40
⑤	②	③	⑤	①	②	③	④	⑤	①
41	42	43	44	45	46	47	48	49	50
②	②	②	③	①	②	②	②	③	③
51	52	53	54	55	56	57	58	59	60
⑤	③	④	③	③	④	①	③	②	③

31
정답 ⑤

오답분석

① 신호파 : 전송하고자 하는 데이터의 파형이다.
② 변조파 : 반송파에 신호파가 변조된 파형이다.
③ 정현파 : 파형이 정현 곡선을 이루는 파동이다.
④ 고조파 : 본래의 신호 이외의 발생되는 복합파이다.

32
정답 ②

일반적으로 마이크로파 통신에서는 $2 \sim 20\text{GHz}$의 대역이 사용되며, 지상 마이크로파의 경우에는 $2 \sim 40\text{GHz}$ 대역이 사용되기도 한다.

33
정답 ③

감극성 $L_{eq} = L_1 + L_2 - 2M = 8 + 4 - (2 \times 4) = 4\text{H}$

$W = \dfrac{1}{2}LI^2 = \dfrac{1}{2} \times 4 \times 5^2 = 50\text{J}$

34
정답 ⑤

$M = K\sqrt{L_1 L_2}$

$\therefore \ K = \dfrac{M}{\sqrt{L_1 L_2}} = \dfrac{2}{\sqrt{L_1 L_2}}$

35
정답 ①

패러데이의 전자 유도 법칙(Faraday'S Law of Electromagnetic Induction)에 의하여 유도기전력의 크기는 코일을 지나는 자속의 매초 변화량과 코일의 권수에 비례한다.

36
정답 ②

콘덴서 저항 $R = \dfrac{d}{KS}[\Omega]$, 정전용량 $C = \dfrac{\epsilon S}{d}[\text{F}]$

$\therefore \ RC = \dfrac{d}{KS} \times \dfrac{\epsilon S}{d} = \dfrac{C}{G} = \dfrac{\epsilon}{K}$

37
정답 ③

$$H = \sum_{k=1}^{\infty} p_k \log \frac{1}{p_k}$$
$$= 0.5 \log_2 \frac{1}{0.5} + 0.25 \log_2 \frac{1}{0.25} + \left(2 \times 0.125 \log_2 \frac{1}{0.125} \right)$$
$$= 0.5 + 0.5 + 0.75$$
$$= 1.75 \text{bit}$$

38
정답 ④

주어진 회로는 $R-C$ 적분회로이고, 저역통과필터이다.

39
정답 ⑤

$$F(s) = \mathcal{L}[f(t)] = \mathcal{L}[Kt^2] = K\mathcal{L}[t^2] = K \cdot \frac{2}{s^3} = \frac{2K}{s^3}$$

40
정답 ①

도체 표면의 전기장은 표면에 수직하게 형성된다.

41
정답 ②

중첩의 원리에 의하여 다음과 같이 구할 수 있다.
- 10V에 의한 전류 : $I_1 = \frac{10}{5+10} = \frac{2}{3}$ A
- 3A에 의한 전류 : $I_2 = \frac{5}{5+10} \times 3 = 1$ A

$\therefore I = I_1 + I_2 = \frac{2}{3} + \frac{3}{3} = \frac{5}{3}$ A

42
정답 ②

$(\text{최대 직렬 수}) = \frac{(\text{PCS 동작전압 범위의 최댓값})}{(\text{개방전압의 최댓값})} = \frac{720}{50} = 14.4$

따라서 모듈의 최대 직렬 연결 가능 장수는 14장이다.

43
정답 ②

$(\text{Y결선에서 상전압}) = \frac{1}{\sqrt{3}}$ 선간전압, $(\text{상전류}) = (\text{선전류})$이므로

$$Z = \frac{V \text{상전압}}{I \text{상전류}} = \frac{\frac{3,000}{\sqrt{3}}}{20} = 50\sqrt{3} \ \Omega$$

44
정답 ③

비정현파는 기본파와 고조파, 그리고 직류분의 합으로 표시된다.

45
정답 ①

전체 소선수 $N = 1 + 3n(n+1)$이며, n은 층수를 의미한다. 따라서 전체 소선수는 $N = 1 + 3 \times 3 \times (3+1) = 37$개이다.

46
정답 ②

- 진동 상태 : $R^2 < \frac{4L}{C}$
- 비진동 상태 : $R^2 > \frac{4L}{C}$
- 임계 상태 : $R^2 = \frac{4L}{C}$

$R^2 = 100^2 = 10,000$, $\frac{4L}{C} = \frac{4 \times 0.1 \times 10^{-3}}{0.1 \times 10^{-6}} = 4,000$

따라서 $R^2 > \frac{4L}{C}$ 이므로 비진동 상태이다.

47
정답 ②

직류 송전 방식은 높은 제어성과 고장 시 계통 영향이 작고 철탑 규모도 줄일 수 있다.

48
정답 ②

전력 계통의 안정도를 향상시키기 위해서는 고장 시 차단을 신속하게 하여야 한다.

49
정답 ③

전력의 흐름을 전력조류 또는 조류라고 약칭한다.

50
정답 ③

제n고조파가 직렬 공진을 일으키는 조건은 $n\omega L = \frac{1}{n\omega C}$이며,

제5고조파의 경우 $C = \frac{1}{25\omega^2 L}$ 이 된다.

51
정답 ⑤

상호 인덕턴스 $M = k\sqrt{L_1 L_2}$ 이므로

$$k = \frac{M}{\sqrt{L_1 L_2}} = \frac{100}{\sqrt{100 \times 200}} = 0.707$$

52
정답 ③

페란티 현상에 대한 대책으로 수전단에 분로 리액터(장거리 송전선의 충전 전류를 없애기 위하여 송전단 또는 수전단에 넣는 리액터)를 설치하는 방법과 동기조상기의 부족 여자 운전 방법이 있다.

> **페란티 현상**
> 송전 선로에서 부하가 매우 작은 경우나 무부하인 경우에 충전 전류의 영향이 증대되어 전류는 진상 전류가 되고 수전단 전압은 송전단 전압보다 높아지는 현상으로, 선로의 정전 용량이 클수록 많이 발생하며 절연에 부담을 준다.

53
정답 ④

가공송전선로 사고 시 재폐로 동작을 해야 한다.

54
정답 ③

$$\frac{Q_2}{Q_1} = \left(\frac{H_2}{H_1}\right)^{\frac{1}{2}} = \sqrt{\frac{H_2}{H_1}}$$

$$Q_2 = Q_1\sqrt{\frac{H_2}{H_1}} = 20 \times \sqrt{\frac{81}{100}} = 20 \times 0.9 = 18\text{m}^3/\text{sec}$$

55
정답 ③

$P = \dfrac{V_s V_r}{x}\sin\delta$에서 인덕턴스의 감소가 송전용량 증가의 주된 원인이다.

56
정답 ④

부동 충전은 정류기와 축전지를 부하에 병렬로 접속하고, 축전지의 방전을 계속 보충하면서 부하에 전력을 공급하는 것이다. 부동기로는 일반적으로 상용 전원에 의한 정류기가 사용되고, 부하에는 주로 부동기에서 전력이 공급된다.

오답분석
① 정전류 충전에 대한 설명이다.
② 세류 충전에 대한 설명이다.
③ 초충전에 대한 설명이다.
⑤ 보충 충전에 대한 설명이다.

57
정답 ①

상용주파 방전 개시 전압이 높아야 한다. 상용주파 방전 개시 전압이 낮을 경우 정상 운영 상태에서도 쉽게 방전될 수 있다. 따라서 옳지 않은 것은 ㄹ이다.

58
정답 ③

$B = \mu H[\text{Wb/m2}]$에서

$$\mu = \frac{B}{H} = \frac{0.5}{100} = 5 \times 10^{-3}$$

59
정답 ②

데이터 전송 제어의 종류
1. 입출력 제어 : 입출력 기기들에 대한 직접적인 제어
2. 회선 제어 : DCE − 전송 회선 간의 제어 절차 규정
3. 동기 제어 : 송수신 단말 간의 데이터 전송 순서 및 타이밍 규정
4. 에러 제어 : 오류의 검출 및 수정

60
정답 ③

시상수 $T = CR[\text{sec}]$이므로

$$\therefore\ T = 10 \times 10^{-6} \times 100 \times 10^3 = 1\text{sec}$$

제3영역 철도법령

61	62	63	64	65	66	67	68	69	70
②	①	③	④	①	⑤	①	②	①	①

61
정답 ②

여객 운임·요금의 감면(철도사업법 제9조의2)
① 철도사업자는 재해복구를 위한 긴급지원, 여객 유치를 위한 기념행사, 그 밖에 철도사업의 경영상 필요하다고 인정되는 경우에는 일정한 기간과 대상을 정하여 제9조 제1항에 따라 신고한 여객 운임·요금을 감면할 수 있다.
② 철도사업자는 제1항에 따라 여객 운임·요금을 감면하는 경우에는 그 시행 <u>3일</u> 이전에 감면 사항을 인터넷 홈페이지, 관계 역·영업소 및 사업소 등 일반인이 잘 볼 수 있는 곳에 게시하여야 한다. 다만, 긴급한 경우에는 미리 게시하지 아니할 수 있다.

62
정답 ①

한국철도공사는 주된 사무소의 소재지에서 설립등기를 함으로써 성립한다(한국철도공사법 제5조 제1항).

오답분석
②·④·⑤ 공사의 설립등기와 하부조직의 설치·이전 및 변경등기, 그 밖에 공사의 등기에 필요한 사항은 대통령령으로 정한다(한국철도공사법 제5조 제2항).
③ 공사는 등기가 필요한 사항에 관하여는 등기하기 전에는 제3자에게 대항하지 못한다(한국철도공사법 제5조 제3항).

63
정답 ③

총액인수의 방법 등(한국철도공사법 시행령 제12조)
한국철도공사가 계약에 의하여 특정인에게 사채의 총액을 인수시키는 경우에는 제10조(사채의 응모 등)의 규정을 적용하지 아니한다. 사채모집의 위탁을 받은 회사가 사채의 일부를 인수하는 경우에는 그 인수분에 대하여도 또한 같다.

오답분석
① 한국철도공사법 시행령 제9조
② 한국철도공사법 시행령 제14조 제1항
④ 한국철도공사법 시행령 제12조
⑤ 한국철도공사법 시행령 제13조

64
정답 ④

적용범위(철도산업발전기본법 제2조)
철도산업발전기본법은 다음 각 호의 어느 하나에 해당하는 철도에 대하여 적용한다.
1. 국가 및 한국고속철도건설공단법에 의하여 설립된 <u>한국고속철도건설공단</u>이 소유·건설·운영 또는 관리하는 철도
2. 제20조 제3항에 따라 설립되는 <u>국가철도공단</u> 및 제21조 제3항에 따라 설립되는 <u>한국철도공사</u>가 소유·건설·운영 또는 관리하는 철도

65
정답 ①

특정노선 폐지 등의 승인신청서의 첨부서류(철도산업발전기본법 시행령 제44조)
특정노선을 폐지하기 위해 철도시설관리자와 철도운영자가 국토교통부장관에게 승인신청서를 제출하는 때에는 다음 각 호의 사항을 기재한 서류를 첨부하여야 한다.
1. 승인신청 사유
2. 등급별·시간대별 철도차량의 운행빈도, 역수, 종사자 수 등 운영현황
3. 과거 6월 이상의 기간 동안의 1일 평균 철도서비스 수요
4. 과거 1년 이상의 기간 동안의 수입·비용 및 영업손실액에 관한 회계보고서
5. 향후 5년 동안의 1일 평균 철도서비스 수요에 대한 전망
6. 과거 5년 동안의 공익서비스비용의 전체규모 및 철도산업발전기본법 제32조 제1항의 규정에 의한 원인제공자가 부담한 공익서비스비용의 규모
7. 대체수송수단의 이용가능성

66
정답 ⑤

• 국가는 철도시설 투자를 추진하는 경우 사회적·<u>환경적</u> 편익을 고려하여야 한다(철도산업발전기본법 제7조 제1항).
• 국가 및 지방자치단체는 철도산업의 육성·발전을 촉진하기 위하여 철도산업에 대한 재정·금융·세제·행정상의 <u>지원</u>을 할 수 있다(철도산업발전기본법 제8조).

67
정답 ①

철도사업자는 사업용철도를 도시철도법에 의한 도시철도운영자가 운영하는 도시철도와 연결하여 운행하려는 때에는 여객 운임·요금의 신고 또는 변경신고를 하기 전에 여객 운임·요금 및 그 변경시기에 관하여 미리 당해 <u>도시철도운영자</u>와 협의하여야 한다(철도사업법 시행령 제3조 제2항).

68
정답 ②

역세권 개발·운영 사업 등(한국철도공사법 시행령 제7조의2 제2항)
철도의 선로, 역시설 및 철도 운영을 위한 건축물·건축설비의 개발 및 운영사업으로서 대통령령으로 정하는 사업은 다음 각 호의 시설을 개발·운영하는 사업을 말한다.
1. 물류정책기본법 제2조 제1항 제4호의 물류시설 중 철도운영이나 철도와 다른 교통수단과의 연계운송을 위한 시설
2. 도시교통정비 촉진법 제2조 제3호에 따른 환승시설
3. 역사와 같은 건물 안에 있는 시설로서 건축법 시행령 제3조의5에 따른 건축물 중 제1종 근린생활시설, 제2종 근린생활시설, 문화 및 집회시설, 판매시설, 운수시설, 의료시설, 운동시설, 업무시설, 숙박시설, 창고시설, 자동차관련시설, 관광휴게시설과 그 밖에 철도이용객의 편의를 증진하기 위한 시설

69
정답 ①

사채의 소멸시효는 원금은 5년, 이자는 2년이 지나면 완성한다(한국철도공사법 제11조 제4항).

70
정답 ①

사업용철도노선의 분류(철도사업법 제4조 제2항)
• 운행지역과 운행거리에 따른 분류 : 간선(幹線)철도, 지선(支線)철도
• 운행속도에 따른 분류 : 고속철도노선, 준고속철도노선, 일반철도노선

코레일 한국철도공사 필기시험 답안카드

성 명

지원분야

문제지 형별기재란

( )형

Ⓐ Ⓑ

수험번호

⓪	⓪	⓪	⓪	⓪	⓪	⓪	⓪
①	①	①	①	①	①	①	①
②	②	②	②	②	②	②	②
③	③	③	③	③	③	③	③
④	④	④	④	④	④	④	④
⑤	⑤	⑤	⑤	⑤	⑤	⑤	⑤
⑥	⑥	⑥	⑥	⑥	⑥	⑥	⑥
⑦	⑦	⑦	⑦	⑦	⑦	⑦	⑦
⑧	⑧	⑧	⑧	⑧	⑧	⑧	⑧
⑨	⑨	⑨	⑨	⑨	⑨	⑨	⑨

감독위원 확인

(인)

1	① ② ③ ④ ⑤	21	① ② ③ ④ ⑤	41	① ② ③ ④ ⑤	61	① ② ③ ④ ⑤
2	① ② ③ ④ ⑤	22	① ② ③ ④ ⑤	42	① ② ③ ④ ⑤	62	① ② ③ ④ ⑤
3	① ② ③ ④ ⑤	23	① ② ③ ④ ⑤	43	① ② ③ ④ ⑤	63	① ② ③ ④ ⑤
4	① ② ③ ④ ⑤	24	① ② ③ ④ ⑤	44	① ② ③ ④ ⑤	64	① ② ③ ④ ⑤
5	① ② ③ ④ ⑤	25	① ② ③ ④ ⑤	45	① ② ③ ④ ⑤	65	① ② ③ ④ ⑤
6	① ② ③ ④ ⑤	26	① ② ③ ④ ⑤	46	① ② ③ ④ ⑤	66	① ② ③ ④ ⑤
7	① ② ③ ④ ⑤	27	① ② ③ ④ ⑤	47	① ② ③ ④ ⑤	67	① ② ③ ④ ⑤
8	① ② ③ ④ ⑤	28	① ② ③ ④ ⑤	48	① ② ③ ④ ⑤	68	① ② ③ ④ ⑤
9	① ② ③ ④ ⑤	29	① ② ③ ④ ⑤	49	① ② ③ ④ ⑤	69	① ② ③ ④ ⑤
10	① ② ③ ④ ⑤	30	① ② ③ ④ ⑤	50	① ② ③ ④ ⑤	70	① ② ③ ④ ⑤
11	① ② ③ ④ ⑤	31	① ② ③ ④ ⑤	51	① ② ③ ④ ⑤		
12	① ② ③ ④ ⑤	32	① ② ③ ④ ⑤	52	① ② ③ ④ ⑤		
13	① ② ③ ④ ⑤	33	① ② ③ ④ ⑤	53	① ② ③ ④ ⑤		
14	① ② ③ ④ ⑤	34	① ② ③ ④ ⑤	54	① ② ③ ④ ⑤		
15	① ② ③ ④ ⑤	35	① ② ③ ④ ⑤	55	① ② ③ ④ ⑤		
16	① ② ③ ④ ⑤	36	① ② ③ ④ ⑤	56	① ② ③ ④ ⑤		
17	① ② ③ ④ ⑤	37	① ② ③ ④ ⑤	57	① ② ③ ④ ⑤		
18	① ② ③ ④ ⑤	38	① ② ③ ④ ⑤	58	① ② ③ ④ ⑤		
19	① ② ③ ④ ⑤	39	① ② ③ ④ ⑤	59	① ② ③ ④ ⑤		
20	① ② ③ ④ ⑤	40	① ② ③ ④ ⑤	60	① ② ③ ④ ⑤		

코레일 한국철도공사 필기시험 답안카드

번호	1	2	3	4	5	번호	1	2	3	4	5	번호	1	2	3	4	5	번호	1	2	3	4	5
1	①	②	③	④	⑤	21	①	②	③	④	⑤	41	①	②	③	④	⑤	61	①	②	③	④	⑤
2	①	②	③	④	⑤	22	①	②	③	④	⑤	42	①	②	③	④	⑤	62	①	②	③	④	⑤
3	①	②	③	④	⑤	23	①	②	③	④	⑤	43	①	②	③	④	⑤	63	①	②	③	④	⑤
4	①	②	③	④	⑤	24	①	②	③	④	⑤	44	①	②	③	④	⑤	64	①	②	③	④	⑤
5	①	②	③	④	⑤	25	①	②	③	④	⑤	45	①	②	③	④	⑤	65	①	②	③	④	⑤
6	①	②	③	④	⑤	26	①	②	③	④	⑤	46	①	②	③	④	⑤	66	①	②	③	④	⑤
7	①	②	③	④	⑤	27	①	②	③	④	⑤	47	①	②	③	④	⑤	67	①	②	③	④	⑤
8	①	②	③	④	⑤	28	①	②	③	④	⑤	48	①	②	③	④	⑤	68	①	②	③	④	⑤
9	①	②	③	④	⑤	29	①	②	③	④	⑤	49	①	②	③	④	⑤	69	①	②	③	④	⑤
10	①	②	③	④	⑤	30	①	②	③	④	⑤	50	①	②	③	④	⑤	70	①	②	③	④	⑤
11	①	②	③	④	⑤	31	①	②	③	④	⑤	51	①	②	③	④	⑤						
12	①	②	③	④	⑤	32	①	②	③	④	⑤	52	①	②	③	④	⑤						
13	①	②	③	④	⑤	33	①	②	③	④	⑤	53	①	②	③	④	⑤						
14	①	②	③	④	⑤	34	①	②	③	④	⑤	54	①	②	③	④	⑤						
15	①	②	③	④	⑤	35	①	②	③	④	⑤	55	①	②	③	④	⑤						
16	①	②	③	④	⑤	36	①	②	③	④	⑤	56	①	②	③	④	⑤						
17	①	②	③	④	⑤	37	①	②	③	④	⑤	57	①	②	③	④	⑤						
18	①	②	③	④	⑤	38	①	②	③	④	⑤	58	①	②	③	④	⑤						
19	①	②	③	④	⑤	39	①	②	③	④	⑤	59	①	②	③	④	⑤						
20	①	②	③	④	⑤	40	①	②	③	④	⑤	60	①	②	③	④	⑤						

성 명

지원분야

문제지 형별기재란 Ⓐ Ⓑ

형 ( )

수험번호

⓪	①	②	③	④	⑤	⑥	⑦	⑧	⑨
⓪	①	②	③	④	⑤	⑥	⑦	⑧	⑨
⓪	①	②	③	④	⑤	⑥	⑦	⑧	⑨
⓪	①	②	③	④	⑤	⑥	⑦	⑧	⑨
⓪	①	②	③	④	⑤	⑥	⑦	⑧	⑨
⓪	①	②	③	④	⑤	⑥	⑦	⑧	⑨
⓪	①	②	③	④	⑤	⑥	⑦	⑧	⑨

감독위원 확인

(인)

코레일 한국철도공사 필기시험 답안카드

번호	1	2	3	4	5	번호	1	2	3	4	5	번호	1	2	3	4	5
1	①	②	③	④	⑤	21	①	②	③	④	⑤	41	①	②	③	④	⑤
2	①	②	③	④	⑤	22	①	②	③	④	⑤	42	①	②	③	④	⑤
3	①	②	③	④	⑤	23	①	②	③	④	⑤	43	①	②	③	④	⑤
4	①	②	③	④	⑤	24	①	②	③	④	⑤	44	①	②	③	④	⑤
5	①	②	③	④	⑤	25	①	②	③	④	⑤	45	①	②	③	④	⑤
6	①	②	③	④	⑤	26	①	②	③	④	⑤	46	①	②	③	④	⑤
7	①	②	③	④	⑤	27	①	②	③	④	⑤	47	①	②	③	④	⑤
8	①	②	③	④	⑤	28	①	②	③	④	⑤	48	①	②	③	④	⑤
9	①	②	③	④	⑤	29	①	②	③	④	⑤	49	①	②	③	④	⑤
10	①	②	③	④	⑤	30	①	②	③	④	⑤	50	①	②	③	④	⑤
11	①	②	③	④	⑤	31	①	②	③	④	⑤	51	①	②	③	④	⑤
12	①	②	③	④	⑤	32	①	②	③	④	⑤	52	①	②	③	④	⑤
13	①	②	③	④	⑤	33	①	②	③	④	⑤	53	①	②	③	④	⑤
14	①	②	③	④	⑤	34	①	②	③	④	⑤	54	①	②	③	④	⑤
15	①	②	③	④	⑤	35	①	②	③	④	⑤	55	①	②	③	④	⑤
16	①	②	③	④	⑤	36	①	②	③	④	⑤	56	①	②	③	④	⑤
17	①	②	③	④	⑤	37	①	②	③	④	⑤	57	①	②	③	④	⑤
18	①	②	③	④	⑤	38	①	②	③	④	⑤	58	①	②	③	④	⑤
19	①	②	③	④	⑤	39	①	②	③	④	⑤	59	①	②	③	④	⑤
20	①	②	③	④	⑤	40	①	②	③	④	⑤	60	①	②	③	④	⑤

번호	1	2	3	4	5
61	①	②	③	④	⑤
62	①	②	③	④	⑤
63	①	②	③	④	⑤
64	①	②	③	④	⑤
65	①	②	③	④	⑤
66	①	②	③	④	⑤
67	①	②	③	④	⑤
68	①	②	③	④	⑤
69	①	②	③	④	⑤
70	①	②	③	④	⑤

〈절취선〉

※ 본 답안지는 마킹연습용 모의 답안지입니다.

코레일 한국철도공사 필기시험 답안카드

문항	답란		문항	답란		문항	답란		문항	답란
1	① ② ③ ④ ⑤		21	① ② ③ ④ ⑤		41	① ② ③ ④ ⑤		61	① ② ③ ④ ⑤
2	① ② ③ ④ ⑤		22	① ② ③ ④ ⑤		42	① ② ③ ④ ⑤		62	① ② ③ ④ ⑤
3	① ② ③ ④ ⑤		23	① ② ③ ④ ⑤		43	① ② ③ ④ ⑤		63	① ② ③ ④ ⑤
4	① ② ③ ④ ⑤		24	① ② ③ ④ ⑤		44	① ② ③ ④ ⑤		64	① ② ③ ④ ⑤
5	① ② ③ ④ ⑤		25	① ② ③ ④ ⑤		45	① ② ③ ④ ⑤		65	① ② ③ ④ ⑤
6	① ② ③ ④ ⑤		26	① ② ③ ④ ⑤		46	① ② ③ ④ ⑤		66	① ② ③ ④ ⑤
7	① ② ③ ④ ⑤		27	① ② ③ ④ ⑤		47	① ② ③ ④ ⑤		67	① ② ③ ④ ⑤
8	① ② ③ ④ ⑤		28	① ② ③ ④ ⑤		48	① ② ③ ④ ⑤		68	① ② ③ ④ ⑤
9	① ② ③ ④ ⑤		29	① ② ③ ④ ⑤		49	① ② ③ ④ ⑤		69	① ② ③ ④ ⑤
10	① ② ③ ④ ⑤		30	① ② ③ ④ ⑤		50	① ② ③ ④ ⑤		70	① ② ③ ④ ⑤
11	① ② ③ ④ ⑤		31	① ② ③ ④ ⑤		51	① ② ③ ④ ⑤			
12	① ② ③ ④ ⑤		32	① ② ③ ④ ⑤		52	① ② ③ ④ ⑤			
13	① ② ③ ④ ⑤		33	① ② ③ ④ ⑤		53	① ② ③ ④ ⑤			
14	① ② ③ ④ ⑤		34	① ② ③ ④ ⑤		54	① ② ③ ④ ⑤			
15	① ② ③ ④ ⑤		35	① ② ③ ④ ⑤		55	① ② ③ ④ ⑤			
16	① ② ③ ④ ⑤		36	① ② ③ ④ ⑤		56	① ② ③ ④ ⑤			
17	① ② ③ ④ ⑤		37	① ② ③ ④ ⑤		57	① ② ③ ④ ⑤			
18	① ② ③ ④ ⑤		38	① ② ③ ④ ⑤		58	① ② ③ ④ ⑤			
19	① ② ③ ④ ⑤		39	① ② ③ ④ ⑤		59	① ② ③ ④ ⑤			
20	① ② ③ ④ ⑤		40	① ② ③ ④ ⑤		60	① ② ③ ④ ⑤			

성 명

지원분야

문제지 형별기재란

형 ( ) Ⓐ Ⓑ

수험번호

⓪ ① ② ③ ④ ⑤ ⑥ ⑦ ⑧ ⑨

감독위원 확인

(인)

※ 본 답안지는 마킹연습용 모의 답안지입니다.

코레일 한국철도공사 필기시험 답안카드

성 명

지원 분야

문제지 형별기재란

( )형 Ⓐ Ⓑ

수험번호

	⓪	①	②	③	④	⑤	⑥	⑦	⑧	⑨
	⓪	①	②	③	④	⑤	⑥	⑦	⑧	⑨

감독위원 확인

(인)

1	① ② ③ ④ ⑤	21	① ② ③ ④ ⑤	41	① ② ③ ④ ⑤	61	① ② ③ ④ ⑤
2	① ② ③ ④ ⑤	22	① ② ③ ④ ⑤	42	① ② ③ ④ ⑤	62	① ② ③ ④ ⑤
3	① ② ③ ④ ⑤	23	① ② ③ ④ ⑤	43	① ② ③ ④ ⑤	63	① ② ③ ④ ⑤
4	① ② ③ ④ ⑤	24	① ② ③ ④ ⑤	44	① ② ③ ④ ⑤	64	① ② ③ ④ ⑤
5	① ② ③ ④ ⑤	25	① ② ③ ④ ⑤	45	① ② ③ ④ ⑤	65	① ② ③ ④ ⑤
6	① ② ③ ④ ⑤	26	① ② ③ ④ ⑤	46	① ② ③ ④ ⑤	66	① ② ③ ④ ⑤
7	① ② ③ ④ ⑤	27	① ② ③ ④ ⑤	47	① ② ③ ④ ⑤	67	① ② ③ ④ ⑤
8	① ② ③ ④ ⑤	28	① ② ③ ④ ⑤	48	① ② ③ ④ ⑤	68	① ② ③ ④ ⑤
9	① ② ③ ④ ⑤	29	① ② ③ ④ ⑤	49	① ② ③ ④ ⑤	69	① ② ③ ④ ⑤
10	① ② ③ ④ ⑤	30	① ② ③ ④ ⑤	50	① ② ③ ④ ⑤	70	① ② ③ ④ ⑤
11	① ② ③ ④ ⑤	31	① ② ③ ④ ⑤	51	① ② ③ ④ ⑤		
12	① ② ③ ④ ⑤	32	① ② ③ ④ ⑤	52	① ② ③ ④ ⑤		
13	① ② ③ ④ ⑤	33	① ② ③ ④ ⑤	53	① ② ③ ④ ⑤		
14	① ② ③ ④ ⑤	34	① ② ③ ④ ⑤	54	① ② ③ ④ ⑤		
15	① ② ③ ④ ⑤	35	① ② ③ ④ ⑤	55	① ② ③ ④ ⑤		
16	① ② ③ ④ ⑤	36	① ② ③ ④ ⑤	56	① ② ③ ④ ⑤		
17	① ② ③ ④ ⑤	37	① ② ③ ④ ⑤	57	① ② ③ ④ ⑤		
18	① ② ③ ④ ⑤	38	① ② ③ ④ ⑤	58	① ② ③ ④ ⑤		
19	① ② ③ ④ ⑤	39	① ② ③ ④ ⑤	59	① ② ③ ④ ⑤		
20	① ② ③ ④ ⑤	40	① ② ③ ④ ⑤	60	① ② ③ ④ ⑤		

〈절취선〉

※ 본 답안지는 마킹연습용 모의 답안지입니다.

코레일 한국철도공사 필기시험 답안카드

성 명	

지원분야	

문제지 형별기재란	
( )형	Ⓐ Ⓑ

수험번호

⓪	①	②	③	④	⑤	⑥	⑦	⑧	⑨
⓪	①	②	③	④	⑤	⑥	⑦	⑧	⑨
⓪	①	②	③	④	⑤	⑥	⑦	⑧	⑨
⓪	①	②	③	④	⑤	⑥	⑦	⑧	⑨
⓪	①	②	③	④	⑤	⑥	⑦	⑧	⑨
⓪	①	②	③	④	⑤	⑥	⑦	⑧	⑨
⓪	①	②	③	④	⑤	⑥	⑦	⑧	⑨

감독위원 확인	
인	

번호	1	2	3	4	5		번호	1	2	3	4	5		번호	1	2	3	4	5		번호	1	2	3	4	5
1	①	②	③	④	⑤		21	①	②	③	④	⑤		41	①	②	③	④	⑤		61	①	②	③	④	⑤
2	①	②	③	④	⑤		22	①	②	③	④	⑤		42	①	②	③	④	⑤		62	①	②	③	④	⑤
3	①	②	③	④	⑤		23	①	②	③	④	⑤		43	①	②	③	④	⑤		63	①	②	③	④	⑤
4	①	②	③	④	⑤		24	①	②	③	④	⑤		44	①	②	③	④	⑤		64	①	②	③	④	⑤
5	①	②	③	④	⑤		25	①	②	③	④	⑤		45	①	②	③	④	⑤		65	①	②	③	④	⑤
6	①	②	③	④	⑤		26	①	②	③	④	⑤		46	①	②	③	④	⑤		66	①	②	③	④	⑤
7	①	②	③	④	⑤		27	①	②	③	④	⑤		47	①	②	③	④	⑤		67	①	②	③	④	⑤
8	①	②	③	④	⑤		28	①	②	③	④	⑤		48	①	②	③	④	⑤		68	①	②	③	④	⑤
9	①	②	③	④	⑤		29	①	②	③	④	⑤		49	①	②	③	④	⑤		69	①	②	③	④	⑤
10	①	②	③	④	⑤		30	①	②	③	④	⑤		50	①	②	③	④	⑤		70	①	②	③	④	⑤
11	①	②	③	④	⑤		31	①	②	③	④	⑤		51	①	②	③	④	⑤							
12	①	②	③	④	⑤		32	①	②	③	④	⑤		52	①	②	③	④	⑤							
13	①	②	③	④	⑤		33	①	②	③	④	⑤		53	①	②	③	④	⑤							
14	①	②	③	④	⑤		34	①	②	③	④	⑤		54	①	②	③	④	⑤							
15	①	②	③	④	⑤		35	①	②	③	④	⑤		55	①	②	③	④	⑤							
16	①	②	③	④	⑤		36	①	②	③	④	⑤		56	①	②	③	④	⑤							
17	①	②	③	④	⑤		37	①	②	③	④	⑤		57	①	②	③	④	⑤							
18	①	②	③	④	⑤		38	①	②	③	④	⑤		58	①	②	③	④	⑤							
19	①	②	③	④	⑤		39	①	②	③	④	⑤		59	①	②	③	④	⑤							
20	①	②	③	④	⑤		40	①	②	③	④	⑤		60	①	②	③	④	⑤							

※ 본 답안지는 마킹연습용 모의 답안지입니다.

2025 최신판 시대에듀 All-New 사이다 모의고사
코레일 한국철도공사 기술직 NCS + 전공 + 법령

개정5판1쇄 발행	2025년 02월 20일 (인쇄 2024년 12월 17일)
초 판 발 행	2022년 02월 10일 (인쇄 2021년 12월 23일)
발 행 인	박영일
책 임 편 집	이해욱
편 저	SDC(Sidae Data Center)
편 집 진 행	김재희 · 김미진
표지디자인	하연주
편집디자인	양혜련 · 임창규
발 행 처	(주)시대고시기획
출 판 등 록	제10-1521호
주 소	서울시 마포구 큰우물로 75 [도화동 538 성지 B/D] 9F
전 화	1600-3600
팩 스	02-701-8823
홈 페 이 지	www.sdedu.co.kr

I S B N	979-11-383-6404-1 (13320)
정 가	19,000원

제1장 | 어휘 Quiz 290

1 고유어

사전적 의미

[001~010] 다음 단어의 의미가 맞으면 ○, 틀리면 ×를 쓰세요.

001 가년스럽다: 마음이 가라앉지 아니하고 뒤숭숭하다. · ( )

002 가뭇없다: 태도나 성질이 부드럽고 친절하다. · ( )

003 답삭이다: 가볍게 발소리를 내면서 가만가만 걷다. · ( )

004 맞갖잖다: 마음이나 입맛에 맞지 아니하다. · ( )

005 몽니: 받고자 하는 대우를 받지 못할 때 내는 심술. · ( )

006 물큰: 격한 감정이 갑자기 일어나는 모양. · ( )

007 이드거니: 충분한 분량으로 만족스러운 모양. · ( )

008 푼푼하다: 옹졸하지 아니하고 시원스러우며 너그럽다. · ( )

009 한물지다: 호수나 바다의 수면이 밭이랑처럼 물결이 지다. · · · · · · · · · · · · · · · · · · ( )

010 후줄근하다: 몹시 지치고 고단하여 몸이 축 늘어질 정도로 아주 힘이 없다. · · · · · · · ( )

001~010 정답

001 × 보기에 가난하고 어려운 데가 있다.
002 × 보이던 것이 전혀 보이지 않아 찾을 곳이
　　　감감하다.
003 × 왈칵 달려들어 냉큼 물거나 움켜잡다.
004 ○
005 ○

006 × 냄새 따위가 한꺼번에 확 풍기는 모양.
007 ○
008 ○
009 × 채소, 과일, 어물 따위가 한창 나오는 때가
　　　되다.
010 ○

[011~020] 다음 빈칸에 들어갈 알맞은 단어(기본형)의 기호를 쓰세요.

① 곰비임비	② 깨단하다	③ 눙치다	④ 다문다문	⑤ 덩둘하다
⑥ 되통스럽다	⑦ 스스럽다	⑧ 아귀아귀	⑨ 울력	⑩ 제치다

011 경사스러운 일이 (   ) 일어난다.

012 그는 꾀도 없고 눈치도 없는 (   ) 사람이다.

013 그날 네가 날 떠난 이유를 이제야 (   ) 되다니.

014 아이는 낯선 사람을 보자 (   ) 눈을 마주치지 못했다.

015 이 다리는 강가의 주민들이 (   )을/를 해서 낸 것이다.

016 그는 지금까지 한 말을 그냥 없었던 것으로 (   ) 했다.

017 차가 시골에 들어서자 집들이 어쩌다 하나씩 (   ) 보였다.

018 밥때를 놓쳐 허기가 진 그는 늦은 저녁을 (   ) 먹기 시작했다.

019 모두가 모인 자리에서 약간 (   ) 친구의 질문을 받아 무척 곤혹스러웠다.

020 그 학생은 특정 과목에서만큼은 상위권 학생들을 (   ) 높은 점수를 받곤 했다.

011~020 정답

011 ① 곰비임비: 물건이 거듭 쌓이거나 일이 계속 일어남을 나타내는 말.

012 ⑤ 덩둘하다: 1. 매우 둔하고 어리석다. 2. 어리둥절하여 멍하다.

013 ② 깨단하다: 오랫동안 생각해 내지 못하던 일 따위를 어떠한 실마리로 말미암아 깨닫거나 분명히 알다.

014 ⑦ 스스럽다: 1. 서로 사귀는 정분이 두텁지 않아 조심스럽다. 2. 수줍고 부끄러운 느낌이 있다.

015 ⑨ 울력: 여러 사람이 힘을 합하여 일함. 또는 그런 힘.

016 ③ 눙치다: 1. 마음 따위를 풀어 누그러지게 하다. 2. 어떤 행동이나 말 따위를 문제 삼지 않고 넘기다.

017 ④ 다문다문: (시·공간적으로) 사이가 좀 드문 모양.

018 ⑧ 아귀아귀: 음식을 욕심껏 입안에 넣고 마구 씹어 먹는 모양.

019 ⑥ 되통스럽다: 찬찬하지 못하거나 미련하여 일을 잘 저지를 듯하다.

020 ⑩ 제치다: 1. 거치적거리지 않게 처리하다. 2. 경쟁 상대보다 우위에 서다.

혼동하기 쉬운 어휘

[021~040] 다음 두 단어 중 알맞은 단어에 ○표 하세요.

021 대학가엔 축제가 (한참 / 한창)이다.

022 불길이 (걷잡을 / 걷잡을) 수 없이 번져 나갔다.

023 싱그러운 봄나물이 입맛을 (돋구었다 / 돋우었다).

024 그는 (지그시 / 지긋이) 눈을 감고 생각에 잠겼다.

025 이젠 집안을 아주 (결단 / 결딴)을 내려고 하는군.

026 (우격다짐 / 울력다짐)으로 하는 바람에 능률이 올랐다.

027 그 배역을 맡기 위해 체중을 30kg이나 (늘렸다 / 늘였다).

028 잘 삶은 국수를 찬물에 헹군 후 체에 (받혀 / 밭쳐) 놓았다.

029 오랜만에 만난 그는 더 이상 (푸네기 / 풋내기)가 아니었다.

030 일이 꺼림칙하게 되어 가더니만 결국 (사단 / 사달)이 났다.

031 (여윈 / 여읜) 얼굴에 눈만 퀭한 소년이 내게 손을 내밀었다.

032 아버지의 유언을 (좇아 / 쫓아) 모든 재산을 기부하기로 했다.

033 출산을 앞두고 (홀몸 / 홑몸)도 아닌데 장시간의 여행은 무리다.

034 복숭아 한 상자를 설탕물에 (조려 / 졸여) 냉장고에 넣어 두었다.

035 거친 (낟알 / 낱알)을 기계에 부어 넣으니 하얀 쌀이 되어 나왔다.

036 수수께끼에 대한 답을 정확하게 (맞추면 / 맞히면) 상품을 드립니다.

037 10년 전부터 (붙기 / 붓기) 시작한 적금이 이번 달에 만기가 되었다.

038 이 자리를 (빌려 / 빌어) 도움을 주신 분들께 감사의 말씀을 드립니다.

039 버는 것보다 몇 (갑절 / 곱절) 더 쓰다 보니 가게 부채가 엄청 늘었다.

040 그가 업무 가중에 시달리게 된 것에 동료의 (짬짜미 / 짬짬이)가 있어 보였다.

021~040 정답

021 한창	025 결딴	029 풋내기	033 홑몸	037 붓기
022 걷잡을	026 울력다짐	030 사달	034 조려	038 빌려
023 돋우었다	027 늘렸다	031 여윈	035 낟알	039 곱절
024 지그시	028 밭쳐	032 좇아	036 맞히면	040 짬짜미

3

2 한자어

[041~050] 다음 단어의 의미가 맞으면 ○, 틀리면 ×를 쓰세요.

041 결재(決裁): 증권 또는 대금을 주고받아 거래 관계를 끝맺는 일. ················ (   )

042 구설(口舌): 시비하거나 헐뜯는 말. ··· (   )

043 납량(納凉): 여름철에 더위를 피하여 서늘한 기운을 느낌. ··················· (   )

044 두찬(杜撰): 매우 뛰어나 수많은 가운데서 손꼽힘. ······················· (   )

045 반추(反芻): 어떤 일을 되풀이하여 음미하거나 생각함. 또는 그런 일. ········· (   )

046 불초(不肖): 아버지를 닮지 않았다는 뜻으로, 못나고 어리석은 사람을 이르는 말. ··· (   )

047 일축(一蹴): 상대편의 세력이나 기세를 억누르기 위하여 먼저 행동하는 것. ······· (   )

048 제고(提高): 수준이나 정도 따위를 끌어올림. ··························· (   )

049 질곡(桎梏): 마구 뒤섞여 있어 갈피를 잡을 수 없음. 또는 그런 상태. ·········· (   )

050 천착(穿鑿): 어떤 원인이나 내용 따위를 따지고 파고들어 알려고 하거나 연구함. ···· (   )

041~050 정답

041 × 결정할 권한이 있는 상관이 부하가 제출한
　　 안건을 검토하여 허가하거나 승인함.

042 ○

043 ○

044 × 전거나 출처가 확실하지 못한 저술.

045 ○

046 ○

047 × 제안이나 부탁 따위를 단번에 거절하거나
　　 물리침.

048 ○

049 × 몹시 속박하여 자유를 가질 수 없는 고통의
　　 상태를 비유적으로 이르는 말.

050 ○

[051~060] 다음 빈칸에 들어갈 알맞은 단어의 기호를 쓰세요.

① 개량(改良)	② 구명(究明)	③ 눌변(訥辯)	④ 대미(大尾)	⑤ 빈축(嚬蹙)
⑥ 아성(牙城)	⑦ 이반(離反)	⑧ 저간(這間)	⑨ 차치(且置)	⑩ 해후(邂逅)

051 불꽃놀이가 축제의 (　　　　)을/를 장식했다.

052 그는 친구에게 (　　　　)의 사정을 털어 놓았다.

053 민심 (　　　　)의 가속화로 정부에 비상이 걸렸다.

054 그는 그 원리를 (　　　　)하기 위해 평생을 바쳤다.

055 수십 년 쌓아 온 그의 (　　　　)을/를 무너뜨릴 수는 없었다.

056 그들은 십 년 만의 (　　　　)을/를 기뻐하며 서로를 끌어안았다.

057 그는 농작물의 품종 (　　　　)와/과 농업 가치를 알리는 데 힘썼다.

058 그 무리는 공공장소에서의 심한 고성으로 주위의 (　　　　)을/를 샀다.

059 초기 비용은 (　　　　)하더라도 이를 유지하는 데 드는 비용도 무시할 수 없다.

060 선생님은 비록 (　　　　)(이)시지만 열성적인 강의로 우리를 감동시키곤 하셨다.

051~060 정답

051 ④ 대미(大尾): 어떤 일의 맨 마지막.
052 ⑧ 저간(這間): 바로 얼마 전부터 이제까지의 무렵.
053 ⑦ 이반(離反): 인심이 떠나서 배반함.
054 ② 구명(究明): 사물의 본질, 원인 따위를 깊이 연구하여 밝힘.
055 ⑥ 아성(牙城): 아주 중요한 근거지를 비유적으로 이르는 말.

056 ⑩ 해후(邂逅): 오랫동안 헤어졌다가 뜻밖에 다시 만남.
057 ① 개량(改良): 나쁜 점을 보완하여 더 좋게 고침.
058 ⑤ 빈축(嚬蹙): 1. 눈살을 찌푸리고 얼굴을 찡그림. 2. 남을 비난하거나 미워함.
059 ⑨ 차치(且置): 내버려두고 문제 삼지 아니함.
060 ③ 눌변(訥辯): 더듬거리는 서툰 말솜씨.

[061~064] 다음 단어의 의미에 알맞은 한자를 고르세요.

061 | 개정: 주로 문서의 내용 따위를 고쳐 바르게 함.

① 改定   ② 改訂   ③ 改正

062 | 고도: 매우 높고 원대한 도리(道理).

① 高道   ② 古道   ③ 古都

063 | 고수: 어떤 분야나 집단에서 기술이나 능력이 매우 뛰어난 사람.

① 高手   ② 固守   ③ 鼓手

064 | 고전: 전쟁이나 운동 경기 따위에서, 몹시 힘들고 어렵게 싸움. 또는 그 싸움.

① 古傳   ② 苦戰   ③ 古典

061~064   정답

061 ③
 ① 改定: 이미 정하였던 것을 고쳐 다시 정함.
 ② 改訂: 글자나 글의 틀린 곳을 고쳐 바로잡음.
062 ①
 ② 古道: 옛날에 다니던 길.
 ③ 古都: 옛 도읍.

063 ①
 ② 固守: 차지한 물건이나 형세 따위를 굳게 지킴.
 ③ 鼓手: 북이나 장구 따위를 치는 사람.
064 ②
 ① 古傳: 예로부터 전하여 내려옴.
 ③ 古典: 오랫동안 많은 사람에게 널리 읽히고 모범이 될 만한 문학이나 예술 작품.

[065~068] 다음 단어의 의미에 알맞은 한자를 고르세요.

---

065 | 공사: 국가적 사업을 수행하기 위하여 설립된 공공 기업체의 하나.

① 公社   ② 公私   ③ 工事

---

066 | 관용: 오랫동안 써서 굳어진 대로 늘 씀. 또는 그렇게 쓰는 것.

① 慣用   ② 官用   ③ 寬容

---

067 | 교사: 남을 꾀거나 부추겨서 나쁜 짓을 하게 함.

① 校舍   ② 教師   ③ 教唆

---

068 | 구제: 자연적인 재해나 사회적인 피해를 당하여 어려운 처지에 있는 사람을 도와줌.

① 舊製   ② 救濟   ③ 驅除

065~068 정답

065 ①
- ② 公私: 공공의 일과 사사로운 일을 아울러 이르는 말.
- ③ 工事: 토목이나 건축 따위의 일.

066 ①
- ② 官用: 정부 기관이나 국립 공공 기관에서 사용함.
- ③ 寬容: 남의 잘못 따위를 너그럽게 받아들이거나 용서함. 또는 그런 용서.

067 ③
- ① 校舍: 학교의 건물.
- ② 教師: 주로 초등학교·중학교·고등학교 따위에서, 일정한 자격을 가지고 학생을 가르치는 사람.

068 ②
- ① 舊製: 옛적에 만듦. 또는 그런 물건.
- ③ 驅除: 해충 따위를 몰아내어 없앰.

[069~072] 다음 단어의 의미에 알맞은 한자를 고르세요.

---

069 | 단신: 짤막하게 전하는 뉴스.

① 短身   ② 短信   ③ 單身

---

070 | 동기: 어떤 일이나 행동을 일으키게 하는 계기.

① 動機   ② 同期   ③ 同氣

---

071 | 동화: 성질, 양식(樣式), 사상 따위가 다르던 것이 서로 같게 됨.

① 同化   ② 同和   ③ 童話

---

072 | 무지: 지혜나 꾀가 없음.

① 無知   ② 無智   ③ 無地

069~072 정답

069 ②
① 短身: 작은 키의 몸.
③ 單身: 1. 배우자나 형제가 없는 사람. 2. 혼자의 몸.

070 ①
② 同期: 1. 같은 시기. 또는 같은 기간. 2. 같은 시기에 같은 곳에서 교육이나 강습을 함께 받은 사람.
③ 同氣: 형제와 자매, 남매를 통틀어 이르는 말.

071 ①
② 同和: 같이 화합함.
③ 童話: 어린이를 위하여 동심(童心)을 바탕으로 지은 이야기. 또는 그런 문예 작품.

072 ②
① 無知: 1. 아는 것이 없음. 2. 미련하고 우악스러움.
③ 無地: 무늬가 없이 전체가 한 가지 빛깔로 됨. 또는 그런 물건.

[073~076] 다음 단어의 의미에 알맞은 한자를 고르세요.

073

| 보전: 부족한 부분을 보태어 채움. |

① 保全   ② 補塡   ③ 寶典

074

| 사료: 깊이 생각하여 헤아림. |

① 史料   ② 飼料   ③ 思料

075

| 양식: 뛰어난 식견이나 건전한 판단. |

① 樣式   ② 糧食   ③ 良識

076

| 연기: 정해진 기한을 뒤로 물려서 늘림. |

① 演技   ② 煙氣   ③ 延期

073~076 | 정답

073 ②
- ① 保全: 온전하게 보호하여 유지함.
- ③ 寶典: 귀중한 책.

074 ③
- ① 史料: 역사 연구에 필요한 문헌이나 유물.
- ② 飼料: 가축에게 주는 먹을거리.

075 ③
- ① 樣式: 일정한 모양이나 형식.
- ② 糧食: 1. 생존을 위하여 필요한 사람의 먹을거리. 2. 지식이나 물질, 사상 따위의 원천이 되는 것을 비유적으로 이르는 말.

076 ③
- ① 演技: 배우가 배역의 인물, 성격, 행동 따위를 표현해 내는 일.
- ② 煙氣: 무엇이 불에 탈 때에 생겨나는 흐릿한 기체나 기운.

[077~080] 다음 단어의 의미에 알맞은 한자를 고르세요.

---

077 | 유지: 마을이나 지역에서 명망 있고 영향력을 가진 사람.

① 維持   ② 有志   ③ 遺旨

---

078 | 이상: 생각할 수 있는 범위 안에서 가장 완전하다고 여겨지는 상태.

① 理想   ② 以上   ③ 異狀

---

079 | 전기: 전환점이 되는 기회나 시기.

① 傳記   ② 轉機   ③ 前期

---

080 | 정상: 구체적 범죄에서 구체적 책임의 경중에 영향을 미치는 일체의 사정.

① 正常   ② 頂上   ③ 情狀

077~080 정답

077 ②
　① 維持: 어떤 상태나 상황을 그대로 보존하거나 변함없이 계속하여 지탱함.
　③ 遺旨: 죽은 사람이 살아 있을 때에 가졌던 생각.

078 ①
　② 以上: 수량이나 정도가 일정한 기준보다 더 많거나 나음.
　③ 異狀: 평소와는 다른 상태.

079 ②
　① 傳記: 1. 한 사람의 일생 동안의 행적을 적은 기록. 2. 전하여 듣고 기록함.
　③ 前期: 일정 기간을 몇 개로 나눈 첫 시기.

080 ③
　① 正常: 특별한 변동이나 탈이 없이 제대로인 상태.
　② 頂上: 1. 산 따위의 맨 꼭대기. 2. 그 이상 더 없는 최고의 상태. 3. 한 나라의 최고 수뇌.

[081~100] 다음 밑줄 친 한자어와 고유어의 대응이 맞으면 ○, 틀리면 ×를 쓰세요.

081 그 동물은 멸종 위기에 처(處)해(→ 놓여) 있다. · (　)

082 그는 뉴욕에서 체류(滯留)하고(→ 기다리고) 있다. · (　)

083 한강 변에 시민 공원을 조성(造成)하다(→ 만들다). · (　)

084 그는 성공과 실패의 기로(岐路)(→ 지름길)에 있다. · (　)

085 밥 먹은 그릇은 깨끗이 세척(洗滌)해(→ 부셔) 놓아라. · (　)

086 기차가 전복(顚覆)되어(→ 망가져) 많은 사람이 다쳤다. · (　)

087 피곤해서 그런지 입맛이 감퇴(減退)되었다(→ 떨어졌다). · (　)

088 그런 단어는 사전에 등재(登載)되어(→ 올라) 있지도 않다. · · · · · · · · · · · · · · · · · · (　)

089 그 집은 오래전에 지어서 수리(修理)할(→ 바꿀) 곳이 많다. · · · · · · · · · · · · · · · · · · (　)

090 우리 현대사를 관통(貫通)하는(→ 꿰뚫는) 민중 저항의 흐름 · · · · · · · · · · · · · · · · · · (　)

091 그는 겉은 보잘것없어도 살림이 실(實)한(→ 알뜰한) 사람이다. · · · · · · · · · · · · · · · (　)

092 그 사람이 무슨 짓을 한 줄은 알고 두둔(斗頓)하는(→ 편드는) 거야? · · · · · · · · · · · (　)

093 그는 그의 업무를 후배에게 인계(引繼)하고(→ 넘겨주고) 퇴사하였다. · · · · · · · · · · (　)

094 그의 해명에도 불구하고 논란은 불식(拂拭)되지(→ 덮이지) 않았다. · · · · · · · · · · · · (　)

095 그의 소설에는 미치광이가 주인공으로 자주 등장(登場)한다(→ 나온다). · · · · · · · · · (　)

096 이번 달리기에서 나는 간발(間髮)(→ 아주 조금)의 차이로 그를 이겼다. · · · · · · · · · · (　)

097 그 카페는 커피를 주문할 때 산미(酸味)(→ 쓴맛)의 정도를 고를 수 있다. · · · · · · · · · (　)

098 우리는 창조적인 문화를 이룩하여 후대로 전(傳)해야(→ 물려주어야) 한다. · · · · · · · · (　)

099 지금 정부는 이 사태의 평화적 해결을 모색(摸索)하는(→ 파악하는) 중이다. · · · · · · · (　)

100 그 도로는 졸음운전으로 인(因)한(→ 이어지는) 사고 발생률이 높은 편이다. · · · · · · · (　)

081~100	정답			
081 ○	085 ○	089 × 고칠	093 ○	097 × 신맛
082 × 머무르다	086 × 뒤집어져	090 ○	094 × 사라지지	098 ○
083 ○	087 ○	091 × 넉넉한	095 ○	099 × 찾는
084 × 갈림길	088 ○	092 ○	096 ○	100 × 말미암은

3 단어 간 의미 관계

[101~110] 다음 두 단어의 의미 관계가 〈보기〉와 동일하면 ○, 다르면 ×를 쓰세요.

> 〈보기〉 화폐 – 지폐

101 꽃 – 장미 ·················(   )　　**106** 남자 – 여자 ··············(   )

102 몸 – 머리 ·················(   )　　**107** 식물 – 뿌리 ··············(   )

103 문학 – 시 ·················(   )　　**108** 동물 – 돌고래 ············(   )

104 삶 – 죽음 ·················(   )　　**109** 운동 – 뜀뛰기 ············(   )

105 손 – 손가락 ···············(   )　　**110** 교과목 – 국어 ············(   )

101~110 정답

101 ○	**103** ○	**105** ×	**107** ×	**109** ○
102 ×	**104** ×	**106** ×	**108** ○	**110** ○

[111~120] 다음 두 단어의 의미 관계가 〈보기〉와 동일하면 ○, 다르면 ×를 쓰세요.

> 〈보기〉 절기(節氣) – 철

111 밥 – 식사 ·················(   )　　**116** 수사(修辭) – 비유(比喩) ····(   )

112 시계 – 시침 ···············(   )　　**117** 진보(進步) – 퇴보(退步) ····(   )

113 천둥 – 우레 ···············(   )　　**118** 망라(網羅) – 포함(包含) ····(   )

114 사람 – 인간 ···············(   )　　**119** 승전(勝戰) – 패전(敗戰) ····(   )

115 연극 – 무대 ···············(   )　　**120** 수익(收益) – 이득(利得) ····(   )

111~120 정답

111 ○	**113** ○	**115** ×	**117** ×	**119** ×
112 ×	**114** ○	**116** ×	**118** ○	**120** ○

다의어·동음이의어

[121~124] 다음 빈칸에 공통으로 들어갈 단어의 기본형을 쓰세요.

121
① 어른에게 대들면 (   )?
② 그는 요즘 신문에 연재소설을 (   ) 있다.
③ 여러 번 실패를 경험했지만 언제나 그 맛은 (   ).

122
① 동이 트려면 아직도 (   ).
② 그들은 사랑에 눈이 (   ).
③ 그는 사흘이 (   ) 병원을 다닌다.

123
① 아침을 (   ).
② 꽃은 해가 잘 (   ) 데 심어야 한다.
③ 낫이 안 (   ) 벼를 베는 데 힘이 든다.

124
① 경운기로 논을 모두 (   ).
② 임원을 새 인물로 (   ) 변화를 꾀했다.
③ 고장 난 전등을 빼고 새것으로 (   ) 끼웠다.

121~124 정답

121 쓰다
① 도리에 맞는 바른 상태가 되다.
② 머릿속의 생각을 종이 혹은 이와 유사한 대상 따위에 글로 나타내다.
③ 달갑지 않고 싫거나 괴롭다.

122 멀다
① 시간적으로 사이가 길거나 오래다.
② 어떤 생각에 빠져 판단력을 잃다.
③ 어떤 시간이나 거리가 채 되기도 전임을 비유적으로 이르는 말.

123 들다
① '먹다'의 높임말.
② 빛, 볕, 물 따위가 안으로 들어오다.
③ 날이 날카로워 물건이 잘 베어지다.

124 갈다
① 쟁기나 트랙터 따위의 농기구나 농기계로 땅을 파서 뒤집다.
② 어떤 직책에 있는 사람을 다른 사람으로 바꾸다.
③ 이미 있는 사물을 다른 것으로 바꾸다.

[125~128] 다음 빈칸에 공통으로 들어갈 단어의 기본형을 쓰세요.

125
① 은행과 거래를 ( ).
② 친구와 마음을 ( ) 지내다.
③ 차가 끊겨서 오늘 가기는 ( ).

126
① 기저귀를 ( ) 아이
② 버스에 사람이 가득 ( ).
③ 그는 사람이 너무 ( ) 후배들이 따르지 않는다.

127
① 옷에 잉크가 ( ).
② 관계자에게 책임을 ( ).
③ 밥을 식지 않게 아랫목에 ( ).

128
① 생선 가시를 ( ) 버리다.
② 숨기지 말고 ( ) 대답하시오.
③ 아이들 방을 예쁜 벽지로 ( ).

125~128 정답

125 트다
① 서로 거래하는 관계를 맺다.
② 서로 스스럼없이 사귀는 관계가 되다.
③ 더 기대할 것이 없는 상태가 되다.
126 차다
① 물건을 몸의 한 부분에 달아매거나 끼워서 지니다.
② 일정한 공간에 사람, 사물, 냄새 따위가 더 들어갈 수 없이 가득하게 되다.
③ 인정이 없고 쌀쌀하다.

127 묻다
① 가루, 풀, 물 따위가 그보다 큰 다른 물체에 들러붙거나 흔적이 남게 되다.
② 어떠한 일에 대한 책임을 따지다.
③ 물건을 흙이나 다른 물건 속에 넣어 보이지 않게 쌓아 덮다.
128 바르다
① 뼈다귀에 붙은 살을 걷거나 가시 따위를 추려 내다.
② 사실과 어긋남이 없다.
③ 풀칠한 종이나 헝겊 따위를 다른 물건의 표면에 고루 붙이다.

[129~132] 다음 빈칸에 공통으로 들어갈 단어의 기본형을 쓰세요.

129
① 소리를 ( ).
② 논둑에 불을 ( ).
③ 이 길로 들판을 ( ) 지름길로 가면 훨씬 빠를 것이다.

130
① 소설을 ( ) 분석하다.
② 알약이 너무 커서 ( ) 부순 다음 삼켰다.
③ 그는 사람 됨됨이가 ( ) 경망스러워 보인다.

131
① 이젠 바느질 솜씨가 손끝에 제법 ( ).
② 벌거벗고 땡볕에 돌아다녔더니 살이 ( ).
③ 감나무마다 빨갛게 ( ) 감들이 주렁주렁 매달려 있었다.

132
① 충고를 ( ) 받아들이다.
② 애가 ( ) 어쩔 줄을 모르다.
③ 유치원생들이 가슴에 이름표를 ( ) 한 줄로 서 있었다.

129~132 정답

129 지르다
① 목청을 높여 소리를 크게 내다.
② 불을 붙이다.
③ 지름길로 가깝게 가다.

130 잘다
① 세밀하고 자세하다.
② 알곡이나 과일, 모래 따위의 둥근 물건이나 글씨 따위의 크기가 작다.
③ 생각이나 성질이 대담하지 못하고 좀스럽다.

131 익다
① 자주 경험하여 조금도 서투르지 않다.
② 불이나 볕을 오래 쬐거나 뜨거운 물에 담가서 살갗이 빨갛게 되다.
③ 열매나 씨가 여물다.

132 달다
① 마땅하여 기껍다.
② 안타깝거나 조마조마하여 마음이 몹시 조급해지다.
③ 물건을 일정한 곳에 붙이다.

[133~136] 다음 빈칸에 공통으로 들어갈 단어의 기본형을 쓰세요.

133
① 상대편의 속마음을 슬쩍 (   ).
② 어두운 방에 들어서니 곰팡이 (   ) 냄새가 났다.
③ 왜 그리 느리니? 그렇게 행동이 (   ) 어디 제대로 먹고살겠어?

134
① 비에 젖은 옷이 다 (   ).
② 공부를 하느라 몸이 많이 (   ).
③ 어머니는 저고리를 만들기 위해 조심스럽게 비단을 (   ) 시작하셨다.

135
① 겁을 먹다.
② 김이 습기를 (   ) 눅눅해졌다.
③ 나는 마음을 독하게 (   ) 그를 외면하였다.

136
① 입가에 미소가 (   ).
② 앞들 무논 위에 아지랑이가 (   ).
③ 김 선생은 나보다 세 살이 (   ) 올해 마흔다섯이다.

133~136 정답

133 뜨다
① 상대편의 속마음을 알아보려고 어떤 말이나 행동을 넌지시 걸어 보다.
② 누룩이나 메주 따위가 발효하다.
③ 행동 따위가 느리고 더디다.

134 마르다
① 물기가 다 날아가서 없어지다.
② 살이 빠져 야위다.
③ 옷감이나 재목 따위의 재료를 치수에 맞게 자르다.

135 먹다
① 겁, 충격 따위를 느끼게 되다.
② 물이나 습기 따위를 빨아들이다.
③ 어떤 마음이나 감정을 품다.

136 어리다
① 어떤 현상, 기운, 추억 따위가 배어 있거나 은근히 드러나다.
② 연기, 안개, 구름 따위가 한곳에 모여 나타나다.
③ 나이가 비교 대상보다 적다.

[137~140] 다음 빈칸에 공통으로 들어갈 단어의 기본형을 쓰세요.

137
① 웃음이 ( ) 나오다.
② 지금은 명태가 알을 ( ) 시기이다.
③ 그는 속이 너무 ( ) 큰 인물은 못 되겠다.

138
① 여행 일정을 ( ).
② 저녁을 너무 ( ) 먹었더니 물이 켠다.
③ 머리를 아무리 ( ) 보아도 대책이 없다.

139
① 김을 ( ).
② 쌀에 등급을 ( ).
③ 빨랫줄을 처마 밑에 ( ).

140
① 이 옷깃에서 때가 잘 ( ) 좋다.
② 그는 너무나 깊은 잠에 ( ) 일어날 줄을 모른다.
③ 그의 실력은 절대로 다른 경쟁자들에게 ( ) 않는다.

137~140 정답

137 배다
① 스며들거나 스며 나오다.
② 물고기 따위의 배 속에 알이 들다. 또는 알을 가지다.
③ 생각이나 안목이 매우 좁다.

138 짜다
① 계획이나 일정 따위를 세우다.
② 소금과 같은 맛이 있다.
③ 어떤 새로운 것을 생각해 내기 위하여 온 힘을 기울이거나, 온 정신을 기울이다.

139 매다
① 논밭에 난 잡풀을 뽑다.
② 일정한 기준에 따라 사물의 값이나 등수 따위를 정하다.
③ 끈이나 줄 따위를 어떤 물체에 단단히 묶어서 걸다.

140 빠지다
① 때, 빛깔 따위가 씻기거나 없어지다.
② 잠이나 혼수상태에 들게 되다.
③ 남이나 다른 것에 비해 뒤떨어지거나 모자라다.

[141~160] 다음 밑줄 친 단어가 다의어 관계이면 '다', 동음이의어 관계이면 '동'이라고 쓰세요.

141 이전에 만점을 <u>맞았던</u> 네 답이 <u>맞겠지</u>. ································· (   )

142 그는 파도가 <u>치는</u> 바다에서 헤엄을 <u>쳤다</u>. ································· (   )

143 개울에 다리를 <u>놓고</u> 나니 마음이 <u>놓인다</u>. ································· (   )

144 <u>맨</u> 처음 가 봤던 산에는 <u>맨</u> 소나무뿐이었다. ······················· (   )

145 아침 일찍 밥을 <u>지어</u> 먹고 남은 일을 마무리 <u>지었다</u>. ···················· (   )

146 그곳은 정해진 유니폼을 <u>입지</u> 않으면 손해를 <u>입는다</u>. ················· (   )

147 어머니는 <u>품</u>을 많이 들여 <u>품</u>이 넉넉한 옷을 지으셨다. ··············· (   )

148 학교 안에서 사고가 일어나자 학생들이 들고 <u>일어났다</u>. ··············· (   )

149 바느질하던 것이 <u>울자</u> 그는 제 설움에 겨워 슬피 <u>울었다</u>. ············· (   )

150 때에 <u>절어</u> 반질거리는 옷을 입은 그는 술에 <u>절어</u> 있었다. ············· (   )

151 업무 경험이 <u>적다면</u> 업무에 대한 모든 것을 <u>적어</u> 두어라. ············· (   )

152 병역의 의무를 <u>벗은</u> 그는 후련한 마음으로 모자를 <u>벗었다</u>. ············ (   )

153 그는 <u>다리</u>가 부러진 의자에 모르고 앉았다가 <u>다리</u>를 다쳤다. ············ (   )

154 날이 잘 <u>드는</u> 칼로 고기에 칼집을 냈더니 간이 제대로 <u>들었다</u>. ·············· (   )

155 아무도 없는 <u>텅</u> 빈방에서 갑자기 큰 액자가 <u>텅</u> 하고 떨어졌다. ············· (   )

156 전에 살던 곳보다 더 <u>나은</u> 곳으로 옮겼더니 병이 씻은 듯이 <u>나았다</u>. ············· (   )

157 추위에 손가락이 <u>곱아</u> 일을 할 수가 없다던 할머니는 등이 <u>곱아</u> 있었다. ··········· (   )

158 그 아이에게 나무에 매달린 사과를 <u>똑</u> 따서 주니 아이가 울음을 <u>똑</u> 그쳤다. ········ (   )

159 그는 내기에서 <u>지자</u> 친구들에게 내기를 다시 하자며 해가 <u>질</u> 때까지 졸랐다. ········ (   )

160 그는 한동안 방황하였지만 이제는 마음을 <u>잡고</u> 직장을 <u>잡아</u> 돈을 벌고 있다. ········ (   )

141~160 정답

141 동	145 다	149 동	153 다	157 동
142 동	146 다	150 다	154 동	158 동
143 다	147 동	151 동	155 동	159 동
144 동	148 다	152 다	156 동	160 다

사전적 의미

[161~170] 다음 한자성어의 의미가 맞으면 ○, 틀리면 ×를 쓰세요.

161 걸견폐요(桀犬吠堯): 세금을 가혹하게 거두어들이고, 무리하게 재물을 빼앗음. ····· (　　　)

162 고립무원(孤立無援): 아내의 죽음을 한탄함을 비유적으로 이르는 말. ············· (　　　)

163 고육지책(苦肉之策): 자기 몸을 상해 가면서까지 꾸며 내는 계책이라는 뜻으로, 어려운 상태를 벗어나기 위해 어쩔 수 없이 꾸며 내는 계책을 이르는 말. ····················· (　　　)

164 누란지위(累卵之危): 층층이 쌓아 놓은 알의 위태로움이라는 뜻으로, 몹시 아슬아슬한 위기를 비유적으로 이르는 말. ·· (　　　)

165 동량지재(棟梁之材): 몇 칸 안 되는 작은 초가. ···························· (　　　)

166 양두구육(羊頭狗肉): 양의 머리를 걸어 놓고 개고기를 판다는 뜻으로, 겉보기만 그럴듯하게 보이고 속은 변변하지 아니함을 이르는 말. ································· (　　　)

167 원후취월(猿猴取月): 원숭이가 물에 비친 달을 잡는다는 뜻으로, 욕심에 눈이 어두워 자기의 분수를 모르고 날뛰다가 목숨까지 잃게 됨을 비유적으로 이르는 말. ··············· (　　　)

168 일모도원(日暮途遠): 죽은 뒤에라도 은혜를 잊지 않고 갚음을 이르는 말. ·········· (　　　)

169 주마가편(走馬加鞭): 모기를 보고 칼을 뺀다는 뜻으로, 사소한 일에 크게 성내어 덤빔을 이르는 말. ·· (　　　)

170 한우충동(汗牛充棟): 짐으로 실으면 소가 땀을 흘리고, 쌓으면 들보에까지 찬다는 뜻으로, 가지고 있는 책이 매우 많음을 이르는 말. ··································· (　　　)

161~170 정답

161 × 걸왕의 개가 요임금을 향하여 짖는다는 뜻으로, 각자 자기의 주인에게 충성을 다함을 비유적으로 이르는 말.

162 × 고립되어 구원을 받을 데가 없음.

163 ○

164 ○

165 × 마룻대와 들보로 쓸 만한 재목이라는 뜻으로, 집안이나 나라를 떠받치는 중대한 일을 맡을 만한 인재를 이르는 말.

166 ○

167 ○

168 × 날은 저물고 갈 길은 멀다는 뜻으로, 늙고 쇠약한데 앞으로 해야 할 일은 많음을 이르는 말.

169 × 달리는 말에 채찍질한다는 뜻으로, 잘하는 사람을 더욱 장려함을 이르는 말.

170 ○

[171~180] 다음 밑줄 친 한자성어의 쓰임이 알맞으면 ○, 알맞지 않으면 ×를 쓰세요.

171 나라의 평화로운 모습이 <u>풍전등화(風前燈火)</u>와 같다. ························· (   )

172 겸손한 그는 자신의 성과를 <u>침소봉대(針小棒大)</u>로 줄이곤 하였다. ··············· (   )

173 <u>분골쇄신(粉骨碎身)</u>이 되더라도 조국을 위해 목숨을 바치겠습니다. ············· (   )

174 <u>종두득두(種豆得豆)</u>라더니 배려 많은 사람이 결국 손해를 보았구나. ············· (   )

175 <u>자강불식(自強不息)</u>의 정신으로 끊임없이 노력하는 자세가 필요하다. ············ (   )

176 박 교수님은 국어 전공 분야의 <u>격물치지(格物致知)</u>의 경지에 도달하셨다. ········· (   )

177 그는 존경하는 선배를 <u>반면교사(反面敎師)</u>로 삼아 그와 닮고자 노력했다. ········· (   )

178 그 학생은 <u>수불석권(手不釋卷)</u>하여 이번 시험에서 최고의 성적을 거두었다. ······· (   )

179 효율적인 작업을 위해서 무엇보다도 빠른 속도로 <u>욕속부달(欲速不達)</u>해야 한다. ···· (   )

180 다양한 경험을 하고 넓은 시야로 세상을 바라보며 <u>좌정관천(坐井觀天)</u>해야 한다. ··· (   )

171~180 정답

171 × 풍전등화(風前燈火): 바람 앞의 등불이라
는 뜻으로, 사물이 매우 위태로운 처지에
놓여 있음을 비유적으로 이르는 말.

172 × 침소봉대(針小棒大): 작은 일을 크게 불리
어 떠벌림.

173 ○

174 × 종두득두(種豆得豆): 콩을 심으면 반드시
콩이 나온다는 뜻으로, 원인에 따라 결과가
생김을 이르는 말.

175 ○

176 ○

177 × 반면교사(反面敎師): 사람이나 사물 따위
의 부정적인 면에서 얻는 깨달음이나 가르
침을 주는 대상을 이르는 말.

178 ○

179 × 욕속부달(欲速不達): 일을 빨리하려고 하
면 도리어 이루지 못함.

180 × 좌정관천(坐井觀天): 우물 속에 앉아서 하
늘을 본다는 뜻으로, 사람의 견문(見聞)이
매우 좁음을 이르는 말.

[181~190] 다음 밑줄 친 한자성어의 쓰임이 알맞으면 ○, 알맞지 않으면 ×를 쓰세요.

181 그의 계획은 <u>화중지병(畫中之餠)</u>과 같이 현실적이다. ························· (   )

182 김 선생님은 퇴직 후 <u>강호지락(江湖之樂)</u>을 누리며 지내신다. ·················· (   )

183 그는 늘 <u>동온하정(冬溫夏淸)</u>의 마음으로 부모님의 건강을 챙겼다. ············· (   )

184 그들의 관계가 학창 시절부터 <u>문경지교(刎頸之交)</u>라는 것은 유명했다. ··········· (   )

185 기업은 개인 소비자를 대할 때 <u>당랑거철(螳螂拒轍)</u>의 태도가 필요하다. ··········· (   )

186 우리 학습 동아리에서는 선후배 간의 <u>교학상장(敎學相長)</u>을 강조하고 있다. ······· (   )

187 지금은 몹시 어려워 먹을 것도 찾기 어려운 <u>생구불망(生口不網)</u>의 상황이다. ······· (   )

188 어떤 상황에서든지 <u>수주대토(守株待兔)</u>하기보다는 적당한 때를 기다려야 한다. ···· (   )

189 당연히 잘 될 것이라 생각했는데 이런 <u>계란유골(鷄卵有骨)</u>의 일이 생길 줄이야. ···· (   )

190 최근에 방영된 드라마의 허구의 사건이 실제로 발생한 것은 <u>오비이락(烏飛梨落)</u>이었다. (   )

181~190 정답

181 × 화중지병(畫中之餠): 그림의 떡.
182 ○
183 ○
184 ○
185 × 당랑거철(螳螂拒轍): 제 역량을 생각하지 않고, 강한 상대나 되지 않을 일에 덤벼드는 무모한 행동거지를 비유적으로 이르는 말.
186 ○

187 × 생구불망(生口不網): 산 입에 거미줄을 치지는 아니한다는 뜻으로, 아무리 곤궁하여도 그럭저럭 먹고살 수 있음을 이르는 말.
188 × 수주대토(守株待兔): 한 가지 일에만 얽매여 발전을 모르는 어리석은 사람을 비유적으로 이르는 말.
189 ○
190 ○

6 관용어

사전적 의미

[191~200] 다음 관용어의 의미가 맞으면 ○, 틀리면 ×를 쓰세요.

191 귀에 익다: 세상 물정을 알게 되다. ··· (   )

192 낯이 두껍다: 부끄러움을 모르고 염치가 없다. ····························· (   )

193 머리가 굵다: 정도 이상의 좋은 것만 찾는 버릇이 있다. ················· (   )

194 발(이) 짧다: 남에게 배신을 당하다. ·· (   )

195 손(이) 뜨다: 일하는 동작이 매우 굼뜨다. ·································· (   )

196 얼굴(을) 내밀다: 얼굴에 나타나다. ·· (   )

197 입이 천 근 같다: 매우 입이 무겁다. ·· (   )

198 심사가 꿰지다: 마음에 품은 생각을 다 내놓고 말하다. ·················· (   )

199 감투(를) 쓰다: 벼슬자리나 높은 지위에 오름을 속되게 이르는 말. ········· (   )

200 모골이 송연하다: 잘못이나 위험을 미리 경계하여 주의를 환기시키다. ·········· (   )

191~200 정답

191 × 어떤 말이나 소리를 자주 들어 버릇이 되다.
192 ○
193 × 어른처럼 생각하거나 판단하게 되다.
194 × 먹는 자리에 남들이 다 먹은 뒤에 늦게 이르러 먹을 복이 없다.
195 ○

196 × 모임 따위에 모습을 나타내다.
197 ○
198 × 잘 대하려는 마음이 틀어져서 심술궂게 나가다.
199 ○
200 × 몸이 옹송그려지고 털끝이 쭈뼛해질 정도로 아주 끔찍하다.

[201~210] 다음 밑줄 친 관용어의 쓰임이 알맞으면 ○, 알맞지 않으면 ×를 쓰세요.

201 <u>구색을 맞추어</u> 밥상을 차리다. · (   )

202 그는 <u>얼굴이 넓어</u> 뻔뻔한 사람이다. · (   )

203 그는 한 고등학교에서 <u>교편을 잡고</u> 있다. · (   )

204 입맛이 없는 상태에서 음식을 보니 <u>회가 동한다.</u> · (   )

205 금방 밑이 드러날 일을 뭣 때문에 숨기고 난리야. · (   )

206 사람들의 <u>눈총을 맞으며</u> 지나가니 어깨가 으쓱했다. · · · · · · · · · · · · · · · · · (   )

207 은혜를 갚아야만 한다는 생각이 계속해서 <u>머리를 들었다.</u> · · · · · · · · · · · · · (   )

208 이것으로 <u>손이 떨어진</u> 줄 알았는데 또 다른 일이 아직 남아 있다. · · · · · · · · (   )

209 그는 일손이 부족하다는 동료의 말에 <u>소매를 걷어붙이고</u> 일을 도왔다. · · · · · · · · · · · (   )

210 이번 아이디어 회의에서 다양하고 <u>판에 박힌</u> 이야기들이 오가서 즐거웠다. · · · · · · · · (   )

201~210 정답

201 ○
202 × 얼굴이 넓다: 사귀어 아는 사람이 많다.
203 ○
204 × 회가 동하다: 구미가 당기거나 무엇을 하고 싶은 마음이 생기다.
205 ○

206 ○ 눈총(을) 맞다: 남의 미움을 받다.
207 ○
208 ○
209 ○
210 × 판에 박히다: 말과 행동을 정해진 격식대로 반복하여 진부하다.

7 속담

[211~220] 다음 속담의 의미가 맞으면 ○, 틀리면 ×를 쓰세요.

211 가마솥에 든 고기: 아무리 사소한 것이라도 그것이 거듭되면 무시하지 못할 정도로 크게 됨. ⋯⋯⋯⋯⋯⋯⋯⋯⋯⋯⋯⋯⋯⋯⋯⋯⋯⋯⋯⋯⋯⋯⋯⋯⋯⋯⋯⋯⋯⋯⋯ ( )

212 냉수 먹고 이 쑤시기: 실속은 없으면서 무엇이 있는 체함. ⋯⋯⋯⋯⋯⋯⋯⋯ ( )

213 더벅머리 댕기 치레하듯: 아무것도 모르면 차라리 마음이 편하여 좋으나, 무엇이나 좀 알고 있으면 걱정거리가 많아 도리어 해로움. ⋯⋯⋯⋯⋯⋯⋯⋯⋯⋯⋯⋯⋯⋯⋯⋯ ( )

214 말은 할 탓이다: 같은 내용의 말이라도 하기에 달렸음. ⋯⋯⋯⋯⋯⋯⋯⋯⋯⋯ ( )

215 병풍에 그린 닭이 홰를 치거든: 꾸준히 인내하면 큰 성과를 낼 수 있음. ⋯⋯⋯⋯ ( )

216 쇠붙이도 늘 닦지 않으면 빛을 잃는다: 조그마한 실수나 방심으로 큰일을 망침. ⋯⋯ ( )

217 아이 말 듣고 배 딴다: 어리석은 사람의 말을 곧이듣고 큰 실수를 하게 되는 경우. ⋯ ( )

218 약방에 감초: 어떤 일에나 빠짐없이 끼어드는 사람 또는 꼭 있어야 할 물건. ⋯⋯⋯ ( )

219 팥으로 메주를 쑨대도 곧이듣는다: 지나치게 남의 말을 무조건 믿는 사람. ⋯⋯⋯⋯ ( )

220 하늘도 끝 갈 날이 있다: 어떤 일을 하려고 하는데 뜻하지 않은 일을 공교롭게 당함. ( )

211~220 정답

211 × 꼼짝없이 죽게 된 신세.
212 ○
213 × 바탕이 좋지 않은 것에 어울리지 않게 지나친 겉치레를 하여 오히려 더 흉하게 됨.
214 ○
215 × 도저히 불가능한 일이어서 기약할 수 없음.

216 × 비록 능력 있고 훌륭한 사람이라고 할지라도 꾸준히 배우고 수양을 쌓지 않으면 뒤떨어지고 잘못될 수 있음.
217 ○
218 ○
219 ○
220 × 무엇이나 끝이 있음.

[221~230] 다음 밑줄 친 속담의 쓰임이 알맞으면 ○, 알맞지 않으면 ×를 쓰세요.

221 단단한 땅에 물이 괸다고 늘 베풀며 살아야 한다. ······························ (   )

222 그 사람의 일은 너무 쉬워서 누워서 침 뱉기이다. ···························· (   )

223 남의 말도 석 달이니 헛된 소문에 너무 신경 쓰지 마. ························ (   )

224 그는 이번에 시작한 일이 다람쥐 쳇바퀴 돌듯 즐거웠다. ···················· (   )

225 바늘 가는 데 실 간다는 말처럼 저 둘은 늘 붙어 다닌다. ·················· (   )

226 일정이 급했던 그는 울며 겨자 먹기로 야근을 해야만 했다. ················ (   )

227 말 안 하면 귀신도 모른다는데, 굳이 이야기할 필요가 있을까? ·············· (   )

228 감기는 밥상머리에서 물러간다고 하니 입맛이 없어도 먹어 두어라. ··········· (   )

229 물도 가다 구비를 친다니 이 시기를 잘 넘기면 좋은 기회가 올 것이다. ·········· (   )

230 구관이 명관이라고 가장 힘든 시기를 지나고 나니 지금에 만족하게 되었다. ······· (   )

221~230 정답

221 × 단단한 땅에 물이 괸다: 1. 헤프게 쓰지 않고 아끼는 사람이 재산을 모으게 됨. 2. 무슨 일이든 마음을 굳게 먹고 해야 좋은 결과를 얻게 됨.

222 × 누워서 침 뱉기: 남을 해치려고 하다가 도리어 자기가 해를 입게 됨.

223 ○

224 × 다람쥐 쳇바퀴 돌듯: 앞으로 나아가거나 발전하지 못하고 제자리걸음만 함을 비유적으로 이르는 말.

225 ○

226 ○

227 × 말 안 하면 귀신도 모른다: 마음속으로만 애태울 것이 아니라 시원스럽게 말을 하여야 한다는 말.

228 ○

229 ○

230 × 구관이 명관: 1. 무슨 일이든 경험이 많거나 익숙한 이가 더 잘하는 법임을 비유적으로 이르는 말. 2. 나중 사람을 겪어 봄으로써 먼저 사람이 좋은 줄을 알게 된다는 말.

8 순화어

종합

[231~260] 다음 단어를 순화어로 고쳐 쓰세요.

231 가료(加療):

232 고수부지(高水敷地):

233 금번(今番):

234 기일(期日):

235 노견(路肩):

236 미연(未然)에:

237 수범 사례(垂範 事例):

238 소인(消印):

239 시건장치(施鍵裝置):

240 시말서(始末書):

241 식대(食代):

242 음용수(飲用水):

243 일부인(日附印):

244 제반(諸般):

245 차년도(次年度):

246 가스라이팅(gaslighting):

247 네임밸류(name value):

248 드라이브스루(drive-through):

249 램프(ramp):

250 리퍼브(refurbished):

251 뷰파인더(viewfinder):

252 브이로그(vlog):

253 블라인드(blind):

254 언택트(untact):

255 오픈 런(open run):

256 유니콘 기업(unicorn 企業):

257 커리어 하이(career high):

258 컨트롤 타워(control tower):

259 콜키지(corkage):

260 클러스터(cluster):

231~260 정답

231 치료	241 밥값	251 보기창
232 둔치	242 먹는 물	252 영상 일기
233 이번	243 날짜 도장	253 정보 가림
234 날짜	244 여러 (가지), 모든	254 비대면
235 갓길	245 다음 해	255 상시 공연, 개장 질주
236 미리	246 심리(적) 지배	256 거대 신생 기업
237 모범 사례	247 지명도	257 최고 기록
238 날짜 도장	248 승차 구매	258 지휘 본부
239 잠금장치	249 연결로	259 주류 반입비
240 경위서	250 손질 상품	260 산학 협력 지구

[261~275] 다음 밑줄 친 단어를 순화한 표현으로 맞으면 ○, 틀리면 ×를 쓰세요.

261 노변(路邊)(→ 큰길)에 코스모스가 피었다. · (   )

262 비참한 광경을 목도(目睹)하다(→ 돌아보다). · (   )

263 불철주야(不撤晝夜)(→ 밤낮이 바뀌어) 학업에 정진하다. · · · · · · · · · · · · · · · · · · · (   )

264 회사는 모든 사원에게 동의서를 징구(徵求)했다(→ 걷었다). · · · · · · · · · · · · · · · · (   )

265 부모님들은 주야장천(晝夜長川)(→ 밤낮없이) 자식 걱정뿐이다. · · · · · · · · · · · · · · (   )

266 동생이 밤늦도록 들어오지 않아 부모님이 부심하고(→ 애쓰고) 계신다. · · · · · · · · · · · (   )

267 세금을 체납(滯納)했더니(→ 덜 냈더니) 독촉장이 날아들었다. · · · · · · · · · · · · · · · · (   )

268 식당에서 나오는 잔반(殘飯)(→ 먹고 남은 음식)을 돼지 사료로 이용했다. · · · · · · · · · (   )

269 반장은 가가호호(家家戶戶)(→ 집집마다) 찾아다니며 반상회 참여를 권유했다. · · · · · (   )

270 세종대왕은 훈민정음에 한글의 창제 목적을 명기(明記)했다(→ 분명히 기록했다). · · · (   )

271 어제 회의에 지참(遲參)하여(→ 참석하지 못하여) 회의 내용을 이해하기 어려웠다. · · (   )

272 우리나라 영해를 침범한 선박을 나포(拿捕)했다가(→ 묶었다가) 본국으로 송환했다. · · (   )

273 소란스러웠던 극장 안이 임석(臨席)(→ 임시 참석) 경찰관의 도움으로 다시 조용해졌다. · · · · · · · ·
· (   )

274 못자리 실패 농가를 파악해 모내기 시기를 일실(逸失)하지(→ 놓치지) 않도록 해야 한다. · · · · · ·
· (   )

275 공사다망(公私多忙)(→ 어려운) 중에도 틈을 내어 이렇게 찾아와 주시니 감사하기 이를 데 없습
니다. · (   )

261~275 정답		
261 × 길가	**266** × 마음이 썩고	**271** × 늦게 참석하여
262 × 직접 보다	**267** × 내지 않고 미뤘더니	**272** × 붙잡았다가
263 × 밤낮없이	**268** ○	**273** × 현장 참석
264 ○	**269** ○	**274** ○
265 ○	**270** ○	**275** × 바쁜

[276~290] 다음 밑줄 친 단어를 순화한 표현으로 맞으면 ○, 틀리면 ×를 쓰세요.

276 옷이 무척 간지(かんじ)난다(→ 멋지다). ······································ ( )

277 아이들이 가구에 기스(きず)(→ 흠)를 내었다. ····························· ( )

278 운동도 할 겸 테이크아웃(takeout)(→ 방문 판매)으로 사 올게. ·················· ( )

279 이 제품은 로드숍(road shop)(→ 도로 매장)에서 쉽게 구할 수 있다. ············ ( )

280 어머니는 반찬 투정을 하는 아들에게 쿠사리(くさり)(→ 창피)를 주었다. ·········· ( )

281 운동의 목적을 벌크 업(bulk up)(→ 체력 증진)에 두고 운동을 시작했다. ·········· ( )

282 이 지역에서는 정기적으로 로컬 푸드(local food)(→ 농산물) 축제가 열린다. ······· ( )

283 수사가 별다른 진척 없이 제로 베이스(zero base)(→ 원점)로 돌아가고 말았다. ···· ( )

284 우리 회사는 인센티브(incentive)(→ 성과급) 방식의 연봉제를 적용하기로 했다. ···· ( )

285 그는 무료 직거래 장터인 오픈 마켓(open market)(→ 열린 시장)을 운영하고 있다. ·· ( )

286 많은 기업에서 환경 보호를 위해 무라벨(無label)(→ 친환경 포장) 병을 출시하고 있다. ( )

287 설렁탕을 먹을 때는 입맛에 따라 다대기(たたき)(→ 매운 양념)의 양을 조절하면 된다. ( )

288 요즘은 격식을 차린 옷보다 스포티한(sporty~)(→ 활동적인) 옷이 유행이라고 하더라. ( )

289 케어 팜(care farm)(→ 치유 농장)은 농업의 기능을 잘 살려 치매 환자나 정신 장애인 등의 재활을 돕는다. ··· ( )

290 굿즈(goods)(→ 팬 상품)는 제품 매출로 직결되기 때문에 연예인 인기의 척도가 된다고 해도 과언이 아니다. ·· ( )

276~290 정답

276 ○	281 × 근육 키우기	286 × 무상표
277 ○	282 × 지역 먹을거리	287 × 다진 양념
278 × 포장 판매	283 ○	288 ○
279 × 거리 매장	284 ○	289 ○
280 × 핀잔	285 ○	290 ○

제2장 | 어법 Quiz 150

1 한글 맞춤법 · 표준어 규정

표준 발음법

[001~030] 다음 단어의 표준 발음이 맞으면 ○, 틀리면 ×를 쓰세요.

001 강릉[강능] · · · · · · · · · · · · · · (   )
002 광한루[광ː한누] · · · · · · · · · · (   )
003 국물[궁물] · · · · · · · · · · · · · · · (   )
004 낮 한때[낟탄때] · · · · · · · · · · (   )
005 내복약[내ː봉냑] · · · · · · · · · · (   )
006 넋 없다[너겁따] · · · · · · · · · · · (   )
007 넓적하다[넙쩌카다] · · · · · · · (   )
008 닭 앞에[닥아페] · · · · · · · · · · · (   )
009 닭을[다글] · · · · · · · · · · · · · · · (   )
010 닳는[달른] · · · · · · · · · · · · · · · (   )
011 뒷윷[뒨ː늍] · · · · · · · · · · · · · · (   )
012 떫다[떱ː따] · · · · · · · · · · · · · · (   )
013 못몫이[몽목씨] · · · · · · · · · · · (   )
014 몰상식[몰쌍식] · · · · · · · · · · · (   )
015 밟는[발ː는] · · · · · · · · · · · · · · (   )

016 밟다[발ː따] · · · · · · · · · · · · · · (   )
017 밭 아래[바다래] · · · · · · · · · · (   )
018 벼훑이[벼훌티] · · · · · · · · · · · (   )
019 서른여섯[서른여섣] · · · · · · · (   )
020 석류[성뉴] · · · · · · · · · · · · · · · (   )
021 송별연[송ː벼련] · · · · · · · · · · (   )
022 영업용[영엄뇽] · · · · · · · · · · · (   )
023 읊는[읍는] · · · · · · · · · · · · · · · (   )
024 입원료[이뷘뇨] · · · · · · · · · · · (   )
025 젊지[점ː찌] · · · · · · · · · · · · · · (   )
026 줄넘기[줄럼끼] · · · · · · · · · · · (   )
027 짓는[진ː는] · · · · · · · · · · · · · · (   )
028 콧날[콘날] · · · · · · · · · · · · · · · (   )
029 허허실실[허허실실] · · · · · · · (   )
030 휘발유[휘발뉴] · · · · · · · · · · · (   )

001~030 정답

001 ○	007 ○	013 ○	019 ○	025 ○
002 × [광ː할루]	008 × [다가페]	014 ○	020 ○	026 ○
003 ○	009 × [달글]	015 × [밤ː는]	021 ○	027 ○
004 × [나탄때]	010 ○	016 × [밥ː따]	022 ○	028 ○
005 ○	011 ○	017 ○	023 × [음는]	029 ○
006 ○	012 × [떨ː따]	018 × [벼훌치]	024 ○	030 × [휘발류]

[031~060] 다음 단어의 표기가 맞으면 ○, 틀리면 ×를 쓰세요.

031 가르마 · · · · · · · · · · · · · · · · (   )   046 번짓수(番地數) · · · · · · · · · · · (   )

032 곳간(庫間) · · · · · · · · · · · · · (   )   047 별의별(別-別) · · · · · · · · · · · (   )

033 귓볼 · · · · · · · · · · · · · · · · · (   )   048 붓기(浮氣) · · · · · · · · · · · · · (   )

034 깊숙이 · · · · · · · · · · · · · · · · (   )   049 새치름하다 · · · · · · · · · · · · · (   )

035 깡총깡총 · · · · · · · · · · · · · · (   )   050 어물쩡 · · · · · · · · · · · · · · · · (   )

036 닥달 · · · · · · · · · · · · · · · · · (   )   051 예스럽다 · · · · · · · · · · · · · · (   )

037 되물림 · · · · · · · · · · · · · · · · (   )   052 욱여넣다 · · · · · · · · · · · · · · (   )

038 덤터기 · · · · · · · · · · · · · · · · (   )   053 일일히 · · · · · · · · · · · · · · · · (   )

039 뒤치닥거리 · · · · · · · · · · · · · (   )   054 전세방(傳貰房) · · · · · · · · · · · (   )

040 뒷태(-態) · · · · · · · · · · · · · · (   )   055 조개살 · · · · · · · · · · · · · · · · (   )

041 뒤풀이 · · · · · · · · · · · · · · · · (   )   056 주추 · · · · · · · · · · · · · · · · · (   )

042 똬리 · · · · · · · · · · · · · · · · · (   )   057 찌뿌듯하다 · · · · · · · · · · · · · (   )

043 등쌀 · · · · · · · · · · · · · · · · · (   )   058 치수(-數) · · · · · · · · · · · · · · (   )

044 먼지털이 · · · · · · · · · · · · · · (   )   059 핼쑥하다 · · · · · · · · · · · · · · (   )

045 번번히(番番-) · · · · · · · · · · · (   )   060 횟수(回數) · · · · · · · · · · · · · (   )

031~060 정답

031 ○	037 × 대물림	043 ○	049 ○	055 × 조갯살
032 ○	038 ○	044 × 먼지떨이	050 × 어물쩍	056 ○
033 × 귓불	039 × 뒤치다꺼리	045 × 번번이	051 ○	057 ○
034 ○	040 × 뒤태	046 × 번지수	052 ○	058 ○
035 × 깡충깡충	041 ○	047 ○	053 × 일일이	059 × 해쓱하다
036 × 닦달	042 ○	048 × 부기	054 ○	060 ○

[061~075] 다음 밑줄 친 부분의 띄어쓰기(원칙)가 맞으면 ○, 틀리면 ×를 쓰세요.

061 당연히 반갑고∨말고. ··· (   )

062 네 생각대로 밀고 나가라. ··· (   )

063 나는 내가 할만큼은 했다고 생각해. ·· (   )

064 도저히 시도해볼 엄두도 나지 않는다. ····································· (   )

065 여기에 이사를 온 지도 한 달이 지났다. ··································· (   )

066 고마워하기는 커녕 알은체도 안 하더라. ·································· (   )

067 열심히 일하나마나 알아주는 이가 없다. ·································· (   )

068 부부간에도 서로에 대한 예의가 필요하다. ······························ (   )

069 날씨가 포근한 것을 보니 눈이 올 듯하다. ······························ (   )

070 이쪽은 이번에 새로 들어온 김지호∨씨입니다. ························· (   )

071 몇∨년만에 만난 그 친구는 많이 변해 있었다. ·························· (   )

072 누워 있는 시간이 길어질∨수록 일어나기 힘들다. ······················ (   )

073 오늘 저녁 9시에 한국 대 일본의 축구 경기가 있다. ···················· (   )

074 그는 몹시 피곤했지만 야근을 할∨수∨밖에 없었다. ···················· (   )

075 "오늘도 무사히 지나가기를"이라고 혼잣말을 했다. ···················· (   )

061~075 정답

061 × 반갑고말고	066 × 고마워하기는커녕	071 × 몇∨년∨만
062 ○	067 × 일하나∨마나	072 × 길어질수록
063 × 할∨만큼	068 ○	073 ○
064 × 시도해∨볼	069 ○	074 × 할∨수밖에
065 ○	070 ○	075 ○

2 외래어 · 로마자 표기법

외래어 표기

[076~090] 다음 밑줄 친 부분의 외래어 표기가 맞으면 ○, 틀리면 ×를 쓰세요.

076 그는 <u>불독(bulldog)</u>과 함께 산다. ··· ( )

077 <u>푸켓(Phuket)</u>으로 신혼여행을 가기로 했다. ································ ( )

078 올 여름에는 <u>커트(cut)</u> 머리가 유행할 것이다. ···························· ( )

079 인치에서 <u>센치미터(centimeter)</u>로 변환하였다. ··························· ( )

080 날이 따뜻해져서 <u>샌들(sandal)</u>을 신을 만하다. ··························· ( )

081 지도자는 강한 <u>리더쉽(leadership)</u>이 필요하다. ························· ( )

082 학생들이 <u>컨닝(cunning)</u>을 하다가 선생님에게 들켰다. ·················· ( )

083 항구는 <u>컨테이너(container)</u>를 실은 트럭으로 가득했다. ················· ( )

084 그 프로그램은 가장 오래된 <u>코미디(comedy)</u> 프로그램이다. ··············· ( )

085 그 가수의 훌륭한 무대에 모든 관객이 <u>앵콜(encore)</u>을 외쳤다. ············· ( )

086 행사가 시작되기 전 많은 <u>스탭(staff)</u>이 일사분란하게 움직였다. ··········· ( )

087 감독이 <u>컷(cut)</u>을 외치자 사람들의 시선이 일제히 감독에게 쏠렸다. ··········· ( )

088 그는 가족과의 여행을 위해 <u>렌트카(rent-a-car)</u>를 미리 빌려 두었다. ········· ( )

089 <u>메론(melon)</u>은 풍부한 단맛과 부드러운 식감으로 모두에게 인기가 많다. ········· ( )

090 정부는 정책에 대한 여론을 알아보기 위해 <u>앙케트(enquête)</u> 조사를 하였다. ······· ( )

076~090 정답

076 × 불도그	081 × 리더십	086 × 스태프
077 × 푸껫	082 × 커닝	087 ○
078 ○	083 ○	088 × 렌터카
079 × 센티미터	084 ○	089 × 멜론
080 ○	085 × 앙코르	090 ○

[091~120] 다음 로마자 표기가 맞으면 ○, 틀리면 ×를 쓰세요.

091 가좌 3동(Gaja sam-dong)··(   )   106 비빔밥(bibimbab) ·········(   )

092 거제도(Gujedo) ···········(   )   107 석빙고(Seokbinggo) ·······(   )

093 극락전(Geungnakjeon) ····(   )   108 설렁탕(seolleongtang) ·····(   )

094 낙성대(Naksseongdae) ····(   )   109 설악(Seolak) ············(   )

095 대관령(Daegwallyeong) ····(   )   110 소래길(Sore-gil) ··········(   )

096 덕룡산(Deoknyongsan) ····(   )   111 속리산(Songnisan) ·······(   )

097 독도(Dokdo) ·············(   )   112 숭례문(Soongnyemun)·····(   )

098 뚝섬(Ttukseom)··········(   )   113 익산쌍릉(Iksan Ssangneung) (   )

099 만덕사지(Mandeoksaji) ····(   )   114 오동도(Odongdo) ·········(   )

100 몽촌토성(Mongcontoseong) (   )   115 집현전(Jipyeonjeon) ·······(   )

101 무의도(Muido) ···········(   )   116 촉석루(Chokseokru)·······(   )

102 묵호(Mukho) ············(   )   117 콩나물국(kongnamulguk) ··(   )

103 반구대(Bangudae) ·······(   )   118 한려수도(Hallyeosudo) ·····(   )

104 백련사(Baeklyeonsa) ······(   )   119 회현리(Hoehyeon-ri) ······(   )

105 불고기(bulkoki) ···········(   )   120 훈민정음(Hunminjeongeum) (   )

091~120 정답

091 × Gajwa sam-dong	101 × Muuido	111 ○
092 × Geojedo	102 ○	112 × Sungnyemun
093 ○	103 ○	113 ○
094 × Nakseongdae	104 × Baengnyeonsa	114 ○
095 ○	105 × bulgogi	115 × Jiphyeonjeon
096 × Deongnyongsan	106 × bibimbap	116 × Chokseongnu
097 ○	107 ○	117 ○
098 ○	108 ○	118 ○
099 ○	109 × Seorak	119 ○
100 × Mongchontoseong	110 × Sorae-gil	120 ○

3 어법에 맞는 말

[121~130] 다음 문장의 중의성이 해소되었다면 ○, 그렇지 않다면 ×를 쓰세요.

121 손님이 다 오지 않았다.
→ 손님이 아무도 오지 않았다. ··· (   )

122 언니는 모자를 쓰고 있다.
→ 언니는 모자를 쓰는 중이다. ··· (   )

123 이것은 그의 그림이 아니다.
→ 이것은 그의 그림은 아니다. ··· (   )

124 현지와 주호는 결혼을 했다.
→ 현지와 주호가 결혼을 했다. ··· (   )

125 키가 큰 주희의 동생을 만났다.
→ 주희의 키가 큰 동생을 만났다. ··· (   )

126 선생님이 보고 싶은 친구들이 많다.
→ 선생님을 보고 싶어 하는 친구들이 많다. ································· (   )

127 할머니께서 배와 귤 두 개를 주셨다.
→ 할머니께서 배 하나와 귤 하나를 주셨다. ································· (   )

128 여러 학생들이 한 상자의 선물을 받았다.
→ 여러 학생들이 각자 한 상자의 선물을 받았다. ······················· (   )

129 내 동생은 나보다 강아지를 더 좋아한다.
→ 내 동생은 강아지를 나보다 더 좋아한다. ································· (   )

130 엄마는 들뜬 마음으로 떠나는 딸을 바라보았다.
→ 엄마는 떠나는 딸을 들뜬 마음으로 바라보았다. ····················· (   )

121~130 | 정답

121 ○

122 ○

123 × 1. 이것은 그가 그린 그림이 아니다. 2. 이
것은 그가 그려진 그림이 아니다. 3. 이것
은 그가 소유한 그림이 아니다.

124 × 현지는 주호와 결혼을 했다.

125 ○

126 ○

127 ○

128 ○

129 × 1. 내 동생은 내가 강아지를 좋아하는 것보
다 더 좋아한다. 2. 내 동생은 나를 좋아하
는 것보다 강아지를 더 좋아한다.

130 ○

[131~140] 다음 밑줄 친 번역 투를 고친 것으로 알맞으면 ○, 그렇지 않으면 ×를 쓰세요.

131 이것은 <u>나에게 주어진</u>(→ 내가 준) 상이야. · (   )

132 그는 얼떨결에 대표 자리에 <u>오르게 되었다</u>(→ 올랐다). · (   )

133 다수의 필요에 <u>의해서</u>(→ 필요로써) 생산된 제품입니다. · (   )

134 <u>공부에 있어서</u>(→ 공부에) 가장 중요한 것은 꾸준함이다. · (   )

135 나의 목표는 기한 내 과제 <u>제출에 있다</u>(→ 과제 제출이다). · (   )

136 <u>저학년 학생들에 한하여</u>(→ 저학년 학생들의) 개학이 연기된다. · · · · · · · · · · · · · · · (   )

137 <u>생각할 시간을 가진 후</u>(→ 생각을 가진 후) 다시 말씀드리겠습니다. · · · · · · · · · · · · · (   )

138 아기는 부모의 <u>많은 관심을 필요로 한다</u>(→ 많은 관심이 필요하다). · · · · · · · · · · · · · (   )

139 <u>저의 경우에는</u>(→ 저로서는) 식사를 하는 것보다 잠을 자는 것이 중요합니다. · · · · · · (   )

140 갑작스러운 <u>폭우가 우리를 그곳에 머무르게 했다</u>(→ 폭우로 우리는 그곳에 머무르게 되었다). · ·

· (   )

131~140 정답

131 × 내가 받은	**136** × 저학년 학생들만
132 ○	**137** × 생각해 보고
133 × 필요에 따라	**138** ○
134 ○	**139** × 저는
135 ○	**140** ○

[141~150] 다음 밑줄 친 번역 투를 고친 것으로 알맞으면 ○, 그렇지 않으면 ×를 쓰세요.

141 그 빵집은 큰 도로 옆에 <u>위치해 있다</u>(→ 있다). · (   )

142 그의 계획은 허황된 꿈에 <u>다름 아니다</u>(→ 다름이 있다). · (   )

143 바다에 들어가기 전에 준비 운동을 <u>요한다</u>(→ 필요로 한다). · · · · · · · · · · · · · · · · · · · (   )

144 오늘 중으로 공부를 <u>끝내지 않으면 안 된다</u>(→ 끝내야 한다). · · · · · · · · · · · · · · · · · · (   )

145 우리 팀의 발표가 다른 팀의 <u>그것보다</u>(→ 발표보다) 훌륭했다. · · · · · · · · · · · · · · · · · (   )

146 그곳은 일전의 <u>사고로 인해</u>(→ 사고에 따라) 출입이 금지되었다. · · · · · · · · · · · · · · · (   )

147 오늘 아침부터 밤까지 눈이 계속 <u>내리고 있는 중이다</u>(→ 내리고 있다). · · · · · · · · · · · (   )

148 이 도서관은 수많은 <u>편의 시설을 소유하고 있다</u>(→ 편의 시설을 가진다). · · · · · · · · · · (   )

149 <u>부상이 있었음에도 불구하고</u>(→ 부상이 있었지만) 끝까지 경기에 임했다. · · · · · · · · · · (   )

150 시간을 <u>고려에 넣는다면</u>(→ 고려한다면) 한 시간 일찍 출발하는 것이 좋겠다. · · · · · · · (   )

141~150 정답

141 ○	**146** × 사고로
142 × 다르지 않다	**147** ○
143 × 해야 한다	**148** × 편의 시설이 있다
144 ○	**149** ○
145 ○	**150** ○